温州市社会科学学术著作出版资金资助出版

温州学研究丛书

“我与温州学研究”学术自传

潘忠强　主编

厦门大学出版社
XIAMEN UNIVERSITY PRESS
国家一级出版社
全国百佳图书出版单位

图书在版编目(CIP)数据

"我与温州学研究"学术自传/潘忠强主编.—厦门:厦门大学出版社,2020.11
(温州学研究丛书)
ISBN 978-7-5615-7963-3

Ⅰ.①我… Ⅱ.①潘… Ⅲ.①社会科学—温州—文集 Ⅳ.①C125.53-53

中国版本图书馆 CIP 数据核字(2020)第 211890 号

出 版 人 郑文礼
责任编辑 章木良
封面设计 李嘉彬
技术编辑 朱 楷

出版发行 厦门大学出版社
社　　址 厦门市软件园二期望海路 39 号
邮政编码 361008
总　　机 0592-2181111 0592-2181406(传真)
营销中心 0592-2184458 0592-2181365
网　　址 http://www.xmupress.com
邮　　箱 xmup@xmupress.com
印　　刷 厦门集大印刷厂

开本 720 mm×1 000 mm 1/16
印张 30.25
插页 2
字数 465 千字
版次 2020 年 11 月第 1 版
印次 2020 年 11 月第 1 次印刷
定价 108.00 元

厦门大学出版社
微信二维码

厦门大学出版社
微博二维码

前　言

温州，是中国市场化和民营化改革的先发地之一。改革开放以来，温州人以敢为人先的精神开拓发展之路，率先进行市场化和民营化改革，推进区域工业化和城市化，走出了一条共同富裕的道路，创造了独具特色的“温州模式”。“温州模式”，正是中国特色社会主义在温州的生动实践。

“温州模式”的形成与发展，原因是多方面的。可以说，它是温州文化传统传下来的、人多地少国家投资少的现实逼出来的、党的改革开放政策放出来的、老百姓闯出来的、党委政府导出来的，其中温州传统文化和人文精神是“温州模式”诞生的原动力。

温州是国家历史文化名城，历史上曾经历两次文化高峰：第一次文化高峰是南宋时期，以薛季宣、郑伯熊、陈傅良、叶适等为代表的永嘉学派“经世致用之学”，或称“事功之学”。明代思想家黄宗羲对永嘉学派做了高度评价：“永嘉之学，教人就事上理会，步步着实，言之必使可行，足以开物成务。”（《宋元学案》卷五十二《艮斋学案》黄宗羲按语）永嘉学派是与朱熹理学、陆九渊心学鼎足而立的南宋儒家学术思想流派，其义利并举价值观和经世致用思想对温州人影响深远，成为温州人的文化基因。第二次文化高峰是晚清时期，以孙衣言、孙锵铭、孙诒让、陈虬、宋恕、陈黻宸等为代表的温州知识群体的新学，或称“利国济世之学”。他们以教育强国、实业兴国为己任，著书立说，身体力行，发展了永嘉学派经世致用思想，在近代中国思想史上留下了浓墨重彩。

2002 年 7 月，在温州市委八届十一次全体（扩大）会议上，时任温州市委书记李强提出“抓紧建立温州学”“深入开展温州学研究”的要求。同年 11 月 1 日，李强在《光明日报》上发表《关于创立温州学的思考》一文，并首次给温州学的研究对象做了阐述：温州学应该是一门主要研究温州文化，研究温州人和温州人精神，研究温州文化与经济互动发展，揭示温州经济和社会发展内在规律的综合性地方学科。从"温州模式"的发展逻辑来看，温州学的诞生，既是"温州模式"由实践上升为理论的必然结果，又给"温州模式"的发展以理论支撑。如果当代能构建起温州学学科体系，温州将迎来历史上第三次文化高峰，这正是建立温州学的重要意义。

温州学研究18年来，围绕"今、古、人、文"，在温州当代发展与"温州模式"研究、温州历史与文化研究、温州人与温州人精神研究、温州乡邦文献整理与研究等方面，可谓研究成果颇丰。温州文献丛书、温州文献丛刊、温州方言文献集成、温州学术文库、温州文化丛书、温州学研究丛书、温州通史专题史、改革开放30周年丛书、改革开放40年研究等系列专著的出版，表明温州学研究取得了系列进展。

然而，作为一门地方学，温州学要构建学科体系，成为"常规学科"，还任重道远。温州学要成为"常规学科"，必须聚焦五大要素：一是有明确的研究对象和研究方法；二是有核心命题和逻辑主线；三是有学科理论体系；四是有学术话语体系；五是有学术共同体。具备以上五大要素，是温州学研究下一步的努力方向。

为加强对温州市资深社科专家和温州学研究成果的宣传推介，展现温州市社科界优秀学人的学术成果、学术风采和学术品格，同时为推进温州学学科体系建设，温州市社科联于2019年5月至8月，组织开展了"我与温州学研究"学术自传征集活动。本次活动由温州市社科联主办，县(市、区)社科联、高校社科联和市级学会(协会、研究会)协办。县(市、区)社科联、高校社科联和市级学会(协会、研究会)负责推荐专家人选，经市社科联组织专家组审议，确定了首批50位专家人选，由市社科联办公室联系专家撰写。

本书是30位温州学研究专家的学术自传合集。他们分别从事温州当代发展与温州模式研究、温州历史与文化研究、温州人与温州人精神研究、温州乡邦文献整理与研究等。学术自传是他们与自己所在研究领域的一个学术回顾，具有一定的史料意义。

潘忠强

2019年12月

目　录

三代文脉传承　一生矢志不渝

——乐为温州历史名人树碑立传

马邦城*

一、祖孙三代　文脉传承

我出身教育世家，祖父母与父母都是教师，而且祖孙三代都与文史结缘，书香文脉传承至今。

当年，我家的旧宅坐落在平阳县城西门荫泽巷内，大门上方高悬一块“翊庐”的匾额；两侧镌刻着“树培佳子弟，门对好溪山”的对联。荫泽巷原名应宅巷，相传曾为宋代平阳名儒应叔度、应节严父子居住之地，著名爱国诗人林景熙就是应叔度的得意门生。民国初年，据说我祖父、祖母就是看准这里的历史人文情韵，才倾其所有，买下这个四合院式的古建筑庭院，后来他俩还在庭院内创办过“扶风书院”和“扶秀女塾”，为当地人才的培养做出贡献。

先祖父马翊中，15 岁就考中光绪乙巳（1905）科秀才。1911 年，毕业于

---

* 马邦城，1950 年出生，籍贯平阳，《瑞安日报》高级政工师。1966 年瑞安中学毕业，黑龙江梧桐河农场支边知青。返城后，干过政工、记者、编辑，毕业于中央广播电视大学中文专业。曾任《瑞安日报》总编办主任、瑞安市作家协会副主席、温州市高层次人才联谊会副秘书长。多年来坚持创作，相继在《中国报业》《浙江学刊》《新闻实践》等省级以上刊物上发表文章 20 多篇；出版过 13 本历史读物。退休后仍笔耕不辍，在《瑞安日报》与《温州晚报》副刊开辟专栏，刊发乡土历史人物传记 130 余篇，先后出版《汉武帝刘彻》《宋太祖赵匡胤》《瑞安古代清官故事》等书，总字数达 200 万字，作品曾多次获奖。

平阳旧宅

浙江两级师范学堂，相继在平阳县小、永嘉女中、温州瓯海公学等校执掌教席，后又在家自行创办"扶风书院"，设帐授徒，温州新闻界元老赵超构、马星野均出其门下。祖母蔡墨笑，系清末东瓯名画家蔡英次女，与其胞姐蔡笑秋一同毕业于近代全国第一所官办女子学堂——天津北洋女子师范学校，回乡后任平阳县立女子小学校长多年，她擅长瓯绣，作品曾获巴拿马国际博览会优秀奖。

先父马允伦幼承家学，喜好文史与写作，上小学时就崭露头角，在叶圣陶主编的《儿童时报》上发表作文，后以第一名成绩考入平阳中学。1949 年从浙江大学毕业后，在瑞安中学执教 20 多年。1978 年初，应邀参加全国重点科研项目《汉语大词典》编写工作，为主要编纂人员之一，曾获国家新闻出版总署颁发的荣誉证书，后留温州师范学院任教，直至退休。

马允伦

我们马家还可以称"文史世家"，祖父生前从事文史教学多年，新中国建立后，当选为平阳县首届人民代表、县政协常委，1962 年被聘为浙江省文史研究馆馆员。他晚年不遗余力，参加县图书馆整理图书及温州专区文管会整理文物等工作，并积极进行乡土历史的研究，相继撰写了《平阳拳民运动》《辛亥革命亲历记》《乡土史谈》《大雅山房考实》《陈武英抗倭史略》《日寇侵平记略》等地方文史资料数十种。此外，还与父亲合著《浙南金钱会起义》一书，该书 1957 年由浙江人民出版社出版后，1962 年和 1983 年又连续两次修订再版，在全省尤其是温州地区影响深远。父亲晚年参加《温州文献丛书》整理出版工作，又编著出版了《太平天国时期温州史料汇编》一书，他和祖父可称温州现代研究“浙南金钱会起义”第一人。

《浙南金钱会起义》书影

父亲从教 50 年，曾任温州市政协副主席兼文史委主任、温州市历史学会会长等多职。除参政议政和一些社会活动外，他一生都在学历史、教历史、讲历史、写历史，是当地有一定知名度的文史学家，被誉为“温州的司马迁”。尽管工作繁忙事务多，他仍一如既往，奋力笔耕，在弘扬中华文化，传播历史知识，对广大青少年开展爱国主义教育的创作道路上，留下了深深的足迹，成为一位闻名全国的少儿历史普及读物作家。

他在瑞安中学任教时，就出版过 6 本历史读物，并在各级报刊上发表

200余篇文章，其中有很大一部分是介绍乡土历史和乡贤生平的作品。"文革"期间，他被打成"反动学术权威"，遭到无情批斗。粉碎"四人帮"后，得以平反昭雪，他重新焕发青春，创作热情空前高涨，相继在京、沪、浙、辽、川、台等地的12家出版社，出版了《古代名将的故事》《中国古代政治家故事》《中国古代军事家故事》《中国古代爱国英雄故事》《大义灭亲》《郑和下西洋》《飞将军李广》《中华人物故事全书》《古代品德故事100篇》等总共43本历史读物，并在全国20多种省级以上刊物上发表历史小说、历史故事、历史人物评介等文章50多篇，总字数达500多万字，可谓著作等身。20世纪80年代，台湾与大陆的民间文化交流日趋频繁，他的著作也随之传到海峡彼岸。《将略奇才》《包青天审案》等著作在台湾出版后，引起广泛关注，台湾光复书局慕名约请他担任30卷的大型画册《画说中国历史》的历史顾问，并请他撰写了其中九、十两卷的文字说明。1994年9月，台湾"国语"日报社还将他在《历史文学》等刊物上发表过的15篇历史纪实文学，结集成《读历史话英雄》一书，分上、下两册出版。该书出版后，在岛内反响强烈，台湾多家媒体进行推介，并在"好书大家读"评选活动中，被评为优秀读物。

我从小受家庭文化熏陶，同样酷爱文史，喜欢写作，在瑞安县小读书时就多次在校征文比赛中获奖。1963年，以全校最高分被瑞安中学录取，就学期间，成绩优异，尤以文史见长，曾在全校作文与书法竞赛中获奖。1966年初中毕业时，遭遇"文革"风暴，失去升学机会，还因父亲问题受到株连。1969年，赴黑龙江梧桐河农场支边，在北大荒垦荒种粮，锻炼了好几年。返城后，在瑞安粮食部门基层厂、所从事政工工作，其间多次在各级媒体上发表文章。曾被中共瑞安市委宣传部聘为"基本国情"主讲教师，至各地巡回宣讲50多场，受到中共温州市委表彰，获"双基"教育优秀教师称号。我原本只有初中文化程度，后在职读完电大汉语言文学专业，通过系统学习，有了长足进步，毕业时撰写的论文《略论北魏孝文帝的迁都改制》，曾在《浙江学刊》上发表，1989年被浙江省电大评为优秀历届生。1993年调瑞安日报社工作，历任副刊部、新闻部和总编办主任，总编办公会议成员、工会主席等职。

马邦城

20 世纪 80 年代初，在父亲的引领下，我也开始利用业余时间从事普及历史读物创作，从此一发不可收，父子俩一起合作出版过《韩世忠大战黄天荡》《康熙皇帝的故事》《张骞通西域》《中国古代改革家故事》等 12 本历史读物。我本人也在《中国报业》《浙江学刊》《新闻实践》《浙商》《历史文学》《青年一代》《少年文艺》等省级以上刊物上发表文章 20 多篇。1984 年以来，连读多次获瑞安市文联创作一等奖、金奖与优秀成果奖，两次获温州市社会科学优秀成果奖。曾任瑞安市作家协会副主席、儿童文学学会副会长，瑞安市政协文史委特邀委员、地名办专家组成员、玉海文化研究会理事，温州市高层次人才联谊会副秘书长等职。

二、子继父业　笔耕不辍

我与先父合作写书的时间长达 20 多年，他过世后我还一直在坚持笔耕，可谓子继父业，初心不改。我俩编著出版的历史故事，主要以青少年为阅读对象，其最大特点就是通过历史与文学的结合，在社科普及读物的创作中闯出一条新路。中华民族上下五千年，曾发生过大大小小难以胜数的历史事件，涌现出许许多多名垂青史的英雄人物。我们在尊重历史背景和原貌的前提下，把这些事件与人物，用生动活泼的语言，以讲故事的方式描绘出来，深入浅出，脍炙人口，很适合广大青少年阅读，从而激发他们的兴趣，陶冶他们的情操，增强他们的知识。我俩的作品，无论是编著出版的历史故事，还是撰写发表的乡土历史与先贤的文章，都自始至终贯穿着弘扬爱国主义和中华传统美德的红线，传递的是健康向上的正能量。

如我俩最初合作编写的《腥风血雨话当年》，就记述了近代发生的一系列历史事件，涉及大量的历史知识点，诸如"亚罗号事件""马神甫事件"等，可视作对历史教科知识的延伸。但主要还是通过近代中华民族所遭受的屈辱与苦难的描述，让少年儿童深深明白，落后就会挨打，只有通过自身努力，学好知识本领，建设壮大自己的国家，才不会让历史悲剧重演。《戊戌变法的故事》则详细介绍了 1898 年，在神州大地上发生的那一场资产阶级改良主义运动，反映了康有为、梁启超、谭嗣同等维新志士，在民族危急关头奋起抗争、变法图强的爱国思想和进步行动。

这些编著的历史故事，除通俗易懂、生动感人之外，还具有针对性。例如《包青天审案》《国君赏赐的箱子》等书，是专门为小学生"量身定制"的。故事短小而完整，但取材丰富，设题巧妙，语言更为浅显生动，娓娓道来，深受小读者的喜爱。著名作家圣野先生曾评价说："这些故事着眼点小，使孩子们能够看得见、摸得着，但所含的内容却相当深广，寓深深的哲理于极平凡的事物之中。"又如《古代少年英雄故事》一书，这是华东六省一市 8 家出版社协作组编的"小学教师丛书"中的一种，该书介绍了 40 位少年英雄的故事，旨在为小学教师提供更多教学课件与素材。这些少年英雄的事迹感人至深，读后有助于青少年从小树立爱国爱乡、为国建功的高尚品德情操。

撰写历史普及读物，传播的不仅是社科历史知识，更重要的是在占领宣传教育的阵地，继承和发扬中华民族的优良传统。我国浩如烟海的古书史籍，其中也包括地方文献，记载着许多可歌可泣的英雄人物、先哲乡贤，他们的身上蕴藏着大量的人文资源与精神财富，我们有责任将其挖掘出来加以发扬光大，让大家都来借鉴和学习祖先前辈的嘉言懿行，以提高自身道德修养，达到古为今用之目的。

马允伦、马邦城父子出版图书

进入21世纪后，图书出版市场发生了新变化，各地少儿出版社为追求规模效应，热衷于推出丛书和套书。我也与时俱进，转换创作思路，曾与上海少年儿童出版社联系，计划在《康熙皇帝的故事》基础上，再编写一套我国历代少数民族杰出人物故事，总共10本。但最后对方因市场效益的考量，而使出书计划中途夭折。接下来，我又提出编写12本古代明君圣主帝王系列的设想，结果青岛出版社只出版了《汉武帝刘彻》和《宋太祖赵匡胤》两本。我固守初心，一直没有轻言放弃，今年总算有所斩获，由我撰文编著的《大舜：孝友齐家》《大禹：过门不入》《商汤：网开三面》《夷齐：不食周粟》《姬旦：握发吐哺》《鲍叔牙：毕生知己》《晏子：无过是过》《子产：远见卓识》《孙叔敖：舍身除害》《孔子：敏而好学》等10册"中国传统修身系列故事"绘本，由中国国际出版集团海豚出版社出版。至目前为止，我个人累计出版总字数已达200万字，这也足以证明"子继父业，笔耕不辍"对我来说，绝非一句虚言。

都说思路决定出路，既然撰写普及历史读物出书有困难，我便将更多精力转向对乡土历史人物的研究和创作方面。经过多年努力，成果颇丰，相继撰写发表了大量属温州学范畴、具一定史料价值的文章。其中仅《温州日

"中国传统修身系列故事"书影

报》副刊《瓯越·风土》刊登的大篇幅头条就有:《玉成桃李　教泽留芳——孙诒让助平阳蔡氏姐妹津门求学记》《王执中:为官之余痴迷针灸》《勇立潮头　正直无畏——辛亥革命前后的陈黻宸》《名门才女传佳句——记清代女诗人端木顺》《一门五代"利济"情——瑞安郑氏世家传薪久》等多篇。至于刊发在《瑞安日报》和《玉海文化研究》等刊物上的文章就更多了,主要有:《金钱会起义在瑞安》《黄体芳与〈钱虏爰书〉》《孙诒谷其人其事》《瑞安古代两孝子》《孙诒让救助革命党》《瑞安钟氏家族与钟清》《叶适的军事建树》《兵部尚书蔡幼学》《籀公孙诒让的家国情怀》《春蚕虽老犹吐丝——记九位瑞籍省文史馆员》《戊戌变法中的瑞安"三黄"》《利济名医郑缉甫与他的〈乞法全书〉》《林大同与温州旅杭同乡会》等。此外,我还在台湾温州同乡会会刊上发表过 10 多篇有关温州历史与人物的文章。

我退休之后,可供自由支配的时间多了。头一年,就接受《瑞安日报》要我编辑副刊《玉海楼》人物专集《玉海名家》的任务。我任副刊部主任多年,任内一直在主编《玉海楼》,这是报社最初推出的副刊文史版面,从 1993 年报纸创刊至今一直在办,为宣传地方历史、文化立下了汗马功劳,不仅是报社的拳头产品,也是浙江省报界的一个品牌版面。因此,无论从个人情感还

在报纸上发表的部分温州历史人物文章

是专业角度来说，我都很乐意担当“责编”这个重任。在宣传部与社科联的大力支持下，经过近一年时间的努力，洋洋 50 余万字的《玉海名家》终于面世，全书共刊载数十名作者、260 多篇在《玉海楼》上发表过的文章，集中介绍了瑞安先哲乡贤和近现代名家闻人，以及一些与瑞安有着深厚渊源的历史人物。虽然，其时我又写文章又编书，相当辛苦，似乎在透支体力与健康；后来，还因过度劳累，心血管堵塞被送进了医院。不过对我来说，编辑此书确实获益匪浅，通过认真编校，等于让我将众多的瑞安历史名人又统统给捋了一遍，对他们生平事迹也更加熟识了。

编书之前，刚好遇上瑞安社科联为宣传普及瑞安乡贤文化，正在与报社协办副刊《玉海楼》。应王海燕主任与孙伟芳编辑之邀，特地为我在副刊《玉海楼》上开设了《瑞安先贤故事会》专栏，要求每周为其撰写一篇瑞安历史人物故事。虽然压力很大，我仍欣然应命。都说文章是靠“逼”出来的，此话不假。在之后的一年多时间里，我孜孜不倦，奋笔疾书，总共撰写刊发了 60 篇乡贤故事。

事隔不久，《温州晚报》副刊主编池凌云女士也约我在《东瓯人文》上撰写“名公贤才”系列故事，进一步将我“逼”上了梁山。令人没有想到的是，首度出手,居然一炮打响。2012 年 11 月 24 日,头篇《驺摇晋封东瓯王》在《温州晚报》一经刊发,立即引起市委书记陈德荣的关注,他专门在报纸文章旁边做了有关纪念东瓯王驺摇的批示。此举极大地提振了晚报编辑与我这个作者的信心,使该专栏一直持续了两年之久,共刊发 70 余篇温州历史名人的文章,直至后来晚报总体改版才停歇。有《玉海名家》及以上两个专栏文章做铺垫,我在乡土历史人物资料与素材上,拥有了更为深厚的积累,最终集腋成裘,为之后《瑞安古代清官故事》和《瑞安历史名人列传》两本书的编著出版奠定了基础。

三、践行初心　矢志不渝

先父在世时就萌有编写有关温州历史人物故事图书的念头,但由于当时图书出版和资料收集的困难,加上我还在报社供职,工作较忙,两人仅做"纸上谈兵",而迟迟未能付诸行动。我退休之后,在撰写地方先贤故事和编辑《玉海名家》的过程中,发现瑞安和全国其他地方一样,历史上出现了许多清官良吏,他们的感人事迹一点也不比我编写过的古代清官逊色。父亲生前曾在温州市纪委创办的《温州党风廉政》刊物上,开辟《清官史话》专栏,刊登过多篇温州清官故事,对反腐倡廉产生了一定的积极影响。我俩还根据清乾隆年间平阳知县黄梅贪污事件,撰写了《窦光鼐阅卷除贪官》故事,不仅选入《古人维护法纪的故事》一书,还在《温州日报》副刊《瓯潮》上连载。

2013 年,瑞安市纪委、监察局为配合新时代党风廉政教育,决定搜集编写瑞安古代清官故事。他们经过深入了解,决定由我来负责编写此书,并由夏海豹先生担任策划工作,由纪委宣教室做好组织保障等相关事宜。时任瑞安市委常委、纪委书记的谢修亥,十分关心这项工作,将其作为开展廉政教育的一件大事来抓。他不仅参与该书的筹划、研讨、审核,还根据我和夏海豹的提议,邀请瑞安文史界前辈宋维远、许希濂、陈之川等老先生过来相助把关,从而加快了出书的进度,提升了质量。

《瑞安古代清官故事》是从瑞安历代官员中遴选出 38 位最具代表性的清官,编写成 38 篇故事,汇集成书的。这些清官的品质主要表现在忠贞爱国、勤政为民、清正廉洁、秉公执法等方面，如东汉为民除害的蔡敬则，唐代为国捐躯的叶一源，宋代上书保宗泽的许景衡，明代忠贞不阿的卓敬，清代拒贪守清贫的孙希旦、敢为百姓做主的林培厚等。总之，该书所记述的事迹生动感人，具有一定故事性与可读性，而且每篇都配有彩图及相关照片，做到图文并茂，增加大家的阅读兴趣。该书出版后，产生了良好的社会反响。正如谢修亥书记在序言中所说的那样："不仅开启了纪检监察部门的一项新工作，也为全市廉政文化建设增添了新内容。"

事隔不久，中共瑞安市委宣传部和社科联为弘扬瑞安当地的优秀传统文化，准备编纂出版一本全面推介瑞安历史名人的读物，作为社科普及课题之一。他们把具体编写任务交给我，并专门成立编委会，着力编纂此书。经过一年多时间连续奋战，终于大功告成。其间一直得到市委常委、宣传部部长管秀云女士的鼎力支持，她在百忙之中抽空主持参与了全书的策划、研讨和定稿工作，成书之后，又亲为作序，精诚所至，令人感动。还有温州社科联原副主席洪振宁先生、瑞安玉海文化研究会会长何光明先生，以及林式其、张忠文、黄海鸥诸位社科联的领导，都为该书的出版付出了辛劳。

《瑞安古代清官故事》《瑞安历史名人列传》书影

《瑞安历史名人列传》堪称一部乡邦的"群贤集"，全书集中介绍了103位杰出乡贤，也包括一些与瑞安有着深厚渊源的历史名人的事迹。从东汉最早在瑞安设衙建城的安乡侯蔡敬则，到晋末义薄云天、舍命救友的张进之；从南朝隐居陶山的"山中宰相"陶弘景，到唐代为国捐躯的名将叶一源；从南宋重臣许景衡、永嘉学派代表人物陈傅良与叶适，到元末被誉为"南曲之祖"《琵琶记》的作者高则诚；还有明朝翁婿画家孙隆、任道逊，被尊为"一代书宗"的书法家姜立纲；以及清末民初朴学大师孙诒让、戏曲作家洪炳文、改良派思想家陈虬；现代的农经学家许璇、"洋状元"项骧、历史学家周予同、水生物专家伍献文、新闻泰斗赵超构、眼科专家缪天荣、国旗设计者曾联松等，可谓群贤荟萃，乡邦名人无不包罗其中。该书主要从"立德、立功、立言"三个方面，对人物生平业绩加以概括，再现历代名人的高风亮节与人生的精彩传奇，突出其在历史上的成就与地位，以激发广大读者见贤思齐、敬贤爱乡之情。

该书分古代人物与近现代人物两大部分，统一采取名人名片（生平简介）＋传记内容的格式，每位人物都控制在 2000 字左右。在写法上坚持深入浅出、雅俗共赏的原则，以宣传普及乡贤文化为宗旨，既注重史实，做到言必有据，又讲求表现手法，抓住历史名人一生中最典型、最精彩的事例作为切入点，把记言与记事结合起来，内容力求生动有趣、通俗易懂，并尽量配以插图及相关图片资料，使之图文并茂，以增强趣味性与可读性。与地方文史资料不同，该书既可作为对广大青少年进行爱国主义传统教育的题材，又可作为地方历史的普及读物，更具贴近性，适合社会民众与各界人士阅读。将书名定为《瑞安历史名人列传》，也寓有一定意蕴。何谓"列传"？唐司马贞《史记索隐》云："列传者，谓叙列人臣事迹，令可传于后世。"张守节《史记正义》云："其人行迹可序列，故云列传。"说得通俗一点，就是将瑞安历史名人列叙成书，为之树碑立传。

乡贤名人作为本土的翘楚精英，中华传统美德赋予他们以人格魅力，发掘和传承这些历史名人所蕴含的优秀品质和所代表的优秀传统文化，对于当地的文化建设更具现实意义。鉴古知今，他们的事迹对后人有着良好的教化与激励作用，能够为广大读者，尤其是青少年，提供许多有益的启迪与借鉴，使他们可以从历史名人身上汲取向上、向善的正能量，进一步激发爱国爱乡之情，为实现中华民族伟大复兴的中国梦做贡献。"老牛亦解韶光贵，不待扬鞭自奋蹄。"《瑞安历史名人列传》出书后，我一如既往，仍然在温州这块历史沃土上奋力笔耕，如今另一部 100 篇共 30 余万字的《温州历史名人故事》也已脱稿，正在寻找机会付梓出版。更为可喜的是儿子知遥、知力两人也爱好文史，学有专长，目前均在温州市文化部门供职。马知遥曾与我合编过《自古英雄出少年》一书；马知力擅长美术绘画，我所写的《瑞安古代清官故事》和温州历史名人的文章，都是由他画的插图。家风传承，先父若泉下有知，一定会倍感欣慰。

弘扬瓯越传统文化，延续中华千秋文脉，功在宣传普及，利在教育传承。我虽届古稀之年，仍存老骥伏枥、矢志不渝的初心，愿以余生之力，继续为温州乡贤树碑立传，为新时代温州的社科事业奉献绵薄之力！

2019 年 10 月 22 日

扼腕拂拭瓯越千年文脉

王兴文*

二十年前，我受"孔雀东南飞"之影响，告别父母亲友，从高寒的北方边陲小镇来到"冬无恒燠"的温州工作，再一次开启了繁重而又快乐的教学、研究生涯。温州是一座既有现代活力，又有深厚历史文化底蕴的既年轻又古老的城市。温州历史上不仅充满浓厚的商业味道，洋溢着一种开拓的冲动，还渗透出强烈的人文气息。温州文化底蕴深厚，历史上有众多大家族为温州发展做出过重大贡献。同时温州文化也是一种"走出去"的文化，不管是经商，还是学术。当今的学术研究百家争鸣，成果众多，但亦是泥沙俱下。拙作题目中之"扼腕"指两个遗憾：一是温州历史文献遗失太多，误读太多；二是研究者中自以为是者居多。"拂拭"意为我的研究也只是表面拂拭，对于内涵丰富的温州历史文化而言，不足九牛之一毛。二十年弹指一挥间，我的学术研究虽也有几分收获，但回首望去，竟也依然在路上，今不揣总结些许，或许有用于后来的年轻人，果如此，心慰矣。

---

* 王兴文(1964—)，男，温州大学人文学院教授、硕士生导师。曾任温州大学中国史一级学科硕士点负责人、中国史教研室主任、人文学院第四党支部书记等职。现为温州大学孙诒让研究所所长。多年来，主要从事中国科技经济史和温州历史文化研究，在《中国史研究》《自然辩证法通讯》《自然辩证法研究》等学术刊物发表学术论文60余篇，撰写出版《简明中国科学技术通史》《宋代科技文献研究》《苏颂评传》等学术著作近20部，主编《温州状元》《温瑞塘河历史变迁与"五水共治"》《鹤盛镇志》《浙江通志·雁荡山卷》等温州地方历史文化图书多部。多次获得省部级、厅局级教科研奖项。主要学术兼职有中国苏颂学术研究会副会长、温州王十朋研究会常务副会长、温州市历史学会副会长、温州市国学文化研究会副会长等。

我的学术研究大体是"两条腿"走路：一个是中国科技经济史研究，一个是温州地方史研究；一个是登殿堂，一个是接地气，学术成果基本也是这两方面的。我在温州参加的第一个学术活动是2000年12月在温州国贸大酒店召开的"纪念叶适诞生850周年暨永嘉学派国际学术研讨会"。当时对温州历史文化的内涵还知之甚少，经过一段时间的研读，在蔡克骄老师的指导下，会前我终于完成了《叶适财经思想述论》一文，并提交给会务组，收入论文集。从此以后，我就像拿到了研究温州历史文化的钥匙，对温州历史文化的多个领域均有所涉猎，虽有些肤浅，但亦有心得。下面结合自身研究情况，从科技史研究、苏颂研究、经济史研究、温州历史文化研究以及学术活动谈一下基本情况，不当之处，敬请斧正。

一、有关中国科技史的研究

中国科技史研究历来都是学术界最难啃的硬骨头。研究它不仅要能够读懂那些晦涩生僻的古文字，而且更为要紧的是无论是医、农、天、算四大学科还是物理、化学、生物等学科基本都兼涉文理。也就是说，研究科技史不仅要有文科背景，还要有理科背景。这让很多人望而却步。我的科技史功底是当初在吉林大学读书时奠定的。当时管成学教授给我们上"中国科技文献"课，管老师和这门课对我影响很大，自此我对科技史产生了比较浓厚的兴趣，也一点一滴地积累了比较丰厚的科技史研究的资料。2000年我来到温州师范学院工作时，恰逢管老师也来这里工作，于是我们就开始了中国科技史研究的协同攻关。

2002年发表《从李约瑟的错误引出的对学术批评的思考》。那个时期，关于学术腐败和学术批评的讨论十分热烈，这是一件关系科学发展和祖国前途的大事。由于我们所致力的是中国古代科技文献研究，有机会与美国哈佛大学的吴文津教授和哥伦比亚大学东方学教授安芳湄(Frances LaFleur)博士有一些学术论文和书信往来，深感我们有吸收外国学术研究长处之必要。所以以我们的亲身经历来参加这场讨论，以求"他山之石，可以攻玉"之效。2003年发表《也谈中国科技史的史料考据问题》，该文通过一些论文和专著由于对宋代宋慈《洗冤集录》疏于考据发生的错误，李约瑟(Joseph Needham)《中国科学技术史》中阐释中国古代科技史料发生的错误《甘石星经》被误认为是战国时期甘德、石申之书的错误，论证了考据史料对科技史研究的重要性，并对避免此类错误继续发生提出了一些切实可行的意见。此后，相继写《关于〈甘石星经〉的研究和讨论》《高校历史教材中先秦科技史重大失误之考述》，对《甘石星经》被误认为是甘德和石申合编的问题进行了进一步的研究。

党的十一届三中全会之后，在每一个中国学术工作者面前，展现了一个“海阔凭鱼跃，天高任鸟飞”的美好前景。一大批中国科技史的学术专著如雨后春笋般诞生了，中国科技史研究取得了前所未有的成就。2004 年发表《试论宋代改革与科技创新的思想互动》，文章分析了宋神宗、王安石和苏颂思想上的共通之处，沈括与王安石在改革中的思想互动和改革的大辩论，与医学百家争鸣的关系，论证了改革对科学技术创新的促进作用。该文用来就教致力于宋代科学思想史研究的专家们，以期对这个问题展开深入的研究。同时在这一年还出版了《简明中国科学技术通史》，对中国各个时期的科学技术成就进行了介绍并对一些已经出版的学术专著中的实质性错误进行了纠正。

2006 年出版《宋代科技文献研究》。宋代是中国古代科学技术最发达的时期，所以我们选择宋代科技文献作为我们研究古代科技文献的第一本书。该书分六章八大类分别进行阐述。我们对每类先进行总体文献概述，以便了解现存科技文献的全貌，然后选择典型文献做个案研究。所选文献或者有代表性，或者有很高的科技文献价值，或者是珍稀版本，或者是当前学术研究的热点。科技文献和古代文物是科技史研究的两大基础，而科技文献提供的资料，比文物和考古发掘资料更全面、更详尽、更系统。所以，进行宋代科技文献研究对科技史研究具有非常重要的推动作用。在 2008 年发表《韩彦直〈橘录〉及其科学价值初探》，对《橘录》的作者生平、版本源流、科学价值、国际影响等方面做比较深入的考察和诠释，对厘清此书版本授受的源流、推广柑农种植柑橘的经验、弘扬我国优秀科技文化遗产将大有裨益。

除此之外，2007 年出版《图说中国文化 · 科技卷》，2008 年出版《图说世界科技文化》,这两本书都是图说系列,以图片为主,穿插小故事,系统论述中国古代科技发展和世界科技文化发展历程。2010年发表《中国断代科技史研究的新收获——评管成学教授所著〈南宋科技史〉》,2011年发表《魏了翁科技思想初探》《〈二十五史〉科学家传误讹考》。在科技史研究方面不得不提的一个人物是苏颂,对于苏颂的研究将专门列为一个方面在下文阐述。

2014年10月作者(一排左三)参加"宋代科技与李约瑟之谜"学术研讨会

二、有关苏颂的研究

2002年发表《宋代交相辉映的两颗巨星——苏颂与苏轼交谊考述》一文。苏颂是独得七项世界第一的科学家,苏轼是享誉中外的文学家,他们的交往与情谊,他们的不幸遭遇与高尚情操,给我们留下了深刻的启迪。宋代的两颗巨星,在两个月内,相继陨落!2001年是苏颂及苏轼逝世900周年,特撰写此文,以志纪念和敬仰。这篇论文还在2008年收录于《苏颂研究论文新编》中。

2005年发表《苏颂与〈新仪象法要〉再探讨》。苏颂的《新仪象法要》是我国古代著名的天文学著作,在世界天文学史上占有重要地位,我们在充分肯定它的科技成就的同时,也应该如实地指出苏颂的错误和《新仪象法要》的不足;李约瑟博士的《中国科学技术史》是一部功贯古今、誉满天下的著作,对《新仪象法要》的论述和阐释使中外科技史工作者为之叹服,但也有错讹和失误之处，所以这篇小文命名为《苏颂与〈新仪象法要〉再探讨》。该文对苏颂原文的错误及其原因以及李约瑟阐释的错误给出了自己的意见。对于《新仪象法要》这样一部功贯古今、誉满全球的著作，我们在充分肯定它的科技成就、全面弘扬苏颂科学精神的同时，也应该如实地指出苏颂的错误和《新仪象法要》的不足。这才是实事求是的科学精神，这才是严肃认真的科学态度。李约瑟的《中国科学技术史》早已成为中国科技史研究者的必读书，成为中国各高等院校中国科技史教师的参考教材，其影响非常广大和深远。特别是中国科学出版社 1977 年中译本、台湾陈立夫主持的中译本、香港的中译本都照译了李约瑟的错误，以讹传讹。我们感到也应该讨论李约瑟的这些错误，以便新的译本不再重复这些错误。更何况李约瑟博士的著作正在以英文、法文、德文、西班牙文、俄文等不断地印刷，外国科技史工作者是难以纠正这些错误的。公开讨论这些错误也是中国科技史工作者当仁不让的职责。这也是对李约瑟博士最大的尊敬和最好的纪念。

2005 年在杭州市社会科学院史及伟院长的邀请下，与管成学教授、苏克福博士等访问苏颂、苏轼在杭州的史迹，并受到中共杭州市委常委、宣传部部长张鸿建等党政领导的热情接待，共商弘扬苏颂、苏轼在杭州业绩之大计。苏颂学术研究丛书之一的《苏颂评传》被列为杭州市社科院的重点课题，得到资助出版。2006 年出版的《苏颂评传》是我与管成学教授同著，对苏颂的家世源流、生平、著作进行了介绍。

2007 年发表《风光无尽意无穷——宋代社会文化造就了伟大的科学家苏颂》。孙小淳博士在《自然辩证法通讯》上发表的文章《从“百川归海”到“河岸风光”——试论中国古代科学的社会、文化史研究》，提出了一个值得深思的问题和很好的研究方向，即“李约瑟难题”的另一半：“为什么从公元 1 世纪到公元 15 世纪，在把人类对自然界的知识应用于人类实际需要上，中国文明比西方文明要更有效得多?”孙博士认为要回答李约瑟难题的另一半，“领略中国文明之河的河岸风光”，最好要“对宋代的科学与社会做具体而细致的社会学的研究”。由于致力于宋代科学与社会的文献整理与研究工作，我们对孙博士的见解深有同感，因此写了本篇文章参加这一问题的讨论。从家庭环境和私塾教育对苏颂科学知识与科学精神的培养、宋代国策和民俗促成了《本草图经》的编撰以及水运仪象台研制是国家主导的工程这几个方面展开论述。过去的中国科技史研究，侧重于科学家和科技发明、科技成就的研究，很少涉及社会、文化与科技关系之探讨，偶有涉及，也多以时代背景出现。孙小淳博士提出的“对宋代的科学与社会做具体而细致的社会学的研究”，可以更好地“领略中国文明之河的河岸风光”的课题，是值得进行深入探讨的。我们在研究宋代社会与文化史料，撰写拙文的过程中，不仅“领略中国文明之河的河岸风光”，而且体会到了对宋代科学与社会做具体细致的社会学研究“风光无尽意无穷”的前景。

2012 年著《苏颂遗文研究》一书。到 2012 年，在苏颂学术研究方面，我先后在《自然辩证法通讯》《清华大学学报》《自然辩证法研究》《社会科学战线》等刊物发表了一系列论文，对苏颂的工作业绩、同族交谊、科技贡献与创新、历史地位等问题进行较为全面的论述；特别是我在撰写《简明中国科学技术通史》《宋代科技文献研究》《苏颂评传》等书稿时，全面涉及苏颂的各种文献资料。虽然如此，对苏颂遗留给我们的大量文献资料的研究，还显得很薄弱。因此该书主要是对苏颂的奏议、序跋、家训等文献，参以大量相关的资料进行研究，设 14 个部分，以文献为线索，对苏颂的和谐与稳定思想、法律思想、水利思想、教育观、吏治思想与人才观、对文献工作的贡献、书画的研究与探索、廉政思想、学术风范、《苏魏公文集》版本源流与学术价值、《苏魏公文集》辑补等进行了全面的论述。2016 年收录在《宋史研究论丛》的《从苏颂遗文看其学术风范》，进一步对苏颂的学术风范进行了探究。

2015 年与管成学教授同著《苏颂与魏公谭训研究》，该书主要由我执笔，与管老师共同完成。这本书从《魏公谭训》的成书缘起与版本源流谈到苏颂的“家训诗”，苏颂的家教思想、教育观、道德观、廉政观以及《魏公谭训》的文献价值与苏颂的贡献，是对苏颂文章的进一步研究。

我们虽然对苏颂的文献进行了比较多的研究，但是还很不够。正如管成学先生在苏颂 990 周年华诞学术论坛上所说：“芦山堂的文化遗产是一座金矿，越往深层挖掘越被它金光闪闪的宝藏所吸引。让我们携起手来，共同开发好这座金矿，让它更好地造福于全中国和全世界吧！”

2017 年 11 月作者(右二)参加厦门苏颂国际文化节

三、有关中国经济史的研究

2002 年发表《明初洪武朝经济政策的调整与定位》,从明初的经济政策理顺了元朝以来失调的社会生产关系;在中国古代生产力水平还不是很发达的情况下,人的作用极为重要;实行了休养生息政策,给社会经济的恢复和发展创造了良好的环境这三个方面论述洪武朝经济政策的调整与定位对明初社会经济全面恢复的作用。2003 年发表《试论中国古代西部经济开发政策》,论述我国古代各中央王朝通过移民屯垦、兴修水利、改善交通等基础设施建设,把中原先进技术和工具传播到西部地区,加强了内地与西部地区的经济、文化交流,使得西部边疆地区统治得以巩固统一,为西部经济的建设奠定了良好的基础。2006 年发表《古都商业史研究的新视野——〈长安商业〉评介》,分析了《长安商业》的优点与不足。2007 年发表《中国经济史跨领域研究的新尝试——读卢华语主编〈全唐诗:经济资料辑释与研究〉》。2014 年发表《清中前期江南沿海市镇的对日贸易——以乍浦港为中心》,通过分析乍浦港兴起的背景及其与日往来贸易来探讨清中前期江南地区对日贸易情况。

有关宋代经济方面。2002年发表《淮浙盐的产销与两宋社会经济》，宋代的盐税收入，特别是淮浙地区的盐税收入充当了解救宋代财政危机的一个重要支撑点。该文试图从两宋淮浙盐的产销情况来论述淮浙盐在两宋时期所起的历史作用及其影响，并从中透视当时所存在的一些社会问题。在生产方面，该文对淮浙盐（海盐）的生产技术和方法以及淮浙盐的生产数量加以探究。在远销方面，对淮浙盐的不合理的销盐区域的划分，官般官卖制及商卖制两种不同的销售方式加以研究。2003年发表《论宋代客户人身依附关系的特点》，认为宋袭前制，客户的人身依附关系已大为减轻，开始向半自耕农、自耕农转化。但其有别于前代的人身依附关系的特点——两重性、不稳定性和短暂性、程度差异性等却是反映这一阶层身份、地位的主体内容所在。2003年还发表了《略论宋代市舶制度》，从宋代对海舶和外商的管理；市舶关税；收买政府专卖品，市舶官制，及其在宋代的经济地位等几个方面对宋代市舶制度进行了探讨。有关宋代市舶制度，还于2004年发表《宋代市舶关税的抽解制度及其经济地位》，对其进行了进一步研究。2004年发表《北宋漕运与商品经济的发展》，论述北宋漕运业的发达对商业城镇发展的重大意义。

四、有关温州（瓯越）历史的研究

温州，一座有着2200多年建城史的城市，文脉悠久，文风鼎盛，文人辈出。世人熟知，这里是永嘉学派、永嘉四灵诗派的诞生地，是南戏的故乡；到近现代则是孕育出了孙诒让、夏鼐、苏步青、谷超豪等文史大家。研究温州地方历史文化，是我多年研究工作的一个主要方向，这对于继承和发扬温州地方优秀文化传统，助推当今的经济文化建设，无疑是很有意义的事情。我对温州历史文化的研究领域集中于温州历史人物、明清时期的温州、温州经济等几方面。

(一)温州历史人物

1.对晚清朴学大师孙诒让的研究

2008年5月,在时任党委书记的陈爱华同志提议下,温州大学意欲成立孙诒让研究所。陈书记找到时任人文学院院长的叶世祥教授了解情况,世祥院长就找到了我,让我担任孙诒让研究所所长。在研究所成立的当天,学校在北校区人文楼前举行了一个"孙诒让铜像"揭幕和研究所成立的挂牌仪式。研究所成立后,由当时的赵敏副校长牵头,把研究所和温大育英图书馆进行对接,研究所成为人文学院和图书馆共建单位。

孙诒让学识博大精深,为清代最后一位朴学大师,世人把他与俞樾、黄以周合称为"清末浙江三先生"。我研究孙诒让的著作主要有《孙诒让与温州教育近代化研究》《学高身正——晚清朴学大师孙诒让传略》。发表相关学术论文10余篇,主要有《孙诒让妇女解放思想的发端及其实践》《孙诒让妇女思想观刍议》《孙诒让职业教育观论述》《西方先进文明对孙诒让后半生成就的作用》《〈墨子间诂〉与20世纪30—60年代墨学的全面复兴》《孙诒让的学术贡献述评》《末代大儒与他的好友——孙诒让交往研究》等。

2015年出版著作《孙诒让与温州教育近代化研究》,主要内容包括:孙诒让生平与研究概况、家世渊源与交游网络;孙诒让的学术研究与西学思想及其实践;孙诒让的妇女解放思想与女学教育实践;孙诒让与温州职业教育、师范教育思想及实践。孙诒让是一位妇女解放运动的先驱者,从组织瑞安劝解妇女缠足会到创办瑞安第一所女子蒙塾至1908年,在他的带领下,全省共建女子学堂20所,他为温处两地及全省妇女教育都做出了开榛辟莽、筚路蓝缕之贡献。孙诒让的教育思想丰富,自成一体。他的职业教育以"振世救弊"为目的,内容上重视科学技术,方法上注重因材施教。重视师范教育更是孙诒让教育思想中较为重要的一个方面,他把师范教育喻为"小学之母",所以认为抓住教育要从基础教育抓起,从师范教育抓起。从1896年在地方创办第一所学校至1908年逝世这12年间,他亲手创办的学校就达20余所,加上他领导和倡议创办的学校共计309所,其"深明教育,成效昭著",使得温州的近代教育体系初步建立,促成了教育管理制度的近代化,教育内容和教育方法也有很大的创新。孙诒让的教育实践在浙江教育史上具有划时代的意义，对全省以至于全国教育近代化都起到先导和表率作用。以往对孙诒让兴学活动的考察，较多地肯定孙诒让一个人对温州近代教育发展所做出的贡献，而相对忽略了对当时社会背景的考察以及温州地方实力派官员与地方士绅的贡献。而我在考察以孙诒让为中心的温州士绅群体的兴学活动与致力于地方事业的活动时，对其兴学的得失则有更多的思考。孙诒让的兴学成就是有目共睹的，但不可否认的是，还存在一定的局限性。他的兴学活动仅囿于温处这一带，在其他地方未见显著的影响，并且他所希望的女性接受教育只是为“相夫教子，破迷信，助营业”，这明显是他妇女观中自相矛盾之处，既反映了当时社会新与旧的斗争，又反映了新旧思想中新的为旧的所束缚的痛苦。对于孙诒让的教育实践活动主张，我主张用历史唯物主义的观点去考察，他毕竟是一位对中国经典推崇备至的封建文人，尽管在民族危亡的关头，他产生了变法的自觉要求，但他却认为西方的先进政治，中国早已有之，这当然是儒家的一种惯性思维使然，也是一种民族自我中心意识。孙诒让始终没有处在晚清变法运动的中心，他办学是基于“救时”的需要，而非着眼于教育事业本身，总体仍没有突破“中学为体，西学为用”的范围。所以对于孙诒让的局限性应当一分为二地看待。从积极意义方面来说，自近代以来，认为教育救国是强国之本，虽然实践不成功，但其思想价值却不能否定。在当下看来，我们的社会发展也会因人民科学文化水平的低下而延缓。人人都在为大力发展教育、科教兴国而奋斗，这也在一定程度上证明了教育为强国之本的历史合理性。总之，对孙诒让这位古文经学大师，在我看来既要认清他的局限性，又要看到其合理之处。

2016 年出版著作《学高身正——晚清朴学大师孙诒让传略》。该书是大学生传统文化通俗读本丛书中的一本，主要从孙诒让的生平、家学渊源与学术交流、学术成就、乡邦贡献这几方面阐述孙诒让的传奇一生。孙诒让出身书香门第，受家学庭训，承永嘉遗风，从小随父宦游访学，广结社会各界名流，增长见识，开阔视野，治学遵循通经致用的学术宗旨，形成经史并重史且经推《周礼》、史重方志的学术风格。我参与编写此书的目的是促进广大青年大学生能够进一步了解温州的本土文化，从中体会到一方水土养一方人以及温州人“敢为天下先”的精神也是有历史实践路径可循的。

在发表的学术论文中，主要集中于研究孙诒让思想方面。2004 年发表

《孙诒让妇女解放思想的发端及其实践》,2006年发表《孙诒让妇女思想观刍议》,这两篇论文都主要论述孙诒让的妇女思想。清末著名的经学家孙诒让之朴学著作广为人知,却很少有人了解他也是一位妇女解放运动的先驱者。孙诒让的妇女解放思想因永嘉之学、维新改良思想、西学思潮和自身阅历而发端,为实践其妇女解放思想,他倡导禁缠足、兴女学、男女平等、普及妇女教育,这一系列的先进思想和兴学活动不仅使浙南的女子教育萌发了生机,而且对全省女子教育的近代化起了先导和表率作用,顺应了时代的潮流。由于受时代和阶级的局限,孙诒让的妇女解放思想也充满了尖锐的矛盾,将女性价值主要规范于生儿育女和主"中馈"上。我们从孙诒让身上可以看出"时代真实的悲剧的矛盾,体现了时代矛盾的真实的悲剧"。尽管他的妇女观中有落后的一面,但其妇女解放思想和实践仍有许多值得称道之处。2006年发表《〈墨子间诂〉与20世纪30—60年代墨学的全面复兴》,这篇文章主要论述孙诒让的《墨子间诂》作为墨学复活的桥梁,它继承吸取了20世纪以前墨学研究成果,基本恢复了《墨子》文本的真实面目,为墨学思想的研究和现代价值的挖掘铺平道路、扫清障碍,并促进五四时期墨学科学价值的发现和平民学说、逻辑价值的确立,从而引来20世纪30—60年代墨学的全面丰收,最终促成墨学的伟大复兴。2013年发表《孙诒让职业教育观论述》,具体论述孙诒让的职业教育观。孙诒让的职业教育思想以"振世救弊"为目的,重视科学技术,注重因材施教。为实践教育思想,孙诒让兴办新式学校、推广宣传职业教育等,并在长期的实践中,其职业教育在逐步走向成熟的同时也呈现出思想与实践良好互动等特征。2017年发表《孙诒让的学术贡献述评》,主要论述孙诒让的学术贡献。近代学者论其学术贡献多集中于经学、墨学和甲骨学上的成就,而对于其在文字学、目录学、校勘学、方志学等方面的贡献涉及不多,所以我在前人研究的基础上,结合晚清社会转型的大背景,探讨和梳理其众多著作的成因、主要内容及影响,以期对其学术贡献有一个较为全面的认识。孙诒让一生著述宏富,在长达48年的学术生涯中,取得誉满海内的学术成就。治学范围包括经史、诸子、古文字、校勘、目录、金石学、文献等,迈越前贤,其无可替代的开创性贡献,使他成为晚清最有成就的大师之一。

2003年,就孙诒让的藏书楼发表《天一阁与玉海楼藏书思想刍议》一文，主要从天一阁与玉海楼藏书的社会条件、天一阁与玉海楼建筑和藏书特色、天一阁与玉海楼的藏书思想和社会效益这几方面论述。天一阁、玉海楼为浙江藏书楼，分别创建于 1561 年和 1888 年。二者虽所处年代环境不同，却都对后世产生了很大的影响。比较二者可发现其主人的藏书思想有所差异，孙氏玉海楼较之范氏天一阁，具有更大的开放性、科学性和实用性。2003 年发表《西方先进文明对孙诒让后半生成就的作用》，主要强调西方文明对孙诒让后半生的作用是十分巨大的。以往人们过于偏重对他自身的本土文明因素的探讨，而忽略西方文明对他的作用，这给孙诒让研究的完整性大打折扣。孙诒让从西方文明中汲取了各国在经济、政治、历史、地理、科学、文化等各个方面的知识来不断修正和完善自己已有的知识结构，其思想在汲取西方文明后得到了全面升华而成为近代中国先进思想的有机组成部分。因此从西方文明在孙诒让后半生的作用上进行探讨显得很有必要，它能更好地推动我们对孙诒让全面的认识，同时也能更好地探讨他思想的提升与裂变的渊源。2012 年发表《末代大儒与他的好友——孙诒让交往研究》，主要从目前学术界对孙诒让交往的研究、孙诒让广泛交游的原因、孙诒让交往的对象及广泛交友对孙诒让的影响这几方面论述。在当时时代背景和家庭因素的影响下，孙诒让交友广泛，他的学术思想具有极大的包容性，不守门户之见，在政治上有着稳妥持重的特点，这都与他广泛交往、善于接受各种新事物有着密切的关系。因此，全面研究孙诒让的交游与交往关系，对了解清代最后一位朴学大师的成长成才之路、政治与学术思想的形成，具有十分重要的意义。2013 年是温州近代大儒孙诒让 165 周年诞辰，温州大学主办“孙诒让与温州”主题学术沙龙，在此次沙龙上我主讲了《48 岁，他从书斋走向社会》，综合孙氏的学术和思想发展，以主要标志性事件来划分，将其归纳为：学术积累准备期（8～24 岁）、以《周礼正义》为中心的学术攻坚期（25～47 岁）、投身维新与学术成果释放并进期（48～61 岁）三个时期。孙诒让给后世留下了许多思想珍宝，在学术上给后人留下了《周礼正义》《墨子间诂》《札迻》等；创办学校和地方实业，推动地方兴学运动和浙南思想文化历史性的重大进步。可以说，孙诒让在人生道路目标上，淡薄科场失利，淡泊名利，淡于官场进退，把治学和为官视为实现人生价值的两种同等选择。

2.对南宋温州第一状元王十朋的研究

温州历史悠久，人杰地灵，人文荟萃，名人辈出。素负大节的南宋名臣，杰出的政治家、文学家、教育家、爱国诗人王十朋亦是其中一颗耀眼的明星。关于王十朋的研究著作及文献整理，分述如下：

2012 年发表《去国尚忧国　还家未有家——王十朋的爱国思想》，主要论述王十朋的爱国事迹，反映其强烈的爱国思想。王十朋从小立誓忠君报国，在其出仕之际，坚定扬起抗金复国的大槌，冒死挥泪上疏，力主北伐。1163 年，上书《论史浩札子》揭露史浩伪君子奸相，为北伐做出重大的贡献。王十朋为官期间，全力践行"兼济天下"，勤政爱民。总之，王十朋的一生爱国爱民，其高尚的爱国精神得到时人及后人的称赞，"屹然立朝，作世郛郭"，"立朝正直，一代伟人"，这些赞誉对王十朋可以说都是当之无愧的。

2019 年 3 月作者(右二)参加《剡溪诗话》《南宋大贤王十朋剡中诗文集》首发式

2013 年出版《王十朋系年要论与时事要录》。该书主要是以王十朋系年为主线，1112—1171 年间的王十朋史事多有记述与评论，因此称之为"要论"；同时，对王十朋生活时代的国家大势和温州时事多有录用，因此称之为"要录"。王十朋一生经历徽宗、钦宗、高宗、孝宗四朝，无论是在朝廷任职还是出任地方官吏，都秉承自己的爱国之志、为民之心。其在世六十春秋，为官五十载，留下 2000 多首诗歌和大量散文，绝大多数保留在《王十朋全集》中，其诗、文不仅记载了他本人的成长历程和思想演变，也折射出在南宋初期时局复杂的状况下社会的实态和士人的生存境遇。该书表达的主题是弘扬王十朋忧国爱民、体恤民瘼的民本思想，缅怀以德治国、刑清狱空的丰功伟绩，任贤、纳谏、赏罚三大治国主张以及高风亮节的廉政精神，教育广大青年学子勤奋读书报国，广大干部执政为民、两袖清风、反腐倡廉，构建社会主义和谐社会，提升打造温州历史文化名城的文化内涵。

3.对永嘉学派集大成者叶适的研究

温州名人辈出，除了孙诒让、王十朋，永嘉学派的集大成者叶适也出自这里。关于叶适的学术研究，现分述如下：

2000 年发表《叶适财经思想论述》，收入《叶适与永嘉学派论集》中。此文主要就"国家理财""重本抑末""复井田、抑兼并""货币"等 4 个问题对叶适的财经思想进行了概要的阐述与剖析。在研究中，一方面对叶适财经思想中的精要部分进行了详细的论证，另一方面对南宋社会繁荣与衰朽的总体特征进行了宏观的概述，从而对叶适的财经思想以及南宋时期社会经济，特别是商品经济发展的本质问题有了一个全面的深入认识。叶适的财经思想具有超前意识和批判精神，是封建社会商品经济高度集中的产物，是历史发展的必然，但因叶适生活年代，其思想又必然存在阶级局限性。2000 年 11 月 7—9 日"纪念叶适诞生 850 周年暨永嘉学派国际学术研讨会"在浙江省温州市举行。与会学者就叶适的哲学思想、经济思想、社会政治思想、文学思想、民族思想、军事思想、学术思想及永嘉学派等问题进行了广泛的研讨。2001 年，我发表了《纪念叶适诞生 850 周年暨永嘉学派国际学术研讨会综述》一文，将国内外学者的学术讨论进行综述，在哲学思想方面，学者们从不同的角度阐明自己的研究成果和看法；在经济思想方面，与会专家一致认为，叶适作为追求事功的永嘉学派的代表人物，具有许多重要而有价值的经济思想；此外，还有一些论文涉及叶适的文学思想、学术批判思想、社会政治思想、民族思想、事功思想及永嘉学派等诸多问题。学术讨论问题很多，涉及叶适思想及永嘉学派的方方面面，亦涉及义利关系、叶适与道统、理学与反理学、资本主义萌芽等诸多问题，所研讨的问题也具有一定的深度和广度。2016 年出版著作《经世济民——永嘉学派集大成者叶适传略》，该书是大学生传统文化通俗读本丛书中的一本。在该书中我主要论述叶适的官宦生涯、叶适的学术研究及其著作、叶适学术思想概述、叶适与永嘉学派、叶适的历史地位及其影响和叶适的生平小故事。叶适主张功利之学，反对空谈性命，对朱熹学说提出批评，为永嘉学派集大成者。他所代表的永嘉事功学派，与当时朱熹的理学、陆九渊的心学并列为"南宋三大学派"，对后世影响深远，是温州创业精神的思想发源。纵观全书，我在行文上注意言简意赅，有的篇章如叙家常，十分平易近人，通畅明了。目的在于揭示叶适的成才之路、思想事功等，促进青年了解温州本土文化，传承温州优秀文化传统，积极投身祖国家乡建设。

2014 年 10 月作者(二排左二)参加温州市叶适与永嘉学派研究会第一届理事会

（二）温州经济史

几十年的学术研究生涯中，我还对温州经济史做过一些梳理。2004 年发表《试论地理环境对古代温州经济发展的深层影响》，论述温州在古代经济的发展状况和独特的地理环境对温州经济发展道路的影响。2013 年发表《20 世纪以来中国盐业史研究述评》。盐业关系国计民生，为历代政府利税主要来源。我国盐业资源丰富，分布地域广阔，海盐、池盐、井盐、岩盐等多种类型的盐业资源广布全国各地，其中海盐主要产自东部沿海地区。温州地处东南沿海，海岸线绵长，盐场广布，为食盐的重要产地之一。温州专门设场进行盐业生产管理始于唐代，作为海盐的重要产地，温州为两浙的赋税收入做出了重大贡献。学术界对历代盐业史研究成果虽多，但却鲜有温州盐业史的专门研究。这篇文章是对20世纪以来中国盐业史研究的回顾，从这一回顾中可以看到这些研究成果多注重于宏观方面的研究，地域跨度相当大，很少有涉及各个小地域范围的研究，特别是一些产盐重地。如温州，尽管自唐以来就成为全国重要的产盐地，但却缺乏相关的系统研究成果。因此，该领域可以说是温州历史研究一处急需开发的处女地，具有相当重要的学术价值，有待于学者进一步深入研究。在这一基础上，2015年发表《宋代温州盐业初探》，对温州自然环境与海盐资源，宋代温州盐业生产、运销体制与盐务管理以及宋代温州私盐进行了探究。2017年出版《温州盐业经济史》，作为"《温州通史》专题史丛书"的一部分，对温州各个时期的盐业进行了介绍。该书共分6章，分别对宋以前、宋代、元代、明代、清代、民国6个历史时期温州盐业资源、盐业生产、运销体制、盐务管理、盐课及私盐问题等进行系统论述。

2017年主编《温瑞塘河历史变迁与"五水共治"》。塘河被温州人民称为"母亲河"，见证了温州的兴衰荣辱，温州的发展也反映了塘河的生态变迁。为了深入贯彻习近平总书记提出的"我们既要绿水青山，也要金山银山。宁要绿水青山，不要金山银山，而且绿水青山就是金山银山"的生态观念，为了进一步领会和实践浙江省、温州市关于"五水共治"精神，进一步从思想根子上解决认识问题，从内心深处深刻认识环境治理的艰巨性、复杂性，更加自觉地投身"五水共治"的实践中，瓯海区顺势率先提出"五水共治"的治水模式，打造美丽浙江、温州水乡、最美瓯海的新局面。为此，瓯海区各级领导提出编写关于温瑞塘河的历史文化变迁和新时期塘河治理书籍，以便于广大干部群众学习塘河"五水共治"新理念。该书介绍了温瑞塘河的历史变迁、历史作用、沿岸的经济发展以及生态环境及其治理、"五水共治"在温州的实践等方面，以史为鉴，展现瓯海塘河新风貌。

（三）温州文化史

1.对温州状元的研究

温州，是苍茫九州大地的一处桃源胜境；状元，是中国传统文化百花园中的一朵奇葩。温州历史名人辈出,但是历史上温州亦出现过一个堪称壮观的状元群体,却鲜为人知。2016 年,我参与编纂的《温州状元》出版。这本书是一部拓荒之作,此前从未有一部专著对这些状元史料进行系统整理和研究,此书弥补了这一遗憾。这本书也是一部创新之作,采用学术性和通俗性相结合的写作方式,在史料基础上,比较全面生动地记述了温州 27 位状元的生平事迹。《温州状元》紧扣温州地域特色,以文武区分,按照历史事件先后顺序,系统而科学地研究了温州区域的 8 文 19 武总计 27 位状元,结合相关史料,全面探讨了每位状元的生平大事、宦海沉浮、相关轶闻等。虽然涉及颇广,但是此书始终把握"展现温州人文特色,继承优秀传统文化"这一思想,取其精华,去其糟粕。编纂此书的过程中,我竭力褪去封建政治体制下僵硬的科举人格,对 27 位状元进行全方位、深层次的发掘与研究,在还原每一位状元独特人格魅力的基础上继承和弘扬中国古代科举制度中积极、进步的优秀文化遗产,并且从文化的角度出发,运用历史唯物主义的观点,围绕温州状元得以产生的历史人文背景,对温州状元进行深入研究,从中找出具有普遍意义和规律性的东西。

2.明清时期的温州研究

关于明清时期温州的学术研究,大多数以研究文献为主。2011 年,发表《明代吏部尚书考论》。该文主要论述在明代 200 多年的历史之中,吏部尚书的任期呈现出阶段性变化的特点;明代吏部尚书由于受到皇权、阁权和宦权的挤压,在整个中央体制中的影响十分有限。纵观明代的吏部尚书,我们可以把它当成一面镜子,透过它看到明代政治的基本状况和存在的一些问题。2012 年 3 月,发表《国家制度与基层防御——明代温州兵制考述》。该文主要论述明代温州兵制变化特点:卫所制在明初是作为一种国家制度而推行的,民兵制与营兵制则是到了明中后期才开始兴起的,它们所承担的角色和发挥的作用亦各不相同。在各地方区域中,这三种防御力量呈现一种明显的互动关系。2012 年 9 月,发表《明代温州书院体系的构建及特征》。该文主要论述在温州书院发展史上,明代承前启后,其地位显著,形成了以地方官府、士绅、乡村宗族为兴建与维护的主要力量,在空间上涵盖府、县、村都的三级书院体系。三类书院在建院规模、培养理念、教学与管理上呈现出各自的特征,有效弥补了地方官学教育的不足和弊端，培养了大批经世人才，起到教化乡里的功效，推动了明代温州文化的繁荣。2014 年，发表《浙江明清科举功名牌坊修建原因、类型及研究价值》。对牌坊的研究，许多文章单一从建筑学的视角去探讨。实际上，浙江省的科举功名牌坊具有纪念科举举人、进士功名的作用。该文着重对科举功名牌坊修建原因、类型与意义做了探讨，希望拓展科举制度的研究领域。在皇帝下诏、地方官员族人为光宗耀祖自建等原因下，科举功名牌坊主要分为举人、进士牌坊两大类。科举功名牌坊表达了浙江古代社会民众的人生梦，具有鼓励民众勤奋学习、推动地方教育事业发展的历史意义和建筑学研究价值。2014 年，我和尚明龙共同撰写《刘基为人处事之道及其当代价值》一文。刘基，浙江青田人，明初杰出的政治谋略家、思想家，他的智慧事迹在海内外有广泛深远的民间影响。目前国内关于刘基社会关系的文章逐渐增多，但其处事方法类文章却极为少见，该文从立志高远、处事果断、淡泊名利、忠诚恕己、功成身退五个方面对刘基的为人处事之道梳理总结，挖掘其当代价值，用以指导在当代社会对普通民众立志高远、为政者克己自律的现实意义。2017 年 9 月，发表《官府、士绅与赌风治理——以晚清温州为例》。温州自宋以来素有“东南小邹鲁”的美称。然晚清以降，西方因素的巨大冲击使得温州淳朴向善的邹鲁之风渐趋萎靡，其中赌风尤盛。该文重点对晚清温州赌博的表现与危害、温州官民禁赌状况进行系统爬梳，阐释晚清官府与地方宗族对乡村治理和维护地方社会秩序的作用，建构基层地方官员和宗族在维护地方社会秩序中的良性互动关系，以展现乡村治理中二元互助的历史记忆图景。

3.主编史学书籍

除了研究温州历史文化之外，我也参与主编浙江省和温州市的史学论丛以及温州永嘉鹤盛镇的修志工作。受浙江省历史学会的委托，参与2006 年《浙江史学论丛(第二辑)》的编纂工作。此论丛共收集学术论文46 篇，并将其分为浙江历史文化研究、中国古代研究、中国近现代研究、历史教学与研究、世界史研究五类。论文涉及面广，内容丰富；重视区域史研究，突显地方文化特色；注重中学历史教育，深化探究性学习和综合性研究；最后结合旅游文化，拓展史学功能。历史上的温州在大家族的背景下世代耕读为本，诗礼传家，有着辉煌的文教为重的传统，共出过 27 位

2010 年 11 月作者(左一)参加首届温州·龙湾明代文化学术研讨会

状元、1000 多位进士。文化凝结历史,连接未来,弘扬先贤优良传统,任重道远。我先后参与温州大学人文学院与温州市历史学会主办的《温州史学论丛》第二辑与第七辑的主编工作。2012 年出版的《温州史学论丛(第二辑)》共收集论文 36 篇,较第一辑,此辑在学术质量上有所提高,如有关明代温州书院史实的考述、明代温州盐政考述等,显著提高温州地方史的研究水平。2018 年出版的《温州史学论丛(第七辑)》共收集论文 48 篇,按照上编温州古代史研究、中编温州近代史研究、下编温州现代史研究分类,论文内容涉及温州历史文化的方方面面,作者有研究温州历史文化的专家学者,也有高校教师、研究生和本科生。在新的历史时期,伴随着经济的发展和历史昌明,文化建设将助力中国梦,传递梦的力量。《温州史学论丛》旨在建设温州和谐社会、提升城市文化品位,并成为继承民族文化遗产、弘扬正气、杜绝邪恶的好教材。2019 年 7 月,我与温州大学刘建国老师主编的《鹤盛镇志》出版。《鹤盛镇志》主要对鹤盛镇的行政区划历史沿革、自然环境、旅游事业、文物古迹、经济发展概况、党的组织建设与革命斗争历程、教育事业、文化事业、民间宗教信仰、民间工艺和习俗、人物传略几方面做记述。本志采用公元纪年,上限自史事发端,下限于 2013 年 12 月,正文概述、专志和大事记共 11 篇 50 章。重视修史修志工作，还历史本来面貌，总结历史经验，借鉴前人智慧，推动现今发展。

五、其他方面的研究

2012年6月，发表《清末教案中地方官绅应对策略探析——以衢州教案为例》。目前学界对晚清教案的研究已取得了丰硕成果，但从当前教案史研究的具体状况来看，微观的个案研究和区域教案研究仍显得相对薄弱。该文通过对地方官员、士绅在衢州教案中具体作为的考察，分析他们在教案问题上各自的应对策略。地方官员与士绅在教案应对策略上的差异，反映出清末清廷中央对地方控制力的松动，区域社会中官员与士绅往往基于自身利益与价值取向的考量，对清廷中央的政策加以损益变更。2015年3月，发表《"土豪"考》一文。该文主要论述魏晋南北朝时期三种土豪类型及其品格特征演变。三种土豪分别是阶段型土豪、持久型土豪、原始型土豪，魏晋以降至唐末五代是"土豪"群体品格特征愈来愈宽的时期，此时期内"土豪"群体形成了诸如不忠、尚武、逐利等品格特征，唐末宋初以降，"土豪"群体的这些特征开始倾向于贬义，并且逐渐为统治阶级所不容，"土豪"群体也渐趋衰落，"土豪"称谓开始了愈来愈狭的过程。

时光荏苒，年轮又过二十载。如今温州历史文化的研究日渐繁荣，尤其是进入21世纪以来，研究领域越来越宽广，研究角度越来越新颖，研究方法越来越多样，研究队伍越来越壮大，研究成果越来越丰硕。特别是年轻一代学人的成长，更是让我们看到了希望。温州历史文化的研究前途一片光明。果如此，心已然。

2019年10月

我与温州历史文献出版工作

卢礼阳*

乡邦文献的编校出版，终究是为传承文脉，提升市民的文化认同与文化自信。从这个意义来说，确实是“百年无废纸”。过眼历代乡邦文献，还能从历史中“遇见”具有人文精神的先贤，产生共鸣，拓宽我们“这不过是故纸堆”的狭隘理解。

步入21世纪，温州启动了大规模的乡邦文献整理出版工作，我有幸参与其中，从充当一批老先生的“二传手”到策划整理出版《温州市图书馆藏日记稿钞本丛刊》，深感与有荣焉。

一

或许有人认为做编校，看古文，离日常的表达稍远，其实未必尽然。

我入文献编校之业，因缘际会于三十年之前。当时温州市图书馆尚设在县前头，东南图书公司在馆内一楼设分公司，购得马叙伦的两册笔记《石屋馀沈》《石屋续沈》。不久，翻阅发现他是瑞安陈介石（黻宸）的学生，就写

* 卢礼阳，浙江永康人，1963年生。温州市图书馆研究馆员，《温州读书报》主编，民进浙江省委会会史研究会副主任。研究方向为民国史与温州历史文献。著有《马叙伦》《此心安处》。策划并主编《温州市图书馆藏日记稿钞本丛刊》（中华书局2017年版），同时约请馆内外同人标点整理，其中刘绍宽、符璋、林骏、赵钧、张棡等五家已出版，社会反响良好。单独编校或合作《黄群集》《刘景晨集》《蒋叔南集》等多部，颇受业界好评。

在全国地方文献研讨会上介绍温州历史文献出版情况(摄于2019年4月20日)

了篇习作在报纸上发表。当时在鹿城区政协文史委员会兼职的胡今虚先生看后,建议我增补材料,还主动送我好几刀稿纸。随后胡先生经手,以《马叙伦与温州》为题将其刊登于《鹿城文史资料》第四辑,从此开启了我研究马叙伦与近代史之路。

我常觉得,编校乡邦文献,滋养于不知不觉之中。往前推十几年,我未必能胜任"馆藏日记稿钞本丛刊"如此巨大的工作量。1980年,我就读于上海水产学院,面对渔业船舶这类课程,感到非常枯燥,但当年从农村考上大学颇为不易,无法转学,四年间靠着读读人物传抚慰情绪,闲来也翻阅来新夏先生的目录学讲义,似懂非懂。好像面对历史,身处的外境(之所以说外境,而不用环境,是认为这个过程有修行之意,内境因读书而转化了外境)会慢慢平息。分配至温州后,幸得马允伦先生等前辈提携,辗转十六七年,才做上了这份心仪的工作。

2001—2007年,胡珠生先生担任《温州文献丛书》主编,这是他晚年最大的贡献。对此,中国社科院历史所研究员何龄修先生给予充分肯定:"2001年7月,珠生先生将满74岁,还应家乡需要,出任《温州文献丛书》整理出版委员会副主任兼编辑部主编……工作做得很出色,我读过其中若干种,觉得编、校、注、点质量上乘。这是温州地区文献的最新结集,具有历史

《温州文献丛书》签约仪式(2001年11月25日)

意义,也是珠生先生一项卓越的学术业绩。"①

我作为整理出版委员会专职委员,承办编辑部的日常工作,当一批老先生的"二传手",书稿不断往返于温州与上海社会科学院出版社之间,渐入乡邦文献之门。除了胡珠生先生、马允伦先生,温州还有好几位老先生年过八旬,依然不知疲倦,坚持治学,如温州师院离休的周梦江先生、温州市图书馆退休的张宪文先生,他们精力过人,时不我予,"小车不倒只管推",希望把所知所学尽可能留下。近年,马、张、周、胡诸先生先后离世,怀念之余,教人倍感文献事业传承之重。

二

温州市图书馆所藏乡邦文献颇丰,但2001年得以启动整理出版工作,来之不易。

1992年《汉语大词典》温州编写组计划编印地方文献丛书,温州师范学院语言文学研究室主任陈增杰先生与同人提出书目并自行筹资未成。此后,1996年温州市政协文史资料委员会的马允伦、黄胜仁先生四处奔波,

---

① 何龄修:《参加中国社会科学院公开招考科研人员工作纪事》,《南方周末》2017年8月10日C21版。

1998 年温州文物处副研究员胡珠生先生撰文倡议，2000 年纪念叶适学术研讨会的学界倡议等，终于促成了《温州文献丛书》在 2001 年 5 月启动。

回望近代温州乡邦文献的出版活动，以时间为序，较大规模的有四次。

第一次在清代同治、光绪年间，瑞安孙衣言汇刊《永嘉丛书》15 种，孙衣言、孙诒让父子出版的多为宋代文献。“永嘉之学”沉寂已久，有振兴之愿。

第二次是民国四年（1915），瓯海关监督冒广生编刻《永嘉诗人祠堂丛刻》14 种，这是提倡文教的“风雅吏”的高明之举。

第三次即 1928—1935 年间，温州旅沪实业家黄群刊刻《敬乡楼丛书》4 辑 38 种。

第四次是抗战全面爆发前，浙江第三特区（永嘉区）征辑乡先哲遗著委员会抄缮地方文献 402 种。

因此，2001 年启动的文献整理，可视作第五次。历时 5 年 9 个月完成，共 4 辑 40 部 48 册，合计 1900 万言。特别值得一提的是，在出版社与各方面的支持下，《温州文献丛书》在北京、广州、武汉、西安、厦门、台北等 18 个大中城市上柜，并销行美国、德国、日本、韩国与加拿大五国，反映了乡邦文献的发行意识与时代同步发展。该丛书发行工作做到家，成为我们的亮点，也是我和编辑部同人引以为豪的。

接着苍南、平阳、乐清、龙湾、瑞安等县（市、区）文献丛书先后启动，《温州文献丛刊》《温州方言文献集成》陆续上马，最近九年又重点整理馆藏日记，影印本与标点本并行，自觉关注、整理、出版与利用历史文献的社会气氛已经在温州形成。

三

近年以来，日记作为一种文献资料已经大量影印或整理出版，受到普遍的欢迎。温州市图书馆所藏的稿本、钞本日记，从清道光年间到新中国成立之初，时间跨度与中国近现代史基本相当，内容涉及时政、教育、文化、经贸等，从绅士个人的角度反映了当时的社会面貌，多侧面地展示一座沿海城市开放与转型的生动历程。日记作者虽然多数为温州地方士绅，但他们的活动及见闻却远远超出温州的范围，对这批宝贵的日记进行系统整理和解读，意义非凡，不仅有助于梳理地方历史的脉络，对研究近现代中国尤其是沿海地区的社会变迁，也会有积极的意义。

2010 年 12 月，我的相关提议得到采纳，温图适时启动《温州市图书馆藏日记稿钞本丛刊》整理工作，经过馆内外的共同努力（包括法律顾问的协助），目前取得了可喜的成果。

《温州市图书馆藏日记稿钞本丛刊》2017 年 1 月由中华书局出版，满足了海内学术界的夙愿。这部丛刊 60 册，16 开，影印收录 29 家日记，底本 310 册，正文 32252 页，约 850 万言。难能可贵的是，丛刊收录的日记九成以上为稿本，少数钞本亦系孤本。该丛刊不仅将日记文献之原本原貌黑白影印，更着意保留其中的眉批、夹批、签条、照片等，这使得此套日记的出版更有参考价值。

《温州市图书馆藏日记稿钞本丛刊》书影

除影印本之外，我们还选择分量较重、价值较高的十家日记，约请馆内外学术界同人标点整理，收入中华书局的"中国近代人物日记丛书"。其中《刘绍宽日记》（全五册）、《符璋日记》（上中下）、《林骏日记》（上下）、《赵钧日记》（上下）等首批 4 部已于 2018 年春见书，社会反响相当热烈，发行情况超出预期。

上海社会科学院出版社前社长、朵云轩副总经理承载先生点评："谁说温州人只会炒房、只会赚钱，只会仿冒？耐心读完这部新出炉的五厚册《刘绍宽日记》，就知道当年温州的文人、文化和民风民俗有多厉害。"

台州市椒江区读者缪含博先生感慨地说："从温州文人的日记看台州社

会、经济、军事、文教等领域，是一个很好的视角。温州人挖掘文人日记的经验，确实很值得台州借鉴学习。如果哪天我们的《卧虎山人日记》《研精覃思室日钞》等也能以这种方式与大众见面，那该是多么美好的事情。”

陕西渭南职业技术学院教授张学义先生认为：“温州地方文献整理，走在了全国前列。从培育温州人的精神财富看，是了不起的文化动作。”

与《温州文献丛书》《温州文献丛刊》《温州方言文献集成》相比，馆藏日记的编辑出版工作有四点显著的变化，可以视作温州历史文献事业的拐点：

一是出版经费不再由温州财政负担，完全是出版社筹集解决；

二是从图书馆自身而言，不局限于承担日常工作或参与一部分业务工作，而是贯穿于整个业务过程，策划选题、落实人选、审读书稿、对接出版等；

三是文献整理工作开始向专题文献（日记）倾斜，与古籍出版首屈一指的百年老店（中华书局）合作，并纳入“中国近代人物日记丛书”，图书品质有充分保障，尤其是发行力度迈上一个新台阶，这是对乡贤最好的告慰；

四是既出书又出人的局面形成，近年崭露头角的陈盛奖、陈伟玲、谢作拳等同人起到不可或缺的作用。

四

新近出版的《张棡日记》，标点本分 10 册，其整理过程颇耐人寻味，令人感慨系之。

瑞安乡绅张棡（震轩）的这部日记，手稿藏于温州市图书馆，内有清代 13 册、民国 89 册，另有日记目录提要 3 册，合计 105 册。十几年之前的一个夏日，张钧孙、戴若兰夫妇来温州市图书馆查阅祖父日记。两位八旬老人不顾炎热，坐在古籍阅览室，一抄就是半天，连抄两个月。老人家抄得大汗淋漓，我们的馆员目睹此情此景，从祖孙关系考虑，爱屋及乌，开了特例，每次出借 5 册，两老誊抄之后送还图书馆，再借阅后面 5 册。如此借了又抄，抄了又借，前后借抄了整整四个年头，足见钧孙先生与若兰老师对祖父感情之深，对乡邦文献用心之诚。其间钧孙先生自费出版了两部著作，《杜隐园观剧记》《杜隐园诗文辑存》。温州当年地方戏剧活动繁盛，震轩先生不厌其烦地记录剧目，复述故事梗概，点评角儿唱功，津津有味，如今已成为珍贵的戏剧史料。前些年执教于温州的刘水云博士（现为上海戏剧学院教授）就此写过一篇论文刊登于《文献》杂志，引起学术界的高度关注。

基于《张棡日记》的史料价值，我们启动“馆藏日记稿钞本丛刊”的整理工作之初，就确定将这部日记完整收入，不加任何删节。鉴于钧孙先生已投入很大精力，并初步做了标点，我们理所当然约请张钧孙先生承担这部日记的整理工作。钧孙先生愉快地接受了任务。钧孙先生克服病情的干扰，又经过三年多的努力，终于将书稿整理完成，交图书馆研究馆员潘猛补先生审读。

全稿总计 280 万言，篇幅是《温州文献丛书》选本《张棡日记》的 7 倍。

但出版社寄到日记前 5 册校样之时，钧孙先生已病重住院。2016 年 3 月 22 日，同事王妍陪我去温州中医院新院区探望钧孙先生，特地带去一叠校样，老先生弥留之际得以过目，欣慰之情难以言表。若兰老师年届九旬，代表家属委托我通读校样。我责无旁贷，前后花费 11 个月时间，逐册查对底本，通读完 10 册 4981 页校样。其中第一至第六册，当年看完，返还中华书局；第七册至第十册，次年（2017 年）前 5 个月接着校阅，了结这项工作。

校读之后，校样交付快递，如释重负。责任编辑嘱将相关情况写篇附记，略加说明，这于我而言，自然义不容辞。

比如日记里赋诗赠送某位朋友，过几天，日记主人誊抄入《杜隐诗钞》（卷十五卷端题名“杜隐诗存”，以下简称《诗钞》）稿本，常常改动一两字，或一句话。如民国十七年（1928）九月十九日所记《游万松山长歌》，录入《诗钞》第七册，有四句做了改动，“雁宕（雁荡）南北两奇峰”“客至聊围棋数枰（一枰）”“东区村邑（村落）密复（而）疏”“何无翰墨留（为）章句”，括号内文字系《诗钞》所改。钧孙先生依据《诗钞》稿本（共 9 册）做了替换。有时原作者更改了诗题，增删了夹注文字，乃至组诗的章数做了调整，他也相应动了“手术”。这自然是欠妥当的。

再比如，日记主人往往记流水账：早饭后，阅《史记》三卷。中间出去看戏。归家，继续阅第四卷。钧孙先生整理时合二为一，归纳成：早饭后，阅四卷《史记》，看戏。——如此一来，其原真性就大打折扣了。又如，以现在通行的书名套用于前人旧著，如《止斋集》《水心集》更名为《陈傅良文集》《叶适集》之类，显然也是不合适的。

此外，底本的某些习惯用法，如民国时期，阳历元月，作者常写作“正月”，标点时或许担心读者误会，径改为“一月”，类似顾虑大可不必。

我通读校样，其实是校对与审读两项工作叠加了，一部分工作与补课无异，审校发现类似“加工”痕迹多到改不胜改。第六至第十册，我有意做了统计，《张棡日记》校样与日记底稿调阅对比，发现文字出入，起码有 6000 处之多，同时发现断句差错 68 处。因此在仔细对照底稿的同时，一一恢复与纠正，难免“头昏眼花”，但又不得不这么做。尊重日记主人的行文习惯，保留日记底本的原汁原味，是文献工作者必须遵循的原则。

五

在承担《温州文献丛书》《温州文献丛刊》《温州市图书馆藏日记稿钞本丛刊》的日常业务期间，我还单独整理或与友人合作完成黄群、刘景晨、蒋叔南、王毓英、吴鹭山等多家文集，以时间为序：

《黄群集》（上海社会科学院出版社 2003 年 10 月初版，2007 年 7 月改版再印，《温州文献丛书》第二辑之十）；

《刘景晨集》（卢礼阳、李康化编注，上海社会科学院出版社 2006 年 10 版，《温州文献丛书》第四辑之八）；

《温州旅沪同乡会史料》（诸葛立淮、卢礼阳主编，温州市政协文史资料委员会 2007 年 3 月版）；

《蒋叔南集》（黄山书社 2009 年 2 月版，《温州文献丛刊》之一）；

《雁荡山志》（蒋叔南重修，卢礼阳、詹王美校注，线装书局 2009 年 12 月版，《乐清文献丛书》第一辑之九）；

《王毓英集》（中国文史出版社 2011 年 10 月版，2012 年 6 月付印，《龙湾文献丛书》之四）；

《吴鹭山集》（卢礼阳、方韶毅编校，线装书局 2013 年 12 月版，《乐清文献丛书》第二辑之九）；

《潘鉴宗与温州旅杭同乡会》（卢礼阳、杨志华主编，瓯海区图书馆编，中华书局 2017 年 1 月版）；

《梅冷生师友书札》（浙江古籍出版社 2020 年 1 月版）。

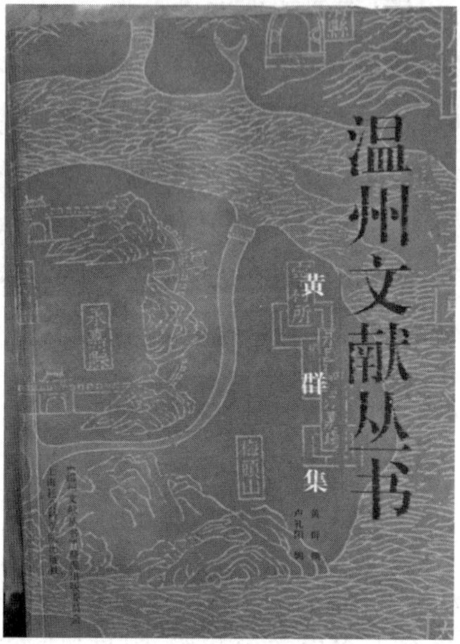

《黄群集》书影

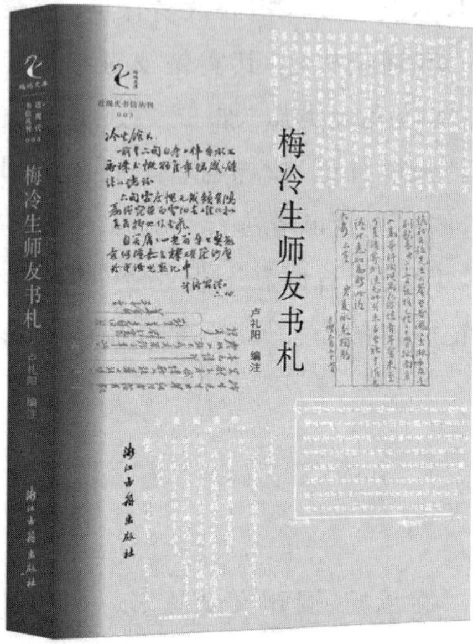

《梅冷生师友书札》书影

黄群（溯初，1883—1945）、刘景晨（贞晦，1881—1960）、蒋叔南（希召，1885—1934）均为温州晚近知名人士。前两人先后担任国会议员、主持温州旅沪同乡会，后者为浙江省自治法会议代表；三人辛亥以来即活跃于国内政坛，同时致力于地方社会事业，可惜其著述一直未加系统地编辑整理。兹结合搜集编辑上述前三部诗文集的工作，试述晚近乡邦文献的整理原则与途径。

（一）整理历史文献尽最大可能保留原貌

正如黄永年先生所言："解放后对古人文字诟农民武装或其他反政府武装为'贼''寇''匪''教匪''逆贼''贼党'等处，必加以引号，以示我们今天并不认为他们真是'贼'是'寇'是'匪'，《明清史论著集刊》和《续编》也都这么办。但古人撰写此等文字时实在认其真为贼为寇为匪的，我们这么加引号，岂非违背了古人的原意，等于在给古人改文章？在强调阶级斗争之日如此办理尚可理解，今天则不需要以此来显示自己阶级立场之坚定了。这点中华书局点校本《二十四史》和《清史稿》倒做出了好榜样，从没有在这种贼、寇、匪字上加引号，可仍被人们公认为好的比较可用的本子。”①

《蒋叔南集》卷五所录致温州旅杭同乡会电——“温州同乡会鉴：大荆兵变，现张玉芝盘踞芙蓉、虹桥一带，聚集永、仙、玉、温各属匪共，得枪千余，数十里内居民逃避一空。如何处置，乞略复以便宣示，稍安人心。蒋叔南。微。”为保持文献原貌，我们即照此精神处理，未在“匪共”之处加添引号。

《黄群集》附录五“挽辞”谢侠逊《哭溯初先生》组诗其一原句“当代元戎尊伟识”，谢侠逊哲嗣谢瑞淡所编《棋王谢侠逊诗文选》(2000 年刊)改作“当代名流尊伟识”，无非是为了撇清乃父与蒋介石的关系，可如此一改，损害原诗意味，笔者理所当然据《敬乡楼哀挽录》民国清稿本予以恢复。

《刘景晨集》卷上“文·专著”所收《大若岩志》，曾先后收入《大若岩诗文集》(永嘉大若岩陶公洞领导小组 1997 年铅印本)与《永嘉县志》(永嘉县地方志编纂委员会编，方志出版社 2003 年排印本)，被多处改动。譬如，志村：“俗故朴诚，人皆守分，治生不闻理乱”以下删节“自风会变迁，政论歧出，楠西两溪被其影响。譬如静水忽生波澜，民国十九年村人尝苦俶扰”，回避 1930 年红十三军的一段活动情况。卷末杂记：“山水之胜，因人而显”以下又删节“余友乐清蒋叔南希召，生平经营雁荡山甚力，山中阒区及荒碑冷碣，因之先后发见者不少。三十年来知雁荡山者，莫不知蒋叔南”，直接跳至“则人物亦因山水而传也”。接着“尝重修《雁荡山志》稿而未梓，余甚惜之”再次遭删节。还有，结尾一节交代工作底本，至关紧要，也被刊落：“育慈示余旧志，是民国十一年石印本。余据以重修，将脱稿，育慈又搜得乾隆木刻本寄以见示，校读一过。石印本杂乱无章，绝非莲舟志本来面目，不知是何人妄肆窜改，可为太息也。”现据民国丁亥(1947)秋铅印本一一复原。

刘景晨在反右派斗争扩大化中受到不公正对待，成为温州地区的“头号右派”，在巨大的压力之下不得不多次检讨。出版社责任编辑认为他《在温州市二届人大二次会议上的书面交代》《在温州市二届人大二次会议上的补充交代》两篇是违心之言，以不收入为宜。经笔者解释，尽管如此，毕竟是作

① 黄永年：《谈中华书局版〈明清史论著集刊〉》，《学苑与书林》，上海书店出版社 2006 年版，第 209～210 页。

者本人内心的一次流露，是当时环境下的产物，既然已成为历史的一页，就不必顾虑，否则将留下空白和遗憾，并举出《聂绀弩全集》与《郭小川全集》整卷收录检讨交代材料为例。最后这位编辑被笔者说服，接受意见，保留不删。

（二）查觅散逸之文尽可能完备

以《黄群集》为例，除诗集整理刊行过之外，论著、公牍、序跋等散见各处，未曾结集。我不仅在自己供职的温州市图书馆地毯式检索，而且不下几十次前往温州师范学院（今温州大学）图书馆、温州市档案馆查觅，收获良多。如温图收藏的《浙江公报》合订本，温州师院图书馆收藏的《申报》《晨钟报》《晨报》《民国日报》等影印本，温州市档案馆收藏的《浙瓯日报》上都不乏相关资料，可以结集成书。

《黄群集》卷二至卷四公牍，从《浙江公报》录入第三区矿务监督署布告、请假销假电文、详文、旅沪国会议员致吕都督书等13通，从《申报》录得致梁启超电、复段祺瑞电、致胡适张伯苓诸人电等8件，从《晨钟报》（后名《晨报》）录入《关于政府违背约法发布命令之质问书》《就财政外交诸大端质问政府书》《为辞去议员之职致众议院书》等15件，从《民国日报》收录《为日人乘灾惨杀华侨迫祈提出严重交涉呈外交部文》等，从《时事新报》收入《梁任公先生入桂纪行》、《滇桂纪行》（香港特别通信）两篇，对于把握作者在国会折冲樽俎的作用、在反袁护国运动期间的贡献、20世纪20年代保护旅日华工合法权益的努力，都具有不可替代的参考价值。

最欣慰的收获，莫过于《浙瓯日报》民国三十五年（1946）七月九日四版“展望”新三六六号披露的《永嘉黄君群传》一文（署名刘景晨）。次年七月，上海合众图书馆刊印黄群《敬乡楼诗》三卷（顾廷龙编校），于卷首揭载同题文章，具名陈敬第撰，未标写作日期。经比照，内容大体相同，文字改动虽多达70处之多，但显然以刘景晨文为蓝本。于此可见两人之间的交谊以及作者与黄群的友情，也可佐证档案材料的记载：刘景晨“与民主人士沈钧儒、陈叔通等有联系，为浙江知名的耆宿”（据温州市档案馆藏件）。

(三)取得家属、知情人和收藏家的支持配合

晚近著作者有的去世不满五十年,尚属于著作权的保护期。后人往往保存其遗稿及其师友的信札、题跋等文献。2004年11月21日,刘景晨老先生的两位孙子刘显曾、刘颂曾先生向《温州文献丛书》整理出版委员会出具书面授权书,表示"愿意委托卢礼阳先生全权处理有关收集、编辑等工作,并愿意无偿提供相关文献资料",给予充分信任。刘景晨外孙女婿杨瑞津先生从广州中山大学刘节教授(刘景晨长子)处接受刘先生大宗诗文手稿与友好酬赠墨迹,珍藏多年,毫无保留地提供方便,不仅为正文的基本完备奠定基础,而且大大充实了附录三"函牍"部分的内容。如李佩秋来函、刘武复函、刘放园复函、林志钧手书三通、夏承焘函三通、马公愚书两通等均系杨先生借用,弥足珍贵。其中夏承焘函1950—1952年三通,为《夏承焘集》(浙江古籍出版社)失收,对于了解新中国成立初期两人的交往、新旧之交知识分子的景况、黄宾虹对刘景晨梅花作品的评论,颇具参考价值,吉光片羽,十分难得。

在这方面,原作者侄孙女黄素兰、黄素新两女士,原作者同事张震轩孙子张钧孙先生,原作者儿子蒋德闲、孙子蒋晓航等,或提供图片,或出借家藏手稿,或提示有关线索,无不有助于书稿的充实与增色。同时,民间藏家也主动提供手头的珍贵资料。如市书法家协会副主席张索兄(现为上海华东师范大学副教授),在婺城街头买得刘景晨当年金华坐牢期间题书的对联手迹,还有从温州妙果寺书摊获得的刘景晨信札,主动提供给我们;乐清桃源书院掌柜郑金才兄,网罗乡邦文献,古道热肠,及时复印提供蒋叔南《雁荡山第二集弁言》《万国象棋会参观记》等文,无不丰富了相关文集的内容,有助于书稿的充实。

(四)做好外延工作,附录相关材料

黄、刘、蒋三集,均收入新撰的年谱,比较详细地介绍著者的家世、生平履历、社会活动,突出记载他们对家乡市政文教事业的贡献,于近代新式教育的肇兴、乡邦文献丛书的校印、地方志的纂修、文物古迹的保护等,浓墨重彩加以反映;而对谱主越权杀人、经商失败、残害俘虏、划为"右派"等事迹同

样予以客观记叙，力求不溢美不隐恶，比较全面地展示其真实面貌。

附录的相关材料则依据内容编为多组，大体有传略（或曰事迹、传记资料）、序跋、函牍、酬赠、挽词（或名寄唁）等专题；《刘景晨集》还增加"佚作存目"一项。

以《刘景晨集》为例，编者经过多方查访，仍有某些篇目未能检获，只得俟之他日，为此整理一份"佚作存目"作为附录一，借以弥补，同时便于有关方面按图索骥，予以援手。附录部分还包括：附录二"序跋书评"，收已刊专著、诗集及未刊诸本的序跋不下20篇。另有一组关于《敬乡楼丛书》的酬唱之作，多达17家，考虑到性质比较相近，未按照体裁收入附录四，而是视作"另类的书评"特地抽出，归入附录二。附录三"函牍"，上：缙云命案，收辑相关电文、批示、判决书等7份，尤其是判决书对了解作者入狱原因很有帮助；下：其他事件，以友好门生书札为主，绝大部分属首次公开发表。附录四"酬唱"，汇录友好门生赠答、步韵诗作36家计96题，不乏海内知名人士，如黄节、黄宾虹、俞寰澄、马一浮、刘放园诸人，足见作者交游之广。黄式苏《慎江草堂诗》关涉作者的诗篇不下百章，本集选录24首，相当数量的佳作不得不割爱。最难得的当数郑汝璋，1960年不避嫌疑，提前赠诗祝贺老友八十大寿，不愧患难之交，古道可风。附录五"传记资料"，收寿序3篇，出自王毓英、刘绍宽、马叙伦之手；日记4题，其中录自夏承焘稿本、刊本（《天风阁学词日记》）合计多达166则，属于专题摘编，别具一格；还有台湾版胡兰成《今生今世》节录、敬乡楼藏书寄存合同、省人民代表候选人的档案材料、"反右"期间报纸批刘文章篇目索引，琦君等3位忘年交的回忆，对于多角度、多侧面了解作者的生平与思想，都具有一定的参考价值。

前不久我接受浙江古籍出版社的委托，增订《黄群集》，依据新掌握的文献资料，正文补充文章（谈话、建议案、墓志铭）6篇、公牍36通、信札12通、诗1章、联语1副，同时年谱做了大篇幅的扩充，附录亦增加若干资料。对于理性客观、恰如其分地认识与评价黄群的生平志业、社会贡献，还其本来面目，其文献价值自不待言。

最近几年，从我实际感受来说，乡邦文献读者的接受程度有了增长和变化。尤其是近年，"大拆大建"和城市变迁的客观现状促进了文化保护意识，激起了市民对乡邦文献（包括家族谱牒等民间文书）的热切关注，在地方史志中寻找相关线索，就古桥、古庙、故居等遗址的保护，呼吁尽可能保留或异地建设。而历史文献的整理工作，任重道远，既需要坐冷板凳的精神和过硬的功底，更需要几代人的合力，坚持不懈地投入与付出。所以从各方面重视学术梯队的建设，其重要性不言而喻。只有这样，温州历史文献的整理出版工作才有希望继续走在全国地级市前列。

2019年10月27—30日

温图研究室

跋涉在研究乐清方言乡野坊间的小路上

包文朴*

20世纪80年代以来，社会上出现一种流行的说法，为了不让孩子输在起跑线上，就要让孩子从婴儿开始学讲普通话。久而久之，造成绝大多数乐清孩子不会说乐清话。我与许多人一样，感到方言将有可能在我们孙子辈中开始成为珍稀物种了，要不了多久，将会绝种。现在，我离开教学讲台，就热切感到自己身上有一种使命感，要将传承乐清方言的责任担当起来。于是乎，在我的脑子里便产生了要编一本像《康熙字典》一样的《乐清方言词典》，把它留给乐清后人。

1998年秋，我就开始关注起方言传承这件事，看看全国各地有什么好的做法。当时，全国各地已经有许多专家、学者、有关部门及方言爱好者开始关注方言传承这件事，还出版了许多有关方言词典及普及方言之类的书籍。这时，我就下定决心，要将自己下半辈子的时间交给传承乐清方言这件事。既然下了决心，说干就干。我相继到乐清、温州、杭州的书店里去购买有关各地的方言研究的书籍，学习别人是如何做好方言传承工作的经验。经过半年时间的了解和学习，我便着手筹划编辑《乐清方言词典》这件事。

饭得一口口吃，路得一步步走。第一步，我就找来一本《现代汉语词典》，对照《现代汉语词典》，将乐清方言与《现代汉语词典》有不同说法的词

* 包文朴，生于1942年7月，乐清市柳市人，中共党员，中学高级教师。1962年，毕业于温州师范学院中文专业，分配到玉环县坎门中学任教，曾任玉环县坎门中学副校长、乐清市白象中学校长。1998年，退居二线。自此，立即进行角色转换，走上我心仪已久的研究乐清方言之路，跋涉在研究乐清方言乡野坊间的小路上，至今已历二十二个年头。

记录下来。经过六个月的努力，积累了一大摞稿纸。这时，我便下决心转入向社会搜集乐清方言词语，有目的地登门拜访民间各阶层、各行业博闻多见的智者。为了使搜集方言工作更富成效，每次出发之前，都有一个明确的目的和大致范围。如到一个人家里，我就请被采访的人坐到特定的环境里进行回忆，如坐在房子的上间，请他就上间有关的所有事物进行叙述；上间说完了，就到正间，接着到二间、镬灶间、宕头、阶檐头、道坛、轩间、厦栏。与房子有关的说完了，就说说家庭的人情世故、红白喜事、四季八节的事。到农民家里谈农事，到工匠家里谈手艺的事。总之，做到有计划、有步骤地进行搜集。就这样，花了一年多的时间，基本上将需要搜集的条目都凑齐了。接着，开始有目的地走访那些对方言有研究的学者，谈论有关方言专题的话，往深处钻。此外，我平时走路、乘车，都要多一分心思，注意听别人谈话，将有用的资料及时地予以记录，甚至在睡前、夜里醒来，突然想起某个词语，生怕忘记，也就开灯立刻记下，简直到了如醉如痴的地步。

在这个过程中，我碰到第一个最大的拦路虎，就是方言词语那些所谓“冷字”无法记录。开始收集乐清方言词语阶段，我只好将“冷字”用同音字来代替；如果遇到没有同音字，那就只好用拼音加其他符号暂时来代替。现在，已经到了非解决这个难题不可的时候了。

首先，我千方百计去购买《广韵》《集韵》《类篇》《玉篇》《尔雅》《汉语大字典》《汉语大词典》等工具书，以及各地已出版的方言词典等参考书。整天，我手捧着这些辞书，一页页认真地看下来，披沙拣金，像大海捞针一样，如能找到一个我需要的词语，就要高兴一阵子。如“夹肢窝”，乐清人说“两扎下”，这“扎”该怎么写呢？后来，在司马光编的《类篇》里找到一条：“脇，迄业切，腋下。”音与义均相合。又如说某人恶作剧，戏弄人，使人难堪，乐清人说㨖。后来，我在南朝梁顾野王所撰的《玉篇》中找到一条：“㦖，呼麦切：‘乖戾也，顽也。’”音与义均相合。有的方言词，即使在古籍里看到过，由于一时还不能将其与乐清方言某个词语联系起来，就让其“逃”过去了。如，柳市人将小孩撒娇作态叫“凉奇”，如婗儿七八个月就晓得“凉奇”罢；其个囡“凉奇”显，恁大还坐大个脚䯒头；还有“凉奇半样”等几种说法。我一直找不到正确的词来表达，就只好先用“凉奇”将音记下来，直到《乐清方言词典》正式出版，还只能用“凉奇”来替代。一年多后，我再次阅读汉扬雄《輶轩使者绝代语释别国方言》，即扬子《方言》，看到卷七：“怜职，爱也，言相爱怜者。吴越之间谓之怜职。”脑子突然闪现出一丝意念，这不是我苦苦寻找的“凉奇”那个词的历史根源吗？虽然，今天柳市人说的词义只是偏重于对小孩的“怜职”，且“怜”与“凉”、“职”与“其”，在读音上稍有差异，但是，将柳市人的“凉奇”确认与“怜职”同源，那是没有什么可以置疑的。这时，我像得到宝贝一样。据郑张尚芳先生在《温州方言志》里论述：“汉代扬雄《方言》也记录过四五条东瓯词汇，明写‘东瓯、瓯越’的三条，其他两条称‘越之垂、瓯吴之外鄙’，‘荆吴扬瓯之郊’。对这些古瓯语的性质因材料太少，颇难判断，但可以肯定的是，今天的温州人没有一条能懂。”“怜职”（即“凉奇”），这是迄今为止，温州地区唯一的瓯越语遗存，这个词一下子就把我们带到三四千年前的瓯越时代去了。

虽然，经过以上两年多的努力，还是有许多词语的本字问题没有解决。历史上，有些方言典籍，只有手抄本或孤本，无法买到。听说，温州市图书馆古籍部有部分方言古籍珍藏，于是我就下决心到那里查阅。每天早晨六点钟出发，下午五点钟离馆回家，有针对性地抄录先人的研究成果。就这样，我在温州市图书馆里整整待了一个多月。以后，又听说浙江图书馆古籍部也有许多方言古籍珍藏。于是，我又下决心到杭州去。省图书馆古籍部坐落在西湖边的孤山，交通甚为不便，我住在杭州拱北小区儿子家里，离古籍部很远，要倒好几次车才能到那里，我只好早出晚归，先后在那里待了近两个月，直到基本完成查阅任务后才离开杭州。完成乐清方言本字查考，先后花了一年多时间。

在研究乐清方言过程中，由于乐清方言词汇量大，内容极其丰富，用纸张记录的数量太多，更重要的是查找起来十分困难，必须要有现代化工具——电脑来帮忙。电脑买来了，儿子给我安装好，又碰到要用什么输入法好的难题。我最后选择了五笔字型输入法。五笔字型输入法，开始学的难度大，只要坚持下去，熟练了以后效率就很高。好几个月，我如痴如醉地记字符，慢慢地，从几分钟才能输入一个字，到一分钟能输好几个字，速度加快了。更重要的是查找十分便捷，尝到了甜头。

经过三年多时间，基本上完成搜集方言词语的任务，并将近两万条乐清方言词语按音序汇编成册。面对着洋洋七八百页的《乐清方言词典》，心中有无限的高兴和欣慰。

从 2002 年开始，我开始撰写词典的“绪论”部分。研究方言，必须要有语言学、训诂学、音韵学和汉语方言史等方面的知识，对我来说，这些知识都是全新的学问，必须从头学起。

乐清方言的读音十分复杂，如“行”字，“行家”的“行”读杭，“行动”的“行”读如桁，“修行”的“行”读如横，“排行”的“行”读如巷，“私行察访”的“行”读如云，“行不行”的“行”读如欣（上声），“品行”的“行”读陷。光“行”字，乐清人就有七种不同读法。再如“人”字，“人民”的“人”读如寻，“好人”的“人”读能，“老丈人”的“人”读“银”，单徛人的“人”读寻（入声）；墙上的画叫“人人”，读能（入声）；媳妇叫“嬬人”的“人”，读银（入声）。

从以上两个例子，就可以知道乐清话的读音，既能起到辨义的作用，又如此丰富多变。更令人惊奇的是，这一切变化都是有规律可循的。如“行”字，读杭，是沿用《广韵》“胡浪切，平唐匣”的读法；读桁是沿用《广韵》“户庚切，平庚匣”读法；读横，是一种俗读；读巷，是沿用《广韵》“下浪切，去宕匣”的读法；读云，是俗读；读陷是沿用《广韵》“二浪切，去映匣”的读法；读欣（上声）是受官话的影响。如“人”读寻是文读；读能是白读；读银是俗读，也就是占音留存的一种读法；读寻（入声）是文读“寻”的小称变调；读能（入声）是白读人的小称变调；读银（入声）就是俗读音人的小称变调，小称变调是将东西说成小的意思。从以上两个字的读音变化，就可以了解到，乐清方言的读音既丰富多彩，又有规律可循。

为了把乐清方言的字音记录下来，必须要一套记录语音的拼音方案。《汉语拼音方案》无法记录乐清方言；用国际音标记录，一般读者又很难掌握。因此，我想了很久，终于下定决心，自己设计了一套全新的拉丁化的《乐清方言拼音方案》，尽量采用一般人所熟悉的《汉语拼音方案》中的声母、韵母，方便读者准确、快捷地学习乐清方言。我只是个业余的方言研究者，许多理论问题都得请教方言研究的有关专家、学者。我请教最多的是郑张尚芳先生。如《乐清方言拼音方案》及其他相关的“声韵调”问题，这是事关全书的大事，均是在郑张尚芳先生帮助下确定下来的。我还专程到杭州，就方言研究中的几个理论和历史研究中的问题，去请教浙江大学傅国通教授，他都能高屋建瓴，耐心指点，帮助我解决方言研究中的疑难问题。我自己也努力对乐清方言相关的理论问题进行研究，专心致志地撰写好《乐清方言词典》的绪论。先后花了两年多时间，我才将绪论写好，并寄给郑张尚芳先生请他审阅，并请他为《乐清方言词典》作序。两个月后，他将序言寄给我，并随信提出一些修改意见。根据郑张尚芳先生的修改意见，我十分认真地逐条予以落实，终于将绪论完成。这时，我才长长地吁了一口气！

2004年，我花了7万多元钱自费出版《乐清方言词典》。乐清的学者洪禹平先生还写了一篇文章，发表在《乐清日报》上，对《乐清方言词典》予以充分肯定。《乐清方言词典》出版后，社会上对乐清方言的关注度显著提高。乐清电视台特地设了一个栏目《包教包学》，请我做主讲嘉宾，时间延续长达两年多；没多久，乐清电视台设立了方言栏目《陈佳讲新闻》，也常请我说说乐清方言。《乐清日报》还请我撰写了8期“跟我学乐清话”的通俗读物。

有耕耘就会有收获。《乐清方言词典》在2005年获得温州市第九届哲学、社会科学优秀成果（著作类）三等奖；2006年，又获得浙江省首届社会科学优秀成果（理论研究类）三等奖。这两次获奖，是我实在意想不到的收获，这对我的鼓励很大，更加坚定了我继续研究乐清方言的信心和决心。自此，我对乐清方言研究简直是到了“一发而不可收”的地步。

2006年，我立即决定着手进行《乐清方言词典》的姊妹篇《乐清方音字典》的撰写。我在撰写《乐清方言词典》时，就已经深深地感到乐清方言的语音系统既有历史传承和广纳百川的积淀，同时又有与众不同的变化和创新。深入研究乐清方言的语音系统，肯定有很大的难度。但是，我还是下定决心，继续深入研究。20世纪80年代初，我曾花了两年时间，对《康熙字典》给汉字注音的韵书的反切法进行过认真学习。我选取6000多个汉字，将这6000多个汉字各韵书的反切进行归纳和整理，形成“古代音韵的音节表”“历代韵书给汉字注音的声母汉字”“历代韵书给汉字注音的韵母汉字”“按音节同音韵的汉字归类”等4份材料。现在，要撰写《乐清方音字典》，这些过去学习音韵时的笔记就可以派上用场。

撰写《乐清方音字典》，首先必须确定体例，厘清思路。一是收字范围，定为2004年第10版《新华字典》所收的全部10000余个汉字；二是每一个字建一个词条，分7个内容：一为字头，二为该字的汉语拼音，三为该字的广韵反切，四为该字的乐清方言读音的注音，五为该字的方言同音字，六为由该字组成的词语的含义，七为该字组成的词语例词，如果是方言词，要做注释。如果，该字还有第二种、第三种读法，或文读或白读，另行再增添一栏，除省去汉字字头外，其他均与前面词条相同。如：

【阿】ā

①a1(锕)～昌族少数民族｜～拉伯地区名｜～斯匹林药名｜～飞流氓

②a5(啊)同“啊”：你别忘了～

③a7(压)词头：～婆｜～妹｜～国｜～爸｜～姨

ē 乌何切。平歌影

④㊢o1(桠)表幸灾乐祸：㊎～弥(读咪mi1)吩｜迎合偏袒：～世媚俗｜～附｜～谀逢迎｜～其所好｜山～凹曲处｜～房(páng读旁bha2)宫

⑤4㊐wu1(乌)～胶药材

又如：

【人】rén 如邻切。平真日

①㊢szang2(仁)～民｜～大｜～口｜～事｜～手｜～品｜当事～｜㊎～工｜㊎全部～马指军队｜㊎～民装一种服装｜㊎～命官司｜㊎～情礼物｜㊎～情份子一份礼物｜㊎～缘人与人的关系

②㊫szang8(仁入)㊎单徛～单人旁｜㊎双徛～双人旁

③㊐nang2(能)好～｜大～｜㊎憗(读毛me2)～坏人｜～种｜㊎～家屋住宅｜㊎～渣(读樝jio1)败类｜㊎～马势力｜㊎～影踪迹｜㊎～抬～相互吹捧

④㊫nang8(恁)㊎米～米粉捏的人｜㊎人(nang2)人(nang8)画中的人｜㊎～～书小人书｜㊎～～纸彩画｜㊎做戏～演员｜㊎戏台～戏子、演员｜㊎矮～｜㊎屋底～指妻子

⑤㊗nhiang2(银)丈～岳父｜道～道士｜㊎新孺～新娘｜㊎老安(读温woe1)～妻子

⑥㊫nhiang8(银入)㊎孺～媳妇

在《乐清方音字典》撰写过程中，我发现乐清方言读音具有十分鲜明的特色。

一是乐清方言的声母，清浊分明，与《切韵》《广韵》一一对照，在全国确乎不多。据郑张尚芳先生研究，“好些方言与《广韵》不合，温州的读法则完全符合《广韵》反切”。根据我的调查研究，的确如此。

二是乐清方言韵母更有特色。《切韵》的一些韵类，别的汉语方言以至别的吴语方言已不能分的，乐清方言却仍然能分，如中与钟、保与饱、止与纸、鱼与愚、占与店、公与弓等，均分得清楚。

三是乐清方言的声调，分四声八调，平上去入各依声母清浊分阴阳，平上去入归类也基本上与《切韵》相同。《乐清方音字典》所收 1 万余字的读音，声调发生变化，与《切韵》《广韵》不同的，只有 180 余字，变化率仅 1.8%。

四是乐清方言的连读变调，很有规律。第一，二字组连读变调，与普通话有明显不同，普通话连读变调是前重后轻的模式，重音在前。而乐清方言连读时，只有前字发生变调，后字一般不变调，后字影响前字，做到保证后字声韵清晰，调型完整，声音强度和时长超过前字，是一种“前轻后重”的韵律模式。第二，三字组连读变调，后字基本上保持稳定，语调不变。只有前两字的语调发生变化，然而变调的规律明显，有一定的规律可循。

2009 年 8 月，我花了 5 万多元自费出版了《乐清方音字典》，社会反响很好，因此心中感到十分高兴。

2008 年，乐清社科联许宗斌先生与我谈起清林大椿撰写的《海澨方言》，他建议我给《海澨方言》作校注。当时我正忙于《乐清方音字典》的撰写工作，便未立即着手。2009 年 8 月，《乐清方音字典》付梓后，我没有沉醉于已取得的成绩，便马不停蹄，立即转入《海澨方言》校注本的准备工作。虽然，我已有十来年研究乐清方言的经历，但是面对着这本《海澨方言》却有点犯难：一是该书征引的书籍遍及经史和字书、韵书，校注难度很大；二是该书有相当多生僻冷字，在传抄过程中出现许多错讹，考证难度很大；三是该书记录的是晚清乐清的方言土语，许多词语已成为历史，给这些词语作注的难度很大。我花了一年多时间，将手抄本形成电子版，并将所有尚无法校注的词语打印出来随身携带，好随时随地向别人请教。我再次去浙江图书馆古籍部查阅历史文献；还深入民间，向那些博闻多见的智者请教，像蚂蚁啃骨头一样，一个字一个字地啃下来。经过几年时间的努力，数易其稿，终于在2013年3月定稿，2014年11月出版。

2011年9月，我正在杭州，接到乐清市文联主席张文斌先生的电话，他们要编辑一套“乐清民间文化记忆丛书”，约我写一本关于乐清方言的书，我当即就答应下来。过了一个星期，张文斌先生又给我来电，说赵顺龙先生已答应准备写一本乐清方言的书，恐怕资源重叠，故要我再考虑写别的内容。10月5日，我从杭州回到乐清，与张文斌先生面商，我提出写有关“乐清地名文化”的构想，他认为这个题目很好，当即拍板。于是，我就全身心投入撰写《时间深处的名字——乐清地名文化趣谈》（以下简称《乐清地名文化趣谈》）。

说来话长。2004年，许宗斌先生将其近著《听蛙楼琐语》赠予我，我认真地拜读了其中部分篇目，其中一篇《读地名》给我以极深的印象。当时引发一种灵感，如有机会的话，我将好好地写一本关于乐清地名的书。我也曾将自己的想法同许宗斌先生谈起过。同时，我也有意识地开始关注乐清地名的书籍，首先向包启强先生借了一本《乐清县地名志》随时阅读，并抽空将该书的主要内容输入电脑，待将来派上用场。此后，稍有短暂的闲暇，就抽空看几本有关地名学的专著，先从理论上武装自己。平时阅读其他书籍，凡见到与地名有关的内容就立即抄录或复印下来，并抽空输入电脑。几年下来，我在电脑里断断续续地积累了有关乐清地名的材料十余万字。

2011年，我着手撰写《乐清地名文化趣谈》一书，那些积累起来的资料正好派上用场。地名是一种民俗文化，有着丰富的历史、地理、语言、经济、民族、社会的内涵，是先民留下的重要文化遗产。乐清建县于东晋宁康二年(374)，初名乐成，五代后梁开平二年(908)为避梁太祖之父朱诚之讳改名乐清。乐清县名十分特殊，名字中的“乐”要读yuè，是全国所有地名中唯一的，其他各地带“乐”的地名都读lè，难怪中央电视台的播音员也曾将乐清的“乐”误读。更令人不可思议的是，乐清县名中的“清”和“成”字，也与音乐有关。“乐”，《周易·豫卦》：“先王以作乐崇德，殷荐之上帝，以配祖考。”《周礼·地官·大司徒》：“三曰六艺：礼、乐、射、御、书、数。”“乐”，就是音乐的意思。“成”：《尚书·益稷》：“箫韶九成，凤凰来仪。”孔颖达疏：“成，犹终也，每曲一终，必变更奏。故《经》言九成，《传》言九奏，《周礼》谓之九变，其实一也。""清",《礼记·乐记》:"倡和清浊,迭相为经。"郑玄注:"清谓蕤宾至应钟也,浊谓黄钟至仲吕。"《淮南子·修务训》:"圣人见是非,若白黑之于目辨,清浊之于耳听。"高诱注:"清,商也。""清"也与音乐有关。这些历史古籍记载,说明"乐""成""清"均与音乐有关。

其实,这一切并不奇怪,乐清是一个与音乐有着深厚历史渊源的文化之邦。相传周灵王姬泄心的太子,名晋,字子晋,又称王子乔,他爱好吹笙箫作凤凰鸣,被浮丘公引至嵩山修炼,成仙后骑白鹤悠游天下。传说,他因仰慕乐成山川奇秀,在乐成箫台山垒石为台,然后登台吹箫,一只只白鹤从海外、山外闻声而来,翩翩起舞。故乐清后人常称乐清为"子晋江山"。这便是乐成县县名与音乐有关的来历。

我在撰写《乐清地名文化趣谈》时,特地写了"乐清方言地名——语言的活化石"一章,表达乐清人"宁卖祖宗田,不卖祖宗言"的共识。如乐成镇盖竹村的"盖",老百姓至今不读 gài,仍读 guì,因此地古时多用竹来盖房子,其本字是"廥",《说文》:"廥,刍稾之藏也。"湖横乡的"横",老百姓至今不读 héng,而读 huáng,因为此地古为海边之地,地多"潢"。朱彝尊《日不旧闻补遗》引《禹贡山水考》:"海道多潢,犹陆地多歧。"因湖池淤塞,改名为湖横。"巽"字,《易·说卦》:"巽为木,为风……"《左传·庄公二十二》:"巽,风也。"雁荡乡巽坑村位于海口,多风,故取名"巽坑",现改为选坑村。龙西乡有一村建在山头,故取名为山崀头村。"崀",广韵荡韵苦朗切:"㡧崀,山空。"岭底乡竹筤岙村,以两旁山上有竹林形似走廊而得名。筤,《农政全书·种植·杂种上》:"竹之萌曰笋,竹之节曰约,竹之丛曰筤。"这些古村名,就保留了许多古词的词义。

大约用了一年时间,2012 年 8 月,《乐清地名文化趣谈》完稿,并于 2013 年 5 月付梓出版。

《乐清地名文化趣谈》一书交给出版社后,我马上又将《乐清谚语集》的撰写提到日程上来。其实,我在撰写上述几本书过程中,就已经顺便搜集了大量乐清谚语。如收录了 1986 年贾丹华先生主编的《乐清歌谣谚语集》中近两千条谚语,收录了《乐清县志》《虹桥镇志》《柳市镇志》《蒲岐镇志》《翁垟镇志》《黄华镇志》《磐石镇志》等所有已经出版的乡镇志中谚语部分,还收录了 2008 年全乐清市各乡镇编纂的《山海古风——乐清市非物质文化遗产汇编》中有关谚语。此外，还得到有志于谚语研究的行家和朋友们的大力支持，如乐清气象站退休干部张庆普先生、乐成镇杨永生先生都将自己收录的几百条谚语全部送给我。“众人拾柴火焰高”“众人扶船能过山”，我们收到的乐清谚语达数万条。面对着众多的谚语，经过反复讨论和研究，最后敲定，按意义分类。通过一年多时间，五易其稿，终于形成比较成熟的稿子。为了使读者能读懂《乐清谚语集》，必须扫清专门术语、方言词语和方言读音的障碍，于是我们专门编写了一个附录：《〈乐清谚语集〉方言词语和字音注释》。

这本谚语集得到专家的好评，被誉为“同档谚语集之最”。编辑安排也是颇具匠心。一是井井有条，条条有味；二是分纲立目，灿然成章；三是释文得体，要言不烦。说到底，这一切都是众人的功劳。如《乐清谚语集》的“气象自然类”的谚语，分天象、物像、时令、潮候 4 节，又分虹霞、日晕等 19 个目，总条目达 2000 余条，没有一个地、县编的谚语集能达到如此规模，甚至省级编的谚语集也未能有过。乐清是一个背靠大山、面朝大海的平原水乡，既有山区、平原水乡的气象谚语，更有在海洋上劳作的海洋谚语，当然会比纯平原、纯山区、纯水乡地区的谚语要多。

在乐清方言研究的路上，我没有止步，仍在继续努力。2013 年底，在《乐清谚语集》出版之后，我们马上转入对《乐清歇后语集》的编辑撰写工作。我们很快将过去 10 多年搜集乐清方言时顺便收到的歇后语加以整理。然后，有计划地从乐清地方历史文献中搜集，更重要的是广泛向民间搜集。很快地，共搜集到 13000 多条乐清歇后语。编辑时，我们经过反复考量，最后决定还是按音序排列为好。然后，给每一条歇后语做解释、造例句，给方言词加简要注释。最后，还要做两件事。一是将乐清方言词注释汇总起来做一个附录；二是要为该书写一个绪论，光绪论就写了半年。初稿完成后，我特地到杭州拜访浙江大学教授、著名的语言学家傅国通先生，请他为该书作序，傅教授一口就答应了下来。我心中不知怎么感谢他老人家才是。一切完备以后，于 2016 年 9 月交付印刷。这时，才让人吁了一口气。

2016 年底，《乐清歇后语集》出版后，市档案局拿出 500 本书，让乐清人凭身份证到乐清市行政中心大厅领取。那天，来了好多人，一个小时内就将 500 本书给领光了。然而，大厅里仍聚集着许多人，人们不愿离去。市档案局只得再拿出200本书让人领取，书领完了，仍然还有许多人，市档案局只得说书已经没有了，人们才悻悻地离开。这件事让我感到很欣慰，我们的研究成果受到乐清人的欢迎，这就是对我们最大的鼓励。

2017年1月，我开始乐清方言成语的搜集和整理，准备再出一本《乐清成语集》。

首先，我们想到的是方言成语的界定。学术界对什么是方言成语有着不同认识，多数人认为只有四个字方言短语的才能算方言成语。我心里总感到这个认识有点偏颇，也不公平。从汉语成语形成的历史来看，汉语成语与古代谣谚有着不可分割的关系，许多成语都是从古谣谚中来的，如“辅车相依”和“唇亡齿寒”就出自“春秋左氏僖五年传”“宫之奇引谚”（见《古谣谚》卷二）；“白沙在涅，与之俱黑”，就出自“赵岐引谚”（见《古谣谚》卷二）；“城门失火，殃及池鱼”，就出自“池鱼谚”（见《古谣谚》卷二）；“心安茅屋宽”，“又引谚解硕人之薖”（见《古谣谚》卷二）；“不瘖不聋，不成姑公”，是“刘熙引里语释瑱”（见《古谣谚》卷三）。由此可见，汉语成语的形成与古谣谚关系十分密切。随便翻开汉语成语词典，我们还可以发现“大树底下好乘凉”“大水冲了龙王庙”“挂羊头卖狗肉”“得胜猫儿欢似虎”等一些成语，其来源就是方言俚语。再说，方言成语与汉语成语一样，在词汇中保留了许多古汉语根词和单音词特征，如乐清方言有“囫囵吞”，汉语成语有“囫囵吞枣”；乐清方言有“灵人做拙事”，汉语成语有“巧诈不如拙成”；乐清方言有“客来添双箸”，汉语成语有“无下箸处”；乐清方言成语有“狗咬骨头空咽唾”，汉语成语有“唾手可得”。这些“囫囵”“拙”“箸”“唾”等古汉语的词汇在方言中已经成为民众语言生活不可或缺的语言单位，其古色古香的特征十分明显。

即使汉语成语的发展，也离不开谣谚。如今天的“代沟”“泡汤”“吃醋”“兜风”“扯皮”等词汇，都将会成为新的两字成语；今天的“开门红”“开洋荤”“炒鱿鱼”等三字惯用语，也将会被社会承认，成为新的汉语成语。所谓成语，就是有固定的结构和特定的含义，一讲出来，你懂、我懂、大家懂，不分地域、不分年龄，都知道它的含义。只要具备以上的条件，就可以发展成为成语或惯用语。因此，不能唯独对方言成语在字数上设限。

再来看实际情况，汉语成语所具备的字数，方言成语也都具有。

如两字成语，一般汉语成语词典都没有收录，只有大型成语词典才有收录。如见于典籍或历史典故的两字成语就有“推敲”“齿冷”“汗颜”“垂青”“问津”“逐鹿”等。乐清方言中，如“徛鏊”(指站在锅台边看得到吃不着)、“拳窠”(最拿手的本领)、“剥笋”(形容层层深入)、“掏坟”(喻乱翻腾)、“接袋”(原指结婚的一种仪式，新郎新娘踩着布袋进入洞房，喻代代相传)等就相似于汉语成语的两字成语。

汉语的三字成语，有如“莫须有”“下马威”“破天荒”“忘年交”“老油条”“清一色”“现世报”“拦路虎”“打秋风”“变色龙”“倒胃口”等。乐清方言也具有不少同样结构的成语，如“铜番钿”(假冒的铜钱，喻人没有本领)、“做手脚”(指暗中要花样)、“假腔花”(指故意要花招)、“祭警头”(形容经常不断地批评指责)、“猫儿头”(打小算盘)等。汉语的四字成语数量最多，这里就不举例了。汉语的五字成语也很多，如“民以食为天”“事后诸葛亮”“欲速则不达”等；乐清方言就有“哑佬打官司”(有口却不能申辩)、“哄鬼落沙龈”(形容骗人上当)、“蚂蔡两头吃”(喻司法腐败，吃了原告吃被告)等具有同样结构的五字成语。六字结构的汉语成语有“亲者痛，仇者快”“挂羊头卖狗肉”“五十步笑百步”“风马牛不相及”等；乐清方言有“急走冰，慢走泥”(喻事情该快则快，该慢则慢)、“烂鬓田翻捣臼”(形容越陷越深)、“破布繗吊江蟹”(喻白白浪费时间)等具有同样结构的六字成语。以下就不再举例了。

我们收集了4000多条乐清方言成语，对每条方言成语整体加以解释，难字与难词也分别加以解释，并加例句。《乐清成语集》正等待付梓出版。

我们并没有消停下来，而是继续努力，开始对乐清方言古词语的历史渊源进行探究。我们发现，那些看起来稀奇古怪的所谓“冷字”都是有历史来头的，故产生了对其进行历史溯源的兴趣。至今，我们已经完成对1600个单音古词语进行追根溯源的工作，努力找到这些“冷字”的历史源头。限于我们手头的典籍有限，只能说找到我们认为的最早的源头。如乐清方言中作驼背、弯腰解释的“伛”(俗读佝)，其源头出自《礼记》；乐清方言中称一种咸鱼为龙头薧的“薧”(读靠)，其源头就出自《周礼》；乐清方言中用叉叉取水中鱼鳖的“簎”(读责)，其源头也出自《周礼》；乐清方言称猪为“貕貕猪”，这“貕”的源头出在《逸周书》；乐清方言称床为“寐床”(寐读米)，其源头出自《诗经》；乐清方言说诅咒别人为“讪”(读灿)，其源头就出自《论语》。这些看起来土得掉渣的词语，其源头都出在先秦典籍中。

最后，我们对这1600个词进行了统计，属于先秦的140个，占8.8%；属于两汉的342个，占21.4%；属于魏晋南北朝的301个，占18.8%；属于隋唐7个，占0.44%；属于宋朝669个，占41.8%；属于元明清141个，占8.8%。而且，乐清单音古词90%以上是产生在宋代以前，由此我们可以认定，乐清方言在宋代以前已经基本定型；也可以说，乐清方言的汉化已经基本完成。这个结论，与郑张尚芳先生在《温州方言志》中的"温州方言至迟到南宋前就早已形成了"的论断相吻合。因此，我们的研究成果也可以作为郑张尚芳先生论断的佐证。

乐清方言，作为一门学问，其内涵是很深邃的，内容是很宽广的，要研究的内容还有很多，我们将继续努力，把乐清方言的研究工作继续推向纵深发展。

2019年10月16日

我的温州模式研究历程

朱康对*

作为一个温州本地人眼里的外地人，我小时没在温州生活，读书也不在温州，却不仅在温州安家落户，还研究温州和温州模式整整三十二年，再过几年也到退休年龄了。回过头来，真是几十年如眨眼。回顾历史，自己被温州吸引来到温州，滞留在温州，到最后竟然一辈子研究温州，也许冥冥之中和温州有某种缘分。

一、和温州的渊源

我出生于浙江省台州市仙居县朱溪镇的一个农民家庭。我的老家和温州永嘉虽然只有一山之隔，但是在多山的江南，两地的习俗和文化却有着十

* 朱康对，男，1964年9月生，浙江仙居人。中共温州市委党校教授，温州市社科联副主席，温州市第九、第十届政协委员。主要研究方向是区域经济学和产权经济学，对温州模式历史、产业集群等有独到研究，偶尔也涉猎其他研究领域，擅长田野调查，喜欢案例研究。曾负责过“民间推动型城市化——龙港农民城案例研究”（浙江省重大招标课题）、“温州改革历史研究”（国际食物政策研究所资助课题）、“共有资源开发的公共政策研究”（浙江省哲学社会科学规划课题）研究以及温州地方政府及有关部门委托课题多项。负责的科研成果获省部级以上优秀成果奖项3项，获地厅级奖项多项，获温州市“五个一”工程奖2次。出版著作《来自底层的变革——龙港城市化个案研究》《政府和市场之间——基于浙南地方案例的公共事务治道研究》，并在《中国社会科学季刊》《中国社会科学评论》等杂志发表论文多篇。曾任《温州论坛》杂志常务副主编。2007年开始任《温州蓝皮书》副主编。

分不同的特点。尤其是方言完全不同,台州话和温州话根本无法直接交流。从族谱上看,我们朱溪镇朱氏一脉唐宋时因祖上到温州当官,从湖北襄阳迁到永嘉花坦。明朝时从花坦迁到临海,后又移居仙居,再至朱溪。所以,我到永嘉上课,也时常套近乎说自己祖上也是永嘉人。实际上,村里的老人在修族谱时,也一直和永嘉花坦保持联系。

大约在1940年前后,因家境贫寒和家庭矛盾,父亲投奔他在温州当军官的本家堂兄,给他当勤务兵。所以,我小时时常听他讲起他们部队驻扎在松台山,城外都是田地。当我到温州工作后,接他到温州,特地带他到松台山脚寻找他当年待过的地方。时隔50多年,时过境迁,松台山已经完全被房子包围,看不到清明桥外的田野,他已经找不到自己当年的踪迹了。

20世纪70年代,在我十来岁时,当时是禁止农村劳动力自由流动的,但是大哥却时常跑到温州打工。他是打岩的,主要也是在相邻的永嘉县一带,给一些修路打岩洞的工程干活。由于当时施工技术落后,打岩不仅是个苦活,还是个危险的活,时常听到开岩放炮时砸死人的事故。所以,每次大哥出门,老娘都是眼泪汪汪地给他准备行装,给他准备好吃的,嘴里唠叨着:"在家千日好,出门半朝难。"千吩咐,万叮咛,要他小心。那时村里生产队有个土政策,你出去打工,叫作"搞副业",你要向生产队交多少管理费,然后给你记多少工分,这样你就可以在生产队里分到粮食。

我出生的年代是中国人口出生率最高的时期。家里有四个哥哥、一个姐姐,我最小。按照北方人的说法,我是老幺,而且和最小的哥哥相差五岁。因此,家里重的农活基本轮不到我干,但是读书之余,常需要做些放牛、砍柴和一些辅助性的农活。高中毕业后,正好老家包产到户。老家是个山区小镇,村里土地有限,人均只有0.25亩。包产到户后,大家干活都是为自己干,不会像集体时期那样磨洋工了。每家这点有限的耕地,三两下就干完活了。我毕业回到老家,也主动一起干起农活。由于一直在学校读书,暑假和周末回家也就做些辅助劳动,种田耕地的主要农活干得还是不多。有一次插秧时,因为速度太慢,被老父亲嫌弃了。父亲说:"你回来做啥?家里这点地还不够我和你哥哥种。干脆,你再回去继续读书吧!"当时,家里的大哥、二哥已经分家,姐姐也已经出嫁。父亲还正当年,三哥、小哥也已是主劳力。老家山区农村还没有其他产业,一家三个主劳力种这点土地确实绰绰有余,我这个新手实在插不上手。但是，那时虽然已经恢复高考，周围似乎没人考上大学，上大学对我来讲，是个遥不可及的目标。所以，我就和他讨价还价，说："我回去读书可以，但是大学我是考不上的。"他当时对我考上大学也没抱太大的希望，所以也没给我压力，说："你去把个子读大一点，再回来帮我干活。"其实，他也做了两手准备，背后偷偷地让三哥给我找了个油漆师傅，一旦我考不上大学，就让我去学油漆手艺当油漆匠。对人多地少的浙江来讲，基于"大旱也饿不死手艺人"的认识，农村青年向来有学手艺的传统。像我们这个年龄段的很多温州著名企业家，如南存辉、王振滔、胡成中等都学过手艺，有过做工匠的经历。老父亲之所以让学油漆是认为其他手艺都是体力活，油漆一般都是兼做雕花，多是写写画画之类的细活。这算是所有手艺活中最有技术含量的工作了。他认为我长期读书，比体力，可能比不上从小跟着师傅的其他农村青年，但是毕竟读到高中毕业，当时在农村算是最高学历了，做油漆肯定有优势。恰巧，当时县教育局统一举办高复班，我因学习成绩较好，顺利入选，广播里通知我到下各中学报到。就这样，我干了几天农活后，又重返校门。复习期间我已清醒认识到，如果考不上大学，这就是我这辈子最后的读书机会了。所以，这年里，真的开始认真学习了。

高考结束后的一天，我在山上放牛，只见老爸气喘吁吁地跑到山上来喊我，说是广播里在叫，我的大学录取通知书到了，叫我去镇政府去拿。于是，老爸替我看牛，我赶紧回家。回到家里，找不到一件像样的衣服，正好姐夫在我家，他脱下身上的衬衫，先给我穿。我到了镇书记那里，才知道我已经被中国人民大学录取了。事后，我高中的班主任告诉我，大学录取通知书是寄到学校里的，他看到我被中国人民大学录取了，很高兴，觉得应该让全镇人知道，便特地寄到镇委书记那里，让他在广播里通知我去拿。这样广播里一喊，我们全家都特有面子。

二、慕名来温州工作

1983 年 9 月，我正式到北京读书。4 年的大学学习，给我们这些农村孩子带来了脱胎换骨的变化。入学半年后，由于不再拿砍柴刀，手上的茧子慢慢地软化脱落。皮肤黝黑、满手厚茧的农村娃慢慢地蜕变为一个白面书生，更重要的是思想上的变化。当时人大复校还没几年，停办了10年后，那些从全国各地召回的老师好不容易又有了施展才华的讲台，于是他们恨不得把满脑子的知识和满腔的爱都倾注给我们。当时中国人民大学招生规模很小，系里有五六十个老师，但是每届学生却只有36名。不算公共课老师，光系里平均每一届就有1.5名专业老师教育1名学生。所以，即使是我们本科生平时的论文指导，老师们都要抢的；而且每个老师对学生的要求也十分严格。印象最深刻的，也是最受大家喜欢的，是教我们高等数学的吴本立老师，她是中国人民大学首任校长吴玉章先生的孙女。她不仅记得每个同学的名字，一旦有人偷懒没交作业，准被她逮住批评。班里有一位少数民族地区的同学在高等数学学习上碰到困难，她不仅安排数学好的同学帮助他，还亲自把他叫到办公室给他补课。考试时绝不放水，最后，他考了5次，终于硬碰硬考过关了。因为在她眼里，是不允许有一个不合格的人大毕业生的。

在邓小平、胡耀邦、赵紫阳、万里等老一代领导人的领导下，20世纪80年代的中国正是改革风起云涌的时期，也是中国思想大解放的时期。我们的老师不仅给我们系统讲授了马克思主义政治经济学的知识，一些外语基础较好的老师开始给我们翻译和介绍现代经济学知识。1986年下半年，我们从很多的媒体资料里看到了温州市委书记董朝才介绍温州模式的讲话。经过了改革开放初期思想大解放的洗礼和三年多的经济学知识的系统学习，我们清醒地认识到温州模式所代表的市场经济是中国的必由之路。

1987年上半年，我们从江西吉安毕业实习结束，回到北京。我们的班主任范剑平老师也刚带两个外国留学生从温州回去，他在我们寝室讲了很多温州的事情。当时温州模式刚刚出名不久。我们直觉温州这条道路，应该是中国改革的方向。于是，就直接和市委书记董朝才同志联系，要求来温州工作。当时目的是来温州基层工作，直接到第一线了解收集温州的相关资料，然后考研回北京。当时董朝才同志正好在住院，他让秘书陈景云同志给我回了一封信，表示欢迎我来温工作，并叫我拿这封信，直接和组织部部长李莉娟同志联系。

1987年7月14日凌晨，我从温州汽车南站出来。当时人民路还没有开始改建，一眼望去，破败如电影里新中国成立前的贫民窟。我刚从北京过来，首都和温州市容视觉上的落差实在是太大了。当时一个强烈的感觉就是温州非久留之地，应该尽早离开。所以，当我到人事局报到后，就没有按董书记的回信去找李莉娟部长。当时市府大院里的集体宿舍住不下了，要我自己到外面租房子；而我到温州后，路费也早用完了。正好市委党校办公室主任朱爱萍热情联系，邀请我去市委党校，我一开始没有思想准备。她让我先来看看再说。没想到，我去了以后，就留下来了。因为党校虽小，但是有一种熟悉的校园环境，给人很宁静的感觉，反正自己要复习考研回北京，党校的环境最适合了，何况朱爱萍主任满口答应两年后同意我考研，所以就答应下来了。

因为此时正逢暑假，报到以后就回老家了。老家隔壁的邻居乌狗公早年在温州做过生意，当他得知我要到温州工作以后，就和我讲起当年他在温州做生意的故事，印象最深刻的是他反复提到："温州这个地方我常去，街街巷巷都可以通船的。"他这么一说，我眼前浮现的是绍兴水乡和意大利威尼斯的场景。可是，我到了温州，压根就没有看到这个景象。后来，在研究温州城市建设过程中，慢慢知道，原来是新中国成立以后，温州的这些内河都被填了，当年河汊纵横的水乡场景也一去不复返了。1988 年启动的温州人民路改建中，人民路南边本来也是濒临温端塘河水系的，但是改建过程中却在河边盖了一排房子，于是即使在人民路经过，也根本看不到河了。对此，我一直扼腕叹息，要是温州的内河不被填掉，宁可建新城而保留旧城的话，也许这座中西方文化交汇的温州古城的文化价值会超过意大利的威尼斯。为此，前几年我在研究温州基础设施投融资体制改革的课题时，还专门拜访了当时负责城建的副市长马云博老先生，特地询问了此事。这才知道当时城市规划专家曾经提出人民路南侧河边不盖房子的方案，这样的话，温州整个城市就透气了，漂亮了。但是因为长期以来国家对温州投资不足，新中国成立以后到改革开放前夕，总共才 5.59 亿元，其中可用于城建的只有 1.34 亿元。当时温州市政府财政很困难，如果人民路南侧不盖房子，不仅少了一半的土地出让金收入，还要贴上绿化的费用，市政府难以承担。所以，出于人民路改建项目自求平衡的目标，最后市领导选择了现有的盖房方案。人民路改建是龙港农民城建设的升级版。温州在国家投资不足情况下，走出了一条以政府为主导、以企业为主体、依靠发动老百姓、通过市场化的方式建设城市的道路,被当时温州的市领导概括为"政府一毛不拔,事业兴旺发达"。但是由于投入不足,完全依靠自求平衡,难免存在规划水准不高、建设档次低的问题,因此,和其他大城市横向比较,最初来温州时的这种印象和现在温州的建设格局还基本没有改变。

到温州工作以后,遇到的第一个困难是语言问题。温州话号称世界上最难懂的方言,刚到温州,我连一句温州话都听不懂。1987 年 9 月,我随市委工作队入驻到乐清南塘镇,带队的是市农业局局长杨铁一。由于初来乍到,语言也不通,大多时间都是跟在老同志后面。但是比较凑巧的是,地处乐清北部的南塘镇临近大荆,有一半人口讲的是台州话(当地叫太平话)。有一次,我们到一个村调研,要找村会计家。只听温州籍的队友路上"盖子、盖子"(温州话"会计"的发音)地询问,可是,对方几位大婶还是一脸茫然。我突然想起这里有一半人讲台州话,不妨用台州话试试。于是,我用老家方言一问,她们马上就听懂了,为此我心里还偷偷地嘚瑟了好久。

1988 年下半年,党校办公室主任朱爱萍老师有个赴中央党校经济体制比较师资班学习的名额,她因故没时间去,把名额让给我。两个半月的学习,收获很大,让我全面系统地掌握了世界各国社会经济体制的基本情况,对于世界改革发展的趋势有了更为深刻的认识。当时听到了很多名家和领导的讲座,也明显感觉到中央高层对于我国改革走向的不同认识。记得有一次有个财政部的领导讲课,提到温州模式,他是异常地反感。他说:"我去温州考察,看到温州的国道两旁每隔一段路就有人架着油桶在卖汽油和柴油。汽油和柴油是国家计划供应的,他们私人的油从哪里来的?不是走私,就是公家汽车上放下来的。可见,温州的经济是靠走私和挖社会主义墙脚发展起来的。"讲完,他还特地问了一句:"班里有没有温州的同志?你说说看有没有这种情况。"那次听课,我已经躲到最后一桌,本来是懒得理他的,但是由于在一起学习了一段时间,班里同学都已经认识我了。我躲不过去,只好硬着头皮站起来,说:"对一个地方的评价要全面分析,简单地从某个侧面看,很难准确认识。欢迎领导再到温州深入调研。"还好他没有死盯着我,我讲完也就自己坐下了。

1989 年初,我下派到永嘉县黄田乡挂职锻炼,任乡长助理。挂职期间,我走遍了黄田的所有村庄,注意到这里几乎每个村庄都建有宗族祠堂。在有不止一个姓的村里，甚至一个村就有好几个祠堂。这和我老家是完全不同的场景，也引起了我的兴趣。于是，我就到当地户籍管理部门查了全乡的人口登记，对各个村庄人口的姓氏情况做了全面统计，并进行了整理。这个关于各村宗祠和姓氏的简单统计后来成为我在 1997 年第 5 期《浙江社会科学》发表的《小农家文化与温州农村家庭经济》一文的重要材料。黄田乡可以说是温州家庭工业的典型，这里各家各户都置办了几台冲床，分工合作生产金属纽扣。这里让我看到了温州农村工业最原始的生产形态。黄田的一年，让我对温州社会底层和基层政府的工作有了最直观的了解，也让我认识了很多在基层工作的朋友。在他们的帮助下，我学会了听说温州话。这为我后来在温州农村的调研提供了很大的帮助，使得我在温州大多数地方都能够单独调研，直接和当地的百姓进行有效沟通。

在党校工作的最初两年里，我就一边工作，一边准备复习考研。当时同教研室的老大哥谢敏老师有台飞鱼牌英文打字机，出于好奇，我就借来练打字，这样边打字，边复习英语。英文打字机的练习，让我熟悉了打字机的键盘，掌握了盲打的技术。无意中掌握的英文打字机的盲打技术，为我后来学习电脑打字打下了良好的基础。如今我出去调研，可以一边提问，一边直接用手提电脑记录，真正发挥了手提电脑的笔记本作用。

三、滞留温州

但是，让我没想到是，我边工作边复习，准备了两年的考研计划遇到了麻烦。当我去教育局报名准备考研时，我准备报考的中国社科院农村所招收研究生的外语竟然变成考俄语。于是我回来闷头大哭了一场，最终决定放弃考研，待在温州这个偏安一隅的地方。

1989 年，按照上级要求，温州组织了很多党的基本路线教育工作队（简称“路教队”），到农村工作。1990 年，挂职锻炼回来以后，我也随路教队到瑞安篁社。篁社也是个水网遍布的地区，人称温州的“沙家浜”，因为当年地下党游击队就利用这里复杂的环境在这一带活动。这里环境秀丽，农业发达，工业也开始起步。最主要的工业产品有眼镜和踏花被。一个半月的工作队期间,我有空深入调查了几十个农户,记了好几个笔记本。我调查了很多甘蔗专业户,详细了解和记录了他们生产的投入和产出情况。最有意思的是我所做的篁社村的索面生产调查。索面是一项相当古老的家庭手工业。篁社村是瑞安市篁社镇最大的行政村,全村 568 户 2391 人,占全镇总人口的 1/7,共有耕地 1605 亩,人均 0.67 亩。从经济类型看,篁社村是一个典型的农业村,村民以务农为主,农闲时间则加工索面来补贴家用。全村只有 16 户不会做索面。在索面生产高峰期,全村曾有 500 多户从事索面生产,占全村总户数的 90%左右,因此也称得上是索面生产专业村。在调查过程中,我一直在考虑这么一个问题:为什么在中国农村这种传统的家庭手工业既没有在工业化过程中消亡,也没有能够采用雇工生产,实现工业化生产?经过调查发现,一方面,因为它所需的生产工具十分简单,一般一个面箱、一口面缸、几个面架和适量的面竹就构成了生产索面的全套设备。其总价值也不过 100 多元,几乎所有农户都有能力置备。另一方面,做索面的技术也比较简单,加工索面只有和面、索面和晒面 3 道工序,都是手工劳动。一般的农村妇女只要稍加练习,即可学会。由于它几乎没有什么必要资本量壁垒,也没有什么技术壁垒,所以它很难采用雇工生产。因此,在现有的生产技术条件下,就决定了这个产品只能维持在个体生产的状况,而且经过市场竞争,产品的价格维持在让每个生产者的获利也仅仅处在纯工资的水平。据调查,当时一个农户加工 40 斤面粉,一天也只有十几元钱,一个农户一年以 100 天加工时间算,增加 1000～2000 元收入。所以,长期以来由于索面生产投资省,技术简单,同时其产销季节正好与农忙错开,可以充分利用农户的空余时间和剩余劳动力,就成为当地农户的一种主要副业。篁社村索面生产的调查,让我对中国农村工业化的起源有了一定的认识。这是教科书里没法供给的知识,只有实地调查,才能真正对现代工业革命对生产方式和生活方式的影响有了深刻的认识。

当时,路教队的一个重要任务就是引导村里的个体私营企业按村成立股份合作总厂。时任温州市市长的陈文宪曾到篁社的路教队做了讲话。好在 1992 年邓小平南方谈话以后,新任的市委书记张有余果断停止了这个做法。当我回顾这段历史的时候,心想,温州地方干部把"股份"和"合作"拼在一起创造出来的"股份合作"这个词功能真是强大。最早被积极的改革者用来给那些合伙企业带“红帽子”，后来在保守的“左”倾政策下，又被用来作为引导个体私人企业向公有制企业转型的平台。我一直在想，如果没有邓小平南方谈话扭转中国的发展方向，温州会不会利用“股份合作”的载体，再来一次类似于20世纪50年代的个体私营企业的社会主义公有制改造呢？

在党校的前两年因为不是挂职，就是外出学习，所以也没有在教学上花多少心思；加上自己也没有在温州待的心思，连人家给我介绍对象，也是一口回绝。现在既然决心留在温州，那就得直面现实。首先，在工作上要从当好一个教师的最基本的要求做起；其次，当工作业务上稍微稳定了，还得考虑安家问题。所以，在温州头8年时间里，实际上都处在准备考研、适应工作、安家落户这些事情上，并没有真正深入研究温州模式。一直到1996年，当自己妻子、孩子、房子都有了以后，由于当时有个规定，要晋升副高以上的职称，必须要有研究生的学历，至少需要进修过研究生课程，于是我就和妻子商量：“我想做学问了，想脱产到了杭州大学研究生院进修研究生课程。”妻子理解我，说：“你去吧。”并默默地承担起全部的家庭事务。

由于市委党校毕竟是基层党校，同事基本都是来自地方院校，没有受过正规的学术训练，学校领导多是各个部门调来调去的，对于学术理论问题基本上也不懂，所以学校的学术氛围十分淡薄。自己虽然是本科毕业，但是自己的毕业论文已在中国社科院的《中国农村观察》（当时叫《农业经济丛刊》）发表，经过几年适应，教学上也基本能够对付，所以一直以来没有多少危机感。但到杭州大学进修之后，当自己沉下心来准备做学问时，仔细看看各种学术期刊，发现国内社科界的学术范式已经悄然发生了巨大的变化，许多学术规范都开始逐渐和国际接轨了；而自己在人大期间学习的是转型前的套路，如果不下苦功，抓紧跟上，恐怕要落后了。于是，我给自己明确了学习的方向：一是由于脱产学习，有了大块完整的时间，因此尽可能阅读几本自己平时零敲碎打没法完成的大部头经济学名著；二是跟踪适应学术界的全新的论文写作学术规范，并尝试写作和发表副高职称评审所需的学术论文。记得当时进修时有一个讲座是列宁的《论合作社》一文的原著解读，当时主讲的老师在解读时完全按照原著的注释在讲解。作为中国人民大学农业经济系的毕业生，合作社理论是我们开始专业课学习的第一课。当时张福山老师已经带着我们阅读了与此相关的几乎所有文献，还邀请了中国社科院的专家来开讲座，连续分两次讲了全世界合作社的发展状况。我很惊奇地发现当时杭大主讲的老师竟然对世界合作社的动态发展情况毫无所知。正好当时是以论文作为考试的，于是我凭着记忆的线索，去图书馆查阅了相关资料，写了篇《合作社：历史、经验和教训》的理论综述文章上交，顺便也把这篇论文投到《理论教学与研究》杂志，后来在 1997 年第 2 期发表了。接着我又从对温州农村社会的最初调研的感受出发，写了《宗族文化与乡村社会秩序建构——温州农村宗族问题思考》，发表在《中共浙江省委党校学报》1997 年第 1 期。这篇文章被中国人民大学报刊复印资料《社会学》1997 年第 3 期全文转载。回来后，我又根据在永嘉黄田挂职锻炼一年的调研和思考，写了《小农家文化与温州农村家庭经济》一文，发表《浙江社会科学》1997 年第 5 期。加上自己 1997 年陆陆续续在《管理者》《区域经济研究》《社会主义研究（专刊）》《现代领导》等杂志发表的几篇小文章，经过两年左右的努力，1998 年就顺利评上了副教授。

尽管杭大进修期间，自己也系统自学了现代经济学的知识，通读了几本名著，但毕竟缺乏系统的学习和训练。即使勉强评上了副高职称，在论文写作和研究时还是找不到应有的感觉。正在我想到要找个机会系统进修一下的时候，1999 年看到了北京大学中国经济研究中心在暑期组织高级宏观经济学和高级微观经济学研修班的通知，于是我报名参加了。虽然在朗润园的学习由于时间不长，自己还未能完全掌握现代经济学的分析工具，但是也有了一个较为系统的了解。这对自己以后的学习和研究帮助不少。学习期间，也认识了一批和我一样急需补课的学者，几十年后的今天，他们陆陆续续都已成为所在的各个院校的顶尖专家。

四、研究温州产业群落

回顾自己初期的研究成果，我对温州的研究仅仅停留在一些片段和几个小角度。尽管这些细微的角度也是触及了温州农村社会最底层和深层的实际，但是毕竟缺乏系统和专业的解释，因而这些研究并没有引起学术界多大的反响和关注。

随着我的兴趣真正转到温州经济的研究以后，我一边进修，一边自学，一边陆陆续续写了几篇文章，也渐渐开始在浙江省的全省党校系统理论研讨会上获得了一些小奖，并得到了省委党校陆立军教授、杨太辛教授等前辈的鼓励，尤其是省委党校科研处处长张静蓉教授更是超级科研鼓动家。记得1993年省党校系统召开纪念毛泽东同志100周年诞辰理论研讨会前，恰逢张静蓉老师来温州市委党校讲课。她碰到我就问："康对，你写了没有？"我推脱说："来不及了，错过了交稿时间。"没想到她当即说："没事。你在×号之前给我，我就等你的稿子。"她这么一说，我就再也没有任何理由推脱了。于是就挖空心思地想：自己是学经济学的，感觉要写新中国成立以后毛泽东主席的经济思想，一时找不到合适的角度。但是毛泽东是个伟人，他是个战略家，尤其是他的军事战略是自己最为佩服的。中国共产党之所以能够绝地逆袭，以弱胜强，和毛泽东正确的战略指导有很大的关系。而现在温州民营企业的许多做法不正是和毛泽东的游击战思想类似吗？于是，当即投机取巧，熬夜写了一篇《毛泽东军事思想与现代市场战略》提交上去。不凑巧的是，自己熬夜赶好了论文，一夜没睡，第二天一早饭也没来得及吃，又被学校拉去参加市总工会职工运动会，还凭着一时之勇，参加了拔河比赛。自己本来就胃不好，当天就整出个胃出血了。尽管这篇"呕心沥血"之作是自己取巧临时赶出来的，算不上正规的学术论文，没想到还入选了理论研讨会，得到了陆立军老师的表扬。

后来杨太辛老师在一次研讨会上，热情地鼓励我们年轻人，告诉我们如果自己感觉自己的论文有所创新，就要大胆地投稿，不需要等到感觉比较完美的。因为如果等你感觉文章比较完美的时候，也许人家的研究成果已经发表，你的学术创新就不是创新，就失去时效性了。他在讲这些话时，我一直坐在前排。由于他对我很欣赏，所以讲话时一直都看着我。我知道作为浙江省党校系统德高望重的老前辈，他对我寄予殷切的希望，这些话都是讲给我听的。回想自己的学术生涯，自己之所以会走上学术研究之路，这和自己每一点微小的进步都能够得到大家的欣赏和鼓励分不开。所以，现在当自己面对其他年轻学者时，不管他们多小的进步，也尽量鼓励，尤其是坚持即使他们做得不够好，也不轻易否定。因为年轻人最需要表扬，也许我们一个简单的表扬就能激发出年轻人极大的学术潜能;相反,一个轻易的否决,很可能把他们的学术兴趣扼杀在萌芽状态。为了激发更多的年轻人研究的积极性,我在担任科研处处长以后,第一个改革就是改变了过去由校长主持,几个教研室主任和县党校校长坐下来,摊开评奖的方式,采取了作者和评审专家双向匿名评审的办法。同时规定,凡是在省里获奖的,不再参加市级评奖,这样让更多的人可以获奖。同时,我自己给自己一个要求,就是要尽力争取到外面拿奖,绝不在学校内部评奖。我的本意就是尽管基层党校很难和学术大腕相比,但是如果把大家发动起来,让大家个个都成为学术上具有战斗力的"狼"的话,我们还是有自己的优势的。最让我欣慰的是,那段时间温州市委党校年轻教师的科研积极性被我激发出来。在这种"狼群战术"下,温州市委党校在各级理论研讨会和科研成果评奖上的获奖数量有了历史性的突破。

经过沉下心来两年左右的学习,自己在学术上的选题、调查、研究能力也慢慢进入正轨。尤其在学术前辈们的鼓励下,开始在温州这块土地上深挖可以研究的主题。20 世纪八九十年代正是中国社会经济大变革的时代,温州则是引领中国市场化改革的探路者。尤其是在公有制经济夹缝中生存的温州家庭企业靠生产边缘产品起步,在市场中淘到了第一桶金,喝到了头一口水。温州这种完全靠老百姓自发努力发展起来的原生态的草根经济给我们提供了工业化的微缩场景,也给我们的学术研究提供了取之不尽的题材宝库。

1998 年,我在观察温州区域经济时,发现了温州经济存在着一个比较明显的同类产业集聚现象。这种现象被温州本地干部直观地描述为"一村一品,一乡一业"。后来,又因其块状分布的特征,被省里专家改称为"块状经济"。我总感觉这种直观的描述缺乏理论上的张力,因为各个同类产品的集聚不是完全简单的机械式集中,而是有着内在有机联系的,既有相互排斥的互斥关系,也有相互依存的共生关系,就像动植物群落一样,还存在更替和演进的现象。因此,我从生态学理论得到启发,最早在国内提出了"产业群落"概念。后来,随着国内对这一现象的关注,尤其是北京大学王缉慈教授的研究,学术界慢慢地倾向使用"产业集群"一词,但是至今我仍然认为"产业群落"更有理论上的张力,它不仅能解释同类产业集聚,还能反映不同类产业的共生和互斥关系。

那么，产业群落究竟是怎么形成的呢？我不满足于波特（Michael Porter）的产业集群的形成纯属偶然的解释，试图从温州各地产业群落的各个案例进行归纳。1980 年苍南县金乡镇金星大队文具厂的挂户经营的成功，使得一年以内全镇农民竞相模仿，出现了 2500 多个家庭工业户，形成了一个以铝塑标识工艺品生产为核心的产业群落。这是制度创新。永嘉桥头偶然的机遇下自发形成的纽扣市场使得当地逐渐形成一个纽扣产业集群。这是市场创新。1979 年，苍南县江山乡新河村陈光友、陈光锡两兄弟首先攻克腈纶生产边角开花的难关。60 岁的孙阿茶老太太改造了开花机、纺织机，纺出了当地第一代再生腈纶纱。于是，在宜山形成一个再生腈纶产业集群。这是技术创新。“乡巴佬”品牌卤制鸡翅生产创新获得成功后，人们争相模仿，使得苍南县沪山镇到灵溪镇一带形成了一个卤制品产业集群。这是产品创新。这些种种案例的一个共同特点，就是在某个方面的创新突破后，发了财，周边百姓群起仿效，慢慢就在当地形成一个产业群落。从理论上解释，在一个特定的区域范围内，引入一个新的产业，也就是把一种从来没有过的生产要素和生产条件的新组合引入现有的生产体系，建立一个新的生产函数。这其实是在特定环境条件下的一种创新活动。如果借用熊彼特（Joseph Schumpeter）的创新理论对温州的产业群落形成进行分析的话，就可以发现成功的创新活动往往能在一定时间内形成相应的创新垄断利润，这种创新垄断利润则会吸引大量追随者前来模仿，模仿的结果是促进了该产业在当地的扩散，从而形成了一定规模的产业群落。我把这些研究结论写进了《经济转型期的产业群落演进——温州区域经济发展初探》这篇论文中，该文后来发表在《中国农村观察》1999 年第 3 期。

有一次，我和省委党校张静蓉教授一起去平阳县萧江镇调查塑料编织袋产业群落。调查中了解到，萧江的塑编产业群落的形成带有一定的偶然性。1978 年，该镇毛家处村为村里酱油厂跑购销的毛传臻在南通出差时，看见路上运过一些编织袋，当时还不知道叫什么名字，但他感觉到可以当麻袋用。于是他跟踪追寻到生产车间，假称要购买编织袋，从中得知这种编织袋是由 1511 圆织机编织而成，而且价格也只有 2 元钱一个。由于在长期的计划经济时期里，物资十分短缺，连麻袋也是计划配置的，而且卖到每个 6

元钱，凭着多年在外闯荡的商业敏感性，毛传臻直觉其中有着巨大的商机。心想，编织袋的生产技术含量也不高，能不能自己生产呢？于是，他带了样品回到村里，与村支书商量能否自己生产。但当时村里没钱，根本买不起6000多元一台的1511圆织机。于是他们请来宜山师傅帮忙，试验能否用传统木头织布机织出塑料袋。最后，他们竟然试验成功了，于是每人投资100元，制作了10台木头织布机，成立了青龙村编织厂。同时，毛传臻还三到南通，摸清原料来源和产品销路，设法从福建进了1000多斤塑料丝，从河北省灵寿县取得第一个5000只编织袋订单和2000元定金，第一年编织厂就取得了6万元的产值。巨额的赢利轰动了全县，加上这个产品的生产技术简单，必要的资本量很低，马上就吸引了周围乡邻前来学习模仿。到1982年，青龙村办起了5个编织厂，木织机增加到260台，从业人数达1526人，年产值389万元，成为远近闻名的富裕村。于是，周围各村都纷纷进行编织袋生产，一个专业化产业群落很快就形成了。平阳萧江塑编产业集群的案例调查，让我进一步理解了温州农村工业化的路径。乡村社会要实现从农业社会向工业社会的转型，并不是凭空突变的，它需要一定的接口。温州农村是如何实现乡村社会向工业社会的过渡呢？农民放下锄头从事工业生产，不仅要解决原料来源、销售市场问题，更重要的是要越过从事工业生产的必要资本量壁垒和技术壁垒。从萧江镇塑料编织袋行业的引入，我们可以发现当地农民是通过创造性地把现代工业生产与传统手工业技术对接，从而把工业生产引入当地的。他们把工厂化生产中的多个生产工序分解到各个家庭或小作坊中，并且在资本不足的约束下用传统的手工业技术替代机械化生产，从而越过现代工业的必要资本量壁垒和技术壁垒，抓住改革开放初期我国市场供给不足的良机，进入工业领域，并使得该产业在乡村的土壤里生根开花结果。这在同期的生产技术来讲，似乎是技术倒退，但是从当地看，却是了不起的进步。

后来，在龙港课题的调研中发现，20世纪80年代温州有名的十大专业市场就有4个分布在龙港周围。市场化初期以市场为中心的专业化产业群落集聚成为当时温州产业布局的最主要特点。除了南面宜山一带的再生纺织产业群落和西面湖前、萧江一带的塑料编织袋产业群落外，东南的金乡是标牌产业群落集聚地，钱库镇则是印刷包装产业群落的集聚地。龙港建城后，它的产业就兼有这几个集群的共同特点。为什么龙港农民城会特别具有活力呢？因为龙港农民城是在几个专业化产业群落的交叉地带形成的一个城市节点，在这一独特区位条件下形成的交错产业群落除了具有同类产业集聚的外部经济效应和城市的节点效应外，还具有多种产业交叉所形成的边缘效应。由于信息交汇，形成了激发新的产业诞生的活化效应，相关产业联动发展的协同效应，多产业集聚所带来的区域经济稳定功能。从经济生态学的角度看，各群落之间的边缘面越长，其边缘效应也就越大；一个城市的边缘效应越大，经济也越繁荣。选择在水陆交通便利的江南三区的出口处兴建龙港农民城本身就利用了自然环境中的水陆边缘，加上其位居各专业化产业群落交错区的特殊区位条件，更强化了这种边缘效应。这一研究，后来以《工业化、城市化进程中交错产业群落的演进——对龙港“农民城”的个案研究》为题发表在2003年第5期《中国农村经济》杂志上。

五、编辑《温州论坛》

我评上副教授以后不久，学校就让我给陈松青老师当助手，担任科研处副处长、理论研究室副主任、校刊《温州论坛》副主编。不久，陈松青老师退休了，我就升任科研处处长、理论研究室主任、《温州论坛》常务副主编。

在我全面负责《温州论坛》的编辑工作以后，我对杂志进行了几个比较大的改革：一是参照大学学报，开始按照正式的学术规范排版、编辑，提高杂志的学术性和理论性，尽量和通行的学术性理论期刊接轨。二是进一步突出温州模式研究的特色。专门开设温州模式研究专栏，并积极争取所有认识的来温调研的专家到《温州论坛》投稿。当时史晋川、罗卫东、赵伟、金祥荣、杨太辛、余晖、张建君、康荣平、李昌平等许多名人和专家都曾在《温州论坛》发表文章。三是对外打通中国人民大学报刊复印资料的通道，重新纳入其复印来源期刊行列。重新纳入以后，一则由于温州模式的影响力，二则由于杂志有众多的学术界名人专家研究温州的论文发表，因此，每年被人大复印报刊资料全文复印转载的数量大大增加。最多的一年就有12篇。平均每期有两篇转载，最多的一期就有三四篇被同时全文复印转载。四是积极为党委、政府的咨政服务，并得到了市委书记李强同志的表扬和支持。当时一年中有四五位市委常委来杂志投稿。在市委领导的带动下，各县市区的领导也纷纷要求发表。因此，当时杂志的稿源非常充足。此外，本来杂志也延续过去的传统，刊登广告，并组织理事单位。后来考虑到政治影响，按照学校领导的决策和相关规定，停止了刊登广告和组织理事单位。

尽管《温州论坛》杂志的影响力不断扩大，最多时的发行量也曾经达到近万册，但它毕竟还是内刊。我接过《温州论坛》的接力棒后，也充分利用内刊发行范围小的优势，告诉那些来温调查研究的专家学者，在我们论坛发表以后，还可以到公开的期刊投稿；而且由于打通了中国人民大学报刊复印资料转载的通道，还多了一次被转载的机会。这样，也吸引了大量的学者来杂志投稿。当时，我明确告诉他们，只要他们撰写温州题材的论文，我肯定会安排发表。如果内容和温州无关，我看版面情况尽量安排。当然为《温州论坛》争取一个正式的刊号公开发行是每个论坛主编的心愿，我作为继任者，当然也不会放弃这个努力。有一年国庆前夕，省新闻出版局通知我们杂志有以学报的形式公开出版的机会了，让我赶紧填表申报。那次，不凑巧正好感冒了，为了不错过这个难得的机会，我就赶紧填好表格，随便在药盒抓了几颗阿莫西林吞下去，就赶往杭州了。没想到，自己对阿莫西林过敏。到了杭州，满脸通红，皮肤也出现红疹。我顾不得这些，先赶紧完成申报任务再说。返回温州后，才找时间到医院看医生。令人遗憾的是，那次争取公开发表的努力没有成功。

六、参与温州模式研究课题组

自己系统开展温州模式研究，大约始于1999年底加入史晋川老师负责的教育部重大课题"温州模式研究"课题组。之所以能够成为这个课题组的成员则属机缘巧合。当时，教育部一位司长来温州开会，他对陪同的温州师范学院科研处处长张靖龙教授说，教育部已经给苏南模式立了一个重大课题，温州也可以报一个温州模式研究课题。张靖龙教授皮肤黝黑，像个农民，我们喊他"种粮大户"，可却是个科研奇才。他不仅有高度的学术敏感性，而且是说干就干的人。但由于温州师范学院经济学研究人才缺乏，张靖龙老师就找我一起讨论课题申报方案，并邀请我一起做温州模式课题研究。后来，考虑到要申报教育部重大课题没有一个大腕级的经济学教授来负责，怕撑不住。最后，他们又去找了浙江大学经济学院的史晋川教授，请他做课题负责人。这样，这个课题就成为浙江大学为主，温州师范学院共同承担的课题了。我原以为这样就没我什么事了，没想到后来绕了一圈，我还是加入了这个课题组。

1999年，浙江省委党校要在杭州召开全省党校系统庆祝中华人民共和国成立50周年理论讨论会。当时，我刚写好《经济转型期的产业群落演进——温州区域经济发展初探》一文，就将这篇论文提交上去。后来张静蓉老师通知我说，我的论文入选了，并获得了二等奖。她还告诉我，专家评审时我的论文得到了浙江大学经济学家史晋川教授的好评。后来，这篇论文又被推荐参加了浙江省社会科学界庆祝中华人民共和国成立50周年理论讨论会，也获得了优秀论文奖。省社联的理论研讨会在宁波东钱湖召开，会上我做了重点发言，引起了专家们巨大的反响和强烈的兴趣。发言结束后，好几个专家围绕着这个问题和我展开了热烈的讨论，又给我开拓了思路。当时，史晋川教授负责的教育部重大课题"温州模式研究"刚刚正式立项，史教授正在招兵买马。与会的有3个专家听了我的发言后，认为我熟悉温州情况，纷纷说我应该加入这个课题组，并热情地向史教授推荐了我。实际上，他们不知道此前史教授受浙江省委党校邀请，担任了省党校系统理论研讨会论文的评审专家，在评审时已经关注到我的论文。就这样，绕了一个圈子，我还是参加了"温州模式研究"课题组。同时，我还拉了我校当时的经济学教研室主任周星宏老师一起加入课题组。这样，课题的合作单位就变成了浙江大学、温州师范学院和温州市委党校三家。课题研究过程中，我除了根据自己的学术积累，写作了"温州产业群落及其演进"和"家族文化与温州区域经济发展"这两个分报告以外，还和史教授合作，负责"'温州模式'研究：回顾与展望"这个总报告的写作。参与"温州模式研究"课题是我系统研究温州模式的开始。在史教授的指导下，我开始按照中国人民大学读书时老师教的研究方法，脚踏实地地从收集资料开始，开始了全面的研究。首先，我开始系统收集温州模式研究国内外相关文献资料，还让图书馆的同事一起配合编制了目录索引和资料汇编。为了体会温州改革开放过程的实际场景，我一有空就泡在图书馆里翻阅旧的报纸。直到 2013 年温州市委党校从老校区搬迁到瑶溪新校区前，学校图书馆三楼的资料阅览室里有几乎是我专用的藤椅和桌子。在那里，我从 20 世纪 70 年代的《浙南日报》开始，到后来的《温州日报》，逐日翻阅。凡是和温州模式相关的重要历史线索，都用电脑摘录下来。后来，有段时间一有空就跑档案馆，翻阅当年的档案，掌握一些媒体没有公开的信息，了解那段历史的真相，包括"文革"期间温州打击投机倒把和割资本主义尾巴的情况、王芳老书记在温州挨批斗的情况等。这样，我不仅掌握了温州发展演进的主要历史线索和每个时间节点，而且对各个阶段政府的工作重点和社会的主要场景也进行了情景回放。在以后的老干部和老企业家访谈中，他们每提到一个历史人物和事件，我都能第一时间找到定位。记得六七年前，有一次周其仁教授从温州回去后，突然想不起改革开放初期具体是哪个时间他随杜润生一起来温州调研的。他给我打电话后，我马上打开手提电脑，找出准确记录，告诉他 1985 年 3 月 23 日《温州日报》有报道，中共中央农村政策研究室主任杜润生于 1985 年 3 月 18—20 日来温州视察工作，同行的有林业部部长杨钟、中国农村发展研究中心副主任吴象等。他马上回想起来，说："对！是那个时间。记得来温州的路上，还传来邓小平讲话精神，说是，当时出了个安徽'傻子瓜子'年广久事件。有人问邓小平，中国允不允许出百万富翁？当时邓小平还说是不允许的。"

这次参与"温州模式研究"课题，与史晋川、罗卫东、金祥荣、赵伟这些知名专家的合作，让我开拓了研究温州模式的理论视野，见识了他们深厚的理论功底和精湛的寻找问题、分析问题的能力，从而也找到了自己的研究方向和定位。同时也充分认识到，本土学者最基础的温州模式研究是任何大牌学者都不能替代的。

七、负责龙港农民城研究课题

2001年为了系统总结、研究、宣传浙江模式，浙江省委选择了省内几个典型的改革案例，列为省哲学社会科学重点规划课题。鉴于“浙江发展模式在很大程度上是温州模式在省域经济发展中的放大”（史晋川语）的认识，温州的龙港农民城建设案例也是其中之一。受省内专家的信任，我负责“民间推动型城市化——龙港农民城案例研究”这个课题。从此，我和龙港农民城结下了不解之缘。

在2001年到2002年这两年龙港调研时间里，我全面翻阅了龙港的历史资料，拜访了100多名龙港的老干部和群众。除了在任的龙港镇上下领导外，还认识了一些城市化后割舍不下农民的习惯，扛着锄头到处在城市里找空地种菜的七十几岁到九十多岁的老农民；访问了一批发财后来龙港买地建房一心想做个城里人的企业老板；看到了一些吃了没文化的苦后刻苦到夜校补课的妇女；结识了港区建设时的那批老干部；也见到一些城市化后因为没有一技之长又缺乏经商才能，整天在家搓搓麻将，靠出租房产生活的本地居民。深切感觉到当年改革者面临的政治风险，直接体会到周边农民的进城动力，也更加理解龙港百姓对于要求建市，成为一个真正市民的迫切愿望。当时手头还没有手提电脑，所以访问都是用笔记本记录下来，我白天调查，晚上回房间整理，记下了好几本笔记。记得当时正好新华社记者谭进也来龙港采访。他的房间床铺上都是照相机镜头，我的房间则到处是资料。他为了拍照片，要每天一大早太阳没上山就去等光线。我呢，每天晚上回来要赶在睡觉前，把记录的访谈资料整理出来以免忘记了，所以早上起得很晚。记得当时我要去看腈纶纱市场，可是每次等我起床赶去，那里老早散市了。原来那些纺织厂里的工人每天要等着老板把腈纶纱买回去才能开始加工，所以腈纶纱市场每天天刚蒙蒙亮就开始交易，到七点钟左右就已经散市了。哪天如果老板来迟了，买不到腈纶纱，工人就要停工待料了。

就这样，我调查几天，回来再用电脑写成书稿。手头材料写完了，再下去调研，收集资料。由于当时我身上挂着学校的科研处处长、理论研究室主任和《温州论坛》常务副主编三个头衔，虽尽量有空就下去调研，但是回来以后毕竟事务繁杂。要想一边工作，一边静下心来，完成龙港农民城这个课题的书稿，实在比较困难。为了及时完成课题研究，考虑再三，决定申请去浙江大学经济学院访问学习。这样，才可以摆脱烦琐的日常工作，一边听课学习，一边写书，一边参加各种学术交流。好在当时的学校领导还算比较支持，批准了我访问学习的申请，从而使我有了半年脱产学习的机会。

在浙江大学经济学院访问学习期间，我师从史晋川教授，同时也经常和院里的潘仕远、钱滔、叶建亮等年轻的博士生交流。也许正是因为经常和这些思想活跃的年轻人一起，使得我在很长的时间里，一直保持着旺盛的学术研究和创新激情。在史晋川教授的指导下，我到浙江大学一个月时间就写作了一篇关于楠溪江包江的案例研究论文。参加在浙大召开的中英学术研讨会时，这篇论文还得到了英方一位学者的好评。她甚至向史晋川教授建议，这个案例该编入微观经济学教科书。学习期间，我应山东大学王建民教授邀请，还参加了一个在山东大学召开的国际学术研讨会。会议上，我提交了一篇关于龙港市民社会成长的论文。后来这篇论文经修改后，以《来自底层的革命——从龙港农民城看温州模式城市化中的市民社会成长》为题，发表在 2003 年第 6 期《战略与管理》杂志上。龙港课题的最终成果取名《来自底层的变革——龙港城市化个案研究》，以专著形式于 2003 年 10 月由浙江人民出版社正式出版。

《来自府层的变革——龙港城市化个案研究》书影

在 21 世纪初的几年时间里，我一边研究温州模式，一边把研究成果写作出来，参加省党校系统和各种学术研讨会，并连续五年在省党校系统理论研讨会获得了三次一等奖、两次二等奖。其间还有两个成果获得了全国党校系统科研成果三等奖。在《中国农村观察》《中国农村经济》《经济体制比较》《中国社会科学季刊》《中国社会科学评论》《战略与管理》等国内高层次学术期刊上发表了多篇温州模式研究论文。是年年底，由于我的学术成果得到省评审专家的一致肯定，我也顺利评上教授职称。三年后，很荣幸在评上教授后的最短必要时间里，进入了省哲学社会科学理论经济学学科组专家的行列。

八、向全世界介绍温州模式

《来自底层的变革——龙港城市化个案研究》一书正式出版后，适值世界温州人大会召开，许多温州的老领导和温籍名人参会。当时，张仁寿教授也应邀参加，并做了“温州的八个贡献”的主题发言。他把他的发言稿发给我，并告诉我袁芳烈老书记想要我的书。当我把书送给他时，才知道为了迎接即将到来的改革开放30周年，全国政协要组织撰写改革开放以来亲历者的口述史，老书记想找我帮他整埋他在温州工作期间的那段的历史。当时正是我学术研究的巅峰时期，也是最忙的时期，但因为老书记工作的那段时间恰恰是温州模式形成的最关键时期，他在那段时间的故事也恰恰是我想听的。所以，我就毫不犹豫地答应下来了。那段时间里，老书记一来温州就约我一起，听他讲故事。他还从市区到苍南，召开了好几个座谈会，召集了当年的亲历者给我讲温州模式形成时期的故事。2005年国庆期间，我还专门住到杭州，集中时间进行录音整理。一般是上午听他讲述，下午陪他打牌，晚上我整理。其间我还抽空去拜访了董朝才书记，听他讲20世纪80年代中后期他在任时的故事。袁和董两位书记就任期间，是温州模式从自发形成到系统总结的阶段，也是从温州自发改革到为中央所知和肯定，并主动启动温州农村综合改革试验的过程。他们上任伊始，都是带着省委领导的尚方宝剑，一个抓打击走私雷厉风行，一个抓国有企业积极主动，可是在温州工作一段时间，都被温州同化了，不约而同地从当地实际出发，支持当地民营经济的发展，体现了共产党人“不唯书，不唯上，只唯实”的精神。最后，两人也有个共同点,就是由于20世纪80年代的温州饱受姓资姓社问题的质疑,作为主政温州的市委书记,在温州工作期间既是他们个人最辉煌、最有成就感的时期,也是他们从政生涯的滑铁卢。可以说,这两位对温州模式有着最大贡献的开拓者都为温州做出了政治上的牺牲。对温州模式发展关键阶段的两位书记的访谈,对我研究温州模式可谓帮助巨大。他们不仅让我补了没来温州之前的课,更让我直接感受到20世纪80年代这个仍处在摸着石头过河的阶段,作为一个主政者所面临的艰难选择。在我国的政治环境下,研究改革发展,必须从改革亲历者入手,观察他们面临什么样的环境和决策变量,最后为何做出这样的选择,才能得到最真实的结论。其他任何经过二手材料的解读和再解读,所找出的改革逻辑,可能离改革的实际越来越远。

由于中国改革开放的成功是近百年以来对世界减贫事业做出的最巨大的贡献,世纪之交的几次世界减贫会议都在中国举行。由于温州是在没有国家投资,也不依靠外资,也没有大城市辐射,完全靠百姓的努力,发展民营经济,实现脱贫致富,并为中国走向社会主义市场经济探明了方向,温州的骄人业绩引起了国际社会的关注。为此,我也有幸参加了两次由国际食物政策研究所(IFPRI,International Food Policy Research Institute)和国务院在北京联合举办的新千年全世界减贫会议。会议间歇,研究所的张晓波老师听我讲述了温州改革开放过程中袁芳烈、董朝才等领导的故事后,决定委托我负责"温州改革故事"的课题。当时我正好作为省"151"人才,有一次出国访问学习的机会。我就于2008年8月申请了去位于美国华盛顿的国际食物政策研究所访问学习,师从张晓波老师。

在我赴美国访学前夕,诺贝尔经济学奖获得者芝加哥大学的科斯(Ronald H. Coase)教授组织召开了"中国经济体制改革30年"国际研讨会。在讨论中国经济体制改革时竟然有3/4的学者都提到温州模式。当时华盛顿的卡托研究所也有人参加了这个会议,当他们得知我正好在华盛顿访学时,特地邀请我去他们研究所做了个讲座,向他们所里的年轻人介绍温州模式。比较有意思的是我到了研究所见了负责人,他当场问我看过什么研究温州模式的英文文献。我当即一口气报出五六篇关于温州模式研究的英文文献和作者。他当即点头,连说:"OK,OK。"因为在美访学期间,其实国际食物政策研究所交托的课题我早已完成,并已由国际食物政策研究所邀请澳大利亚的一位中国通帮助翻译成英文。所以在访学期间我没啥硬任务了,有空就听听一些专家的讲座,参加一下外面的学术研讨会和有关中国的新书发布会,所以我有很多的时间去收集有关温州的英文文献,然后泡在图书馆里把其中几篇我认为重要的论文翻译成中文,当时总共已经翻译了十来万字。所以,他正好问到这个,我就脱口而出,马上报给他。

访学期间,我还特地留出一周多时间,到纽约,住在温州人聚居的法拉盛,调查了那里的温州华侨。因为出国前,我就有个问题:都说温州人人人能够当老板,但是当老板毕竟有一个必要资本量壁垒,那么这些大多数靠借钱,冒着生命危险偷渡出国的温州人,到了国外后,是凭啥当上老板的呢?通过在纽约对十几个温州老乡的调查发现,这和温州人出国后特别能抱团有关,而且这个抱团是通过内在的融资机制——标会联系起来的。有了这个融资机制,温州人一旦取得合法身份,允许开店办厂,就可以通过标会筹备到必要的资本,迅速越过当老板的必要资本量壁垒。后来,那次的调查成果写成了《海外温州人经济崛起的融资机制——纽约温州人标会现象研究》一文,发表在2013年第1期《上海经济研究》杂志上。

最后我访学期间完成的研究报告"Narratives of Wenzhou's Industrial Privatization"(《温州工业民营化的故事》)编入 *Narratives of Chinese Economic Reforms: How Does China Cross the River?*(《中国经济改革故事:中国是如何摸着石头过河的?》,一书的第六章。该书于2010年用英文向全世界发行。我作为基层党校的学者,之所以能够有幸和樊胜根、张晓波、罗小朋、杜润生、蔡昉、王振耀、刘仲黎、翁礼华等大家一起,向全

Narratives of Chinese Economic Reforms: How Does China Cross the River? **书影**

世界尤其是全世界发展中国家介绍中国改革发展的经验，正是因为温州模式的世界价值。

九、从事温州产权问题的地方案例研究

经过浙大和美国的两次访问学习，虽然自己尚未得窥经济学术之堂奥，但是也让自己有足够的时间静下心来认真考虑在学术生态圈中的定位。受学术平台和自身学术训练的制约，自己作为一名基层理论工作者，在基础理论领域肯定难有大的作为。但是，温州作为市场经济的先发地区和民营经济的圣地，现代的市场经济和传统的社会文化的碰撞，让温州这块土地到处充满了学术上的张力，从而给学术研究者提供了丰富的研究题材。而作为党校的教员，遍布温州社会各界的学员资源，又为自己的学术研究提供了极大的便利。身处基层，由于更贴近底层社会，还让我们可以近距离地观察各种社会经济的变迁。自然科学的实验室大多是在室内，而社会科学研究的实验室则在室外。它决定了我们社会科学研究者，必须走出去以社会为实验室，进行长期的观察研究。我相信在温州这块学术研究的宝地上，只要能够扎得深，耐得住寂寞，就一定能挖掘出丰富的学术成果。因此，经过深入思考，我决定根据自身的特长和优势，把后半段的学术研究重点放在温州产权尚未完全界定的公共领域的社会治理相关案例研究上。

沿着浙大访学时研究永嘉楠溪江包江案例这条学术线索，我继续寻找各种置于公共领域的边缘资源的产权问题案例。先后陆续调查了乐清瓯江口的滩涂造船问题，长期跟踪了瑞安莘塍的老板消防队现象，还研究了泰顺氡泉的产权争夺、泰顺小水电协会的集体行动、杨寮水电站的产权重组、珊溪水库的捕鱼权承包、老家的土地二轮承包、鹿城区的村集体资产产权制度改革、《海岛保护法》颁布后无居民海岛的历史遗留产权处置问题等案例。在研究过程中，我发现了这些案例样本以后，就通过各种途径和当事人建立长期的关系，并吩咐他们注意积累一切原始资料和档案，自己则根据案例研

究的主题，不断学习，搜寻理论资源，然后等故事的发展大致告一段落，有了一个初步的结局了，自己对于理论分析的方法也心里有底了，再进行系统总结。尽管，现实中受各种因素影响，有些案例故事的发展出现异常，导致典型性意义的缺失，使得我们前功尽弃；也有的案例调查了一半，因为各种原因干扰，导致材料收集不够完整，难以成文。但是绝大多数还是被我基本挖掘出来。

这些案例研究成果整理出来以后，分别得到了史晋川、张曙光、吴敬琏、汪丁丁等经济学家的肯定，前后陆续发表在《中国社会科学评论》《浙江社会科学》《洪范评论》《北京大学学报》等重要的学术期刊。最后，于 2013 年受温州市社科联资助，正式结集定名为《政府与市场之间——基于浙南地方案例的公共事务治道研究》，并以著作形式在中国社会科学出版社正式出版。该书出版以后，在 2014 年浙江省社科联科研成果评选中获得了优秀成果一等奖。

《政府与市场之间——基于浙南地方案例的公共事务治道研究》书影

十、一起主编《温州蓝皮书》

2007 年在当时的科研处处长王健推动下，温州市委党校启动《温州蓝皮书》项目。我作为前任科研处处长和学校的科研带头人，义无反顾地参加了这个项目。开始时我是作为副主编负责其中经济板块的编辑，同时负责了《改革开放以来温州经济发展的回顾和展望》篇的写作。后来，由于考虑学校主编力量的分布，经济板块改由任晓负责，我转而负责社会篇的组稿和编辑，也执笔了几年蓝皮书总报告的写作。执笔蓝皮书总报告是个累人的活。一是观点把握难。蓝皮书的特点决定，我们首先要保持专家中立分析的科学性、客观性和独立性，但毕竟还是要适当考虑领导的意见，所以得仔细琢磨每个用词。二是时间紧迫。总报告要在综合各个分报告的材料和观点基础上写作，由于分报告的完稿往往都到春节前夕，所以留给总报告的时间十分有限，往往在春节期间没日没夜地赶稿。一旦接受了总报告的写作任务，那春节肯定就没法好好过了。

《温州蓝皮书》书影

好在大家的努力没有白费。我们坚持 10 多年的《温州蓝皮书》得到了专家们的好评，不仅很多海内外学者研究温州都引用《温州蓝皮书》的数据和观点，还多次在全国获奖。2018 年《温州蓝皮书》再次荣获第十九次全国皮书年会优秀皮书奖三等奖，并以 2 次一等奖、4 次三等奖的成绩在所有皮书中获奖排名第 9 名。而排名前十的皮书中，其中有 8 本属于国家级研究机构成果，还有 1 本属于省级，《温州蓝皮书》是唯一一本由地级市组织编写的。对于地级市编蓝皮书，领导并不很理解蓝皮书的价值，优秀而稳定的作者稀缺，数据缺乏系统性和实时性，有能力的核心管理者难找。可见，《温州蓝皮书》十几年走下来真是很不容易！

十一、推动龙港设市改革

在从事温州研究的后期，我的研究重点是带领学校的年轻人从事咨政研究。我的调查咨政报告，曾多次获得了当时的省委书记夏宝龙、常务副省长袁家军、国开行行长等省市领导的批示。2014 年在国开行的棚户区改造资金全面进入温州之前，我们受国开行委托，完成了“温州经济金融形势及对策建议”课题。该课题报告最后获得了国开行行长郑之杰、副行长王用生的批示。此后，国开行的棚户区资金大量进入温州，为推动温州大拆大整提供了强大的资金支撑。但是，最有成就感的是直接参与了龙港农民城的设市改革试点。

2014 年春节前夕，我突然接到龙港丁云勇副镇长的电话，说是龙港在申报全国新型城镇化综合改革试点时遇到困难，丁振俊书记邀请我赶紧去龙港一起商议一下。龙港农民城是我重要的研究对象，龙港百姓一直有着强烈的建市愿望，我也有着强烈的龙港情结。当时听到这个电话，我二话没说，就带着自己的研究团队的张文律、马永伟、夏择民一起去了龙港。听了丁振俊书记的简单介绍，我们终于明白了事情的原委。原来这次国家发改委等单位推动的新型城镇化试点有个经济发达镇设市试点的内容，龙港想抓住这个机会进行申报，但是由于名额有限，面临着省内其他地方的竞争，现在他们的申请报告被退回来了。如果不抓住这次机会，以后就很难了。为此，他们找我们一起商议如何修改申请报告。当时，我分析龙港作为经济发达镇的设市试点，面临着两大矛盾：一是国家宏观层面上，中央必然要考虑如果经济发达镇升格为县级市，可能会遇到行政成本的上升问题；二是地方层面上，省市县则会担心区域发展的矛盾和平衡问题。前一个问题我们是在申报时就要解决的诉求重点，后一个问题是试点获批后才要解决的问题。所以当时我建议，修改报告时能否突出经济发达镇降低行政成本的设市试点这个诉求重点。至于如何降低，我们可以从三方面入手：一是进行大部门制改革，实现扁平化管理；二是积极推行行业和社区自治，把政府部分非必要公共职能向社会组织转移；三是利用电子化、信息化技术创新，实现行政成本的降低。后来，申请报告由龙港"笔杆子"金珍敏副书记执笔修改上报后，经多方努力，终于于 2014 年底成功获批。国家发改委等给龙港改革试点的主要任务是通过 3 年左右的努力，探索建立职能分工合理、行政层级优化、管理机构精简、行政成本降低、行政效能提高、公共服务改善、治理能力提升的新型设市模式，为全国提供可复制、可推广的经验和模式。

2015 年，龙港就按照国家试点的要求，正式开展了试点工作。为了加强试点工作的决策咨询和理论指导的工作，龙港镇专门成立了龙港国家新型城镇化研究中心。丁振俊任主任，我担任副主任，研究中心的主力是党校的科研骨干。研究中心成立后，我带着研究中心的年轻人一起参与了实施方案的讨论和部分方案的起草，但是一进入实际操作阶段，就碰到了各种难以想象的困难。为推动龙港改革试点的顺利进行，经过调研，2015 年 4 月 27 日我和浙江工商大学校长张仁寿教授联合署名的咨政报告《省市县联动加快推进龙港设市试点》(载省委党校《决策内参》)获得省委常委、常务副省长袁家军同志批示，《"龙港试点"亟待解决的若干问题》[载《温州改革(决策参考)》第 1 期]获得省委常委、市委书记陈一新和市长徐立毅的批示。随后，国家发改委副主任胡祖才在省市领导陪同下来龙港考察，明确了龙港改革试点工作的基调，龙港设市试点得以顺利推进。

2017 年 6 月 20 日，省委书记车俊同志考察龙港，对龙港的设市试点做出了重要指示，龙港设市走上实质性的操作阶段。为了系统总结龙港试点的成绩，2017 年暑假期间，我带领陈忠谊和夏择民冒着酷暑，完成了"龙港新型设市模式行政成本测算研究"课题。此后，在实际决策和摸底阶段，我也陪同陈作荣等市领导一起到苍南听取各方意见，陪同发改委副主任张天长同志一起到龙港与市人大代表和龙港干部沟通。如今，龙港的设市工作基本按照我们建议的方案付诸实施。由于省市县领导在推进中调研到位，工作细致，终于于 2019 年 9 月 25 日龙港顺利正式设市。这也是温州改革开放历史上的一件大事，它了却了 38 万龙港人民 30 多年来的夙愿，为温州南翼增添了新的城市节点，续写了温州模式城市化改革的新的历史篇章。

回顾自己 30 多年来研究温州模式的经历，有幸得到了许多专家的鼓励和指导，记得曾骅老师和张静蓉老师都曾经和我讲过："我们只要踏实研究，哪怕是给社会科学研究添了一块砖，加了一片瓦，都是对社会科学的贡献。"

在后来研究温州的过程中，我也牢记这两位浙江学术界老大姐的教导，把自己定位为学术生态圈里的基层生产者，认真地做好一个个温州模式的案例研究，力争从学术角度讲好温州故事。我也曾不止一次地在学术交流时对其他学者讲过，作为学术生态圈的最底层生产者，我如果能真实地讲好温州故事，给大家进一步理论创新提供有价值的素材，就万分荣幸。

2019年12月

理论如何对话地方经验？

——我的"温州模式"与温州学研究

任　晓*

共和国70年，温州改革40载，温州研究20载。此间，温州探路"两个健康"再开国家改革的地方新叙事。回望，温州经验犹如俄罗斯套娃，令人着迷于通过理论解释与变化细节相互印证，拆解层层嵌套着的变革内核。

中国的渐近式改革经验十分特殊，自下而上，试点先行。20世纪80年代中期以来，地方差异是海外中国研究的一个兴奋点。温州经济的"私营化"带来的快速繁荣，被当作"国家改革的地方叙事"成功类型，受到越来越多研究者和机构的关注。40年来，改革的温州方案始终启示着有关中国改革叙事的底层面向，代表地方自下而上渗透式改革的现场，可能是解释经济体制转型中国道路完整图像中最难拼合的最后一块拼图。

一、温州模式的"世纪论辩"：改革论述与理论论争

改革开放后温州在制度变迁、财产权利、社会转型等多个方面时有开改革风气之先的创举，温州改革"先锋"现象名声在外。其时，媒体学界以"温州模式"点题温州经济改革成就。温州成为国家经济改革的符号化与标签化的地方案例，温州模式对象化为观察中国跨世纪改革开放的风向标，此后温州研究一直是中外学界的热门领域。

* 任晓，中央温州市委党校教授。

从经济理论研究角度来看，关于温州模式的早期观察只是一些情况“镜像”，限于温州模式现象到特点的描述性归纳，或者纠缠于意识形态主张，非关学理桎辖的表态式辩驳。

20世纪90年代开始，温州模式研究摆脱现象纪实报道或调查研究，在引入既有相关理论，比较系统地观照过往发展进程，多有开创性的新见。学界就温州模式的产权改革内核、制度变迁动力、工业化演进脉络、地方制度创新理论价值开拓的多个颇有意义的议题，有过几番评议反馈。其中，我参与了理论界一场现在看来相当重要的讨论。

1999—2000年间，《经济学消息报》围绕“温州模式”先后刊出5篇讨论性文章。第一篇是浙江大学赵伟教授的《温州力量》。尔后，宣海林、夏德荣合署发表《“温州力量”到底有多大？》质疑赵文。我就《“温州模式”日暮途穷？》一文与宣、夏文章商榷。

我其时并没有料到自己已经参与到一场中国经济学界的大辩论。此番论战一辩逾10年。话题围绕温州模式荡开至更宽的外延，仅从《经济学消息报》来看，自第360期开始，共发出36篇温州模式相关讨论文章，反响甚大。时隔5年后，我在2003年发表的《温州模式：一个故事　两种述说》中将讨论焦点归集于3个问题：温州模式的典型性（可借鉴）、可持续性（可推广）、示范性（可复制）。这场前延宕10余年的讨论，汇集了学界内部各个思想流派可资借鉴的思想维度。观点的共鸣和主张的共通不仅限于区域经济学的范畴，在制度经济学、技术经济学、经济社会学、经济思想史等领域均有相互辩难和激烈碰撞，而这便是温州研究之于我的独特吸引力。

不过，这一阶段的学术争鸣虽然热烈且不乏精彩，但囿于观察角度的差异，系统论辩尚不充分，若干关键问题的深层讨论明显力有不逮，观察角度尚欠丰富是一方面，理论准备和发掘功力不够则是另一更为重要的方面。尽管我能看出多数研究的局限，甚至论者的偏见，但当年我却也未能有更新的见解。

问题就是那里，驱动经济增长的产权制度变迁何以发生？从计划经济体制过渡到市场经济体制，经济得以高速增长的因果逻辑固然一目了然，然而体制转型的黑箱中发生了什么？没人能说清楚。不若市场经济中的清晰私有产权，计划经济体制下坚如磐石的“财产权利”是如何在温州出现松动的？而且，显然不是所有地区能够同步于温州的成功。由此问题进一步被带到：得不到中国其他地区类似经验支持的温州产权改革"如何做到"。

回应上述源自转型经济本体问题固然是一个经济理论工作者的本分，更令人着迷的是，温州改革之于中国发展经验的复杂性。发现关于经济改革的动力学的一般性解释框架，看似简单却相当不容易。中外学界从田野调查到数据检验，死磕温州模式每一个有悖"常理"的现象，所有详加论证的答案背后却也依旧存留难解之惑，温州研究被带入21世纪，进入中国市场化改革宏大理论叙述，成为理论界跨世纪的议题。

二、温州模式的理论假说："制度转型的互惠性(reciprocity)动力"

2004年，我在中国社会科学院农村发展研究所的《中国农村观察》发表了《政府意志与经济民营化：一种互惠式生产性政治关系——对"温州模式"演进的再思考》。这篇论文是我用了一年时间，花了很大工夫的一个研究尝试。文章总结和检视此前研究进展与缺失，试图跳脱纯经济学解释局限，从一个"边缘"角度提出一个统合各路论说（"marketization & privatization""institutional transformation""local state corporatism"）的思考方向。

温州模式的产生、演化，是在对抗主流意识形态的条件下展开的。对传统制度框架的突破没有地方政府的直接支持是不可想象的，那么究竟温州地方政府在扶助民间经济力量成长中起了什么样的作用？温州经济组织与政治组织之间关联方式是什么样的，也即温州改革绩效取得与政治和市场的耦合方式有着怎样的联系？在温州的体制变迁中，这种关系又是如何得以发生的？答案就在文章的标题中。

文章提出，在传统体制构筑的国家集权强势控制之下，民间力量的滋生、增强直至导演经济民营化运动始终要面对滞后、僵化但是又极其牢固的体制传统和体制惯性(institutional inertia)。绕开或消解这种不利的保守力量，是民间经济力量成长的先决条件。而在中国自上而下的市场化改革框架下，对外部制度环境最初某种程度的改良显然离不开地方政府努力的意愿和智慧的策略。由于国家在很大程度上掌握着一些关键的社会资源和机会，在真正的市场体系尚未建立起来时，地方政府处在国家—政府委托代理链的末端，它的意志与行为取向对改革进展和经济发展绩效影响颇大。

回溯改革历程，经济体制的快速市场化转换和微观市场主体先发性成长等温州模式的独特之处无不与地方政府的意志有关。正是由于地方政府在刚性体制空间中顽强地推行富有成效的边际突破与变革，谋求区域范围上的制度屏蔽效果，形成事实上的“制度特区”，才构筑起温州最初的所谓“体制落差”比较优势。这是认识温州模式演化进程的逻辑起点。因而，如果忽略了对地方政府的意志和行为考察，就难以完整地解释温州模式改革的缘起与增长接续。

研究充分考虑经济转型中制度惯性影响及其消解路径，引入罗纳德·J.奥克森(Ronald J.Oakerson)在《互惠：一种颠倒的政治发展观点》中定义的生产性政治关系，通过类似交换的生产性转让活动推动政治发展并获得相互间的社会福利的增加。一个发达的地方经济符合地方政府的利益，这就使得处于变革中地方政府与民间涌动的经济改革力量之间一种以“互惠”为基础的生产性政治关系的生成有了可能。随着民营经济的崛起、壮大，并逐步确立了在温州地区经济中的主导地位后，这种生产性政治关系被固化为一种普遍的制度结构和社会整合机制。这种生产性政治关系是互惠式的，直接表现为地方政府与民营经济组织之间的合作博弈。

一方面地方政府的政绩信号是通过当地经济实力表达的，经济的良好运行不仅可以优化地方政府政绩纪录，还能满足地方政府对可支配财政收入最大化目标的追求。而地方经济实力的提升有赖于民营经济的快速发展。另一方面民营经济需要通过地方政府来表达自己对于制度创新的意见，希望地方政府作为行政代理人能够站在自己的立场对于已不利的制度安排做出有弹性的解释。所谓“上有政策，下有对策”，能够在刚性的制度环境下谋求应对策略，寻求“变通”的机会。这种相互间的依赖性使地方政府在与企业自发的制度创新过程中合作多于冲突，地方政府甚至常常成为当地民营经济的代言人。由于中央政府决策者对改革选择集只是给出了一个带有方向性的基本界定和大致的许可范围，其中还有不少选择的“模糊地带”，这就给地方政府提供了对改革选择集进行扩充、细化或修改、变动的机会与条件。温州地方政府几乎放大了所有可以放大的政策空间。

在结论中文章再度强调，透过对政治与市场的耦合方式的调适，契合了制度变革的外部条件和环境变化。借助经济组织与政治组织之间的交互作用与相互关联（交易）所形成的良性循环，让二者在一个生产性政治关系框架中形成稳定的互惠关系，推动改革持续向前走。

2006年，我在中国人民大学的《经济理论与经济管理》上发表《地方政府意志与民营经济的发展："温州模式"生成中的互惠性动力》，提出一个基于温州改革实践，关于中国改革进程的一般化理论假设——"制度转型的互惠性动力"。也即，对于一个携带强保守制度惯性的转型经济体而言，国家是关键的社会资源和机会的控制者，在真正的市场体系尚未建立起来时，地方政府处在与国家—政府委托代理链的末端，它的意志与行为取向直接影响到改革成效乃至成败。

经济制度市场对计划的更替之于地方政府一定意味着权限的缩小和部分既得利益的丧失。最大的困难是如何说服政府放弃"计划"，建立改革的收益预期，接受改革带来的阵痛成本，毕竟短期内政府不可能是赢家。缓和乃至排除既得利益保守力量对改革的担忧、拖延、阻挠、拒斥。事实上，政府意志左右着变革发生与否、发生的时机、变革强度、影响程度等改革变量的容忍区间。也就是说，政府有了弹性掌握改革的尺度的能力，至少在一开始政府是完全可以控制的。

一个关键的契机是，当年的行政性分权改革使地方政府拥有了相对可支配的地方财政，同时担负地方民生的政治任务。两者均与经济发展水平密切相关。这种利益追求只有在推动地区经济增长的过程中才能得到满足，发达的地方经济符合地方政府的利益。这就使得处于变革中的地方政府与民间涌动的经济改革力量之间一种以"互惠"为基础的生产性政治关系的生成有了可能。

文章基于上述假说以"温州模式"为例构建模型并做数量检验。对于温州而言，上级政府是"只给政策，不给钱"，地方上只有少量公有制经济存在，所谓"只有政策，没有钱"，政策成了地方政府启动改革唯一可动员的资源。有了政策资源，就有了"生产制度产品的能力"。这种能力的调整较其他资源（比如涉及人、财、物等生产能力的调整）的变动又更为迅速，恰恰适应了改革中上级政府的机会主义行为导致的政策频繁变化。而且，改革从“开发”政策资源着手，不涉及也没有存量资产改革的问题，也没有强大的既得利益集团阻挠改革。此外，由于上级政府没有给温州提供启动改革的物质资源，因而有了温州所谓“自费改革”的说法，温州在改革中表现出了“大胆”和“进取”。

面板数据回归检验结果显示，一是政府意志与民营经济之间存在互惠式生产性政治关系。另一是温州地方政府的规模很小。后者解释是，一个小规模的地方政府之于经济改革的意义可能不在于财政开支的节约，而是唯有一个机构精简、人员适度的政府才能够最大限度地减少扰民的可能。温州的地方政府较少地介入微观经济活动，地方政府的“无为”可能是温州的经济改革能够相对顺利“自下而上地”发育出一个近似纯粹的市场制度环境的原因。

文章在结论中明确，地方政府的意志介入是温州模式能够在主流意识形态催生出的排挤和歧视中得以顽强继续的重要条件。温州的改革起点脆弱，资源空间较其他地区明显狭窄，为了较快置换出“改革红利”，地方政府很快与民营化力量达成稳定的互惠默契。温州的边缘化地位和改革的“边际”性质为地方政府提供了一个扩大了的试错机会和低成本的改革路径。让地方政府在并不清楚将“改成什么样”的情况下却大胆地对“改什么”“怎么改”做出决策。温州经验套在整个中国经济市场化转型的意义在于，成功经济改革完全可能通过对政治与市场耦合方式的调适而“水到渠成”。

三、民营企业家及其企业：从故事细节中发掘的解释框架

2002 年，《企业家与企业的成长：理论和温州的经验》刊于《中共中央党校学报》。其时，国内学界对民营企业家的贴身观察近乎空白。我在论文摘要中表示，要叙述温州“‘真实’的企业家和他们‘有声有色’的企业故事”。现在看来企图心过于宏大，这篇论文大概只能算摸到了“大象的一脚”。

改革以来企业家话题的讨论变得生动起来，“市场中的企业家”却不能说已经被看见。一是充分竞争的真正的市场不易找到，另一是符合创新、风

险、收益定义的"高纯度"的企业家不易找到。所以,研究议题的实质性进展需要突破上述局限。这篇论文"技术性"地选择温州的民营企业家及其企业作为分析单位:其一,经验上温州离"真正"的市场最近;其二,直接引入针对两个个案细节的梳理以印证观察。

温州的公司治理个案揭示,民营企业治理框架演进不是美国公司制度史上的"经理革命",对于民营企业家的激励,企业控制权优先于剩余所有权。企业家对于控制权哪怕有所"弱化"都难以容忍。民营企业家是不断做出判断性决策的人,行为不仅受客观信息支配,而且受主观信仰支配,具有高度的主观性和异质性。控制权激励下的企业家必须"在位",更强的能力要求得到更多的控制权,更多的控制权又进一步发挥了企业家的能力。这种双向正反馈机制是理解温州"老板现象",乃至当地"凤尾"不及"鸡头"商业伦理的重要因果线索。不过,也因此,民营企业的实力扩张以企业家能力为非严格边界。

进一步地,基于温州民营企业的泛家庭式扩张,伦理亲缘治理结构锁定的观察,一个既定认识突破是,在非成熟市场经济环境中,家族成员之间的忠诚默契作为一种节约交易成本的资源进入,简化了企业的协调、激励、监督等组织和运营成本。如果无法"节约"这些非生产性成本在转型经济的特定阶段,所有这类制度经济学定义的交易成本,完全可能高企至挑战企业的生存。

顺着前一篇论文引入的两个企业治理精彩故事,我再从经验细节中建构更为系统的解释框架和发掘新的论说空间。2004 年在中共中央编译局的《经济社会体制比较》发表的《经济民营化运动中的企业家:自觉生成与古典锁定》中,用三节内容建构和检证一个更为一般化的理论命题:什么是企业要求(需要)的企业家(要素资源)。

文章第三节提出,企业家的生成首先要看经济是否需要通过企业生产来获得发展。当经济增长方式过渡到"以企业为基础的增长",出现了真正的企业并在经济生产活动中占到较高的份额就会形成对企业家的需求力量。另外,真正企业的出现也依赖于企业家的生成。中国自农村实行家庭联产承包责任制后,家庭作为生产单位的功能被强化,分散化的农民直接进入域外的市场环境。随之,消费品成为第一个体量巨大的套利市场。

事实上，在市场秩序尚未建立的情况下，对潜在市场机会的搜索和利用需要灵敏的商业嗅觉与承担巨大风险的勇气。由于国家对销售网络和进货渠道的严格管制，相对体制内企业，家庭企业处在计划经济的边缘，往往必须采取非正规的手段来开拓生存空间。这给企业带来巨大的政治风险和财务风险，那些“看准就上，敢为人先，不怕失败，敢于吃第一个螃蟹”，接受市场不确定性挑战，富有冒险精神的企业家脱颖而出。经过这一波“跑业务”浪潮，按照行为定义，大批温州“生意郎”完成从农耕社员、供销代理人到工商企业家的职业结构切换，形塑出改革开放后，最早一代从精神到形象面目清晰的民营企业家。

文章第四节认为，温州企业家的非职业化妨碍了古典企业向现代企业发展，企业家的人力资本未能从起初混为一体的“资本”里分立出来，以致难以消解企业家能力未能同步于市场的复杂程度深化的冲突。

何以企业家职能作为一种分工的专业化趋势没有在温州出现？现实中的企业家人力资源生成是由供给与需求两方面共同决定的。从供给方面看，温州企业家市场发育不充分，总体供给水平低下。过低的预期收益使市场处于逆淘汰机制支配下，增加了企业家专用性资本进入市场的风险，市场的职业化水平被弱化。另外，职业市场信号的噪音化又进一步加剧了资产所有者自我雇用倾向。从需求方面看，其一，家庭及泛家族组织与企业生产团队的整合。温州企业组织与农村血地缘组织有着很高的整合性。现代产业组织成为一个个工业化了的家庭、家族或泛家族组织。在这样的组织内部，特殊的纽带维系的信任机制对共同体成员间的机会主义倾向有很强的免疫效果，节约了初始交易成本。其二，股份合作与企业家人力资源共享机制。这一机制的出现使得缺少职业企业家的支持，温州企业仍然可以顺利跨越人力资源障碍。民营企业面临企业家人才缺乏挑战时，以股份合作制作为一项制度创新替代了形成中的企业家人力资本市场，温州错过企业家人力资源配置机制市场化变革最佳契机。现在来看，股份合作作为缓解企业家人才危机的制度创新，制度演化中出现歧路亡羊，而且结果的不确定性在于，并非不可能出现制度竞争中的逆向退化。其三，发达的专业化商品市场或专业化产销基地弱化了企业对企业家的需求。专业化商品市场兴起，通过交易外部化过程实现市场对企业的替代。专业化商品市场和产销基地构筑的"开放式信息网络"有着很强的技术扩散效应,新的生产技术及工艺流程能被模仿者迅速地学习应用。处于专业化商品市场屏蔽中的企业几乎不用面对不确定风险。企业"生产什么,如何生产,生产多少"都已有了现成答案。企业可以不依赖企业家的"判断性决策""创新能力"。在规模巨大的"专业市场"里,企业被视为一个个无差别的生产单位,不需要企业家决策的生产车间。

文章第五节对"而现代企业制度之于温州企业不过是私营企业的躯体裹了公司制的外衣"直言不讳,企业家人才要素的匮乏是对温州企业成长的挑战。可以说,针对温州域内企业普遍长不大,规模稍大的企业多数外迁问题,企业家人力资源不足是为渊薮。

复杂经济环境中企业家的成长过程完全可能因为一些原因的出现而产生"异化"。早期涌现的"套利型"温州企业家,其核心人力资本是个人的商业天赋,而不是严格的专业积累,人力资本专用性不强。此外,进入企业家市场的机会成本很低,非正常地放大了的供给降低了企业家市场预期收益的均衡水平,带来市场信号噪音化。另外,众多的"古典企业"中企业家是一个非职业化的可以通过兼业来完成其职能的一般工作。企业中企业财务资本与企业家人力资本界限是很模糊的。企业内部治理结构与家族内部伦理结构通常会表现出很强烈的整合愿望,对企业家的挑选带有明显的内聚化倾向。

四、在地商业的跨国网络:异质经验建构的理论命题

2007 年,我在《中国社会科学报》发表《国际化模式创新》,首次提出对温州民营企业国际化的新观察:温州民营企业国际化过程中表现出对陌生国际商务和海外市场的强适应性,以及快速融入目的地经济系统的自信和能力。

2008 年,《温州地区民营企业的国际化模式》发表于《国际贸易问题》,对温州民营企业国际化进程做了更系统的观察,着重跟踪了民营企业的海外业务扩张意图、目标、方式、机制,有意对照企业国际化既有理论展开比较

研究。论文第二节提出“企业国际化的“温州模式”。温州企业与一般理论总结的企业国际化模式大不相同。在国际化发展的初始动力、扩散路径、行动内容等诸多方面与已有文献所刻画的先进国家企业国际化情形相去甚远。

第一，从国际化的初始动力来看，温州企业谋求进入海外市场不是主动选择的道路，而是因为受到国内市场挤压，被迫从国内市场撤退到国际市场。进入20世纪90年代以后，温州企业国际化基本上是一种被动的无奈的选择。尤其20世纪90年代后半期，国内市场已经基本上完成由短缺向供求平衡的过渡，局部市场和传统产业部门均出现过饱和的迹象，国际化拓展所能带来的潜在市场容量此时至关重要。

第二，从国际化的参与形式来看，温州民营企业内向国际化不充分，国际化参与不同于常规路径，即跨国直接出口成为主要渠道。

第三，国际化的渗透载体是海外温州人的人脉网络。人格化的亲缘网络展开的国际化让所有可能存在的包括语言、商业惯例、文化和制度方面的知识累积和准备的过程中可能存在的“距离”都不再明显。相反，企业在国际化过程中显示出较强的适应陌生海外市场环境，快速融入本地商业系统的自信和能力。

第四，国际化的学习机制。温州企业获得海外市场知识和经验的主要途径就是经营者的“现场体验”。由此企业不仅可以避免因文本学习存在的固有信息时滞或传递失灵而导致的扭曲，而且实践体验式的学习模式能够经由“干中学”来推动学习与应用的互动，提高学习效率。任何一家企业的新信息的发现和创新经验能够迅速经由“干中学”模式和网络式的信息互动机制得以放大，并可能得到最充分的商业应用。

上述四个命题通过了进一步经验验证。文章在结论部分强调了温州企业国际化异质于主流企业国际化一般模式。主流企业国际化理论的形成基础当是早年先进国家的多国企业的跨国经贸活动，以先进国家企业国际化过程为研究对象，温州民营企业的国际化经验现象发掘，从理论上说，温州企业的国际化经验对既有的国际化理论提出了重新评估的要求。同时，就政策含义来说，对于后进国家企业提供了一个国际化发展的参照样本。

2009年，《“侨贸”网络、跨国代工与企业国际化》首发于《温州论坛》，后经中国人民大学复印资料全文转载。论文内容可以通过题目一目了然，分析温州民营企业国际化中的"侨贸"网络、国际代工现象的形成、发展和长期趋势。文章主要结论是，温州企业处在一个国际化水平很高网络，而自身的国际化水平不足，也即国际化网络模型中的"后来者"角色。然而，这个国际化网络中却基本看不到"网络模型"强调的阻挠"后来者"进入的竞争对手。

栖居世界各地、有着千丝万缕关联的"温州人"，提供了温州民营企业信用最高、风险最小、费用最低的国际分销渠道。事实上，温州产品在海外最初的一批代理人就是遍布世界的温州侨民。随着国内经济外向度的提高和全球经济一体进程的持续推进，温州民营企业得以更为充分地放大温州人网络所累积的社会资本，将它演绎成了一张"跨海生意网"，正是这种特殊的人脉网络资源在企业国际化展开时成功地转换成为竞争优势。

五、温州人生意的源头：大历史中的小传统

2018 年，《以工带商、小本生意与自生贸易——前工业化时期温州异质性商品经济的演进》刊于《浙江社会科学》。这是较长一段时间里我对温州商人群体特质的观察和思考。温州地方商业精英的内驱精神脉络是源自生存发展激励的区域性地方传统，不同于因为共同信仰（宗教）、宗族等联结的其他组织，或有一个超越性的认同存在，温州商人群体价值系统服膺于对现世商业创新与权利自由的追求，以至于经济效率总是在关键的时候超越共同体的约束和狭隘。论文从区域地方经济史溯源中获得的文化和传统线索，提出宋元到明清帝国江南温州商品经济的异数存在——"何以温州"的答案，开启涵涉族群流传、价值系统、精神信仰、商业习俗多个历史脉络和差别化经验比较研究的新面向。

从前工业化时期温州异质性商品经济的演进视角出发，典型的异质性包括：

不同于流通需求带动生产供给的以商促工一般模式，前工业化时期温州区域经济变迁因循的是"以工带商"路径。从"出雇四方"的手工业者到"以贾为业"的商人的职业身份转换路线是，在地方性的农产不足与副业产

出在本地市场相对过剩的倒逼驱动下，以手工业者具身技术外出“佣力为活”的能力为关键要件，从掌握商业信息的在外手工业者中分离出最初专事贸易的商人，进一步地在无远弗届的区际商贸套利机会诱引下形成专业商人群体，同时强化了经济分工，匠户、雇工、伙计、坐贾、海商、牙侩等很快形成一个庞大的“后农民”(post-peasant)商农工贾群体。在手工业生产商业化推动下，温州也从手工业集中产区进一步扩展为商品集散重镇。

不同于城乡贸易主要限于乡村向城市输出的单向贸易的一般看法，温州城乡间进行的是基于分工比较优势的互补贸易，在商品化价格机制下双向贸易平衡已能够实现，乡村并未处于单向“被剥削”的不利境地。

不同于资本主义形态从萌芽孕育到扩散壮大的走向，经济组织未能顺利转向新的带有资本主义性质的生产经营方式。乡村商农经济与市镇作坊经济内部的经济个体组织单元囿于“小本生意”。乡村商农经济受制于自身收敛性、排他性、依附性和脆弱性，市镇作坊经济则面临资本筹集困难、技术进步缓慢、生产联合消极等多重障碍。微观经济组织没能采取新的资本主义性质的经营方式，而滞留在“小本生意”模式，妨碍了工商资本的进一步壮大，也让商业资本主义的发展与新兴产业资本主义扩张的趋势变得模糊不清。

不同于贸易市场扩大必定会产生突破规模局限的“斯密动力”，新的市场拓展和贸易增长未能带来本地工商业的顺利扩张，表明前工业化时期市场与贸易扩大未必能够带来足够的受分工和专业化的发展驱动力。官商关系疏离、信用关系局限、产销关系松散等内外因素对市场贸易开放的钳制，阻隔了资本集积扩张。不过，事实的另一面是，这种量小额微的带有边缘性的自生贸易，却可能在一定程度上隔离了来自帝国官僚系统的干扰。疏离官商关系这一“非经济变量”，远离家产制官僚政治，尽管令温州商人群体在中国商业史上不享一时之荣光，却也避免了历代官商群体跌宕沉浮的宿命——他们固然受君主专制下官僚体系的保护，但这个体系又构成他们发展的终极限制。

总之，宋元以降，江南经济重镇温州，虽然与江南其他地区一样，商业化进程在加快，但是并不遵循流通需求带动生产供给的以商促工路径，而是出现了完全相反的“以工带商”模式，甚至商业化本身及其所促进生产的产业化也没有出现规模扩大的结果。同在江南区域的温州走出了另外一种截然不同的关于前工业化时期区域经济变迁的路径。

六、转型的经验与温州价值:商业自治与经济增长

2011年,《自治与增长——“温州模式”的经验》由浙江人民出版社出版。我在书中提及,虽然温州的农村工业化经历内涵丰富,研究价值颇高,在制度变迁、财产权利、社会转型等方面出现了一些重要现象,一些关键的问题都需要解释,但是早期的观察看到的只是一张静态照片,讨论的主题较为单一,集中于温州模式现象到特点的单维线性归纳。

20世纪90年代以来的研究已经跳出最初对温州模式不够堪确切的描述性分析,开始运用比较系统的理论观照观察过往30年多来的发展过程,从一种过渡性的制度安排的立场来检视农村工业化的温州模式。不过,虽然多数文献都强调了温州发展资源禀赋高度紧张的初始背景,却只是简单地将约束条件处理为“倒逼”激励因素。

温州颠覆了计划经济长期以来为了积累国有工业资本而建立的农民管制体制,以及这种体制在原始积累完成后对农民“抽取”的惯性。通过民营化改革罕见地在农村切割出一块“自留地”,把工农业产品不等价政策产生的剩余集中在自己手里,实现“自我抽取”,完成以家庭为单位的原始资本积累,并且利用上述压制体制在官营企业左右边缘地带“填补空白”加速拓展,带动农村存量资源向工业的移转。

从温州的“个案叙事”,没有看到无所不能、无所不管的政府,而这一点让温州避开被那个庞大的政治动员型工业化计划引向社会的普遍困顿。“私人领域”在温州的延展让人看到了过往单一国家本位取向以外的方向,社会自组织力量在局部地区替代政治权威的经济增长动力角色已经完全可能,经济秩序并不因为失去了“计划”而濒于崩溃。民间力量的成长不断解构传统秩序,分离国家与社会,消解权力在政府一端的一体同构。直接经营生产的权力回归到微观经济单元,资源配置的权力转移给市场,在“国家计划”的旁边,发育出一个粗陋的自由经济。

由此，沿着农村改革场域中“官民秩序”的发展逻辑，围绕农村改革生态中的力量消长、利益博弈、目标平衡提出了一个增殖性和原创性的分析框架。不同于流行的诱(引)致的制度变迁的主张，作为类型化的温州模式不能说不是政治精英的改革选项，而是他们明显知道传统体制的内在的单边强制功能可能不能完全掌控经济社会结构变革的秩序和去向，决策官僚及其代理体系统必须顾忌和体谅地方传统、历史与现实条件。

这是一种“且看且放”的模式，富有弹性和风险而且很难回头，从基层地方政府到更高层级的决策层自下而上管制放松的渐次确认，这甚至是一个“担保”链条，一旦断裂启动纠错机制则是自上而下，这个动态过程让推行改革一方的博弈力量不断增强。对每一步改革的放行都意味着各级地方政府“担保”责任的加重，而改革的系统性决定了前面改革的成效取得和巩固又依赖后续改革的配套跟进，这就绑定了地方政府的支持和维护改革的立场，由此，任何民间力量直面地方政府的冲突不过是共同体内部暂时的纠纷。

2000 年之后，草根层面的制度创新进入尾声，体制从“放权让利”悄然潜化成“收权逐利”，改革进入顶层设计。温州不够令人满意的经济指标，引来颇多对温州模式的“反省”。精英主义认为更为快速高效地达成“规划”目标，一个强大的政府集权型决策体制相对更为市场化的分权决策体制更让人值得留恋。温州模式则因“路径依赖”于那种政府“不在场”的制度创新而被低效改革“锁定”，妨碍了温州在区际“锦标赛”竞争体制中的表现。早年彪炳的农村工业化成了地区增长竞速坐标之下尾大不掉的“低小散”，“差乱差”。

然而，需要警惕的是体制的所有权歧视指向背后的政府并非意志中立，而很可能是一个“带有歧视性的垄断者”，需要在一个更长的周期中来评价特定阶段政府“在场”与否的必要。地方主政者的“落后者”焦虑与紧张不应该被抽象成数字化指标的简单判断，并且放大为泛社会化的失败者心态。

温州模式作为改革早期的“少数中国”标志不在于其行动而在于其价值，市场制度在维系经济社会日常活动中得到普遍确立、认可和坚持。简化的温州工商业史提示，自上而下的行政治理与民间底层的地方自治传统从来不是对抗关系。一个“集市地域”民间工商业的兴起，个人私产的积累，民间经济繁荣与社会有序治理，同步于上层权力对基层经济社会生活的干预渗透的停止。

该书试图探索另外一种范式，从地方史溯源中所获得的文化和传统线索，提供温州改革的解释面向，了解族群构成、价值系统、精神信仰、商业习俗、群体默会知识等非正式制度中带有地方属性的差异化和特殊性元素。温州人在商言利，远儒事功，赋予生意、生活以开放价值。基于经济计算上的利益互惠，源自生存发展的激励地方传统完全不同于因为共同信仰（宗教）、宗族等联结而成的组织。经济上的效率总是在关键的时候超越共同体的约束和狭隘，成为商业创新与权利自由的源流。

七、改革的多元面向：产业、城市与制度

2008 年，《原生式内生型产业集群的形成及其变迁——以温州柳市低压电器企业集群为例》刊载于《社会科学研究》。企业在产业层次沿供应链条出现集群，是中国改革开放以来，东部沿海地区工业化加速过程中的一个重要现象，这些依个别特征差异的企业集群，或被称为专业化产业区、产业集群。温州是企业集群分布最多的地区之一，出现产业与地域“双重集群”。

该文以温州柳市低压电器产业为例，分集聚机制、网络结构、演化动力、集群治理四个部分研究集群现象的生成及其条件性。关于原生式内生型企业集群研究的结论是：

第一，内生型企业集群的形成是空间层面因素与产业组织层面因素互相作用、互相推动的结果。不同于外生型集群是产业转移或外国直接投资在特定地理区域上布局的经济现象，内生型企业集群发展是一个分工专业化持续深入的过程，是产业链中不同价值环节最优效率的利用。企业组织在空间移动中出现地理集聚性很大程度上与集聚经济密切相关。对集聚经济效率的追逐是内生型企业集群形成的内在机理之一。缄默知识的非文本传播属性决定的知识转移和共享机制是驱动企业邻近分布形成集群的另一关键原因。

第二，从企业地理集中到形成一个成熟的地方企业集群要经历一段长期的发展过程。在集群发育的早期阶段，由于协作网络松散、不稳定等原

因，在完成空间集聚的企业之间，企业个体在行为上竞争多于合作。随着时间的推移，协作网络成为效率来源后，企业之间的联结得到普遍加强，合作逐渐显现优势效率，推动企业从纯粹空间集中转换为高效的地方企业集群。

第三，应重视研究集群所在产业全球价值链内在治理机制，及其发展转换趋势。而一个成熟的内生型集群也应当是一个开放的生产系统，吸纳各种有助于集群发展的资源进入，协助集群治理与产业升级。

第四，产业集聚网络的治理能力越来越成为未来竞争的核心所在。后续内生型产业集群能否巩固和扩大竞争优势，关键就在于在国内外竞争中形成地方优势治理权。

该文的主要贡献在于：一是国内鲜外少有人，对中国改革开放后，东部沿海地区自发形成的内生型企业集群的形成过程及其内在机理进行系统解释，而这个现象应当在理论上提供有力答案。二是原生式内生型集群的演化与变迁研究是政策性课题，该文从集群治理模式的角度来加以研究，能够为地区产业空间组织创新提供新的启发。

2015 年，在上海社会科学院出版社出版专著《都市圈空间优化与产业转型比较研究》。2010 年以来，我注意到，国内有大量研究关注中国改革背景下的“浙江道路”。“浙江道路”即浙江全境的产业与空间竞争力提升经验路径，发端于“温州模式”的“工业下乡”和“商贸进村”并举。

这一观点我在 2003 年发表于《光明日报(理论版)》的《农民进城与农村小康》中有过详尽论述。基本经验是，通过快速“去村庄化”，“就村建镇”自主筹建小城镇来回应农村工业化初期对空间集聚及专业化服务的要求。这一产业与空间的冲突与平衡，成为驱动改革前二十年浙江城镇群体空间演化的主要推动力量。

浙江省域经济地理的重心下沉于县域经济，乃至县域内的重点乡镇。在增长路径依赖的惯性之下，浙江城市体系在较长的一段时期陷于对“强县、强镇”格局的自我强化。乡村地域空间不是通常空间地理演化进程中那个被“二元城市化”过程挤出的边缘，而是在地准城市化的母体平台。“低集聚、多中心、半边缘、弱收敛”为明显特征的经济地理空间现象便是对浙江传统工业化和城市化独特范式的直接映射。

2000 年以来，都市圈为典型范式的区域一体化的城市体系强化了其对提升全球化下区际竞争力的重要空间效率贡献。这对浙江空间与产业结构传统格局和演进路径提出了巨大挑战,将浙江工业化与城市化长期差速演进的非均衡问题显现化:现阶段浙江城市化带来的服务增值效应,已经替代并超过了工业化前中期阶段生产聚集效应,成为推动区域经济增长的主要动力。而传统空间利用格局和地域功能配置效率低下,导致产业效率缺少来自空间绩效的支持,延缓了产业结构的服务化转型。

推动空间战略从"强县"到"都市"的转换将是摆脱"低水平过度工业化"和就业结构服务化转型趋于停滞双重困境,跳出产业结构锁入"内卷化"陷阱的唯一机会。都市圈战略之于当前浙江的主要任务在于:第一,强化中心城市极化效应,城市体系能级需要提升。省域内缺乏具有国际竞争力的中心城市以及与此相联系的都市圈能级的城市系统。城市体系职能分工模糊,协同机制欠成熟。第二,提高空间动态调整回应能力。当空间格局适应性调整能力滞后于产业结构整体转型,两者进程的"差速化"是引致在地产业结构"内卷化"困境的重要原因。

经验源自温州,挑战也先出现在温州。空间格局如何从分散孤立的县域经济为主的多中心阶段过渡到以都市圈经济为主的新阶段?一个给定低效城市体系如何向以都市圈为代表的城市化与工业化融合高级阶段的地域空间形态演进?专著就上述问题给出详尽分析和策略方案。

关于针对温州产业转型升级的研究发现是:

其一,当前温州经济面临的主要问题是增长方式转型,集中表现为产业结构转型升级迟缓,其根本原因是空间格局调整长期滞后于产业结构转型的"差速化"所引致的产业结构"内卷化"困境。温州产业结构中存在"低水平过度工业化"和就业结构服务化转型趋于停滞双重困境,产业结构演进面临锁入"内卷化"陷阱的巨大风险。导致产业结构转型升级迟缓的根本原因是温州城市化进程大幅度滞后于产业结构演进。温州城市化带来的服务增值效应,已经替代或超过了工业化前中期阶段生产聚集效应,成为推动区域经济增长的主要动力,而城市化滞后延缓了产业结构的服务化转型。

其二,温州目前"低集聚、多中心、半边缘、弱收敛"空间格局是温州农村工业化独特范式的直接映射,反映改革阶段工业化与城市化差速演进的非均衡问题。推动产业转型升级必须将城市化方向转向培育中心城市以及架构以其为核心区的大都市圈。

以温州为中心的浙江省域都市圈比较研究得到问题的诊断是：第一，温州在省内三大都市圈中城市化进程相对最慢，而且城市化水平差距呈拉大趋势。第二，温州都市圈经济能级较弱，区域一体化水平不高，空间绩效较低。温州都市圈区域经济能级明显弱于杭、甬两地，经济总量水平和经济人均水平温州均处于劣势，而且能级差距在拉大。第三，温州城市化土地利用供需结构性矛盾突出，建设用地集约利用与结构优化任务艰巨。第四，温州城市化水平与土地供给配比欠合理。

对温州产业转型升级的空间支撑问题研究结论有二：其一，温州地区空间格局调整过慢，空间绩效较差，对产业结构转型升级支撑能力不足；其二，提高城市人口经济集聚水平是温州空间结构调整的重点。以2005—2010年作为数据时间尺度进行的模型计量分析发现：(1)人口密度增加对温州地区生产总值增长作用最突出。(2)人口密度增加对温州产业结构服务化升级最关键。(3)中心城市经济集聚水平提高对温州就业结构非农化转型影响最显著。

为进一步检验研究的稳健性，将温州置于泛东南都市圈城际比较，发现：温州首位度偏弱，集聚能力和对区域发展的辐射带动作用受限，而且都市圈城际产业同构矛盾突出。温州受产业的高度化维度的差异化所限，产业的首位腹地梯次极差能力不足，中心极化和外围扩展效应不够，本地产业关联影响覆盖范围局促。尽管温州产业结构特征及其变动趋势呈现出强烈的产业高度化和以服务化转型倾向，但空间“中心化”水平有限，产业升级与结构转型缺乏必要的空间绩效支撑。

该书在建议部分提出，温州城市化战略应逐步由“多点强化，强县重镇”小城镇战略模式转向“单点极化，圈层协同”都市圈战略模式。近中期的策略在于，强化都市圈中心城市的经济集聚效应和人口集聚效应，为产业结构转型升级提供支撑。上述内容以领导参阅件的形式专报温州市主要领导后，批转温州辖内各县(市、区)、功能区领导参阅。应用对策这一部分工作虽然也是我一直努力并希望能够有所贡献的地方，但此前较少参与，由此开启也算是为研究更加靠近经验世界，同时也为在地发展尽一点研究者的责任。

2008年,《管制放松:租金再分配与管制绩效提高——对温州市出租车经营权拍卖案例的分析》刊于《中共浙江省委党校学报》。论文以温州出租车行业为例,研究作为一个管制行业是如何通过当局的放松管制以获取市场化机会并重新分配管制租金的,并分析由此引起的管制绩效变化。

论文的标题是编辑部的功劳,据说,最后上版前核校印刷版电子稿时改动了标题,并未经我同意,其实我并不认为这样的改动"更好"。这篇论文的初稿标题是《制度创新、管制放松与管制租金的分配——温州出租车运营资源的再分配过程分析》,主要用意在于,对行政体制改革在中国的推进模式"以小见大"。比如,放松管制尽管不能强求一步到位;传统管制模式的市场化改革更有效率,且符合行政管制设置的初衷。案例结论得到启示是,制度创新在于兼顾成本,既要避免寻租活动可能造成的租值耗散,又要设计出有效的关键机制。

八、其　他

20年温州模式与温州学研究之于我个人,最为深刻的认识应该是,在历史时间尺度上,无数无名个体的日常经济生活才是推动经济社会进步真正浩大的向前力量。最近的40年改革历程,所有理论对话的尝试,找寻改革渊薮、演进逻辑与成熟经验的企图,都绕不开改革大潮中温州人的坚持、智慧、勇气和灵感。

如果从温州变化来管窥共和国70年的变迁,那是一场从僵滞的意识形态和官僚体制到快速创新增长的体制演进的"形似而神异"的变革。温州启示是,挑战永远是如何安顿那些创新努力,让那些底层的创新力量得到必要的呵护、支持和激励,而改革驱动的制度变迁是确保增长在正确道路上持续的关键。所有改革无非是回归商业自由之根本母题,而研究永远在路上。

2019年9月

坎坷不平的学术研究历程

李岳松*

一、温州学研究成果

1998年，我首次在温州市委主办《温州瞭望》发表《谈谈集镇文化中心建设问题》，至今发表了党史等各类题材的学术论文100多篇。选录42篇在国家、省级刊物和学术文集发表的论文，编成《求索——李岳松论文选》，分党指正道、党建创新、经济求实、文化亮采、民艺撷珍等5卷，以及附录，共54.6万字，2017年1月由中国文史出版社出版。这是一部以党史题材为主，部分是跨界的多领域、宽视野的学术探索，题材广泛，内容丰富。全国著

---

* 李岳松，1957年出生于鹿城藤桥樟村，中共党员，在职西南大学本科，中共党史研究副研究员，《中共鹿城历史》第三卷主编。主要研究方向为与“温州学研究”有关的中共党史、抗日战争史、地方经济、传统文化、地域文化、地方人物等研究。参与国家社科课题两项；独立完成省市区课题、专题20多项。发表论文100多篇，其中3篇参与入选中央党史研究室主办全国学术研讨会，2次在大会上发言；入选省级以上理论、学术研讨会论文和获奖文章25篇，17次在省级以上学术研讨会上发言交流。出版《求索——李岳松论文选》《鹿城革命遗址图志》《石鼓竹韵》《戍浦文存》等著作5部，其中《鹿城风雨春秋》被评为温州市第十五届哲学社会科学成果学术进步奖；主编出版《日军入侵鹿城暴行纪实》《鹿城党史工作志》等专著、文集23部，其中《泽临风云：藤桥片区游击根据地革命斗争》被评为温州市宣传文化系统优秀通俗理论读物；参与撰稿编辑出版文集13部。现为中国民间文艺家协会会员、温州市乡村文化建设促进会常务副会长（主持工作）、鹿城区市民宣讲团成员。曾任浙江（温州）姓氏文化研究中心副理事长、温州市历史学会理事、温州中共党史学会、温州市新四军历史研究会理事、温州市抗战研究中心顾问等。

名党史专家学者、全国政协委员、中共中央党史研究室原副主任李忠杰拨冗赐序,给予高度的评价。

另外,还发表了包括古代和近现代文化名人,知名人物,烈士、革命人物和温州历史、党史、文化、温州人精神、温州发展与温州模式研究、传统文化等题材的研究成果文章百来篇。大多论文是2005—2019年,从事地方党史研究工作期间发表的。经梳理,以下分为:温州党史研究、抗日战争史研究、温州基层党建调研和思考、温州经济建设探索和建议、文化事业回眸和评析、民俗文化整理和研究、古今人物研究等七大类。

(一)温州党史研究

《中共创建时期温籍留苏先进分子代表人物档案研究》 温籍留苏先进分子人数长期以来是个谜。经研究,温籍(即永嘉)留学苏联先进分子达14位,填补了地方党史的不足。他们是谢文锦、胡公冕、金贯真、李得钊、胡识因、金省真、金石真、金演周、谢文侯、徐时惠、李立敬、郑育才、郑祁非和林秉权。他们回国后大部分同志在中国革命实践中做出很大的贡献,如谢文锦回乡创建温州党团组织,后任南京地委书记;胡公冕和金贯真创建红十三军,分别任军长和政委;李得钊成为军委书记周恩来的得力助手。研究留苏先进分子意义重大,可惜因年代久远,金省真、金演周等大部分留苏人员的具体革命事迹无从查考。

李岳松(中间左一)在会上发言

该文经三轮评审入选参加2014年10月17—19日，由中共中央党史研究室、浙江省委党史研究室等主办的“中共创建史档案与文献学术研讨会”。中共中央党史研究室副主任李忠杰在会上听了我的发言后说：“在中共创建时期，一个县走出14位先进分子留学苏联，这在全国也是典型的。”该文编入《中共创建史档案与文献学术研讨会论文集》，2015年由中共党史出版社出版。

《温籍先进分子对中国共产党建党的贡献》 五四运动以后，郑振铎、陈仲陶、姜琦等温籍先进分子群体，回乡创办社团、报刊，宣传马列主义，传播新思想、新文化；成立了直属中央的温州独立支部和红十三军等地方党团组织和武装组织，领导民众开展国民革命运动，并在与国民党右派的斗争中取得了胜利。无数早期温籍先进分子为实现共产主义的崇高理想献出了年轻的生命，为祖国的解放事业做出了巨大的贡献。

2006年6月，该文入选“浙江省纪念中国共产党成立85周年学术研讨会”；2010年9月7日，被评为省党史工作优秀科研成果论文类优秀奖。随着研究的深入，同题材不同版本的《温籍早期先进分子对地方建党的贡献》，2013年5月刊于《经济视野》总第156期。

《温独支在国民革命运动中的历史地位和作用》 2014年12月31日，获温州市“纪念‘温独支’成立90周年学术研讨会”二等奖；2015年11月4—6日，入选省委党史研究室等主办的“浙籍先进分子与中共早期组织学术研讨会”，并在会上发言交流；编入《浙籍先进分子与中共早期组织学术研讨会论文集》，2016年由中共党史出版社出版。

《无悔的选择，默默地耕耘》 2010年10月19日，被省委党史研究室评为“热血写春秋——浙江党史30年巡礼”征文三等奖。

《鹿城党史胜迹调查与思考》 2011年6月，刊于《足迹》总第242期。2012年9月12日，该文在第十三届华东地区党史报刊评审会上获三等奖。

《红船起航驶向中国梦的彼岸》 2013年9月，在中国管理文化研究院举办的“中国梦·和谐华章”优秀成果评选活动中被评为特等奖。

另外，在省市刊物发表了《改革开放新时期鹿城党史专题编写探讨》《浅谈藤桥民兵在歼灭国民党交警总队战斗中的作用和影响》等数十篇研究成果。

《鹿城革命遗址图志》 28.5万字，2013年2月由中国民族摄影艺术出版社出版，为2010年2—5月由我主持之"十一五"国家重点科研课题——"鹿城区革命遗址普查"工作成果。收录23处革命遗址和11处其他遗址。分党的创立与大革命时期、土地革命战争时期、抗日战争时期、解放战争时期、社会主义建设时期、综合纪念馆园、副编和附录。以简洁精练的文字、精美的图片，全面记述、展现鹿城地方党史。附录收入作者撰《鹿城革命遗址普查成果转化的几点思考》。

《鹿城风雨秋春》 36.3万字，2013年10月由中国人事出版社出版。该书收录了2005—2012年我研究的鹿城地方党史成果，分烽火岁月、莫忘国耻、党史胜迹、寻觅先贤、笔耕思索等五编和附录，是鹿城第一本全面记述鹿城地方党史精义和地方党的领导人动人事迹的书。该书富有地方特色，对下一代青年很有教育意义。浙江省社会科学院历史研究所原所长、研究员、教授陈学文和浙江大学历史系原主任、博士生导师杨树标先生对该书做了高度的评价。该书2015年9月9日获温州市第十五届哲学社会科学成果学术进步奖。

《戌浦文存》 35万字，2019年由沈阳出版社出版。该书分人文遗存、峥嵘岁月、革命遗址、藤桥今昔、风光叠萃、民俗文化、人物风采等7卷和附录，较全面记述了藤桥古今人文历史文化，是一部对青少年开展爱国爱乡教育的乡土教材。浙江省委党史研究室副巡视员朱健作序，文史学者章方松撰《生命需要多层次的美识》读后感，均对该书做了较高的评价。

主编公开出版 《泽临风云：藤桥片区游击根据地革命斗争》2009年由中国文史出版社出版；2011年1月26日，被温州市委宣传部评为全市宣传系统优秀通俗理论读物。《田塘头风情》2009年由线装书局出版。这两部书，全面挖掘了鹿城西片藤桥革命老区党的历史。《瓯江浪潮——改革开放新时期鹿城党史专题集(一)》2019年由中共党史出版社出版。《鹿城党史工作志》2019年由方志出版社出版。《历程——鹿城建区30周年(1984—2014)》图文集2015年由台海出版社出版等。

主编内部出版 《岩雅秀水》(2000)、《藤桥镇志》(2007)、《鹿城区纪念改革开放30周年论文集》(2009)、《卅载鹿鸣——鹿城纪念改革开放30周年》(浙内图准字〔2009〕温1号)、《践行与思索——鹿城纪念建党90周年党史学术论文集》(浙内图准字〔2011〕137号)、《回顾探索廿五年——1987—

2012鹿城党史研究》(浙内图准字〔2012〕温12号)等。

(二)抗日战争史研究

《红军北上抗日先遣队失败的原因与教训》 入选《长征档案——纪念长征胜利70周年》(上册)大型文献,2006年由中共党史出版社出版。同年7月,被中国现代史学会评为二等奖;2010年9月7日,被评为浙江省党史工作优秀科研成果论文类二等奖。

参与国家课题"中国抗战损失调研" 20世纪三四十年代,抗战爆发,中华民族陷入亡国灭种的危险境地。作为东南沿海重要物资集散地的温州,同样遭受日军野蛮侵略。其间,日军接连不断狂轰滥炸,并三次侵占温州,残杀平民、奸淫妇女、疯狂抢掠、纵火投毒,无恶不作,给温州带来了深重的灾难。

2006年,抗战胜利已61年,但是全国的人口伤亡和财产损失还一直没有一个准确的数据。是年初,市党史研究室传达了中央党史研究室关于做好"中国抗战损失课题调研"工作会议精神,要求将其作为一项内部工作调研。当时鹿城区在编从事党史研究具体工作就我一人,且工作量很大,又没有文件,难以贯彻落实。8月,我主持启动了"鹿城区抗战损失调研",至2008年8月完成,历时2年。据调查统计,从1938年到1945年,鹿城人口伤亡(含国民党军队151人)6147人;统一按照1937年7月时的法币币值折算,财产损失达30888968元。

寻到日军侵占鹿城的罪证遗址 通过抗损课题调研找到了翠微山(今妇女儿童活动中心东南面)活埋国军遗址;翠微山(烈士陵园广场纪念碑北面下方)日军修建的防空洞遗址;杨府山山巅日军战壕遗址和南塘砻糠桥(今龙方桥)"晒人干"遗址。

主编《日军入侵鹿城暴行纪实》 中国抗战损失课题调研成果之一,41.3万字,2011年6月由中共党史出版社出版。其中我执笔的文章44000余字:《鹿城区抗战时期人口伤亡和财产损失调研报告》,日军入侵鹿城暴行专题5篇——《空袭轰炸》《疯狂劫掠》《细菌攻击》《残杀军民》《强奸妇女》和采访受害者口述资料24篇。

我采访整理的"三亲"(亲历、亲见、亲闻)口述15篇,编入《温州市抗战时期人口伤亡和财产损失调研资料汇编》(上册);《沓糠桥“晒人干”惨案》和《陆志竞口述》编入《日军侵略浙江罪行惨案集》,2014 年由浙江人民出版社出版。

《日军对温州城区实施的细菌攻击》 历时 3 个月,于 2014 年 11 月 10 日完成,收入《日军在浙江细菌战专题研究》,2015 年由浙江人民出版社出版;2015 年 3 月 5 日,同题不同版本,刊于《大江南北》总第 291 期。

《日军在浙细菌战受害者口述资料》 编入鹿城细菌战受害者口述 7 篇,其中由我采访整理的 5 篇:金维的口述、冯坚的口述、杨立雪的口述、柯永波的口述、黄龙华的口述。该书 2017 年由浙江人民出版社出版。

发表“抗损”研究成果 2011 年,《今日鹿城》报开设《纪念建党 90 周年·红色记忆》栏目,5 月 3 日至 10 月 13 日,发表雅颂(我的笔名)、王荣有关党史文章 7 篇,其中有关抗战损失题材文章 5 篇。2012 年 7 月,《铭记历史 不忘国耻——温州市鹿城区抗战损失课题调研与成果出版始末》刊于温州市图书馆编《温州通史编纂通讯》(总第 4 期)。2015 年 5 月 15 日,《温州日报·纪念抗战胜利 70 周年》专栏发表了《灭绝人性 死伤累累——日军细菌攻击下的温州城区》。2015 年 8 月,《沓糠桥“晒人干”惨案》刊于《温州史志·纪念特刊·中国人民抗日战争暨世界反法西斯战争胜利 70 周年(1945—2015)》。2015 年 9 月 1 日,《新四军驻温州三个办事机构工作回眸》《日军侵温犯下的罪行罄竹难书》入选《中国人民抗日战争暨世界反法西斯战争胜利 70 周年——特刊(1945—2015)》。2015 年 9 月 20 日,《温州日报》发表《毫无人性 摧残妇女——日寇在鹿城犯下的强奸罪行》。《日军在鹿城实施细菌攻击》入选《温州文史资料》第 34 辑,2017 年由中国文史出版社出版。

(三)温州基层党建调研和思考

从 1981 年 9 月到 2005 年 4 月,我在藤桥镇政府工作了 23 年 7 个月。从文化员到镇党委委员,其间包揽了公文撰稿,并发表了新闻消息、党政信息和散文等千余篇。尤其是 1999 年任镇党委委员以来,撰写 10 多篇调研论文报区组织和宣传部门;20 多篇讲稿在镇委党校给全体党员上党课;多篇组宣工作创新案例文稿,如加强党员分级量化管理,率先推出乡镇中层干部竞选上岗、学习型镇村组织创新等在全区推广交流，编入资料汇编。

随着农村经济体制改革的进一步深化和社会主义市场经济建设的发展，农村的社会关系和利益格局发生了重大的变革，并产生了许多新情况。主要存在村"两委会"争权或"搁政"的问题，有的支部包办，以支部代替村委会或村委会揽权，党支部不管，两委关系紧张，村民遭殃。突出的问题是农村干部不适应，群众不满意。为此，写了多篇论文，5 篇入选《求索——李岳松论文选》。

《关于加强农村基层党建工作的思考》 2002 年 1 月，刊于《温州论坛》总第 94 期，入选《决策·研究·发展——中国发展理论与实践文集》，7 月由中国经济出版社出版；8 月 20 日，被中国社科文库丛书编委会评为 2001—2002 年度全国社会科学理论实践成果一等奖。

《农村两委会工作的调查与思考》 刊于 2002 年《江南视野》总第 18 期。

《藤桥镇农村基层党组织工作调查与思考》 2004 年 11 月 16 日，鹿城区委"内参"《决策参考》第 13 期独发，并加了编者按，供领导参阅。为此，温州市委常委、区委书记包哲东在该文上做出批示，要求在全区推广，做好全区基层党组织换届工作。

李岳松(左)与中共中央党史研究室原副主任陈威(右)合影

《探讨机关党建工作方法 创建新的服务型机关》 2012年3月，被评为2011年度全区机关党建理论研究成果二等奖，入选《鹿城机关党建论文汇编(2011—2012)》。

(四)温州经济建设探索和建议

《温州人经济在中国改革进程中的作用和影响》 改革开放以来，温州人发扬敢为人先的精神，闯出一条具有中国特色的适应中国经济发展的"温州模式"。温州从有争议，到全国看温州；从假冒伪劣产品，到品牌温州。温州人创造的经济成果举世瞩目。温州在改革开放实践中形成的理论建树，为我国经济体制改革和区域经济和谐发展做出了巨大的贡献。

该文作为全省评选后推荐中央4篇、入选2篇之一，2008年11月11—13日，参加由中共中央党史研究室等举办的全国"纪念改革开放30周年学术研讨会"。中共中央党史研究室副主任李忠杰在《求索——李岳松论文选》序中写道："分组讨论时，我听了他的发言，感到很有特色和见解，当即安排并通知他在大会上进行交流。"他还说准备将该文刊登在《内部参考》上，供中央有关领导参阅。这次全国入选论文70篇，我是全国唯一入选的县(区)级论文作者。

7月21日，该文入选参加浙江省党史系统举办的"纪念改革开放30周年学术研讨会"，并在会上发言交流；12月，入选参加浙江省委宣传部举办的"浙江省纪念改革开放30周年理论研讨会"，并获论文三等奖。2010年6月，被中国管理科学院人文科学研究所评为中国科学发展与人文社会科学优秀创新成果一等奖，入选中共中央党史研究室编《纪念改革开放30周年论文集》，2010年由中共党史出版社出版。

《论温州市场的兴起与发展》 哪里有市场哪里就有温州人，反之有温州人的地方就有市场；只有鸟飞不到的地方，没有温州人走不到的地方。温州人走南闯北，创办的市场遍布全国乃至全球。温州市场的兴起与发展给予各地党委和政府认识市场、运用市场、引导市场有益的启示，为全国市场建设做出较大的贡献，不仅为温州开创了大就业之路，也为农村剩余劳动力和下岗工人创造了各种就业机会。

2011年6月9日，本文入选省委党史研究室等举办的"浙江省纪念中国共产党成立90周年党史学术研讨会”，获优秀奖；编入《浙江省纪念中国共产党成立90周年党史学术研讨会论文集》，2011年由中共党史出版社出版。

《温州新型城市化道路探索》 按照温州大都市总体规划要求，实施乡镇行政区划调整，形成以大都市核心区为中心，建设50个左右中心镇为小城市的“1650”[①]城市发展新格局，拉开大都市框架，加快实施温州新型城市化道路建设，明确城乡一体化发展的思路和举措，推动温州城乡一体化和新型城市化进程，把温州建设成为具有国际竞争力的、高品位的生态型、国际性、现代化新型大都市。

2012年1月30日，该文刊于《城市建设理论研究》总第31期；2013年1月，在全国“科学发展与全面建设小康社会学术研讨会”上宣读交流，并获全国“2011—2012年度经济建设与科学发展理论实践成果”特等奖。

《温州新型城市化道路探索》获“纪念中国共产党成立90周年学术研讨会”三等奖

① “1650”温州大都市区总体规划，即以1个大都市核心区——鹿城、瓯海、龙湾3个区和洞头、瓯江口、瓯江北岸及上塘为主中心，以乐清、瑞安、平阳、苍南、文成、泰顺等6个县城为副中心，50个中心镇为节点的城市发展新格局。

《温瑞塘河综合整治的目标、存在问题与对策》 剖析塘河整治存在的问题及原因，明确整治目的意义、目标和历史责任，提出整治的具体对策措施，从根本上堵住塘河污染源，让塘河水"活"起来，还市民清洁的河流。2012 年 11 月 22 日，该文入选"浙江省社会科学界联合会首届学术年会——'幸福(温州)论坛'"，并在会上发言交流。2013 年 7 月，被市委政策研究室等评为"2012 年度温州发展研究奖"三等奖，编入《温州市发展研究奖获奖成果文集(2012 年度)》。

《温州时尚产业发展研究》 温州建设时尚之都具有得天独厚的优势条件："百工之乡""轻工之城"历史悠久；强大的全球温商网络、雄厚的民间资本、深厚的文化底蕴，为发展时尚产业奠定了基础。该文提出存在不足，明确建设时尚产业之都的目标，建议以传统轻工产业为基础，打造"瓯"字系列时尚文创产业；引进培养各类人才，推进时尚产业创新；优化鹿城时尚功能，树立温州时尚标杆；以温商网络优势发展时尚产业，拓宽时尚智造产销渠道；建立健全保障机制，助建温州时尚产业之都。该文入选中国思想政治工作年鉴编纂委员会编《中国领导干部论坛》，2015 年由中共中央党校出版社出版；精简版的同题文章刊 2015 年 11 月 23 日《温州日报》。

此外，《求索——李岳松论文选》还收入《落实科学发展观　促进全面协调可持续发展》《瓯海西部山区经济发展的思考》《藤桥外贸服装业的发展》等 9 篇有关温州经济建设研究方面的论文。

李岳松(左一)与省委原副书记陈法文(中)、省新四军历史研究会名誉会长黎清(右二)等合影

另外，有多篇与温州模式、温州经济有关的论文，如：《邓小平与中国特色社会主义理论在温州实践的启示》，2014 年 8 月 25 日刊于《温州日报》；《邓小平理论与温州改革开放实践》刊于《足迹》2018 年总第 285 期；《中国鞋业的航母：鹿城鞋业——鹿城鞋业的发展历程》[原刊于《温州市改革开放新时期党史专题集(一)》，2016 年 12 月版]，刊于《温州史志》总第 123 期。《温州打火机胜诉欧盟反倾销入世第一案前后思考》等 3 篇论文入选"庆祝改革开放 40 周年——浙江省社会科学界第四届学术年会(2018)温州分论坛"；并在会上做了《试论温州人精神成因及特征》发言，该文刊于《温州学刊》2019 年总第 36 期。

（五）文化事业回眸和评析

《试述浙南地区民主革命党史文化建设》 浙南革命根据地初创时期的党史文化，以口头宣传和文字宣传为主；自红军挺进师转战浙南，带来了中央根据地的党史文化。在中共浙闽边临时省委的领导下，通过开展抗日救亡文化宣传，创办干部学校、报刊，建立文艺团体，开展多种文化宣传活动，尤其是一批温籍版画的领军人物，以笔刀为枪，创作一批富有革命题材的木刻，推动中国新兴版画运动的发展，为浙南革命根据地的党史文化建设和浙南的解放事业做出了重大的贡献。

2012 年 8 月 14—15 日，该文入选参加中共中央党史研究室和中共浙江省主办首届"全国党史文化论坛"，2013 年编入《全国党史文化论坛文集》第 2 册，由中共党史出版社出版。

《试述浙南革命根据地党史文化建设》 刊于《今日中国论坛》2013 年总第 102 期。

《试述浙江抗战文化及其影响》 抗战时期，浙江大批文化勇士在党领导的统一战线旗帜下，以出版发行书报刊、歌咏戏剧演唱、文艺创作宣传等多种形式，唤醒中国人民誓不屈服的抗战激情，凝聚全民族战胜日本侵略者的强大精神动力。浙江的抗战文化运动规模庞大、活动范围广、形式多样、内容丰富、成就显著，不仅对浙江和东南的抗日战争具有极大的鼓舞和推动作用，而且在全国抗日战争中产生巨大的影响，为最后战胜日本侵略者做出了重大贡献。

2015年7月30日，该文入选"浙江省党史系统纪念中国人民抗日战争胜利70周年学术研讨会"；编入《浙江省纪念抗日战争胜利70周年学术研讨会论文集》，2016年由浙江人民出版社出版。

《谈谈集镇文化中心建设问题》 此为我的第一篇论文，1998年10月，刊于《温州瞭望》总第10期。1996—1997年，温州全市新建或扩建了昆阳、灵溪、柳市等10个以文化中心（站）为主体的上规模、上档次的国家万里边境文化长廊、浙江省东海文化明珠工程和永兴、梧埏、马屿等16个温州金海岸文化网工程。该文从集镇文化中心的现状、存在的问题、集镇文化中心建设的有利因素、加强集镇文化中心建设的对策措施等4个方面论述集镇文化中心建设问题。

1999年8月6日，该文经中国国际名人学术研究中心等4家单位严格评审，荣获"世界学术贡献奖论文金奖"；入选《世界学术文库》，1999年由世界学术文库出版社出版。原文《抓集镇文化中心建设 促农村文化事业发展》1999年6月获温州市群众文化事业发展调研报告征文比赛二等奖。

《温州特色农村文化礼堂建设路径探讨》 2013年，浙江省开始农村文化礼堂建设，2014年是农村文化礼堂建设的扩面提质之年，全省要新建农村文化礼堂1000家以上，其中温州市拟建文化礼堂277家。通过5年努力，温州城乡每个社区均要建成一个以上文化礼堂。为此，该文从"温州农村精神家园——文化礼堂的崛起、农村文化礼堂建设遇到的困难、温州特色文化礼堂建设路径选择"3个方面论述，探讨攻克文化礼堂建设中面临的困境，将文化礼堂打造成具有东瓯地域文化特色的农村、社区的"文化地标"、市民的"精神家园"。

该文第一稿《温州农村文化礼堂建设现状与思考》，2014年11月13日被鹿城区社会科学界联合会评为"2014鹿城区社科研究立项课题"。《温州特色农村文化礼堂建设路径探讨》（8200字），2014年11月23日入选"浙江省社科界第十届学术年会分论坛——温州改革与发展"，并在会上发言交流；同题（3900字）刊于同年12月22日《温州日报》总第18669期和瓯网，并入选中国思想政治工作年鉴编撰委员会编《中国领导干部论坛》，由中共中央党校出版社出版。2015年3月11日，原文被人民日报社人民文摘网（今人民新闻网）全文转发。同月，被当代系统科学研究院评为"2014—2015年度优秀理论创新成果一等奖”。

李岳松在“浙江省社科界第二届学术年会分文坛——温州改革与发展”上发言

由我负责组织实施的创建“学习型村镇”案例:《藤桥镇:学习带动发展》和《石埠村:十年磨一剑》,编入《温州竞争力——以学习型鹿城为坐标》,2005年由中国社会科学出版社出版。

另外有《创建学习型机关的探讨》《鹿城地名管理工作存在的问题与思考》《藤桥镇创建温州市一星级文明镇工作的初步实践和思考》《藤桥镇综述》等编入《求索——李岳松论文选》,由中国文史出版社出版。

《石鼓竹韵》 地域文化综合集,20.5万字,2000年由中国文联出版社出版。

(六)民俗文化整理和研究

《家训在家庭和国家社会文化发展中的作用和影响》 该文从西周到明清传统家训文化的发展历程、历代家训的功能和积极作用、家训文化对家庭和国家社会的影响、家训文化给我们的启示4个方面论述、研讨传统家训文化,无论对中国昔日社会的影响,还是对当今维护家庭和睦、社会和谐、民族团结、国家稳定繁荣都具有不可忽视的作用和影响。2016年6月23日,该文入选“浙江省社会科学界联合会第三届学术年会(2016)温州分论坛‘家训与社会’专题研讨会”,并在会上发言交流。该文编入《求索——李岳松论文选》。

《藤桥婚姻习俗》 通过田野调查、座谈采访，从订婚与媒人、彩礼与嫁妆、午餐与"话客"、新娘与陪郎、婚宴与礼仪、新婚与洞房等六个方面，全面记录整理研究藤桥地方传统的婚姻习俗。随着社会的发展，古老的传统婚姻习俗已渐渐消失。挖掘整理婚俗文化，改革婚俗陋习，创新一种科学、文明、俭朴、健康向上的现代婚俗，对于加强文明家庭建设、弘扬家庭美德、促进社会和谐发展具有现实意义。该文编入《田塘头风情》，2016 年由线装书局出版。

《田塘头生育与婚姻礼仪》 田塘头村虽然地处藤桥岙底山区，但生育婴儿从催生肉、接生(孕妇分娩)，到婴儿呱呱落地，直至一周岁摆"对周酒"，在蹒跚学步的一岁内形成了丰富多彩的抚幼民俗，与平原地带的藤桥地方民俗基本一致。但在婚姻礼仪如订婚程序、订婚礼金、结婚送人情(红包)、结婚仪式等方面，因受地理、山区经济条件的限制，在礼金额度和规模档次上要低些。随着社会的发展，订婚时男方的礼金从 20 世纪 50 年代送给女方的 20～50 元，上升到近年来的 10 万～30 万元不等；至亲送人情也从 20 世纪 50 年代的每户送 2～10 元，增到近年来的送 5000～30000 元。温州城区市民的礼金和人情更高。难怪有人说：来时人情，还时债。过重的人情给民众带来沉重的生活压力。该文编入《求索——李岳松论文选》。

《永昌丧葬风俗现状与改革思考》 永昌地处温州市区以东 18.8 公里，2000 年前为建制镇，现为龙湾区永中街道。这里的丧葬风俗仪式可以说是温州全市最烦琐、祭祀时间最长的地方。永昌人死后移尸放门板上至中堂，需要点菜油灯 7 天后才能入土；"祭七"搭孝堂：需要家祭七七四十九天，女儿和媳妇要在每个第七天大哭一场。大户人家到第 49 天请道士或和尚来念大佛。

该文是 2001 年，我担任瓯海区民间文艺工作者协会主席时，组织瓯海区和温州市、丽水市等地民间文艺家赴永昌开展民俗文化采风调研的成果之一。由 63 岁的王勤生口述，我记录整理。前后花了数月，经反复校对核实定稿。该文从丧葬风俗的现状、丧葬风俗活动存在着封建迷信思想和负面影响、加快殡葬改革步伐、殡葬改革的建议与措施等四方面纪实、论述。内容全面翔实，有关专家认为对于丧葬习俗的存史研究具有较高的价值。

该文发表后，引起了各级党委和政府的高度重视，不久纷纷出台文件，制订实施方案，采取各种措施，通过十几年"青山白化"的宣传、治理，殡葬改革后，死人与活人抢"地盘"的现象得到治理；烦琐的丧葬祭祀陋习得到简化。选入潘一钢和我编的《永昌堡民俗文化调查》，2005年由银河出版社出版；《话说永昌丧葬风俗》刊于2002年2月《瓯海文史资料》第九辑。

《石垟周氏龙娘信仰调查》 该文分概况、龙母宫的历史渊源、龙娘山的传说、独具特色的龙娘信仰（包括祭文和龙母宫至今流传下来的签诗27首）、龙母宫组织管理机构等5部分。龙母娘娘姓周，降世于乐清黄塘，以后龙娘信仰传到永嘉苍山、鹿城藤桥石垟和瓯海泽雅五凤垟等地。经多次采访藤桥石垟龙娘山龙母宫（又名龙娘宫）首事林进弟，从记录、整理、校对、核实到定稿，时间达数月，于2008年4月2日完成第一稿。2015年11月3日和2016年6月17日又进行两次校对修改。该文是第一篇全面记述龙娘信仰的民俗文化论文，达33000余字，并有相应的摄影图片。刊于《温州民间信仰调查》，2016年由中国民族摄影艺术出版社出版。

（七）古今人物研究

1.文化名人研究

《南宋温州理学家——叶味道传略》 叶味道（1167—1237），名贺孙，字知道，号泉石，谥文修，学者称溪山先生，永嘉人（今瓯海梧埏南湖），祖籍龙泉。宋代儒学家、理学家、政治家。叶味道与陈埴一道开创了永嘉朱子学。著有《四书说》《大学讲义》《仪礼解》《周易会通》《经筵讲义》《经筵口奏》《故事讲义》等，还参加《朱子语录》的编纂工作，惜今皆佚。

该文从叶味道与温州的渊源、叶味道与叶适的关系、叶味道与朱熹的师生情怀、叶味道与宋理宗的君臣轮对及其影响等四方面展开深入的研究辨析梳理。

叶树福《浅析宋儒叶味道的身世》一文前面说：叶味道与叶适是兄弟关系；在文尾"叶味道的祖源"部分说叶味道行辈大叶适一辈，互相矛盾。据笔者研究，列出《松阳（卯峰广远叶氏宗谱）世系表》一目了然，可见叶适是53世叶道的曾孙（即55世叶淡的长子），叶仁训的后裔（此系据《横渎叶氏宗谱》），排第62世；叶味道则是叶淡的第四个儿子叶仁论（即仁训的四弟）的后裔,排第63世,辈分比叶适小一辈,其实叶味道和叶适既不是兄弟关系,更不是父子关系(见《浙南历史人物传略》第183页)。庆元二年(1196),叶味道和同乡人黄敬之一起回乡赴举。(2010年11月6日《温州日报》张宏敏《叶味道:温州朱子学先驱》误记为"庆元三年"。)该文刊于温州大学人文学院、温州市历史学会主办的《温州史学论丛(第六辑)》,2017年由中国商务出版社出版。

《湖滨授笔名儒辈出——李阶传略》 李阶(1456—1533),字升之,号月川,景泰七年(1456)出生于永嘉县永嘉场华盖乡三都蓝田(今龙湾永中街道蓝田村)。

李阶"自幼颖异过人,刻苦向学,凡见书史,过目成诵。所著诗文,悬笔立就,名重乡闾,蜚声士类"。弘治五年(1492),李阶登乡魁中举人第7名,正德六年(1511)中进士。初授赵州高邑(今属河北)知县,后为寿光(今属山东)知县,迁南京工部主事,升刑部员外郎,正德末授广东按察司佥事、海滨道兵备,兼管两广珠池宝井,晋秩广东副使。嘉靖五年(1526),以年老乞休致仕,辞官归故里,迁居温州城内谢池巷,悠游泉石八载,于嘉靖癸巳(1533)二月某日病故,享年77岁。

李阶是蟾钟村本族第四代裔孙,百世之乡贤。李阶之父李钧为明嘉靖内阁首辅张璁的姑丈,李阶是张璁表兄,王澈和王激两兄弟又是张璁外甥。王澈、王激两兄弟和张璁都拜李阶为师,在瑶溪"湖滨学馆"学文赋诗,口授心传,学业大进,张璁、王澈先后荣登进士。李阶逝世后,张璁为纪念恩师,在瑶溪李阶陵墓旁修建李部主事祠(即守墓屋)。2009年,在蟾钟村李氏祠堂前重建石质进士坊,并撰联纪念。刊于《浙南历史人物传略》,2016年由环球文化出版社出版。

《温州马氏家族对文化建设的贡献和影响》 该文从百里坊马氏家族的历史背景、马氏家族英才辈出、马氏家族对文化建设的重大贡献和影响、马氏家族文化传承的启示四方面去研究论述。300多年来,温州百里坊马氏家族始终保持重视文化素养的家族特色,培养了书画艺术界知名的马灵中、马昱中、马寿洛、马孟容、马公愚、马亦钊等,医药卫生界的马寿镇、马寿炯、马立中、马大正等,文教科技界的马味仲、马素达、马俊、马骅、马大韶、马大观、马大康、马大任、马大沛等,经济管理方面的马大恢、马一香、马真直等为主的精英人才。他们中有多人既是医生、书法家又是教师，在社会发展中做出重要的贡献，并产生深远影响。刊于温州大学人文学院、温州市历史学会主办《温州史学论丛（第七辑）》，2018 年由中国商务出版社出版。

另外，国际颇具影响的外交家程让平祖居、中科院院士夏鼐故居、著名"词学宗师"夏承焘旧居、中国科学院院士谷超豪故居、著名散文家朱自清旧居等编入《鹿城革命遗址图志》，2013 年由中国民族摄影艺术出版社出版。《海派四杰缶翁书画亮相瓯越——观温州博物馆吴昌硕书画金石作品展》刊于《鹿城党史》2009 年总第 29 期。《书写笔墨之歌吟诵传奇人生——观弘一大师墨迹精品展》《追忆首肯温州模式理论的引领人——纪念费孝通诞生 100 周年》刊于 2010 年《鹿之鸣》总第 31、32 期合刊。《刘景晨传略》刊于《浙南历史人物传略（第二辑）》，2019 年由浙江古籍出版社出版。《硬骨头学者刘景晨、刘节父子》2017 年 12 月 9 日入选参加省历史学会、地域美术史研究会主办的"浙江省历史学会 2017 年年会"及同名文集。《两次接触李忠杰为我作序》刊于 2017 年 7 月 26 日《温州都市报》。

2.革命英烈研究

《鹿城革命烈士集》 2014 年中国文史出版社出版；2015 年修订本出版。该书收录 1921—2014 年与鹿城有关的 467 位烈士传略和烈士简介。我撰写了该书的编者说明、后记、烈士简介和雷高升、林环岛、王家谟、徐培法父子等烈士传略。

《战绩卓著的红十三军领导人雷高升》 雷高升（1901—1932），生于浙江瑞安县大南乡小垟村，原名施德彰，化名雷震等。20 世纪 20 年代初迁入永嘉县城区（今鹿城），自 1926 年起历任永嘉染织业工会主席、永嘉县总工会主席、中共瑞安县委书记、永嘉中心县委委员、浙南红军游击总指挥部支队长、中国工农红军第十三军团（师）长等职，是红十三军后期斗争的主要领导人。1932 年 5 月 24 日，在永嘉"岩头事件"中被国民党军诱捕，28 日遇害于温州。

《缅越华侨爱国运动先驱林环岛》 林环岛（1904—1940），出生于温州府玉环厅第二十一都当铺基北岙顶寮村（今洞头区北岙街道状元巷 10 号）一个小商人家庭。幼名乐乐，学名林栋，曾用环海岛民等 20 多个化名或笔名。林环岛在早年革命生涯中结识了周恩来、邓颖超、李克农等革命先辈和左联名家,了解中国革命动态。1926年春,在暨南大学加入中国共产党,是温州早期参加共产党的国际主义战士,缅甸、越南华侨的卓越领导人之一,中国共产党优秀党员,近代杰出的新闻宣传家、教育家,参加抗日救亡挽救中华民族严重危机的爱国者。林环岛重任在肩,积劳成疾,1940年12月26日病逝于越南西贡,年仅36岁。他生前撰写了300余篇各类文章,为后人研究国内的政治、军事、经济、文化、教育、社会及东南亚地区的华侨历史提供了宝贵的资料。

《志坚如钢、威武不屈的王家谟》 王家谟(1906—1927),又名王嘉谟,1906年12月13日,生于象山县丹城桥头(故居在今北山路14—16号)的一个平民家庭。小名小曼,化名亦政等,曾用笔名"莫言"。1925年暑假期间参加中国共产主义青年团,翌年转为中共党员。曾先后担任中共宁波地委委员兼组织部主任、中共宁波地委书记、中共浙江省常委兼组织部主任、代理浙江省委书记。1927年11月去浙东、浙南一带指导党务和农运,落实农民暴动计划时,不幸在温州被捕,遭国民党杀害于温州城区。

以上3篇与《受尽折磨惨遭杀害的徐培法父子》编入《鹿城革命烈士集》。

《早期革命活动家、浙南第一烈士谢文锦》 谢文锦(1894—1927),又名文近,字炯霞,永嘉潘坑人。1921年,谢文锦在上海参加社会主义青年团,这年夏天,他和刘少奇、萧劲光等到莫斯科东方劳动者共产主义大学学习,1922年加入中国共产党。1923年冬回国,次年任中共上海地方委员会委员、秘书兼组织部主任。1924年8月下旬,奉命回乡筹建党团组织,12月建立直属中共中央的中共温州独立支部。1925年,上海发生"五卅"惨案。时任上海总工会总务科副主任的谢文锦和李立三、刘少奇(主任)等一起,进行罢工游行。1927年4月9日,蒋介石到南京亲自指挥,逮捕了在国民党江苏省党部工作的一些共产党人。4月11日凌晨2时,正在主持召开中共南京地委紧急扩大会议的谢文锦等人不幸被捕。面对匪徒极其残酷的刑罚,谢文锦宁死不屈,表现出共产党人崇高的革命气节。谢文锦遭杀害后,被投入秦淮河。刊于《鹿之鸣》2018年总第47、48期合刊。

3.革命人物研究

《龙跃同志对党的事业的不朽贡献》 龙跃同志是一位在浙南坚持14

年游击战争，业绩辉煌的组织者和领导者，是我党不可多得的人才。龙跃勇挑重担，坚持隐蔽斗争，创造性地运用党的建设、武装斗争和统一战线这三大法宝，夯实“战略支点”，为壮大浙南革命力量、率部解放浙南全境做出贡献。1953年从浙南调到上海，领导试制成功了我国第一台汽轮机，在国防工业战线上刻苦钻研，精心组织完成了原子弹、氢弹和火箭的配套生产任务，为社会主义事业建立了不朽的功勋。刊于《鹿之鸣》2012年总第35、36期。

《艰难曲折的从戎人生——我参加新四军的历程》 林鹤翔告诉作者，1938年8月，他随700多名上海难民一起，前往皖南抗日前线，从难民成为新四军。1941年1月，亲历皖南事变与上饶集中营的折磨。同年12月，从上饶集中营逃脱。为重返革命征程，又打入国民党军队内部，从事情报工作。为了民主人士，重返浙东抗日根据地牵线搭桥。1944年9月9日，日军第三次侵占温州城。1945年2月，林鹤翔加入刚成立的永乐人民抗日游击总队，为浙南人民的解放事业写下了光辉的篇章。收入《新四军中浙南将士》，2012年由中共党史出版社出版。

《日军翻译徐福兴身份之谜——他究竟是汉奸还是英烈？》 2006年8月，我在主持“鹿城区抗战损失调研”课题查找文史资料时发现，对牙医徐福兴的身份认定有分歧，有人说徐是为日军做事的“汉奸”，另外有人说他是为国捐躯的地下情报员。一年多后，终于找到了徐福兴的女儿徐然贞，她说父亲曾是温州城区八字桥有名的牙科医生，在日本学得牙科医疗技术，并会讲一口流利的日语。1945年春之后，徐福兴杳无音讯。于是到温州市档案馆，查了档案(编码为“198-5-71”)证实：徐福兴的真实身份是受浙江第八区(即温州)专员张宝琛秘密委派，潜伏在日军做牙医的抗日情报员。于1945年4月18日被日军枪杀，终于揭开了隐藏了60多年的谜团，也摘掉了“汉奸”的帽子。徐福兴提供的许多情报，为温州的抗日做出了贡献，他应该是一位未被报评的“革命英烈”。刊于2011年12月22日《温州日报》。

《徐然贞口述》 2007年11月19日，我采访了家住乐清城关74岁的徐然贞，并记录整理了她的口述。编入《日军入侵鹿城暴行纪实》，2011年由中共党史出版社出版。

其他革命人物 《县委书记曾绍文》《张金发：忠诚的共产主义战士》《王

林方:龙跃同志的贤内助》《杨进尧:打开粮库济贫》《林茅:让残匪闻风丧胆》《白正会:藤桥第一任区长》《朱大翠:藤桥第二任区长》《冯增荣的坎坷人生》《李川仁:从楠溪到上海的温州人》《邵光荣:担负县委安全保卫重任》《董明:为党史默默奉献》《杨秉正:校外之良师》《我所知道的林宝昌》等编入《鹿城风雨春秋》,2013 年由中国人事出版社出版。《抗日老兵黄德金》《机灵的抗日战士陈志芳》《从穷孩子到抗日战士应光义》刊于《鹿之鸣》2016 年总第 41、42 期。《在坎坷中奋发有为的林沂》刊于《鹿之鸣》2013 年总第 37、38 期。

二、研究撰写文本　纪念展示陈列宣传

(一)研究撰写、展示陈列文本

鹿城区史馆　参与鹿城区委宣传部,做好鹿城区史馆的图片征集和大事记等文字撰写工作。该馆于 2015 年 1 月 21 日建成开馆。以翔实的史料、代表性的图片、简练的文字,全面展示鹿城悠久的历史文化和城乡社会经济发展。

鹿城建区 30 周年图片展　2015 年 2 月 2 日在松台广场展出。这些图片是从全区各单位征集的上千幅中精选出来的,分影响鹿城 30 事、鹿城骄傲杰出人物、赶超发展在鹿城、基层党建等题材,以图文并茂的形式,通过新旧图片对比,回顾总结建区 30 年发展历程,展示改革开放以来鹿城取得的辉煌成就。尔后在农村、社区展出。

砻糠桥"晒人干"惨案研究——建立"砻糠桥惨案纪念碑"、现场举办图片展　2007 年 9 月 12 日,我走访记录整理 91 岁的陆志竟口述《砻糠桥"晒人干"惨案》。陆老说:1942 年七八月间,日军第二次践踏温州,在南塘一带抓 18 名青年,强行捆绑拉至砻糠桥(今龙方桥)跪在烈日当空的石板上施行"晒人干"。约一小时后推下河里浸一会儿,然后又拉上岸跪滚烫石板上让烈日暴晒,反复多次。除潘瑞明在水里挣脱捆绑在手上的绳子逃生外,其余 17 人经 3 天折磨致死。经区党史部门多年的努力,联合区委宣传部,于

2015 年 8 月 31 日，纪念抗战胜利 70 周年之际，在龙方桥东首立起了“砻糠桥惨案纪念碑”，由我撰碑文，李文照书，并在揭碑现场举办抗战图片展览。

举办“温州抗战纪实——纪念中国人民抗日战争胜利 70 周年”大型图片展　由市委宣传部等主办，温州博物馆、鹿城区委党史研究室等承办，2016 年 9 月 2 日至 12 月 2 日在温州博物馆展出。市委常委、宣传部部长胡剑谨出席开幕式并讲话，副市长郑朝阳等领导和专家代表、抗战老兵代表等参加开幕式并剪彩。该展由博物馆和我负责搜集整理图片和文字，展出了鹿城区抗战损失调研课题的成果。

李岳松(左一)参加“温州抗战纪实——纪念中国人民抗日战争胜利 70 周年”大型图片展开幕式并剪彩

田塘头革命历史研究——撰写田塘头革命陈列馆提升展示陈列文本　田塘头村地处鹿城西部藤桥，田塘头和附近的白脚坳是红十三军两个连队的诞生地和集训地，这里经历了 6 场反“围剿”战斗，是土地革命战争时期的革命老区村，解放战争时期中共永嘉县委驻地之一。文本根据民主革命的四个时期，分三大展厅，展示了“红十三军点燃高山星火”“中共永嘉县委驻田塘头”“黎明前的田塘头保卫战”三大板块。将珍贵的历史人物图片、丰富的史料、简要的文字、领导题词和革命文物相结合，运用现代科技布展方式，全面展示田塘头及白脚坳片村的革命斗争历史。2019 年 6 月完成文本。

西坑革命历史研究——撰写西坑革命历史纪念馆提升展示陈列文本 西坑村位于鹿城西部山福，地处浙南游击根据地纸山游击区的咽喉，是土地革命战争时期的革命老区村。早在1927年，这里就已点燃革命星火，尤其在红十三军斗争年代受血与火的洗礼；抗战时期，成为红军挺进师活动的区域；解放战争时期以红色交通闻名。文本以地方党的领导人、本村英烈、村离休干部和革命群众的事迹为重点，展现该村遭大小“围剿”30多次，本村红军战士参加大小战斗10多次。以图文并茂的形式，再现西坑人民为温州解放做出的贡献。2019年8月完成文本。

永嘉鹤阳谢灵运后裔诗人研究——撰写鹤阳“环翠书院”纪念展示陈列文本 鹤阳村生活着中国山水诗鼻祖、南朝宋永嘉太守谢灵运的一支后裔，至今保存有谢氏从宋初徙居鹤阳至清初历代诗文集——《永嘉鹤阳谢氏家集》内外编。内编收38位鹤阳谢氏诗人诗文，外编收92位其他诗人题赠的诗文。文本分书院碑文，前言，谢氏源流，祖先谢灵运，鹤阳谢氏世系表，著名宫廷画家谢庭循诗书画三绝，谢氏诗人代表传略，谢氏外孙李孝光、张璁与鹤阳及传略，《家集》诗人名录，诗人唱咏鹤阳，诗人代表作等板块，以图文并茂的形式展示陈列纪念。2019年8月完成文本。

温州市“红色之旅”摄影创作图片展览 2019年5月29日至7月13日，参与由市文广新旅局和温州人像摄影家协会等组织的“重走浙南革命红色之旅”二分队，5次赴鹿城和永嘉25处拍摄革命遗址和“红色人物”，讲解地方党史、撰写革命遗址简介和摄影作品图片文字说明。于国庆前后在温州展览馆展出。

（二）授课宣讲地方党史

自1999年任中共藤桥镇委委员以来，按照组织、宣传部门的要求，每年在镇委基层党校给全体党员干部多次上党课。内容从“致富思源、富而思进”、农村党的基本路线、企业形势、农业和农村现代化教育，到党的十八大精神、“三个代表”重要思想、科学发展观等教育宣讲。1999—2000年，被市委宣传部等评为优秀教务工作者；2003年6月，由我担任副校长的藤桥镇委党校，被中共温州市委宣传部等评为市级先进基层党校。

尤其是2005年从事党史研究工作以来，授课题材更广，主要有党史、抗战史、地方文化、传统文化、个人的成长励志故事——“人生是一部书”等。分别在鹿城区委办公室等部门单位，藤桥、岙底等街道乡镇，学校、农村社区文化礼堂等宣讲党课数十次。

2019 年 4 月 30 日李岳松给鹿城区政协委员上党课

（三）温州（学）文献搜集——藏书、学习研究、出书赠书

“文化大革命”时期，读高中和上大学是以推荐为主的，当我读完两年初中时，提前向村支书李宝珊打听上高中的事，他不加思索地回答：“轮不到你（读高中）。”因此，于 1973 年 1 月就辍学了。由于对知识的渴望，1974 年 12 月踏上从戎人生，在部队任电影放映员时开始购书读书藏书，从此与书结下了不解之缘，退伍时带回家三箱书。

1981 年参加藤桥镇文化站工作，为藏书创造了有利的条件。通过不断购书，与书友、作者交换书，主动去有关部门要书，如今已搜集了以地方文献和温籍作家为主的各种图书 1 万余册，其中不少是与温州学有关的书籍。在藤桥和市区家里建有 4 个藏书室，40 多个书柜。

通过藏书、学习、研究，受益匪浅，并取得了丰硕的成果。从 2000 年在中国文联出版社出版第一本散文集《石鼓竹韵》以来，编著各类书 28 部（其中：个人著作 5 部、主编正式出版 10 部、主编内部出版 13 部），另外参与编辑出版 11 部，主编《鹿城党史》（《鹿之鸣》）23 期。全家已形成了浓厚的学习氛围，自己的学历也从初中到在职大学本科，并拿到了高级职称。

随着藏书的不断增加，近年来开始分批向有关单位赠书，如在庆年坊社区、樟村、田塘头、石垟、石埠和下岸等村文化礼堂，鹿城区图书馆和藤桥中学、上戍中学、藤桥小学等图书馆建立李岳松赠书专柜（架）10余个，赠书4000余册。2016年我的家庭获评全国第二届"书香之家"。4月12日，我作为浙江省唯一的全国第二届"书香之家"代表赴北京参加"2016书香中国暨北京阅读季"启动仪式并接受颁奖。

（四）媒体宣传地方党史

为纪念中国人民解放军浙南游击纵队成立60周年，2008年9月6日，浙江电视台摄制组到温州，我陪他们分别到鹿城藤桥拍摄石鼓山战斗遗址、藤桥战斗纪念碑，采访参战的林宝昌老同志；到瓯海景德寺拍摄温州和平谈判旧址等，并向摄制组介绍有关情况。

2009年4月29日，鹿城区委党史研究室组织部分参加藤桥田塘头战斗的老战友、老同志和烈士家属代表等30多人，赴田塘头开展温州解放60周年纪念活动，参观革命纪念园、革命陈列馆，向烈士敬献花圈，并召开座谈会。电视台记者拍摄整个活动，采访参加田塘头战斗的林步珍等老战友。

2011年，温州市委党史研究室、温州市委党校、温州电视台摄制纪念建党90周年电视文献纪录片。6月下旬，电视台记者和市委党校蒋儒标老师在温州独立支部纪念亭对我进行采访，谈"温独支"的创建与发展，在温州电视台瓯江先锋频道播出。

2012年8月13日，由省委党史研究室统一组织拍摄的《历史的永恒——浙江革命遗址集锦》电视文献片摄制组一行到鹿城，我积极配合提供史料，安排拍摄线路和食宿等事宜，两天来全程陪同赴"温独支"纪念亭、革命烈士纪念馆、革命历史纪念馆、翠微山烈士陵园和田塘头革命纪念园等鹿城有关的革命遗址，圆满完成拍摄任务。最后文献片制成七集，在省电视台播出。

2011年秋，浙江省电视台为2012年纪念刘英烈士就义70周年，摄制电视文献纪录片，委托宁波电视台记者来鹿城对我进行采访。我与记者一行，先后到壬子巷"温独支"纪念亭、仓坦交通站遗址、小南门原恒丰盐店遗址，介绍"温独支"在国民革命运动中的地位和作用；在仓坦，刘英改名为王哲珊，与王德珊一家在此组成一个假家庭从事省委革命活动。

为纪念中国人民抗日战争胜利70周年，2015年6月25日，温州网组织史学专家、记者、网络爱好者等开展“复兴路上的热血情怀、走访温州抗战遗址”系列活动，我应邀走访介绍九柏园头新四军通讯处旧址、县前头新四军采购办事处旧址等，然后在墨池坊社区召开抗战宣讲会，会上我主讲了“日军在鹿城犯下的滔天罪行”，由温州网现场直播。

2019年7月15日晚上6时30分，温州电视台瓯江先锋频道《先锋播报》栏目，播放由我全程参与指导的“重走浙南革命红色之旅”二分队赴鹿城、永嘉革命遗址拍摄创作采访活动新闻，并于晚上9时30分、次日早上7时重播。

2019年8月17日

静心文史，慢步前行

沈洪保*

我1938年出生，温州瑞安人。小时候就读于毓蒙小学，1951年考入瑞安中学初中部，1954年考入瑞安中学高中部。

垂髫时期，我祖母曾教我背《千家诗》，但我进的毓蒙小学已是现代学校，读国文、算术，晨会背孙中山的遗嘱，放学排队唱《放学歌》。没有读私塾学的《百家姓》《三字经》《幼学琼林》之类的书。初中时看过一些《水浒传》《三国演义》之类的小说，算不上对古代文学的喜欢。读高中时，语文课本做了改革，把语文分成"汉语"和"文学"两门课程。"汉语"依据现代汉语的知识系统地学习语音、文字、词汇、语法、标点符号、修辞等的序列编排。"文学"课本以中国古代文学发展史为纲，兼读各个时期重要作家与名篇，从古到今按时代编排，即从《诗经》开始，一个一个时代选下来，并有简要的文学史介绍。这个语文分科的本子对我影响较大，它使我初步了解了我国文学发展的脉络，也使我系统地阅读了各个时期代表作家的代表作。可以说我是在高中阶段，才开始对古代文学产生兴趣的。

1957年，我高中毕业，但因我患肺结核病，体检不合格，没有资格参加高考。看到同学到温州（鹿城）参加高考，我只得黯然神伤，悄然离开瑞安中学回家。

---

* 沈洪保，1938年生，浙江瑞安人。1963年毕业于杭州大学中文系。温州大学退休。长期从事训诂和古代文学教学与研究，《汉语大词典》主要编纂人员之一，整理出版有《何白集》《识匡斋全集》《歌宜室集》等。发表过一些论文、散文及诗词，业余习书画。

在旧社会，把肺结核病叫痨病，是很难治愈的。还好，当时已经有了药物，一叫雷米封，一叫派斯。医师安慰我，病灶不大，还属轻微，叫我在家一边休养一边吃药。在家休息了一段时间，当时教师缺乏，教育局叫我去当代课老师，曾到县职工校，后到莘塍中学，教初一语文。1959 年体检，说肺结核病灶已经钙化，已经痊愈，可以参加高考了。当时没有什么高复班，就凭在瑞安中学学的基础报名参加高考，幸运的是考上了杭州大学的中文系。

在杭大读书，开头几年正是人饥荒时期。学生虽然有定量的粮票，但领导做思想工作，叫每人每月上交五斤粮票支援山东灾民。饭吃不饱，再加上菜也不那么好了，许多同学因营养不良都患了浮肿病。我还好，没有出现浮肿，只是瘦一些。我们把校园的草坪挖了种菜，还到北高峰采过野果子。

当时的同学都比较单纯、朴素，学习也比较认真。读书虽然受到一些政治运动干扰，但杭州大学中文系的老师毕竟大都是全国著名的学者专家，如姜亮夫、夏承焘、任铭善、蒋礼鸿、盛静霞、孙席珍、徐朔方、胡士莹、刘操南、吴熊和、马骅等。在这些名师的教导下，我们还是学到许多知识，打下不错的基础。

1963 年大学毕业。当时统一分配，有被分到河北、山西的，有被分去参加社教的，我被分到文成。文成是成立不久的县，经济还是比较落后的，但文成中学却聚集了许多不错的青年教师，有毕业于北大、南大、浙大、杭大、复旦、华师大、浙师大等高校的，连校长刘曼珊也是北京下来的。大家年轻，有精神，有干劲，认真备课，积极探索，经过几年努力，使学校形成了积极进取、勤奋好学的新校风。

但意想不到的是 1966 年 5 月，爆发了史无前例的“文化大革命”。全国停课，学生造反，手举《毛主席语录》，高唱《造反有理》，抄家游斗，狂潮汹涌。我也被批挨斗，下放到玉壶区一个叫周南的山村。我曾写过一首《忆旧》诗：“书田勤种未收禾，风暴袭来嗟奈何。语录高擎歌大海，铜锣慢打震天河。无情蟹将良心少，有理虾兵恶剧多。扫地出门丢坳角，岩庵岭上叹蹉跎。”当时的情绪正如朱敦儒在《鹧鸪天》中说的“如今但欲关门睡，一任梅花作雪飞”。到了周南，感觉到村民淳朴，学生亲切，那里似乎是较于平静的山坳，所以我也过得平静愉快。不久，玉壶区要办高中，我被调到玉壶中学。当时高中是两年制的，我只教了一年半，文成县委发文件，点名把几位下放的教师调回文成中学。

我是偶然论者。偶然论认为世界上的万事万物都是偶然而没有规律可循的。《汉语大词典》是1975年邓小平主持中央、周恩来总理在病床上亲自批准要编的。粉碎“四人帮”后，上海市、浙江省等五省一市开始编写工作。因为十年“文革”，人才奇缺，《汉语大词典》温州编写组要抽调编写人员。这偶然的契机，使我1977年有机会参加了全国重点科研项目《汉语大词典》的编写工作。国家要编这部《汉语大词典》是为国争光。当时在联合国，我们中国没有一部大型的词典作为汉语言的法律依据，而汉语是联合国工作语言文字之一。中华人民共和国已建立几十年了，在联合国所能使用的只是一本小小的《新华字典》，外国人笑话我们。作为中国的语言文字工作者，无不感到愧疚，所以我们下定决心要把这部词典编好。

虽然过去没有干过编写词典的工作，但能遇上学而能用的好机会，真是可遇可求的好事。然而我也知道“绠短者不可以汲深”的道理，于是便热情焕发地投入工作，并本着勤能补拙的精神，甘坐冷板凳，怀着使命感，潜心钻研，认真努力。当时粉碎“四人帮”不久，许多人的观念都未转过来，马允伦、杨奔等先生都是当时被某些人白眼的，但组长马锡鉴先生却大胆提议抽调他们。马锡鉴先生是个国学功底深厚的学者，他又有儒家的立人达人的精神。就是由于有他这样有深厚学问，又严谨治学的人当领头人，编写组才能出色地完成任务。马老师对我的教诲与培养，我是永志不忘的。

编写大词典历时8年，我为主要编纂人员之一。1994年，还获新闻出版署荣誉证书。在编写实践中，接触到很多古籍，解决了许多疑难，在能力方面得到了锻炼，在学识方面也得到了提高，并为此贡献自己的绵薄之力。我为自己感到庆幸，这是我人生的一段非常难得的偶然的经历。

1984年，《汉语大词典》编写任务完成以后，即在温州师范学院（今温州大学）中文系教授中国古代文学，“开中国文学史”“古代文学作品选”“宋词”等课，直至退休。

学生时期，我曾对文艺理论感兴趣，读王朝闻的著作，读法国德彪西(Achille-Claude Debussy)的音乐理论，读有关印象派的美术理论，也读中国古代一些画论诗论，还选修林淡秋校长主持、张君川教授主讲的美学课。因为后来经历许多政治运动，感到中国的文艺理论受政治左右，搞文艺理论既是危险的，又是无效的，认为还是研究古代文学与古人打交道，与多变的政治离得远一点比较稳妥，所以选择了古代文学。

1995年，作家戈悟觉从宁夏调回温州，他热心乡邦文化，出面主编《瓯越文化丛书》。我应邀参加编写工作，与黄世中老师合作，负责《温州古代诗歌选注》编注工作。黄世中负责选，我负责注。书中介绍了历代的温籍、外地籍与温州有关联的诗人的作品，使读者能了解温州地区诗歌发展的大概。因为编写期间，正巧是市图书馆古籍部要从沧河巷准备搬迁到中山公园边的园西新馆，所有的古籍都打了包，所以无法查阅《东瓯诗存》，给编选造成一定的困难，也影响到质量。

退休前，我接受温州老年大学的聘请，在诗词提高班讲授中国古代诗词，因为讲课做到把诗歌发展史、代表作家、代表作品三者结合，并能做到深入浅出、雅俗共赏的讲解，因此深得学员的好评。在老年大，兼课二十多年，直到2017年，因年将八十，决定辞任，走下讲坛。

2001年，温州市政府规划系统抢救、整理有价值的有影响力的温州地方历史文献。我应邀参加《温州文献丛书》整理工作，负责整理点校明代著名诗人何白《汲古堂集》(也许诗文中有些"碍眼"的内容，所以在清代被列为"禁毁"之书)及《汲古堂续集》(没有刻本，仅留几个残缺漫漶的抄本)，两集接并，使成全璧，出版时改名为《何白集》。《何白集》经过近3年的点校整理，计65万字。

何白长期置身于科举之外，过着浪迹游历生涯，西游酒泉，南穷湘沅，足迹几遍半个中国，他没有当过官，晚年隐居温州郡城西郊的渚浦东村，故人们称之为布衣诗人。何白的诗文在当时是受到高度评价的，李维桢说："无咎(何白)诗宗李杜，文宗韩柳……夫李杜不足于文，韩柳不足于诗，无咎兼之，又善用四君子者也。"陈继儒说："无咎诗境文境气吞千秋，名走四裔，真鲁国之灵光，陈留之耆旧也。"

何白在集中为温州的雁荡山、仙岩、孤屿、玉甑峰以至南麂，写了许多脍炙人口的山水诗。何白晚年隐居渚浦，死在渚浦，坟墓也在渚浦附近的山上。我曾去渚浦考察寻访，希望能寻到一点旧迹，但近400年过去了，老屋、墓地都没有了，村里也找不到一家姓何的人家，实在令人有悲凉与失落之感。

完成《何白集》点校工作后，我接着参加《温州文献丛刊》工作，负责整理点校《识匡斋全集》《歌宜室集》。刘康祉是明万历三十八年(1610)进士，温州城区人，官至广西右布政使。《识匡斋全集》是他一生的诗文集，在清初曾经刊行。乾隆期间编《四库全书》时被禁毁，而且禁毁得很彻底，连大学问家孙诒让都没有看到，他在《温州经籍志》中说："刘氏康祉《识匡斋集》，佚。"现今全国仅天津图书馆藏有一部，北京出版社出版的《四库禁毁书丛刊》中有这部书的影印本。在校点整理中发现影印本中有许多字词模糊不清，无法辨认，而猜测是整理点校古书的大忌，于是在一个暑假里，自费到天津图书馆对照孤本校对，搞清疑难字词。《歌宜室集》是明末温州城区人柯荣的诗文集。他名噪诸生间，但屡试不第，与何白、刘忠父、王季中等当地文人交往，结白鹿社，曾为知府家塾师。他的诗文水平高，涉及面也广，出版他的诗文集也是有意义的。

我经手整理校点的这三部书，三作者均是明末同时代的温州人，而且还是诗社里的诗友。但他们各有不同，一个走上仕途，一个漫游半个中国，一个一直生活在温州。这三部书为研究明朝后期社会、文学提供了许多资料，也是温州地方文化中珍贵的遗产。我为自己能在建设温州成为文化大市的工程中添砖加瓦而感到高兴。

2010年12月，温州市图书馆启动"馆藏日记稿钞本丛刊"，我又参加了这项工作，负责点校整理100年前瑞安林骏的《颇宜茨室日记》(后按中华书局编辑要求，改书名为《林骏日记》)，该日记是抄本亦是孤本，内容丰富，涉及近代政治、教育、民俗、经济诸方面，史料价值高，是研究近代史的一部生动的资料，出版后社会反响相当热烈。

之后，我又整理点校《沈宝瑚诗文集》。在寻找编辑《瑞安沈氏族谱》时，在温州市图书馆古籍部看到沈宝瑚的《韫玉山馆文稿》《小琅嬛文稿初集》《韫玉山房吟草》《韫玉山房诗抄》，都属永嘉黄氏敬乡楼抄本，或永嘉乡著会抄本。虽非原稿，抄本也弥足珍贵。故由族弟沈永拍照回来，以备有用。瑞安市政协文史委杨益豹同志见到这些抄本照片后，觉得里边有许多涉及瑞安近代史的资料，是颇有价值的，他提议由我点校整理，由文史委设法印行。整理此书比较吃力，因为几个抄本各有差异，经过一年多的细心比对、整理点校，终于完成任务，出版时定名为《沈宝瑚诗文集》。值得一提的是，沈宝瑚是中华人民共和国国旗设计者曾联松的曾外祖父。

2010 年 4 月 22 日，《温州都市报》专版刊载了记者金辉采访“温州学人”，发表了《书田勤种幸收禾》的长文，肯定了我的治学精神与取得的一定学术成果。

2018 年底，浙江古籍出版社规划要出版繁体字直排的《何白集》，并且与我签了合同，要求 2019 年 10 月 1 日前交稿。把原有的简体字电子稿转化成繁体字电子稿好像是很便当的事，但实际转化后出来很多意想不到的差错，如“咸”与“鹹”，“卜”与“蔔”，“姜”与“薑”，“台”与“臺”，“几”与“幾”，“里”与“裏”，“後”与“后”，“醜”与“丑”，“余”与“餘”，“御”与“禦”，“葉”与“叶”，“征”与“徵”，“斗”与“鬥”，“范”与“範”，“曲”与“麯”，“發”与“髮”，还有“幹”“干”“乾”，等等，很多字都乱了套，为了稳妥，不出差错，我在大热天到图书馆古籍部查对原书，篇篇句句字字，一一校订。图书馆古籍部的同志尽力支持我的工作，不厌其烦地进进出出，为我搬书，我是心怀感激的。我花了几个月的时间，才把 65 万字的书稿转化校对完毕。到 9 月 25 日，向浙江古籍出版社况正兵同志发去繁体字的《何白集》电子稿。交稿以后，真是感到如释重负，一身轻松。

我平时还写一些论文及散文随笔，发表在《浙江学刊》《温州日报》《瓯风》等报刊上。有多篇散文收录在《瓯歌》一、二集及《瑞安旧事》等书中。

我曾任中国民主促进会温州市委委员，市政协五、六、七届委员，并担任市政协文史委员会副主任等职。在这期间，我提交过许多提案。如当时温州市领导还未考虑“全国历史文化名城”的问题，我写了一个提案，提出温州要争取早日成为全国历史文化名城。这提案引起市领导的重视，并且落实这方面的工作，我也得了“诤言奖”。我还提出，弘一法师(李叔同)曾驻锡温州庆福寺(城下寮)，为纪念弘一法师，弘扬温州地方文化，建议重建庆福寺，并将庆福寺作为温州弘一法师纪念馆。但这个提案落实有难度，至今没有办成。杭州虎跑寺、泉州开元寺都有弘一法师纪念馆，而这位在近现代有全国影响，在温州生活 12 年之久的文化名人，在温州没有纪念馆实在是令人遗憾的。

我长期从事训诂和古代文学研究，曾经参与《唐宋诗词评析词典》《古代小品文鉴赏辞典》《古文分类导读》《吴文英词欣赏》等书的撰稿工作，有论文入选《语言论丛》《谢灵运在永嘉》《兰雪集与张玉娘研究》等文集，1994年获新闻出版署荣誉证书，1996年获浙江省教委教学论文奖，1999年获市政府工作诤言奖等。1999年退休前为原温州师范学院中文系副教授。我几十年只当教书匠，粉笔黑板，家里学校，为人朴实，性情随和，不弹食客铗，不扣富儿门，耐得住寂寞，并且有一点自知之明，一直保持谦卑与自省。我认为学必期于用，用必期于地，达到学、用、地三者统一，能为温州地区的文史研究方面做出力能所及的一点贡献，也是欣慰的事。

我现今已经八十出头，届耄耋之年，该放慢节奏，顺其自然，优哉游哉，不赶不争不气。闲暇时铺纸提笔，临张碑帖，画幅小品，或开启电脑，敲打键盘，写篇短文，吟首小诗。写一首《八十自述》以自嘲："老眼昏花白发摧，不须拐杖出能归。时敲电脑洞天阔，也学丹青信笔挥。"

静心文史，慢步前行，人生也是充满乐趣的。

2019年10月20日

我的温州学研究之路：以研究温商和服务温商为己任

张一力*

接到社科联邀请，让我结合以往温州和温商研究论文的点点滴滴撰写一篇关于温州学研究历程的感想。不得不说，这个特殊的撰写任务使得我在回顾过往温州学研究的过程中变得感慨万分。

回想自己从1999年开始的对温州经济和温州企业家的研究历程，我访问了近500多位的温商，积累了十几万字的访问笔记，感触最深的就是个人的学术成长与温州经济和温州企业家发展是同步的。这个快乐而痛苦的过程，让我见证了温州经济的变化，领悟了温州企业家面临的挑战和成长，感受到了世界对温州和温商的关注，以及温州学研究的必要性和迫切性，同时深切体会到了温商研究过程的甜酸苦辣。

从学术研究转型的千辛万苦，到国内外田野调查的千言万语，课题选题

* 张一力，厦门大学经济学博士，硕士生导师，教授，温州市世界温州人研究中心秘书长，中国与全球化研究智库(CCG，Center for China and Globalization)全球温商研究中心主任，清华大学华商研究中心研究员，美国纽约州立大学、意大利佛罗伦萨大学高级访问教授，曾任温州大学商学院院长。温州市拔尖人才和“551人才工程”第一层次人才，入选温州“四个一批”人才，浙江省高校中青年学科带头人，温州商人商会研究所所长，浙江省社科研究重点基地“温州人经济”温州商人研究方向负责人，浙江省教育厅“文化视野下的世界温州人”创新团队重要成员。2004年博士毕业以后，从区域经济研究转型到企业家研究，主要研究领域为温商集群网络的演化及发展。共主持和参与国家基金4个，主持省部级2项，参与多项市级课题和多项政府及企业、商会、行业协会委托课题，5年来在权威刊物《经济研究》《社会学研究》等发表论文20多篇。获浙江省社科成果三等奖两次、温州市社科成果一等奖两次。

和论文主题筛选的千锤百炼，再到对盲审回复意见的千思万虑，直至最后拿到课题和论文发表出来的千高万兴，个中滋味油然而生。想当初，温商凭借着走尽千山万水、想尽千方百计、说尽千言万语、吃尽千辛万苦，从一无所有走到了今天。作为温州学一个重要方面温商的研究者，我们的心路历程竟与研究对象是惊人的一致。我想这个现象并不是巧合，学者和企业家虽然个人经历和工作领域相差很大，但实际上各自的成长路径是一致的，都是一条充满荆棘的道路，需奋力才可以前行。

获评温州市第六轮拔尖人才

一、学术研究转型之路

我过去的研究主要集中在区域经济，从宏观和中观的角度研究区域经济的发展，研究温州模式的形成机制、地区的经济增长方式等。2004年，我完成了博士论文《人力资本和区域经济增长——温州、苏州实证研究》，于2006年顺利通过教授职称的评聘。2006年11月到2007年5月，我在美国纽约州立大学阿尔巴尼校区经济系做高级访问学者。纽约州立大学经济系在人力资本理论研究方面有几个教授颇有建树，当时的系主任和我的合作教授都是相关研究领域的佼佼者。他们认为我提出的借助温州、苏州的区域经济增长模式的比较来体现中国不同的增长模式的研究思路非常有见地，同时他们也对温州模式和苏南模式之间的巨大差异而感到惊讶。后来，在教授的博士生课堂里，我们也讨论了美国区域经济发展的变化，从西部的波士顿、纽约到中西部的芝加哥、奥尔良，再到东海岸的洛杉矶、西雅图；从钢铁产业到汽车产业，再到硅谷的高科技产业，我意识到美国产业分布的演化与美国经济地理版图的变化存在关联，并对其中的重要影响因素（人力资本分布和结构的变化）达成了共识。从那时起，我与企业家人力资本的研究就结下了不解之缘。

在美国留学，我租住的房子和学校之间有 15 分钟步行的距离。房子周边是一片树林，这里是野兔等野生动物及各种鸟类的乐园，每天 5 点就会被各种鸟儿欢快的清晨音乐会叫醒。每逢周末我会到附近一个商场的早餐店，按菜单顺序品尝当地的美食。每当手捧大杯的美式咖啡，看着窗外川流不息的汽车长河，总是有意无意地想着下一步学术研究的方向。阿尔巴尼是纽约州的首府，大部分的建筑是低层的，只有洛克菲勒大厦是当地高层建筑的地标式建筑。有一天，路过洛克菲勒大厦，当美国朋友告诉我这就是大企业家洛克菲勒投资的大厦时，我突然感悟到企业家对于区域经济的重要性，又联想到博士论文所论证的人力资本结构中，温州是典型的企业家人力资本富裕型（企业家人力资本偏多，而专业人力资本偏少）。研究温州企业家对于我而言不仅地利人和，同时也为企业家人力资本的研究提供了大量鲜活的素材。至此，我的未来研究之路已经目标鲜明。

然而，从区域经济研究转型到企业家研究也经历了很长一段时间。首先，从学科来看，从经济学偏向了管理学；从研究方法来看，从计量经济学研究范式转向了实证主义研究范式。最初，我主要选择了问卷方式去进行研究。但研究过程还是存在两个问题，一是问卷调查比较困难，企业家原本就比较忙，也缺少做问卷的习惯；二是各级政府和各种组织需要填写的表格已经很令他们生厌；三是他们也很害怕这些所谓的匿名问卷是否会被用作处罚他们的根据。因此，问卷调查的数据可获取性、数据的信度、效度越来越得不到保障。所以，单纯沿用问卷的传统分析方式，也会异常艰难。

从关注的群体来看，温州商人可以分为四个部分。第一是在温州的本土温州商人，这也是最大的一个群体；第二是在全国各地（除温州之外）的温州商人；第三是在海外的温州商人；第四是所谓的新温州商人，也就是从外地来，但在温州开办企业的商人群体。这四部分人均有温州人的特性，勇于创业、抱团、合作，讲究血缘、乡缘和业缘等。但也有很多不同的方面，如国内外大环境不同，国内各地的区域文化、商业氛围差异性很大。所以如何从中选择研究对象的聚焦点也是很令人纠结的地方。一开始我比较中庸，从最熟悉、最方便、最可得的本土温商开始。2002 年，我承接了温州市科技局的一个如何提升中小企业经营者素质的软科学课题。这也是我的第一个针对温商研究的课题。我们通过对温州地区的抽样调查，大约获得了 230 份的问卷，初步分析了这些被调查者的行业分布、企业规模、经营者素质等问题，通过描述性的分析和方差分析，研究了成功温商可能具备的基本特质。后来这个研究结果获得了温州市科技进步三等奖，这是我得到的第一个奖项。相关的论文发表在《华东经济管理》，也一直是后续相关温商研究一个重要的基础文献来源。

接下去 5 年左右的时间，我们基本上沿用问卷的套路，期望通过设计更多的优质问卷和采访更多的对象来提高研究的层次。我们陆续开展了在外温商和商会的调研，承接了关于温商健康成长和温商精神家园等系列课题。随着研究的推进，我们在积累了大量基础数据的同时，也在无意之中建立了与温商的连接网络，而这个网络为我们以后的研究提供了非常大的帮助。

在做国内温商研究的过程中，一直困扰我们的一个问题是，如何能够把本土的温州商人在温州经济发展中的成长经历与在外的温州商人做比较，或者跟其他地域的商人群体做比较。我们尝试性地做了一些研究，发现粤商、闽商，甚至更古老的晋商、徽商等，他们之间的区别可能更多的是源于地域文化的巨大差异，但问卷量表和其他计量分析的方法很难针对潜在的文化差异展开有意义的实证研究。所以，从 2004 年到 2012 年，我们的研究一直没有重大的突破，更多的是对于企业家的了解和理解，同时也接触和学习了大量新的研究方法。

转变的契机出现在 2012 年 11 月。那年正好是温州大学与意大利佛罗伦萨大学和澳大利亚莫纳什大学三方合作的国际移民学术研究会首次在温州举行。作为本土的学者代表，我被要求在大会上提交一篇关于海外温州人的研究报告。这个任务迫使我去仔细思考海外温州人的状况。由于我正好是新增的政协会员,参加了温州政协海外组的一些活动,也接触了不少海外的温商委员,手头又有一本《海外温州人》画册,其中有优秀的海外温州人的创业经历。联想到温州人的普遍特性就是创业的比例高,但海外创业方式可能跟国内不一样。最后,我确定应用创业理论,利用了 21 个海外温州人的创业案例,对典型的海外创业模式进行比较分析。会议期间,《华侨华人历史研究》的编辑部主任张秀明老师非常看中这篇文章,她认为这是从一个全新的角度对海外华侨华人的研究。此时,我敏锐地感觉到海外温州人(华商)创业研究将是未来极具前景的研究方向。从此,我们开始更多关注海外温州人的研究。我们也意识到,海外温州人在一个语言完全不同,文化、历史、社会差异巨大的国度,他们的族群边界非常清晰,相对于国内的温商群体而言,这是一个更易于识别和观察的研究对象。此外,海外温商的创业过程从时间上看滞后于温州本地的发展,他们在东道国是否能够成功复制温州模式,与东道国的融合是否改变了他们的创业历程,一系列非常有趣的问题再次激发了我们团队的研究活力。

二、温商研究的田野调查

从 1999 年第一次去普拉托以来,我已经去过普拉托 6 次了。当然,最值得念想的是 2014 年 2—8 月,在佛罗伦萨大学做为期半年高级访问学者时对普拉托的多次访问。在那次出国之前,我把自己过去在意大利和普拉托建立的各种关系梳理了一下,有自己的亲戚、过去访问过的温商朋友、意大利的官员和学者等。而且从访问的顺序来看,我决定先从佛罗伦萨的温商开始,因为从我过去的研究中发现,佛罗伦萨其实是整个意大利乃至欧洲温州人创业的中心,普拉托的温商也是从佛罗伦萨迁移过去的。事实上,我的访谈计划还是非常成功的,从佛罗伦萨的周致敏会长开始,我采用了滚雪球的抽样方式,一个个温商的实地走访,一家家温商企业的深入了解,一座座温商市场的参观考察,从外围到核心,从历史到现实,我几乎每天都会安排采访。没有采访的日子,就一个人在我的合作教授盖比(Gabi)的共用办公室整理资料。温州人原本就是一个非常好客的群体，温州在外群体规模也有限，加上我自己既是研究者，也是体验者（很多亲戚朋友在普拉托）；我既拥有与温州人的天然纽带，也具有同意大利人的合作关系（合作教授任职于意大利佛罗伦萨大学）；既可以同温州人、青田人讲温州话和青田话，也可以跟意大利人讲英语；既了解温州，又熟悉佛罗伦萨和普拉托。身兼各种身份使我对于访问的掌控如鱼得水，游刃有余。在访谈中经常会出现这样有趣的一幕，意大利教授用意大利语跟老板及其二代交流，我用温州话跟老板娘做采访，然后在普拉托回佛罗伦萨的火车上我和教授用英语相互印证访谈内容。更多的时候，通过滚雪球结识的朋友的朋友，又会成为我的朋友，并介绍更多的研究对象与我结识。我们在一起吃饭，讲的故事也会越来越精彩，真心话也越来越多，他们会告诉我意大利人教了他们很多打"插边球"的事，很多华人被意大利人骗过，普拉托的警察会使用温州话骗开温州人的家门，等等，不一而足。

虽然是采用滚雪球式的访问，但我还是会考虑整个服装产业链的各个环节及其涉及的典型企业。如在普拉托是以女装为主，碰到听说谁做男装和老年人服装的，我就会特意去采访。我也注意到工厂实地探访，包括车间、员工住地，销售的市场和意大利的买撒市场（零售、大篷车）。既观察一些小企业、2 个人的夫妻档，也参观替意大利顶级品牌代工的大企业。所谓的大企业其实也就是 100 多人，但在意大利和托斯卡纳地区已经很大了。我会特意参观当地的中文学校，参加学校的一些活动，我甚至还探访了佛教及其他教派的聚集地，拜会了教会的负责人，包括早期的意大利教会的神父。华侨领袖带我去拜访这位意大利神父时曾对之赞誉有加，因为他对早期的温州移民在意大利立足提供了大量的帮助。有时，我会在半夜的时候去参观仍在生产的车间，老板和老板娘都在，包括老板娘的妈妈也在帮助整理线头，工人们对进来一个陌生人也不是很在意，他们会继续抓紧时间干活赶货。午夜是工人最为辛苦和疲乏的工作时段，而为了克服疲劳，就有人抽烟，但是车间里边随处飘逸的是充满了纤维细末的粉尘，极易引起火灾。我还记得在凌晨 2 点，当几个老板娘干完活之后，大家开一瓶很好的意大利红酒，倒在一次性的杯子里，表达完成一个订单之后的喜悦。然后回到住家，倒头睡到中午时分。而工人们则会平静地诉说，意大利人觉得温州人能很快积累财富，实际上他们拼的是体力，靠的是毅力，把伙食费（老板包吃）和住宿费（老板包住）攒下来，这也成为日后创业的资本。如果沿袭意大利人的生活方式，我们永远不会拥有自己的事业。在征得他们同意后，我会用录音笔记录访谈内容。回去之后，也会用录音笔记下当初我所联想到的问题和解释。

回国之后，我们利用世界温州人大会和其他契机对访谈对象进行持续追踪，利用海外回归温商的项目推进不断纳入新的访谈对象。经过长时间的辛苦、细致的记录、分类整理，这些宝贵的一手资料记录下了每一个珍贵的现场调研瞬间，为日后的研究主题提炼和文章的写作提供了无尽的思想源泉和研究动力。

当然除了国外温商的专门调研，国内温商的访谈也是我们日常的工作之 。平时出差，一定会联系经合办的领导，通过他们走访所在地的温州商会和温商。这些年，从西南边陲的云南丽江，到祖国最北边的吉林珲春，从新疆的阿克苏到山东的青岛，我已经访问过几十个在外温州商会。记得非常清楚的是，长春温州商会的李秘书长，作为国有企业的退休老总，过去的他很难理解当初这些在长春的温州人被管理人员赶来赶去，安排在一个很偏僻的地方，但最后能够成为长春很多行业的冠军，如瑞安人的眼镜、乐清人的电气、永嘉人的阀门，还有温商的商城也成为城市的地标。真正让他理解温州人为什么这样吃苦耐劳的是他到温州访问其中一个会长的老家，在瑞安湖岭的山上。他总结说，温州人过去的条件非常不好，人多地少，多山的环境迫使出去了就要做出成绩，要发家致富，才能衣锦还乡。他说“宁可累死他乡，也不能饿死在家乡”反映了温州人创业初期的基本想法和真实场景。

这样的故事非常多，也非常感人，同时更重要的是给了我很多的研究灵感和冲动，激发了我们继续研究温商。

三、温商研究的几点感想

首先，温商研究意义重大。温州被认为是中国市场经济的风向标，而温商就是风向标的弄潮儿，他们的一举一动受到了国内外各界的极大关注。由于一直在对温商进行跟踪研究，近年来感受最多的就是国外学者对温商研究有越来越多的关注。澳大利亚的莫纳西大学与意大利的佛罗伦萨大学和温州大学共同举办"普拉托的中国人"国际学术研讨会，原来只有澳大利亚和意大利以及部分的中国学者对意大利的中国移民进行研究。但这几年，有来自美国、日本、德国、法国等更多国家的学者参与。温商案例日益成为国外学者研究中国的主要选择，美国康奈尔大学教授倪志伟（Victor Nee）的专著 *Capitalism from Below: Markets and Institutional Change in China*（《来自底层的资本主义：中国市场和组织的变化》）中关于中国民营经济的案例就是主要来自对温州的采访。他们认为温州的变化代表中国的变化，代表来自市场的变化，所以很关注这些微观层面的案例。由于我在温州，处于温商研究的中心，自然很多国际学者到温州访问调研会跟我联系。至今我接待过来自澳大利亚、意大利、法国、德国、美国、日本等多国学者对温州的访问。2014 年下半年，我们接待了一个来自英国的博士研究生（意大利人）将近半年的对温州和温商的调研。在目前"一带一路"倡议下，温商业已在沿带沿路建立的桥头堡成为"一带一路"发展网络的节点，温商研究的现实意义就更为突出。

其次，温商的研究需要投入更多的力量。2014 年李克强总理访问意大利前夕，我的意大利研究合作者、佛罗伦萨大学教授盖比女士就应意大利政府的要求，给意大利总理伦齐（Matteo Renzi）提供一份有关中国移民在意大利情况的报告。时间上正值我结束在意大利佛罗伦萨访学之后，她马上发邮件给我，询问我的观点。最近，我们一直在提倡温商回归，也确实取得了很多的成绩。但如果我们有一个专门的机构研究海内外的温商，有更多的研究人员去研究什么情况下才会回归，回归的路径怎么才是最好的，如何更好地为他们服务，我想这类的研究多了，温商回归的数量和质量自然将会更多和更好！

再次，在外温商急需我们的研究和培训服务。在外温商，尤其是在海外的温商，他们几乎没有时间和机会接受国内已经非常普遍的各种培训服务。但这几年欧洲经历了严重的经济和金融危机，包括温商在内的华商也遭遇到很大的困难，发展凸显瓶颈。如果没有本身素质的提升，他们跟国内温商同样面对转型升级问题。所以，在我访学和参会期间，众多的温商会长纷纷提出要成立海外温商学院和温商研究院，他们希望通过研究，一则可以给他们在国内外做专门的培训；二来为他们的转型升级服务，为温商回归提供咨询。他们特别希望能够与温州本土的高校和研究机构合作，因为我们这些本土学者对于温商的了解和研究最接近温商的事实真相。

最后，温商二代的研究和引导尤其迫切。在海外访学和在国内调研期间，最明显的感觉就是二代温商的问题。由于很多二代出生和求学在国外和国内其他城市，他们与温州没有直接的联系，国外的二代甚至连普通话也不会。2016 年，我带了两个来自荷兰的温州人二代，回到温州进行大四的实习。我跟他们的交流只能用英语，他们不会普通话，温州话（瑞安籍的二代）只能是局限关于吃饭等最基本的生活用语，根本不能用于学术交流。但他们的家长非常明确，就要让他们回来，因为未来中国和温州会有更多的机会。而如何引导温商二代的回归，对他们的深入研究显得极为迫切，一旦第二代成为意大利人或者中国某个城市的居民，完全融入了当地的文化，他们的温州情结也许就没有办法重新接续，他们也就不是真正的温州人了。当然，这个过程不可阻挡，是全球化的大趋势，但如果我们有一些深入的研究，我们就能更好发挥这些温州人二代的作用，更好服务温州的发展。

作为本土学者，研究温商和服务温商是我最愿意和最高兴去做的事情，虽然以后还会有很多的挫折与困难，我将继续矢志不渝，坚定前行。

感谢过去众多接受我访问的国内外温商朋友，让我们共同期待他们下一个更为精彩的故事！

2019 年 12 月

我的两轮修志的回忆

张声和*

2012年9月25日,《温州市志》二轮修志工作全面启动,在温州市人民大会堂的主席台上,我从陈金彪市长手中接过主编的聘任书,感慨万千,深感责任重大。修志之事在古人看来是人生难得一遇的,有些很有名的学者也难遇修志机会,只有在天下太平、经济繁荣、社会稳定的条件下才能静下心来修志。温州2200多年来,府志修成的只有12部。温州最后一部府志在乾隆年间修成,距20世纪新中国的一轮修志开编,已历240多年的断修了。

修志启动大会之后,我颇为感慨,写下了七律一首以记述这一盛事:

归云暮岁纂东嘉,敬启文山费日华。假我十年谈雁水,邀君千众写瓯家。

谨论潜质平常积,慎取融通用处赊。秋暮窗前知季节,静心修志到梅花。

一、一轮修志正年轻

1988年,我从平阳县广播电视局调到平阳县志办工作,那年我33岁。

* 张声和,温州市平阳县城西门人。《温州市志》主编,温州市地方志学会会长,温州历史学会顾问,温州市书法家协会顾问。主要著述有《温州政协志》《温州名胜游记》《方介堪与中国文化名人》等。

在调动工作过程中，我有好几个选择，可以到当时比较热门的经济管理部门去，那些单位也需要会拿拿笔、能做文章的干部。我是听了张鹏翼先生一番鼓励的话，才下定决心去修志的。张老先生说："修志机会难得，刘绍宽先生修民国《平阳县志》时，我虽是他的学生，但刘先生修志之事不让我沾边，珍贵的史料动也不让我动。我现在是遇上修志了，却已经是九十多岁了，只能当顾问了。你年轻，这个修志的机遇可不能放过啊。"就这样，我在县志办里干了五年。

那时我年轻，思想比较简单，只想着工作和学习，领导分派给我的任务越多，心里越就舒服。主编郑立于先生让我承担了县志中大农口中的农业、林业、水利、渔业、畜牧等部门志的编辑任务。那年月，国民经济中的农业分量是重的，农口志稿在全志中占比很大。后来郑主编知道我会做事，让我还负责编辑大事记、入志照片收集整理，这为我在二轮修志中承担主编职打下了基础。那五年中，我主动地结识了农口部门的领导和科技人员，还与劳模廖锡龙，渔业专家叶德喜，水利专家林克聪、方培生，海洋专家蔡厚才，畜牧专家李可友，种树大户兰圣闹，种粮大户金喜春等结交成朋友，买了大量的农业科技方面的书籍，努力在自己的知识库里增加农、林、水等方面的知识。

县志办就我一个年轻人，大量的对外联系事务工作，以及最后出版事宜也由我承担。《平阳县志》选择在上海的汉语大词典出版社出版，这是个很了不起的单位，是高级知识分子聚集的地方，因此对我来说又是一个学习的机会。那时候还没有电子传输，送稿都要亲自送，交通也不便，平阳至上海的大巴车要坐15个小时，从傍晚出发第二天早晨才能到。在上海为了节省开支，我没住宾馆，而是住在出版社的接待楼里，一住就要一个星期，生活起居很艰苦。但我还是喜欢去，因为出版社里有好多专业教师和老学者，与他们交流，可以学习编辑流程、排版、校对等好多知识。这让我感受到，在用中学习，学来的技术就可用，是快速又牢固的知识积累。

在修志部门工作，虽冷清，但也是福分，整日里都与地方退离休老干部和年长的学者交往，在他们身边接受"三亲"史料，不断问学。我把问来的事都记录在日记里，有些还写成文章发表在《温州日报》上。那段时间里，我作为日报的通讯员，发稿量是最高的，内容以文史资料为多。

在这五年修志中,我还先后读完了中国逻辑与语言函授大学的课程,参加了杭州大学的方志进修等。特别是杭大的进修对我的方志综合知识提高很快,魏桥、陈桥驿、俞佐萍、顾志兴等领导和专家亲自上课。

在方志办这个部门,还可接触到好多的全国学者,并有大量的通信。现在说到这段经历,也令年轻的同道感到羡慕。如杭大的徐规先生曾写信鼓励我研究宋史,他说温州宋代是经济社会人文辉煌时期,有丰富的史料。他还要求我从平阳的近代人物入手,注重平阳境内于经济社会有重大贡献的家族研究。他说,王理孚在近代对鳌江港的通商、南麂岛的开发、近代工业的兴起、办学修志等,做出了很大的贡献,平阳近代发展史上应有他的一席之地。颜逸明先生是国内知名的方言学家,我陪同他下乡采集方言素材的一个月的时间里,他对我言传身教,传授了丰富的治学方法,他的慢工细活做学问的方式,我看在眼里,改变了我的性格,让我不急躁,锻炼了恒心。后来一轮修志结束了,颜老师与我结下了深深的师生之谊,从 1988 年到现在已经有 30 多年了,我们从不间断彼此的书信往来和电话联系,颜老师还关心我的家庭,要我的儿子向党组织靠近,争取早日入党。

那时,社会上有很多阅历丰富的学者和贤达,修志部门要聘请他们参与修志,请他们当顾问,如苏渊雷、张鹏翼、王建之、张禹、周梦江、杨奔、陈镇波、吴良祚、马允伦、萧耘春、周干等老先生等,联络他们是我的工作之一,也是我直接受益之处。我经常向他们请教建置沿革、区域文化、人物典故、地方掌故等。有些知识是书本上难以找到的,这些地方学者是过来人,是经历者,学问是腹中积累,知识可从口中吐出,每一个人都是我的一个门类的业师,让我受益良多。我的古诗词这门课,就是陈镇波、周干先生教我的。"从事文史工作,不会古诗词,是一个缺陷。"这话是镇波先生对我说的,至今还在我心中铭记着。镇波先生还为我选购了一套 100 多本的文史丛书,指导我读《牡丹亭》《琵琶记》戏曲作品,赠我张问陶、赵翼、黄仲则等人的诗。他说,清诗离我们年代近,好读,且知识面更广。镇波先生修完县志后,就回到上海居住了,我们保持着通信,至今我还保存着镇波先生寄我的 40 多封书信。

在史志工作中,对我帮助最大的是苏渊雷先生,他是《平阳县志》的顾问,也是我最崇敬的学者。刚入方志办,常有修志体例方面的困惑,或遇到历史资料的甄别和取舍事，我就在到上海出差时登门请教渊雷先生，他总是悉心指导。有一次，渊雷先生认真地建议我读章学诚的《文史通义》，并送我给我一本他自己写的《读史举要》，说："这里面有我对章学诚《文史通义》等书的要义释读。"后来我读章学诚《文史通义》时，总要与苏先生的《读史举要》合着读。每读一次，都能有所领会。渊雷先生有句话我记得深刻，他说："《文史通义》针对性强，观点很直接，前人不敢说的话，他（章学诚）敢说，难能可贵。读的过程中可发现章学诚的理论有相当多的现代色彩，让人反思，对修志者有当下意义。"

章学诚的《文史通义》我买了三本，在家里、办公室里都能读到它，不断地让我受益。如其中的"立言有本"章，字数不到千言，却寓意深刻。苏先生指导我说，这些理念很经典，要反复读。章学诚说："今有文章如入万花之谷，学问如窥五都之市，可以媿奄陋而箴鄙偻矣。""舍学识而空言一贯者，其功虽有难易之殊，其于无当则一也。""博学能文而不知宗本，终身不可入德也。自必不知损、不知疑、不知危，而加之世好者众，天益其疾也。"这对修志者来说，就是良好教诲。修志的资料真是有"万花之谷""五都之市"，不加以辨别，不知道宗本，就会不知疑惑，不知损害度，写出来的志书就会贻害后世后人。

我很喜欢写毛笔字，将其作为自己的休闲方式。苏先生看我喜欢写字，对我说，中国文化是触类旁通的，现在学毛笔字不能生硬，学问做好了，字也会进步，要相信本真。"能为飘逸兼沉郁，始信波澜属老成。"这是苏先生的论诗绝句中说到的，飘逸、沉郁、波澜、老成这八个字，我就经常拿来作为自己行文写字的标准。

当时的华师大一村里住着好多温籍的学者，我通过渊雷先生还认识了戴家祥先生。那年夏天我有两次在苏先生家遇上他，戴先生穿着粗布白衬裳，摇着大葵扇，和蔼可亲。他对我说："做史志工作，说到底是资料工作，做卡片的功夫要到家，有丰富积累才能做成学问。"在他的影响下，我那五年做了几千张资料卡片，还养成了写日记的习惯。

一轮修志，对我来说是工作，也是难得的读书学习机遇，我的导师都是大学者。

一轮修志中与苏渊雷、郑立于、陈镇波、孙平在一起

二、二轮修志苦心经营

一轮修志结束后，我调了好几个单位，在报社、政协、民政、科协、旅游部门工作过，但也从来没有淡出对史志工作的兴趣，兴趣渐成了专业。我不断进行史志工作者的修养，业余生活就是买书读书、写字发文章，这时期在报刊上发表了大量地方经济社会相关的文章。2004 年温州市政协要编修《温州市政协志》，在蒋云峰主席的关心下，我调市政协文史委工作。两年时间完成了《温州市政协志》，编辑或主编的著述还有《温州名胜游记》《方介堪和中国文化名人》《温州民营企业的兴起与发展》《温州历代楹联》《瓯越科普讲坛》《温州知青的回忆》《爱国棋王谢侠逊》等，还担任《浙江古今名人大辞典》编委，主持编辑出版多部温州文史资料(共计 500 多万字)，发表农村经济、城市规划、历史研究等社科论文 50 多篇，并撰写了大量的地方人文随笔，积累了丰富的史料。

2011 年冬天，温州市二轮志书开始谋划编纂，我接受地方志办公室领导的邀请，参加修志筹备工作。我的老领导蒋云峰、马云博等鼓励我支持我参加市志编修，一轮修志的章志诚、郑立于等先生也专门为此事找我谈话，鼓励我。

我很看重市志这个大工程启动之前的筹备工作,准备到位,就不会走弯路。我与志办的同志们一道,精心策划、设计纲目、安排框架、谋划程序等。特别是为纲目设计,我们访问了杭州、湖州、金华、丽水等志办,向他们学习,也吸引他们经验与教训;并与宁波、上海、青岛等地的同志取得联系,参考他们做法。我与助理康丽跃同志八易纲目稿,三次与全市150多个承编部门进行对接,这些繁杂的做法为后来实施编纂打下了良好基础。2012年9月25日,在温州市人民大会堂召开二轮修志的动员大会,我从陈金彪市长的手中接过《温州市志》主编的聘任书,从此开始了漫漫的修志之路。

二轮《温州市志》是温州市有史以来单体量最大的文字工程,先后有150余家承编单位、1000余人参编,历时8年(如果从篇目设计与部门对接算起,已经有9年),至2019年9月底形成终审稿。全志共820多万字,共设51篇,有289章1141节。专记28个,附录45个,丛录68个。入志人物和人物补遗214个。编纂工程繁杂浩大,从与承编单位初稿的对接到交稿,从分纂到总纂,再从初审稿形成到复审稿和终审稿的修改,就主编本人来说,前后总共历经了全志的6次全面阅读与修改,修改和阅读量超过5000万字。

这轮《温州市志》时间断限与温州的改革开放同步,是温州最有影响力的年代,是温州模式形成到盛起的时代,是世界温州人成为世界品牌的年月。这时期,温州故事多、人物多、事件多、数据好看。我们通过横排门类、纵述史实的记述方式,将这个时段的温州历史性变化,如实予以入志。特别是经济部类,占总志的近一半篇幅。也只有方志的体例,才能明确又全面地记述温州这段辉煌历史。我们在志书里,设28个专记和45个附录,这是为了能更加突出表述,用浓浓的笔墨去记录温州特色,去重点记述市场经济,如重大工程、世界温州人、新温州人、温州商会、永嘉超市、平阳苍南井巷工程、温州金融改革等。为了如实地记录温州顶层设计者们的作用,我们在中共这篇设了重大决策章,以反映温州市委在温州经济社会发展中的决策作用;在人大篇里设了重大决议和代表议案;在政府篇里设了施政要略;在政协篇里设了政治协商。

经济和社会部类的篇章里,我们重时代变化的记录,用数据变化来表述事实，有些资料还是我自己采访的一手资料。如，20 世纪 90 年代有部电视叫《喂，菲亚特》，菲亚特是 1986 年温州有出租车时的车型。二轮修志时我一直关注出租车和出租车司机，因为温州出租车司机有 4/5 是安徽人，这是一个现象。可是有一次我坐在出租车上与司机聊天时，司机告诉我说，他是江西人，原来是江西修水县的干部。那时候江西修水一个县就有 10 万人在温州务工，因此县里就在温州建立办事处，专门服务于修水县在温州的务工人员，这个司机原来就是在办事处工作的。后来办事处解散了，他不愿回去当公务员，也就在温州开出租车了。这个司机是由外地进入温州，成为新温州人的缩影。《温州市志·人口篇》记录：“2010 年，温州市由外流入常住人口达 284.22 万人，占全市常住总人口的 31.16%，系全省省外流入人口最多的城市。”就是说，改革开放热土里，温州有很大的包容性，每三个人中就有一个是外地人。

那么温州人走出国门呢？公安篇出国出境资料，就让你像阅读了社会经济升温表：温州批准出国出境人数 20 多年来大量增加，1991 年因私出国为 7957 人，2012 年为 147107 人；1991 年因私去港澳地区 495 人，2012 年为 409439 人；到台湾地区的 1992 年 235 人，2012 年为 23188 人。这些数字以几十倍和几百倍速度上升，让人感到惊奇与惊喜。

各地修志的同行感到最困惑的是编修商务篇，因为机构沿革和管理形式变动频繁，资料缺口大。而温州，无论是国内的小商品大市场，或是与外国人公平贸易的官司，再是把大大小小“仓库”买卖做到国外去，在这个时期成为亮点，政府的管理已经向引导发展。一位经济学者对我说，这无数个开拓市场的温州商人创业史，将成为商学院教科书的案例，《温州市志》所记述的市场经济史实可让人耳目一新。

编辑体育篇查阅资料时，我的助理李燕灵很惊喜地打电话告诉我说，发现 1991 年伍绍祖同志来温州考察体育时的讲话录音记录，伍绍祖同志当时说：“温州的民营资本已经运用到体育上了，温州市的体育观念由‘小体育’向‘大体育’转变，运作模式也从封闭式转向开放式，在全国开创了体育领域的温州模式。”他还说：“我看你们这里到处都有协会、俱乐部、武馆、柔道馆、健美健身馆，这个非常好嘛，从纵向的指令，变为横向自主，是一种把大家组织起来去锻炼的好路子。”

前年，有位华侨告诉我说，下个月要回温州做牙齿，因为温州的医疗卫生资源已经好过国外的一些城市。这其中也有赖于民营资本的力量。《温州市志·卫生》记载："2012 年，全市建有民营医院 67 家，占全市医院总数的 54.1%，个体诊所 1238 家，社会投资规模和数量居全省第一。2012 年，温州市被确定为全国社会资本办医联系点。"而民办教育也是温州教育的一大特色，至 2012 年底，全市民办高中(含完全中学、十二年一贯制学校)总数达到 43 所。这就是《温州市志》以特色记载的卫生和教育的史实。

修志过程中，我每天在史料里看到那激荡岁月里动人而又真实的故事，外地朋友也喜欢听我讲温州的故事。我讲述温州最多的是数字中的故事，因为数字是最实在的。

永嘉超市经济是最令人信服的民本经济，是永嘉县花坦等乡镇的农民走出大山、帮亲带友到外地兴办超市的经济。他们往往是从"夫妻店"开始，到加盟店、品牌店、小超市、大卖场、商业综合体，不断发展壮大。2010 年，永嘉人在全国开出超市 1 万多家，年销售额 500 亿元以上。中国商业文化研究会授予永嘉县"中国超市文化示范县"称号。我在花坦的科竹村采访，村民告诉我说，这个小山村有 4 架私人的电梯，以此来说明农户的住宅楼层之高。又如，苍南矿山井巷业形成了一个实力强、从业人员多、专业涉及面广的庞大产业，在全国同行中首屈一指。21 世纪初，全县从业人员已逾 30 万人，业务范围遍及全国和世界各地。温州人是一个很活跃的群体，在全国大中城市建立销售网络，"温州村""温州街""温州城"遍布全国大中城市，在输出温州商品、资金、人才、技术的同时，也为繁荣当地经济社会发展做出了贡献。

今年春节，我在温州南塘的游船上接待了一位从法国回乡的朋友，望着塘河两岸的风光，他感慨地说："这有点像塞纳河的景象了。"是啊！城市化进程在温州加快，重点工程建设成果在我们身边悄然变化。1991—2012 年，温州城市共有 320 多个重点工程建成，其中 2007—2012 年共有 78 个重点工程建成，总投资达 763.5 亿元。金温铁路、瓯海大道、温州大桥、永强机场、珊溪水利枢纽、温瑞塘河治理、安居保障工程、三垟生态园、洞头五岛相连、清江大桥、温州大桥、东瓯大桥、瓯江三桥等大型工程的建成，实现了温州市基础设施建设质的飞跃。以上说的是重点大工程，城建篇就以数据来表达,见证城市建设规模。再如路灯、道路、垃圾转运等数字,足以反映城市大了。1991年的环卫行政事业费为547万元,设施拨款60万元;2012年的行政经费20699万元,设施费7338万元,以小见大,有说服力。

修志是个大工程,最讲严谨与规范,指挥不当会给承编单位带来重复劳动,会影响整个工程进度。从一开始,我们就注重修志的规范化建设和制度化建设。2011年底,我到位后,就先着手修志的规范文件编制,从中国地方志指导小组的文件,到语体文字的规范,到标点符号的标准化、入志数据的科学性、排版字体的统一性,对承编部门篇、章、节、目和细目都做了规定,让编辑有章可循。

我们提出和谐修志、规范修志、众手成志的理念;为了让这庞大的文字工程在执行过程不走弯路,我们摸索出一套行之有效的做法,如承编单位先写"小审稿",提高了交稿成功率;"三部曲"编稿法,使编撰者入门快,准确掌握体例;"开药方抓药",指导编撰者快速精准获取资料。为保证志稿质量,开创性地提出了提炼无题小序内容的四要素、段落承接法、资料鉴别法等,使编辑工作有学习方向,有示范样本。有些非常细小的前期工作,对于编辑来说,都是很重要的环节,能使巨大的工程不出差错。从纲目设计、全面启动、指导撰稿、分纂总纂、初审、复审、终审等全过程,我们摸索出一套志书编纂科学有效的运作方式,真正达到了我在启动之初提出的"不怕慢,只怕弯,规范做,高质量"的目的。由于步步到位,每个阶段都有清晰的任务重点,保证了市志编辑在8年中运行正常。

二轮《温州市志》编修于2011年开始筹划,然而至2015年进入分纂时才正式开始成立编辑部,真正集中编纂人员到现在只有不到5年时间,这就为市财政节约了大量人力和资金。

在修志过程中,我们依靠温州的一批专业人员把好专业质量关,建立了专家库。依靠老领导为市志把关,如陈莲莲副市长为我们审读了教育、体育等志稿;老教委主任潘龙俊带领自己的团队修好市志的教育篇之后,又完成80万字的教育专志;交通局主编黄吕平带病坚持工作,修好《温州市志·交通》,又完成交通部门志,最近又编辑了《百年温州交通史料》,为温州的交通事业留下可贵资料;《温州市志·公安》的主编黄松青同志,谦虚严谨,依靠全市公安系统力量,3年中收集并提交了志稿28万字,是丰富的公安史料;

还有财政局局长陈洪元、文化局吴东等同志，退下来之后还认真阅读志稿。这里值得一提的一位老科技工作者，他叫宋云鹤。温州的塑料行业史料出自他一人之手，他1958年大学毕业后一直从事塑料技术和行政工作，其中大部分珍贵的史料来自他50多年的工作笔记，市志中专门设立温州塑料发展史的专记。云鹤老人前些年去世，可惜他本人看不到志书了。

这些年，我指导基层修志的共有9个县(市、区)，经我指导审阅的还有教育志、勘测志、人事志、交通志、公路志、金融志、边防志、统战志以及《苍南公安志》《钱库镇志》《腾蛟镇志》等10多个部门志、乡镇志，总计有8000多万字。看着一部部志书出版存世，心里是多么高兴。

2019年11月7日，《温州市志(1991—2012)》终审会在温州市人民大会堂召开，这个评审会开得隆重。市委常委、秘书长王军，省志办主任潘捷军，副市长汤筱疏出席会议。市老领导连正德、蒋云峰，省志办原主任杨金荣，省志办市县工作处处长周祝伟应邀参加会议。市地方志编纂委员会成员单位负责人以及各县(市、区)地方志机构主要负责人等参加会议。汤筱疏主持会议。

终审意见指出：该志用翔实的史料，全面记述了1991—2012年间温州市委、市政府带领全市人民在经济、政治、文化、社会、生态文明和党的建设取得的辉煌成就。志书指导思想正确、体例完备、资料翔实、篇目科学、行文规范、语言流畅、图文并茂，突出改革开放的时代主旋律，突出经济社会发展的特征和成就，突出地方人文的发掘与传承，时代特征、地域特色鲜明，达到了志书编纂要求。会议原则同意《温州市志(1991—2012)》终审出版。

姚高员市长很重视温州的地方志编修工作，他在终审会之后的编纂委员会全体会议上讲了一个来小时的话，对出版提出严要求，对全市各地修志布置任务。他说："温州2200年的历史文化传承依托地方志，讲好新时代的温州故事需要地方志，市委、市政府科学决策依靠地方志。可以说，地方志具有记录过去、服务当代、资政后世的重要作用，编纂地方志是一项具有鲜明历史属性、政治属性的重要工作。"

二轮修志的路漫长而艰辛，这是我人生做的最后一件有意义的大事情，9年只做一件事，而且是全身心投入去做。这过程中我经历了5任市委书记，4任市长。我们依靠市委、市政府的有力领导，依靠150多个承编单位支持,依靠方志办的万邦联、赵降英、王文胜主任领导,依靠魏仕阔、赵万磊、毛小甫等同志在行政事务上的支持协作,依靠我编辑部同行的团结努力,使志书保质保时间地完成,达到了和谐修志的目的。

市长姚高员与张声和在《温州市志(1991—2012)》终审会上

三、地方志与温州学

永嘉学和温州学研究,在地方志史料上是同一学术源头。

温州学的提出,温州学研究与传播,对展示城市个性、提升温州的城市文化形象具有历史性的意义。城市历史文化是一个城市形象的内在物化,温州学和它的历史学术源——永嘉学就是温州城市的文化形象。

我的观点是:温州学是永嘉学在新时代的承继。从永嘉学到温州学经历了明显的三个历史时期,即宋代的兴起与发展,清末民国初的一度时兴,中国改革开放后以"温州模式"为主线的创新发展。这三个时期的史料丰富,千百年来贯穿温州经济社会发展进程,其代表人物和史料富有地方特性和生命力。温州学的研究,将打破永嘉学多年来每每翻旧的老课题,赋予生气,是传统沿袭与现代融合的社科项目。

我从事史志工作已经有30余年，强半光阴为史志所磨。两次修志的经历，就地方志与永嘉学关系的认识也渐行加深：每从地方志上接触到温州历史阶段史料，总是绕不开永嘉学与温州学的联系，这种千年的学术延绵有很扎实的根基，与温州经济社会有密不可分的关系，温州学承接着永嘉学。南宋时中国学派三足鼎立，以朱熹为代表的理学，以陆九渊为代表的心学，以陈傅良、叶适为代表的永嘉学，经过千百年的时代兴替后，唯有永嘉学与温州学的学术路径一脉相承，越千年而时新，于今就成了很有价值的学术课题。这也是温州城市文化自信的标志。

近年来，我从修志者的角度，从资料的契合，分析出永嘉学到温州学的历史演变和主要的几个特征。永嘉学至温州学演变过程，与地方志有紧密的关系，可从地方志与史料上寻找其源头与承继的关系。笔者根据地方志史料，简略阐述永嘉学的地域概念与具学术群体的关系，有些观点是个人见解，恳请方家指正。

地方志是永嘉学与温州学研究的富矿 温州地方志遗存丰富，南朝刘宋郑辑之所撰的《永嘉郡记》后，温州历史上共编修过12部府志。进入两宋时期，温州城市规模形成，渐入经济和社会繁盛时代，是温州地方志编修盛起的朝代，也为温州元明清修志打下体例的基础。虽然温州宋以前的方志基本无遗存，但代有承继，在其他史书中有转录与记载，这也成为后来修志的珍贵基本史料。如《永嘉郡记》就是孙诒让从《太平御览》等古籍中辑录文存，重新编成的拾遗性志书。从宋代温州的方志编纂之始到盛起，也是永嘉学从萌芽到发展的时期。自古方志半人文，历史上的温州市、县两级的古代地方志，是研究永嘉学最重要的资料库。这几十年来，两级地方志机构整理了大量的古代志书。问道史志，其地理形胜、建置沿革、移民人口、风俗民情，特别是职官任期、人物考证、文献卷帙弥足珍贵，是永嘉学与温州学研究的史料。

中华人民共和国成立后，温州进行了两轮的市志编修，这两轮修志处于变化最明显的时代，其经济数据社会史料编修侧重于新中国。在温州建置始至今的2200多年中，新中国成立后的70年只是一个历史阶段，但这个历史时期是辉煌的，温州经济社会发展进入一个史无前例的历史时期，尤其是“温州模式”的形成过程，大量史实与数据详尽地记录于新地方志中。一轮修志时，主编章志诚先生曾设《温州模式》《永嘉学派》两卷，突出温州地方特色。温州市委、市政府领导下编修的二轮《温州市志》，是温州历史上单体量最大的文字工程，是温州学研究的富矿。

21世纪之初，温州社科界曾兴起了温州学的课题研究，此为逢盛世合时宜之举。温州学的研究，不同于古代的永嘉学，这个学术课题有党政主要领导重视，社科学术组织主导，诸多社科学者写出了大量记叙性和研究性文章，引起全国学术界的关注。温州学是新时代温州经济社会的研究学科，是对永嘉学的承继。

旧时永嘉的地域概念　永嘉这个地名和属地于今已经有些不清晰，对永嘉学的研究和温州学的承继，需有基本的概念。历史上温州曾有永嘉郡和永嘉县之分，其地域范围大致上为现在的温州市与温州市区。永嘉郡前身为秦朝的闽中郡，公元323年(东晋晋明帝太宁元年)，析临海郡温峤岭以南地区置永嘉郡，治所设于永宁，辖永宁、安固、横阳、松阳四县，是为永嘉建郡之始，其区域范围即现今的温州地区。唐高宗上元二年(675)，析括州之永嘉、安固二县置温州，治设永嘉，仍隶江南道。这是温州得名之始，而后温州的名字1300多年无改。

永嘉县是由永宁县演变过来的。唐武德七年(624)，撤乐成县入永宁，改称永嘉县，作为温州地区中心的永嘉县县名由此开始。宋代的永嘉县大致范围是现今的鹿城区、瓯海区、永嘉县。行政区划的不断变化，但旧地名不是直接的新区域范围，古代的永嘉县已经不是现今的永嘉县，也不是现今的鹿城区。由于温州地区的行政区划和地名与原辖地发生演变不同步，现永嘉也不是原来的永嘉县了。永嘉地名与区划范围的沿革关系到永嘉学的地域范围界定，因此在记述人物和学术活动时，不能将旧时永嘉学的人物直接地划入现永嘉县境，应是以温州城区为中心，或给永嘉学的人物标注原属地和今属地的籍贯。

永嘉学派与永嘉学之区分　历来这两种称谓没有严格区分，二者是同一种学术，只是因研究学者本籍与非本籍的区分，成为不同的两个概念和名词。永嘉学派是地域性的学派，有地域的范围限定，籍贯在旧永嘉县境内的学者为永嘉学派人物。永嘉学派所指的地域范围大致上为现今的温州城区，加上永嘉县。而永嘉学研究者的籍贯要更广泛些，没有很强的地域性。

研究、传播、践行永嘉学的学者有其他地区的学者，包括在永嘉（温州）任职官员、客籍学者、邻温州地区的学者等。在宋代，以温州为中心逐渐形成永嘉学和永嘉学派，其导师和弟子们的学术思想方向是基本一致的，因此永嘉学的研究学者人众量大。笔者以为，若以"永嘉学"之称，可以概括"永嘉学派"和"永嘉学"。当然，笔者的这种区分和见解，虽已经有学者认同，还须求得永嘉学的研究者更广泛的共识。

书院是永嘉学得以发展和兴盛的民间机构　温州在宋代办书院时风最盛，是在商品经济趋向繁荣，民间财富积累成熟，社会文化勃生的条件下形成的。此时，创设书院是永嘉学导师传播永嘉学的最好途径。当然，学子们求学的目的是科举和入仕。北宋时全国有书院 203 所，浙江有 34 所，温州有 16 所，温州书院在这时期占了浙江的将近一半，占全国份额也较大。从这组数字中可以看出"伊洛微言持敬始，永嘉前辈读书多"（孙衣言句）的现象。从地方志的永嘉学主要代表人物传略中发现，他们有一共识：办书院是培养地方人才、交流思想、提高学术的重要途径。他们这一做法，在温州延绵几百年，提升了地方学术水平，树立了地域性的文化品牌。可以说，当时没有媒体，也没有正式的学术研究机构，书院是永嘉学得以发展和兴盛的民间机构。

书院促成了永嘉学从伊洛之学在温州的转化。因为，永嘉事功学的源头主要是伊洛程学，由伊洛程学进入温州之后转变成事功学。这种蜕变，应是南宋时期经济政治的发展需要，也是在温州地区农工商业的发展情势下所催生的，更是温州地区的知识群体在重振中国旧传统，再建社会政治教育的文化思潮中勇于担当的反映。

永嘉学在晚清新知识群体中再兴　清末和民国初，温州社会精英阶层与学界更加追求经世务实之思想，可视作永嘉学在温州延续的重要历史阶段，而且这个阶段不同于南宋时期，它的表现更注重新旧思想的交替，更重视创新和振兴实业。

永嘉学从两宋时期的兴起发展到鼎盛，而后元明时期曾日趋式微，甚至断层，学界少人问津。值清末时局外患日亟，内忧愈烈，温州的学人开始觉察到，汉学之考据，宋学之义理，都难以应对数千年未有之大变局，因而逐渐从传统文化中寻求资源，重新认识并倡导永嘉学的经世致用，再兴了一拨以追求事功为特征的永嘉之学。这一个时期永嘉学的再兴与南北宋特点有所不同，前者重视办书院和学术研究，以入仕与科举为最主要目的。永嘉学是善于适应时代需求的，如叶适在《温州新修学记》中所言，“弥纶以通世变”。近代永嘉学，贵在开启新思想，打开世界之窗，进行中西合璧，引领时风。学术开始被引申到社会经济的践行之中，渐行社会变革，温州学人与社会实业界融合。而且开始出现了温州人的特点，这便是善于集群运作，体现合作抱团，倡导做实业，推动了温州的近代化进程，也为后来的“温州模式”创建，成功地尝试了最初的运作机制。

温州学是后“温州模式”的学科　温州学，首先是永嘉学的承继，是研究温州经济社会发展的学术课题，是以温州地域为中心所形成的社会综合学科。时间上有其基本的界定，主要研究 20 世纪 70 年代以来温州经济社会文化发展过程中形成的温州现象。温州学从永嘉学中承继了诸多的思想，并应时制宜、因地制宜进行了光大，经世致用的理论有了更加广泛的实践性。

永嘉学有很强的生命力，虽在南北宋最为兴盛的时间只有几十年，却越千年不衰；以“温州模式”为标志的温州学兴起，至今也有相当的时间，已为学界所公认。二者相比，温州学内涵更切现实，兴起与发展的时间更集中，课题目标的民本性更准确，研究者遍及全国各地。温州学课题，是中国改革开放的重大课题之一，其影响力巨大，甚至令世界瞩目。对于温州来说，温州学的研究是回望过去、开辟未来的益举。让温州学的研究在新视角中提出新的更多的见解，是后“温州模式”时期求得经济社会与时俱进的课题。但笔者慎重地建议，温州学的研究要更加注重永嘉学的承继，这是温州人最珍贵的文化遗产，虽地域名称改变，但不能脱离其本真和学术源。

2019 年 11 月 26 日

文献萦怀仰止般

张炳勋*

张炳勋

* 张炳勋，1942年生，浙江乐清人。民革成员，浙江省文史研究馆馆员。高中毕业，曾任县职工校教师、企业文书。退休后任《乐清文献丛书》副主编，现为温州市政协文史委员会、乐清市社会科学界联合会、乐清市文史资料研究会、乐清市政协诗书画院、乐清市诗词学会、乐清市历史学会等单位顾问。出版专著《怀馨阁杂俎》《鳞鸿旧影——近世乐清旧札掇拾》《高谊弥珍——怀馨阁名家来札集》，编注《黄式苏集》《江夏传砚集》等。

一

清光绪三十一年(1905 年),乐清县乐成十字街口有一酱园开业,店招"新美和酱货绍酒兼花露药酒拆兑",出廪生蔡味三先生手笔。因地处中心地带,人称龙穴之地。尤贺联用鹤顶格嵌店名、凤尾格嵌人名,毕见难度,兼逞巧思,靡不赞赏。联云:

美酒酿春壶,顿觉消寒临日旭;

和羹原国器,敢云市隐笑风云。

店主张旭云先生,一作叔云,即余之祖父。虽为商贾,偏好文墨,且胸无城府,与人交肝胆相示,致宾朋满座。传至余之父辈,一继家风,殷加款待,达至"谈笑有鸿儒",以乡邦轶闻为多。时余尚属孩提,每每听得入迷。

又余外家黄氏累代书香,《乐清县志》载其传略,云:"时邑中诗学久衰,梦香与其师大椿起而振刷之,遂为骚坛主盟。家富于赀,所居有小楼三楹,聚书万卷,覃研铅椠,超然物外,望者羡为神仙中人。"此即名为"古香楼",榜额为"咸同诗雄"江弢叔所题。值春秋佳日,集硕彦胜流,擘笺联吟,角艺争雄,极一时之盛。

溯余四岁时,随母乘舟到外家拜年,见一须髯长垂老人,此即清举人黄公式苏,系余外祖父式琳公之胞弟,余称之为"二公",距今忽逾七十载,其形象犹依稀照眼。及长,从乡邦文献及前辈谈吐中,方知黄公当年如鲁殿灵光,巍然负吾瓯重望,顿兴高山仰止之情。继余屡屡访谒其地,奈公早归道山,而诸中表叠叠出示乃祖遗稿及师友柬札,内昌明永嘉学术《瓯风杂志》,式苏公亦该社十六基本社员之一,并任编委,所载文苑、记事、乡讯等,正中下怀。

及余高中毕业,赋闲在家,以拜谒诸耆英心悦,听其谈吐,博洽笃雅,云及行实,评衡得当,涉及诗事,随口琅吟。余备有袖珍本,辄手记之,文情骀荡,饶有风味。

及余晋谒通家之谊、浙江省文史研究馆馆员徐敏夫先生,承示省政协文史委员会开列近现代征集人名及史料。时余方逾廿岁,即 1963 年三四月间，据手头素材，斗胆应征投稿，计有《有关哀悼陈耐辛挽诗、联鳞爪》《冯豹帙题“劳草吟”含意》《张冲家世概略》《记陈蛰庐与张勤果相知之雅》《倡永嘉诸社团概略》《有关鲁迅先生的资料》等七篇，距今已历五十七寒暑，其惠示稿件收据现尚完好保存。此为余平生首次投稿，大多乡邦人物掌故，以告采风之君子也。

讵料“文革”，自际屯蹇，不遑宁处，雅兴都消，积稿藏书，悉付一炬，后赋《六十述怀》及此：“含沙鬼蜮罗人罪，嘘火书城泣道穷。”

二

天固有情，终沐晓暾，得气之清，人焕新姿。悉吾乐初创《箫台》杂志，一入手便觉富有乡土味，遣我情之所好，追录诸乡贤佳制，当赓续之，定名曰《陋巷居杂俎》，鼓余之勇，投《箫台》一试。该社与敝寓相距甚近，本可直往面呈，自惭钝根，望而却步，改用邮寄，一缄飞去，时 1987 年 10 月 5 日。附笺载余日记，照抄于后：

> 尊编《箫台》杂志，顾其名知蕴地方掌故，细细回味，发人遐思。吾乐代产卓异，自多遗闻艺事。前谒诸乡先辈，据传楹联朗朗上口，乃耆宿纷纷下世，迄今知者寥寥，不忍湮没无闻，拟加整理一存。矧闻联语虽属雕虫小技，然系艺苑繁英中奇异一葩，灿放清香，溢沁心脾，致好多报刊辟有丛语栏目。今先拟数则，秉避熟原则，凡各报刊已载或屡载联语不加辑入，以示清新，特祈明鉴。

上信虽发，却费疑猜，究有复玉否？料必杳同黄鹤，不足怪也。出陈编蠹简，类井蛙管窥，废弃不用，实意料中事。讵料仅隔五天，恰值周晚，蛰居逼仄陋巷，竟响空谷足音，此即该杂志主编许君宗斌翩然光临也。见君丰神清朗，款款摅情，谓稿可用，专辟栏目，内容不囿于人物，兼及事件、民情、习俗等；所引楹联外，还应及古文、诗词等；范围非限吾乐一县，扩至温属各县，后可辑成，具有史料价值。句句颇中肯綮，实如醍醐灌顶，感幸之私，非言能喻。继复重晤于文联，纵谈甚欢，归后技痒，赋赠小诗，虽不足观，实露至情，并录于后：

年来绝少付沉吟，诗料教从何处寻？
今日与君重把晤，拈题写意证同心。

美有闲情唱竹枝，家山风物自清奇。
许郎早卜生花笔，惹我清狂入梦思。

光腾珠玉本无瑕，秀出石帆论无讹。
自笑家藏唯敝帚，全凭点定感云何。

许君家邻石帆山，得其钟毓，足可验信。"绿玉"系其尊作篇名，洪老禹平先生评介盛誉之。承许君屡告读者反响，多不虞之誉，自是作为鞭策，奋志摭残，笔渐酣放，得以连载，惊喜逾望。后张君文兵继任市文联主席兼期刊主编，一仍其旧，期期披露，刊发长达廿二年，斋名"陋巷居"渐亦为人知矣。

敝母舅黄素毅先生下笔端重恢廓，于淝上惠赐《陋巷居记》，自愧驽钝，偏荷濡嘘，感恩怀德，恭录于后：

旧乐成中心市头迤北约二十步许，有小巷甚僻仄，不通车马，行人摩肩而过，名拦诗巷，颇典雅，未稔所据。

张甥炳勋旧居崇礼巷，后辟宅于拦诗巷，一楼重檐，明瑟可喜。午纳蕙风，夕延素月，居傍椿萱，门鲜车马，退食之暇，拥书自娱。予每返乐，下榻其家，清言娓娓，常至夜分。

甥善诗能文，博闻强记。尤谙掌故，少年时向乡哲张云雷、孙愚谷、倪悟真诸公请益，并与朱毅夫、胡景韩、陈素行、朱筱戡诸先生为忘年交，故学殖孟晋，造诣日深。而后起少年，有以文字就商，无不虚怀延纳，不稍矜炫。杭州周采泉先生为词坛耆宿，与书札往来将二十年，以私淑弟子视之，而二人至今尚未识面，声气相求，固不拘于形骸，洵美谈也。

乐成《箫台》杂志，为我邑唯一文艺刊物，拥有广大读者，尝索稿于甥，因掇拾里乘轶闻、乡贤事迹，撰《陋巷居杂俎》以应，以取材渊博、行文流畅，虽未终篇，已共传赏，而"陋巷居"之名，因以不胫而走。

予按"陋"字，取义多属贬词，未副"拦诗"雅称。然曲阜陋巷，以颜子渊居显；和州陋室，以刘宾客铭称。虽名“陋”，而实可传。今甥以陋巷名所居，殆亦自谦之余，兼以自励者欤？

时吾乐市委宣传部部长赵君乐强亦翰墨中人，富才情，屡促结集，赖鼎力筹措，蒙宣传部、财政局及华仪集团捐资印行，此即易名为《怀馨阁杂俎》一书也。是书复承乐强君冠序，简粹纯正；艺坛名宿周公退密题签，足为生色。承市文联于壬午腊月廿一举行首发式，方当腊鼓频催，喜迎羊年吉岁，可谓适得其时；在坐拥书城，称为琅嬛福地乐清图书馆会议室举行，可谓适得其地；嘉宾翩然光临，达百余人，可谓适得其人，济济一堂，气氛热烈。且致贺赐件甚多，文光灿发，珍若拱璧。

是集共一百八十则，以浅显文言写就，内容记述温州及乐清乡邦掌故轶闻，叙及各界人物一百六十余人，均属知名度较高者，分布军政、文艺、教育、医务、金融、工商、宗教等界，兼诂风土习俗、胜地咏题、黉宫旧史、剧场花絮、社团影事等。许君以《立此存照，功莫大焉》为题写一评介文章，摘录于后：

张先生的《陋巷居杂俎》在《箫台》刊出后，颇得读者好评，不仅中老年读者深爱之，一些青年读者也很感兴趣，其影响也不限于乐清一隅，外地也有不少他的读者。开始还是隔期刊登，几期以后就改为连载，一直至今，成为《箫台》的一个品牌栏目。一本文学杂志多年连载一个人的一部作品是少有的，由此也可见这部《陋巷居杂俎》是怎样地为人所重。……在近年我市作者出版的著作中，该书从内容到形式都是较独特的一种，洵为难得的一本地方文史读物。

我有个看法，在某种意义上说，历史是一种记忆——当活生生的人和事随风逝去之后，留下的便只是一种记忆，这种记忆须仰赖文字才能存之久远。炳勋先生的这本书便起了这种作用，且愈到后来便愈能显示出它的价值。例如第十三则记陈虬为康有为公车上书增写段落事，第八十四则记黄溯初先生策反故人之子高某脱离汉奸汪精卫将“中日密约”揭诸报端事，第十四则、第三十则记辛亥时曹志丹、周思旦二先生筹划乐清光复事，都是很好的史料。将这些人和事加以实录，“立此存照”，功莫大焉。

《怀馨阁杂俎》所记人物涉及面甚广，但主要的还是学人、文人、才人，即便官吏、商人乃至缁流、仆佣，亦皆能诗善文之士，其呕心沥血所作诗、词、文、联，常有可观之什，可惜多未结集，或裒而未刊，口耳相传，十不存一。炳勋先生多方搜集，采录于书中，其中颇多咳珠漱玉之作，因而为乡邦保存了一份宝贵的文学遗产。可以说，《怀馨阁杂俎》同时也是一部特殊的乡邦先贤作品的"选编本"。尤为可贵的是，此书采录乐清近现代女诗人多人，写其事，传其诗，使这些女中翘楚音容不致湮没于岁月的烟尘之中。此书记吾乡历史上的文事也甚多，如第七十九则记倪剑秋先生作长篇章回小说《天台梦》事，第五十则记郑一龙先生辑《乐成诗录》事，都是乐清文学史上的重大事件。

炳勋先生学殖深厚，于古典诗文素有研究，动笔为文，喜操文言。《怀馨阁杂俎》所记人物，思想无论维新守旧，多属对传统文化有深研者，莫不擅长旧体诗文，作者以文言笔记体记其人其事，颇为和谐。当然，这种文体可能会给普通读者带来一些阅读困难，但好在所写多为饶有趣味的掌故轶闻，加之文笔生动简练，读者耐心读之，当别有一种审美愉悦油然生于心头。笔记体曾盛行于古典文坛，甚至可以说是传统文人学者记事述学的主要形式，今虽式微，然亦不绝如缕，如钱钟书先生的《管锥编》，即取学术笔记体式。炳勋先生的《怀馨阁杂俎》，也是今人写传统笔记的一个成功例子。

上文入许君《浮生片语》一书，奖誉太过，殊表惭怍。然提携之雅，实铭刻五内。

三

幸沐改革开放强劲东风，社会经济深入发展，文化之重要性也逐步为世人所认识，焉能任传统文化湮没，如飘风坠露荡然俱尽乎？对历史之回眸，对文艺之崇尚，对乡哲之仰止，乐清市委、市政府高度重视，于 2006 年 6 月创设乐清市社会科学界联合会，指定由社科联负责《乐清文献丛书》整理出版工作，相应成立该丛书整理出版委员会及办公室、编辑部，由博洽笃雅、著述等身之市文联原主席许君宗斌任主编，吾忝为副主编，两室毗连，一证夙缘。始于《温州日报》《乐清日报》及广播电视等媒体宣传社科联组织之宗旨，披露征集乡邦文献之启事，收效甚微，大失所望。转与温州市图书馆联系，获悉藏有吾乐人士著述甚夥，属意外之喜也。此源于晚清应征为孝廉方正、鼎革后首批聘任浙江省文史研究馆馆员高谊先生，其于1936年被推举为永嘉区征辑乡先哲遗著委员会委员，望七之年，以网罗放失为己任，雇一叶扁舟，频频访求故家，得乡先辈著述六十余种，冠吾瓯六县之首，且每书为之跋，综述著者生平行实及得书原委，其功不可没也。闻诸稿本逃"文革"一劫，知守护尤不易也。吾等跃然振起，于2007年夏进温图访求。骄阳烁石，闷热难当，而该古籍部不得开窗，兼不开空调，闷热难熬。偶一挥扇，另手翻阅，见与相关文字辄挑拣置一边，较有价值者手不停抄，实披沙拣金矣！专负拍照两同志，每天需摄两千多页资料，经两个多月苦战，共得三百五十多册，计六万多页，疲惫不堪，甚至头目眩晕，个中甘苦，复谁能知？忽检及稿本誊缮者赵益卿先生《记梦》一文，叙述《沁芳遗草》著者托梦感恩，哀挚动人，不妨录后：

> 乙亥春，浙江永嘉区征辑乡先哲遗著委员会成立，余承委员高性朴先生命，助为搜采。周年之间，不辞劳瘁，向各故家巨儒后人搜得遗著数十种，亦云多矣。最后又得余信舫朝钦先生《沁芳遗草》九帙计诗二千余篇，因结束期迫，日夜缮写，手腕为之疲倦。丙子五月九日夜，余正酣睡，时梦见一老翁，须白而短，正立榻前，拱手数四，余惊而叫，老翁止之曰："勿惧，我乃余信舫也。我生前心血都在于此，诗虽不佳，而传世之痴心在，泉下犹系念及此，故自题诗稿句云'輶轩他日求遗稿，骥尾可能附姓名'，即此意也，今蒙君手笔录呈委员会，纵不能全豹付梓，而一斑之望从可知也，人虽隔世，而恩感则同，特来谢君，无他故也。"言已，向后门而去。噫！此岂信舫先生吟魂，至今不昧耶？因书之简端，以记其异。

总以梦不足凭乎？然乡先辈不欲与草木同腐，期以文字留贻，方偿毕生愿也。无怪清李穆堂侍郎云："凡拾人遗篇断句，而代为存之者，比葬暴露之白骨，哺路弃之婴儿，功德更大。"嗟乎！有美必彰，况关桑梓，顿觉负荷之重，更须矢公矢慎。经严格筛选，确定较有价值五十余种遗著为入编对象，敦聘近廿位专家编注，签立合同，于编排体例、注校形式等严格规定，须弁前言，按时交稿；如有多种版本存世，须择行世较早、内容完整、校刊精良版本为底本。现举一例：明赵廷松《敝帚集》已成海内孤本，独日本国会图书馆有藏，便辗转请托自日复印归本，其搜罗之难概可知矣。尤最终严加把关，援据底本，补正讹夺；细检加注，芟繁撷要；遇阙疑处，不敢妄事增改，续有采获，则为补遗，严谨雅洁，足征信焉！时将整理出版费用，纳入市财政预算并得落实。

至今第一、二辑各十种已出齐，第三辑计划十种已出八种，共计刊行二十八种。内地方志类有《道光乐清县志》上下两册、《雁荡山志》、《白石山志·白龙山志·蒲岐所志》，诗文集《翁卷集笺注》《章纶集》《洪邦泰集》《朱鹏集》《盗天庐集》《高谊集》《吴鹭山集》等，日记类有《百甓斋日记》，时间自宋明清至民国，跨度甚大。辑佚之功，冀偿灿然大备矣！

四

列为吾乐文献丛书第一辑《黄式苏集》，系本人编注。著者寝馈于诗，自号“诗淫”。又有“嗜苏”之癖，顾其名“式苏”，实含以苏东坡作式之义也。致“苏诗”烂熟于心，暮年夜不成寐，枕上诵东坡、杜陵诗各五十首遣之，藉以待旦。从知其最得力于苏，而兼蓄杜之味，实不限于“同光体”。盖其师事“二陈”，即陈石遗、陈散原，亲聆诗教，上窥宋贤风韵，造语清腴，寄情绵邈。但不傍门户，自成一家风调。至抗战时，鼙鼓惊心，慷慨抑塞之气，成于境而发于心，饱含爱国精诚。七十述怀，字字血泪，渴望抗战胜利之心跃然纸上：“弹指归来六载过，惊看东海日扬波。九州破碎无完土，万里纵横遍枕戈。凭仗诗篇吐肝胆，摩挲泪眼望山河。放翁家祭终虚事，忍死须臾待凯歌。”终传夷氛尽扫，一见海宇澄清，挈家回乡，喜赋《感事》，内一首云：“老来喜见九州同，忍死须臾望不空。笑比放翁我何幸，无烦家祭告平戎。”人乐诵其隽快之句，又一境也。

式苏公系清举人，宅第立匾“登科”，与其叔父前立“文魁”匾两相辉映，所谓“叔侄登科”，播为乡邦佳话。其毅然加入光复会，应时济变，1903 年为上海《新世界学报》特约撰述，即在该报刊发《中西人物比较》《大大同说》《原血》等篇，涉及政治、历史、生物、物理、化学等领域，其涉猎之广博、思想之明锐，殊令人惊服。继被举为省谘议局议员，与议新政，交接名流。复任温州师范学堂监督，端资硕画，务学以实，一扫浮靡，校务日上。及武昌起义，各方密谋响应，温处兵备道郭则沄态度暧昧，适与黄举人同年，且有诗章赓咏，遂衔命往访，晓以大义，喻以利害，同意交出印符，偕眷去沪，致温郡革命政权未经流血建成，黄实有力焉。光复后曾任浙之遂安，闽之泰宁、宁德三县知事，勤政爱民，颂声交作。故在卸任离境之时，沿街陈设香案，置水一盂、镜一方，喻清如水、明似镜，群集道侧，含泪相送，依恋之情，感人殊深。其辞官归，萧然四壁，词人夏承焘（瞿禅）有诗及此，"南闽遗老呼青天，西湖归日灶无烟"，只得佣书白下，代司文字酬酢。后烽燧漫天，不耐驰驱，遂于1937年归里，"宦罢仍无半亩田"，承诸故旧及门纷加馈遗，聊以存活。乃敌寇嚣张，数侵吾瓯，其迭次避地岩疆，以民族大义为重，屡诫亲友毋事敌伪，清操概可知矣。

至其为文，极寥廓弘博之致，乃不自珍惜，迄无留稿。余前留意，曾加搜拾，终收及逾五十篇，分论著、序跋、像赞、叙传、碑志、公牍、书札七类，纵非全豹之斑，而广陵散未绝人间，转亦引为一喜。黄氏广交游，上交不谄，下交不慢，揖让其间，以学行称。致文字唱酬甚富，且大名不乏载诸时贤名流著述中，余竭绵力，泛览典籍，裒采甄录，各隶门类，总曰附录，内分赓咏、诗话、日记、题图、寿辞、诔挽、杂俎，殿以年谱。至涉及乡邦人物，大多已作简介，聊供知人之助。

此《黄式苏集》达六十万言，由线装书局出版。温州市图书馆研究馆员卢礼阳先生著文《为〈黄式苏集〉喝彩》，云该集至少有"三善"：

> 其一收罗完备。本书以著者自订诗集等为底本，广事辑佚，蔚为大观。诗正集四卷、续集四卷之外，补遗多达六十余题。又如联语，《慎江草堂联语汇存》收录95题107副，补遗部分增加63副，数量接近《汇存》的六成之多。而文稿为初次结集……一共50篇，尤为难得。其中叙传23篇，对于后人了解国际知名寄生虫病学家洪式闾、"高陶事件"主角高宗武诸人的家世，探求浙南早期新式教育的创办情况，很有参考价值。
>
> 其二恢复原貌。……《慎江草堂诗》除了原著者生前刊行过，家属1980、1986、2003年几度整理重印，某些作品字句多所改易，致使意境不同程度受损，令人遗憾。譬如，慎江草堂诗卷四《追悼石遗、散原二叟之

二》“却恨海藏犹不死”句，或许是因为海藏（郑孝胥）陷身伪满洲国，1986年铅印本改为“腼颜臣仆世同讥”；续集卷四《县政府新厦落成闻而有感》末联“栋折榱崩夫子庙，教人垂涕忆文翁”，1986年铅印本避尊孔之嫌更改为“风雨飘摇宁已定，九州战火尚熊熊”。此次张先生一一予以恢复，原汁原味，既合文献整理规范，又便于读者欣赏研究。同时，对诗人本身毫发无伤。此外，续集卷三《题贞晦画梅诗卷》组诗四首，油印本略去第四章，如今补全，以存其真，而夹注“贞晦将以所画梅花百继于都门开会展览，故云”，透露刘景晨（贞晦）在南京筹备梅花画展的活动，是一条不可多得的史料，可以补拙撰刘景晨年谱的缺漏，保持原作的面貌，既是对前贤知识产权的尊重，更体现了对历史和时代的负责精神。

其三附录丰富。内容包括赓咏、诗话……八项，涉及面广，对读者熟悉诗人的交游、创作与社会贡献，有相当的裨益。其中附录二诗话一组四题，分别选自陈衍《石遗室诗话》及其《续编》、陈兼与《荷堂诗话》、俞春如《春庐诗话》，有助于读者理解黄式苏诗作流传的情况及其在民国诗坛的影响。附录四题图，罗列邵瑞彭、诸宗元、陈三立等名家为黄起凤《东溪送别图》作的题跋，并将《东溪送别图》长卷制版冠于卷首，这恐怕是初次披露于世，在感叹眼福不浅之余，对张先生长期不懈的付出理应表示敬意。

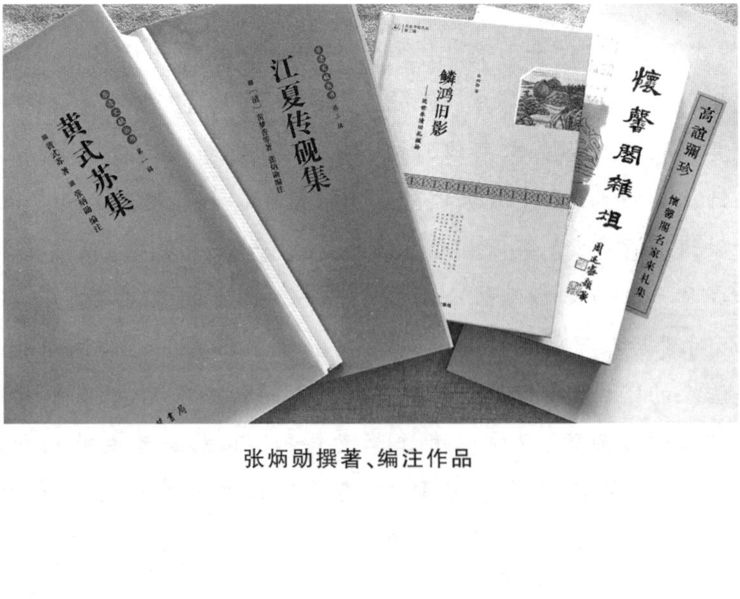

张炳勋撰著、编注作品

五

余外高祖黄梦香与江弢叔交深，江氏“欲写龙湫难着笔，不游雁荡是虚生”脍炙人口，然此语未载江氏所著《伏敔堂诗录》，系题于其手绘《龙湫图》，此图贻赠黄氏，惜是图早佚。又江氏与人语曰：“如黄某者，始可与言诗也已！”及江氏卸任，黄等买舟相送，黄氏作七古和五古五首送别，瑞安孙锵鸣披读惊曰：“不意海邦中有此大作手，是当与乡诗人李五峰、朱荡南二公颉之颃之矣！”

黄梦香著有《草草庐诗文钞》四卷、《雪鸿书屋诗集》，外有《午窗梦呓词》一卷，今皆不见。其叔子黄鼎瑞孝廉，五上春官，四荐而不第。曾问业西湖诂经精舍，为山长俞曲园所激赏。继其任梅溪书院山长十载，深感所学囿于制艺，势必导致性灵凝滞，为倡诗学以补其偏，鄙视醉心于制艺腐儒，趋重施用事功，吾乐学风为之丕变。后入赀为福建直隶州州同，日日听鼓，拙于奔竞，每见吏治日坏，往往借诗微讽。曾于役可门榷务，值八月朔夜，飓风大作，海潮倒立，庐舍漂没，浮尸蔽江。其恻然悯之，借长歌纪实，匿名刊载报章，总督见之，如披流民图，即派员赈恤，实不知出鼎瑞之作，其陈情之功至伟矣。时代摄漳平县事三月，有惠政。然愤小人掣肘，益验事不可为，遂浩然辞归。行之日，送者塞途，留别诗有句云“棠树阴疏民亦恋，桐乡俗美去犹思”。归为地方倚重，推其为自治会会董。梅溪书院拟设国文研究社，乞其主讲。孰知病榻缠绵，往往昏呓累日，临殁，神识转清，口占自挽联语，含笑而逝。

先是黄菊襟曾将乃父《雪鸿书屋诗》授侄式苏，嘱将父集与自集《天一笑庐诗》及式苏《慎江草堂诗》合刊为《江夏传砚集》。此命名用“范滂传砚”典故，另有本事，系黄家蓄一砚，为古香楼旧物，苍泽坚润，奈因贫故，鬻之邑中某大姓家，冀还该砚也。果于民国元年(1912)六月具币赎回，黄式苏特赋《还砚歌》记之，并加征和，足可摩挲怀旧也。而刊书事，终因循未成，致式苏挽至交朱复戡诗中附及云“趋庭臣叔亦君师，传砚吾家世有诗。为报阿咸贫似昔，书成苦恨尚无期”，凄酸入骨，令人低回不已。

余愧疏庸末学，关于外家祖砚，辑集诗文，焉能敢辞？且将入选范围延伸至昆南之曾孙辈，即大房素毅，得乃父式苏之传，负笈浙省十中（温州），才颖秀发，费一夕之力，用上、下平韵赋三十首绝句，刊发壁报，惊为捷才。继入暨南大学深造，因贫辍学，随侍父金陵，识益广文益进。旋曾任《津浦日报》《津浦月刊》编辑，尝随团一游曲阜，刊书《谒圣随轺记》，供访古之助。其诗名早震，刊有《蠖翁诗存》。特以素毅之作殿此集，籍明传砚四代矣！

余今搜辑并编注黄氏四代诗文集，列入《乐清文献丛书》第三辑，幸承谢加平主编窥其志之所存，拟冠书名曰《江夏传砚集》，实获我心，兼有裨于家教，诸先辈泉下有知，夫何憾焉？

是集由浙江古籍出版社出版，2019 年 9 月 8 日温州日报《文化周刊》风土版载《乐清黄氏文化家族》一文，即介绍其家累世出诗人，实符“诗是吾家事”，亦堪引为一荣。

六

余于尺牍情有所钟，此又称书札，是通信息、倾情款之一种载体，大至经天纬地，小至虫臂鼠肝，或衡文论道，或采风问俗，或慨朋踪离合，或涉儿女缱恋，真性情乃得以自然流露，实世间真文字哉！

溯 1950 年 8 月，余才八岁，放学归家，突见案头置一拍纸本，内有贻余手简，系郑萍子表姊所赐，附乃父野夫先生木刻数纸，顿觉心跃，惊喜万状。时其就读温州工校，毅然首批参军，临行前夕，尚能念及稚气未脱之小弟，此即余平生第一封来鸿，特泚笔记之，距今忽已七十寒暑。表姊墓木已拱，是札亦逐飞烟，不胜叹哉！

及长余趋谒外家，表兄出示令祖黄公胥庵藏札，尽出硕彦名家之手，如陈石遗、林琴南、孙智敏、邵力子、刘次饶、刘贞晦、李佩秋、林同庄、王志澄、石宗素、夏承焘诸公，铸语高华，雅韵欲流。行间感世伤时，实增几许凄其，旋也罡风劫火，痛哉荡然无存。

余后癖好书札，于坊间流行之许葭村《秋水轩尺牍》、龚未斋《雪鸿轩尺牍》尝加披览，尤于袁简斋《小仓山房尺牍》玩诵不置。内载致吾乐协台白琏书，披藻窥锦，多缠绵掩抑之情。

乐清市社科联拟辑《乐邑寻踪文丛》，商定旧札列为书目，主编许宗斌先生属意于余，投余所好，跃跃欲试。讵料诸故家藏札迭经沧桑，即使断楮零缣，零落不堪复问。余本应知难而退，却癖于斯，欲罢不能，况网罗放失，乃吾后辈之责。遂循踪搜佚，始从永嘉区征辑乡先哲遗著书目着眼，幸市社科联前自温州市图书馆复印为藏品，逐一翻检，得郑锡庆《传经堂文稿》、徐德元《小西山房文集》、郑协和《水竹居诗文集》、郑鼎彝《醉白生文集》、吴真《菊庐集》、郑良治《甓斋日记》，均载致戚旧书，珊瑚入网，弥加增色。复向诸世家子弟求助，果不负所望。“夕佳楼”主人倪公砥如冢嗣倪士毅教授、“晚晴楼”主人孙公愚谷仲嗣孙仁谦先生、“华阳小筑”主人刘祝群先生幼子刘天健先生等远赐藏札多件，内有录自日记，书法亦斐然可观，蔚为双璧。另敝戚林肖冲先生寓台，多方觅求，终邮惠两名人致其伯父林公佛性书各一通；李振洲先生赐示邵公力子致其外祖黄公惧华札两通，殊表喜慰。

此书题为《鳞鸿旧影——近世乐清旧札掇拾》，收札逾五十通，烬余片羽，聊宝吉光。上起清道光二十七年(1847)，下讫 1975 年，收信人、写信人有一方为乐清籍人士即可，排列先后以写信人年齿为序。关乎乡邦掌故，冀阐幽发潜也。笔调或精简，或苍老，或雅淡，或流丽，或凄婉，或诙谐，各臻其妙。又广为搜求写信人、受信人双方生平述略及业迹，并于书简内容有关遗闻轶事，俾有资料性，大增可读性，致获读者好评。

七

慎江老人云：“一面快于百书札，那知一札亦心开。”诚哉斯言。缄书入手展读，如嚼哀梨琼蕊，齿颊生香，快当何如！看今科学昌明，多赖电话、手机沟通，有几邮筒往还？书札本属我国传统文化，竟临茫茫坠绪，不禁扼腕太息，与同嗜者告，料有同慨焉！

手写书信是传统文化的重要载体，承载着丰富的文化信息和情感内容。经乐清市人大常委会主任、三禾文化俱乐部荣誉主席赵乐强先生倡定，于 2016 年 2 月 15 日在该俱乐部展厅举办“高谊弥珍——怀馨阁名家来札展”，为我市首次举办此类展览，均为致余大札，计70通，一人一札，内有102岁熙朝人瑞、上海市文史研究馆馆员周退密先生，国学大师南怀瑾先生，名教授苏步青、徐规、马锡鉴、钱志熙先生，中央文史研究馆馆员荒芜先生，上海市文史研究馆馆员郑逸梅、徐定戡、张珍怀、刘衍文先生，浙江省文史研究馆馆员叶云帆、周采泉、叶际宣、陈铁生、倪士毅先生，以及温州、乐清硕彦名流倪悟真、吴天五、陈素行、郑空性、胡景韩、胡国光、陈云谷、莫洛、唐湜、洪水平、洪禹平、萧耘春等先生。内28封惠札者，余曾仰其风徽，其余42位贻书者竟缘悭一面，亦款款输情，属文字因缘也。幸各界垂青，纷临品赏，《温州日报》《温州晚报》《乐清日报》和温州新闻网、乐清电视台等均有报道，颇有影响。

继将上缄札裒成一编，仍承赵君乐强赐序、筹资，劳诸同仁及后俊襄助，终得问世，余当宝而视之。现仅就披露南公怀瑾遗札，益动孺慕之思，真个“秋心如海复如潮”。

溯前吾乐乡先辈陈雄先生(为高垟“四古”之一，别号古痴，著有《对偶韵言》等)有《南仰周先生像赞》之作，此即南公之尊人也。余于1994年12月冒昧致书南公，岂知事隔年半，复示杳同黄鹤。公为道德风范，向重孝道，何于令先德之事竟缄默无语，实令人百思莫解。转思此笺度已遗失，遂于1996年5月作第二次投函，即蒙复玉：

> 顷从欧洲返港，即将转道赴美洲等地，适接尊札云(略)，读之如堕五里雾中，换言之，实未曾见有此件，不知陈先生所题为先严或先慈之像？岂所谓联语，究竟云何？望请劳神赐示，俾海外再返港时，得知究竟。尊意垂注之处，不胜感荷。

果不出所料，前邮芜笺尚未登览。其急欲一睹，当日飞笺附件，相隔仅一周，公辄手答，神速若是，照录如下：

> 六月十八日复函及附件均收到，谢谢。
>
> 郑空性先生，当我抗日胜利返乡时，曾有一面长谈之缘。今亦作古，殊为怅惘。所示陈雄赠先严之联及像赞之辞，因我自少行役四方，到处他乡做故乡，故于此等典故，翻似局外而一无所知。
>
> 先生若将先后经过见告，则衷心感谢，自当顶礼叩谢不已也。或可照纪念郑空性先生之文见示，尤所祈望。(如为文，当斟酌在海外

发表。)

札中雅嘱撰文,殊出意料之外。自惭孤陋寡闻,又兼笔力不济,安能肩此重任?然却之不恭,勉为其难,终成《仰止高风传市隐——南公仰周先贤遗闻摭拾》一文,不知以当尊意否?旋奉其第三通大札,节录于后:

> 七月十五日来书及附有先生撰文记先严之篇,读后弥增感喟。……而故乡先辈凋零,后辈不知前修之事,我为人子,亦未能下笔畅叙父母之德,至于下代子孙,因受时运磨苦,能文者更不易得。孰料此时此世,有如先生者,能为先严撰述,吉光片羽,诚使人感激不尽。
>
> 但因我在外薄有虚声,虽相识者多,而不敢随便交报刊发表,以免因卖面子而登载颂扬其父之嫌,故拟先行保留,且俟异日机缘,然后刊出大作。总之,私心感谢,难以言宣。

上札自天而降,顿时如释重负。所呈拙稿,由彼处打印成繁体字附下,仅原句“其哲嗣怀瑾居士”内称谓更为“先生”。余则未易一字。其谦逊之度概可知矣。又随函惠赐玉照三帧、大著四本,题赠均为双款,何恃爱若是,殊表荣宠,兼觉惭怍。

翌年(1997),届公八旬华诞,余书简聊表乔松之祝,蒙公赐诗柬一纸:

丁丑仲春,温州诸位长者先生赐寄寿辞,无以为报,谨缀俚句答谢

生辰岂料动诸公,椽笔翰章越海东。
钟鼎山林原昨梦,布衣策杖是今容。
尘劳自叹虚名误,梵行翻随俗道同。
八十年来唯一事,但从人世识真空。

迨2003年梓行拙著《怀馨阁杂俎》,述公之令尊一文编入,列人物稿之首,觅人带港呈公,哪料时近十年,公于兹竟无片言相示,又费余猜疑。究为何故?后赵乐强君专程谒公,特恳君携书面呈。据告公得书喜形于色,称后加浏览并作复。奈前代带者竟未践言,书入公手迟近十年,否则可细披读,内载多公之旧契神交,足动感旧怀人也。此次蒙公回赠新著《孟子与公孙丑》,上款赐题“老弟”,由前“先生”之称谓进而为“老弟”,其谦光下逮,令余诚惶诚恐。

八

自问根浅植薄，百无一用，乃经吾市市委统战部呈报推荐，于2013年8月20日，余被本省人民政府聘为浙江省文史研究馆馆员，且亲赴杭，从时任省长李强同志手中接过省馆聘书，为该馆此次聘任14名新馆员之一，也是唯一在乐的省文史研究馆馆员。该馆设立于1953年，其宗旨是敬老崇文，主要职责是弘扬中华民族传统文化，是政府崇文尚德、礼贤敬士、存史资政之工作机构，具有统战性、荣誉性，被称为“名人馆”“贤达馆”，建馆60多年来累计聘任馆员300多位，现有馆员78位。

亲接聘书之翌日，《乐清日报》于头版即载《张炳勋被聘为省文史馆馆员》，继由记者黄崇森、通讯员郑金才撰有采访稿，题曰《人淡如菊——记省文史馆馆员张炳勋先生》。省文史馆馆刊《古今谈》中《馆员风采》栏目，载金辉先生《温州夫子张炳勋》一文，深得厚爱，黍谷生春，顿动吟怀，一抒胸臆：

近应聘省文史馆馆员感赋

圣湖赴会感情敦，幸入龙门聆雅言。
樗栎自惭无一用，熏风偏被有殊恩。
缘联馆席赓酬乐，学本渊源道义尊。
容我追随长奋笔，弘扬文献赤心存。

诸诗侣纷作次韵赓和，爰再赋长句答谢，均刊乐清诗词学会会刊《雁荡吟风》，诗云：

莽莽风尘眼孰青，多劳惠句把杯听。
殷勤足慰征情谊，策励尤应作石铭。
红豆相思同系梦，素心缔契自留馨。
深惭我乏琼瑶报，却望飞云许一停。

吾乐属东瓯古国，置县距今已逾1600年，膺“千年古县”之誉，况有雁荡龙湫，天下之奇山水，灵秀所钟，代产闻人，其文脉源远流长，群星灿灿，各随其地，以鸣其天，翩翩隽雅，别饶意味。余当一逐骅骝，展示吾乐文化遗存，弘扬吾乐文化精神，搜辑遗珠，益见光华。

2013 年 8 月 20 日，时任浙江省省长李强向张炳勋颁发浙江省文史研究馆馆员聘书

2019 年 12 月

我的温商文化育人之路

陈方丽*

陈方丽

* 陈方丽，女，1981 年 3 月出生，浙江丽水人。硕士研究生，副教授，现任温州科技职业学院市场营销专业主任。被评为浙江省高校优秀教师、浙江省教育系统"三育人"先进个人、浙江省万名好党员、温州市百名青年社科骨干人才、温州市"551 人才工程"第二层次人才等，荣获国家级教学成果一等奖 1 项、省级教学成果一等奖 2 项。长期从事温商文化和温商文化育人研究，主编出版第一本全面系统介绍温商文化的图书《温商之道：温州商人的文化传承故事》；建造完成第一个全面系统展示温商文化的网站"温商文化博览馆"(http://www.wsblg.com/)，同时制作了温商文化博览馆的小程序；率先在高校开设"温商文化"专业选修课，并主持完成了省部级教改项目"温商文化视角下高职院校文化育人研究"，探索利用温商文化育人的有效途径。

一、初识温商与温商文化

(一)温商的崛起

一说起温州商人,你的第一印象是什么?有人说,温州商人很有经商头脑,生意做到世界各地,只要有人的地方就有温州商人;有人说,温州商人很能吃苦耐劳,白天当老板晚上睡地板,发家致富之后依然勤俭节约;还有人说,温州商人敢闯敢干,富有创新冒险精神,敢于做第一个吃螃蟹的人……没错,这些都是我们所熟知的温州商人的优秀品质,也正是这些优秀的品质使得温商成为与徽商、晋商、粤商齐名的中国地方性商人团体,更是有“东方犹太人”之称。

但是,谁又曾想过,上苍给了温州一个贫穷的起点。20 年多前,“平阳讨饭,文成人贩,永嘉逃难,洞头靠贷款吃饭”,温州的空气里充满了贫穷与饥荒。然而,20 多年后,“十万元是贫困户,百万元才起步,千万元才算富”,温州人“穷得只剩下钱了”。“温州商人在浙江乃至全国都以他们强大的资本动员能力而闻名。他们具有敏锐的经商嗅觉,在商机把握上总是能先行一步,只要跟随温州商人选择投资方向,赚钱的大门就向你敞开。”这段出自《韩国经济》杂志,被《环球时报》转载的话印证了温商的经商能力。

温州人还据此创造了有名的“温州模式”。“温州模式”是指温州地区以家庭工业和专业化市场的方式发展非农产业,从而形成小商品、大市场的发展格局。小商品是指生产规模、技术含量和运输成本都较低的商品。大市场是指温州人在全国建立的庞大市场网络。20 世纪 80 年代中期的改革开放初期,“温州模式”与同时期的“吴川模式”并驾齐驱,在当时便以“北有温州,南有吴川”享誉全国,引起全社会的普遍关注。

(二)温商文化的力量

温商为什么会成功?最根本的原因是文化的力量。温州文化即“永嘉文化”,又称“瓯越文化”,可上溯到春秋后期。当时越国强盛,越人南下东瓯，与原始瓯人杂居，构成了瓯越先民，共创了具有区域特色的"瓯越文化"。今天我们研究温州模式产生的原因，探讨温商精神，其文化根源便在于"瓯越文化"。任何成功都不是偶然的，任何成功都离不开深厚的文化支持，对个人如此，对一个区域也是如此，对一个国家更是如此。

在"瓯越文化"的基础又进一步发展形成了独特的温商文化。温商文化是一种具有鲜明地域特征的商人文化，既带有中国传统文化的特征，又带有浙江温州的地方特色和敏锐的时代气息。温商文化属于区域性商业文化，主要反映温州地区及温州商人的商业活动的历史延续性和群体特征行为。

温商文化的内涵主要包括：一是具有强烈的经商欲望。主要体现在敢想敢干，敢于冒险，吃苦耐劳，坚韧不拔。二是具有浓厚的经商传统。温州人从事手工业、商业的历史可以追溯到三国时代，可谓历史悠久。温州商人"利益并重""工商皆本""经世致用"的理念打破了当时传统儒家"重农抑商"、歧视商业的思想观念，对温州商人进行了肯定，从文化层面阐述了温商文化的精神。三是具有灵活的经商理念。主要表现为善于从小处着手，寻找商机慢慢做大，把小商品做成了大生意。还有就是勇于创新，在资金和条件都不占优势，面临激烈竞争的情况下靠头脑、靠创新在竞争中赢得优势。四是具有坚韧的抱团文化。温州商人的抱团文化系生产环境和传统文化影响所致。温州濒临东海，受台风和山洪暴发等自然灾害影响较多，需要人们抱团合作才能抵御灾害。另外，温州区域内资源匮乏，需要到温州以外的地区获取资源，抱团可以降低弱势地位的负面影响。在外经商，地理认同感和文化认同感也促使温州商人抱团发展。

二、温商文化研究缘起

那么，你或许会奇怪，我作为一名高校教师，为什么会从事温商文化及育人的研究呢？这源于我对温州商人的崇敬和温商文化的认同，也与我的职业有着密切的关系。2006 年研究生毕业，我便到温州科技职业学院就职，成为市场营销专业的一名专任教师。或许由于所学专业也是属于商科类专业的缘故(我本科所学专业为市场营销，硕士研究生所学专业为企业管理），我对温商和温商文化显得特别感兴趣。我觉得温商文化是非常优秀的地域传统文化，应该继续加以发扬光大，发挥其独特的魅力和作用。

党的十八大以来，习近平总书记也围绕“文化自信”做出一系列重要论述，强调坚定中国特色社会主义道路自信、理论自信、制度自信，说到底是要坚定文化自信；文化自信，是更基础、更广泛、更深厚的自信；文化自信是更基本、更深沉、更持久的力量。文化自信的内涵，不仅渗透在经济、政治、社会等方面，还渗透在为人处世、待人接物等日常思想方式、行为方式、生活方式、审美追求等方面。文化自信一旦确立起来，就将融入人们的精神生活，形成高尚的伦理道德、正确的行为操守、优雅的审美情趣，并在具体实践中规范、制约和激励人们的行动。

文化的重大功能，是“教化”“化人”，内化于心，外化于行，融入人们的精神基因，使中华民族优秀传统文化得到传承和弘扬。当下，文化对学生群体的价值观、行为方式产生日益深刻的影响。文化育人理念已深入人心，成为高等学校育人实践中一个战略性指导思想，正在发挥作用。高等教育由精英化向大众化快速过渡的过程中，以培养生产、服务一线高素质应用型技能人才为目标的高等职业教育实现了规模上的跨越发展，已经成为高等教育不可或缺的组成部分之一。但是，高职教育强调技术应用能力，培养出来的学生不可避免地在文化积累和可持续发展方面稍显不足。因此，高职院校在文化育人工作中，如何既能体现其职业特色，又包容大学精神实质内涵，建设新型文化育人体系，已成为高职院校普遍关注的现实问题。

温商文化作为浙商文化的重要典型代表，在文化育人中起着不可或缺的作用。一是立足温商文化资源，充分发挥其“文化化人”作用，对高职人才培养、高职教育改革和发展具有重要的意义。尤其是能够更新高职院校人才培养理念，充分认识到“文化育人”的重要性，构建系统完整的温商文化育人机制，培养“完整的人”，促进学生的全面发展和可持续发展。二是立足温商资源，基于“文化育人”，从“立体多元”的视角探索新时期高职院校人才培养模式问题，直指“培养什么样的人，如何培养人”的根本性问题，落脚点是解决好培养人的问题，而这也正是我研究温商文化育人的立意和价值所在。

三、温商文化育人之路

既然坚定了走温商文化育人之路，我便开始着手研究温商文化，搭建各类温商文化育人的平台。我主要做了以下几件事情。

（一）建设完成温商文化博览馆

为大力推进教育信息化的发展，根据教育部印发的《教育信息化"十三五"规划》里构建"网络化、数字化、个性化、终身化"的教育体系，建设"人人皆学、处处能学、时时可学"的学习型社会要求，加大力度进行了信息化项目的建设推进工作。耗时三年，终于建设完成了第一个全面系统介绍温商文化的网站——温商文化博览馆。以方便学生能够时时、处处学习温商文化，也是"温商文化"专业素养课程重要的网络学习资源。

温商文化博览馆是目前国内第一个全面系统介绍温商文化的网站，网站内容覆盖温商简介、温商成就、温商旗帜、温商典藏、温商访谈、温商动态、海外温商、温商培育等各类丰富内容。学生可以自由登录此网站系统了解温商文化的起源、发展、历史脉络及诸多温商的励志故事等，是培育学生温商文化素养的良好网络平台。各栏目内容丰富，可供学生上课和课后随时阅览学习。

温商文化博览馆网页

为了更便于学生的阅读和使用，还制作完成了更加适合学生和社会大众阅读的小程序版本(手机版本)。接下来要再进一步推进该电子博览馆的对外宣传和媒体报道工作，让更多人知道，力争打造成系统介绍和学习温商文化的第一网站，成为介绍温商的特色金名片。

(二)主编出版校企合作教材——《温商之道：温州商人的文化传承故事》

要想将温商文化和温商精神融入学生的日常学习当中，光靠一个温商文化博览馆是远远不够的。我萌生了在高校创新开设“温商文化”专业素养课程的想法，并得到了领导的认同和支持。要想成功开设课程，一本合适的教材必不可少。但目前市面上并没有全面系统介绍温商文化的图书，更不用说教材了。于是我联合几位志同道合的老师和几个相关企业，历经两年时间共同研究编写出版了校企合作教材——《温商之道：温州商人的文化传承故事》。该书是市面上首部系统阐述温商文化传承故事的图书，具有较强的创新性，因此也得到了国家一级出版社科学出版社的支持出版。该教材出版后也成为本院学生人文素质培养的读本，让他们在读一个个感人励志的温商故事的同时，在潜移默化中提升学生的温商文化修养。同时，该书也是一本使社会人士全面系统了解温商文化的科普读本。

《温商之道：温州商人的文化传承故事》书影

(三)率先开设校企合作开发课程——"温商文化"

有了温商文化的教材,开设"温商文化"专业素养课程就变得毫无障碍。于是我在专业人才培养方案中增加了全新的专业素养课程"温商文化",并与团队老师制定完成了"温商文化"课程标准和教案,并已经从2017年开始在市场营销专业和会计专业等成功开出该课程。该课程还邀请了一些知名温商担任授课教师,校企联合授课,由知名温商现身说法向学生系统教授温商文化,分享各类温商的成功励志故事,让学生在课程中系统化地接受温商文化的熏陶与洗礼,为培养具有温商人格的职场精英奠定基础,收到了良好的文化育人效果。

(四)搭建了各类温商文化育人实践活动平台

为了让学生能够更好地在实践中学习和领会温商文化及精神内涵,我为他们搭建了各类实践活动平台锻炼和培养温商精神。主要包括:

一是成立相关的专业学生社团——温商协会。温商协会是旨在培养具有温商人格的职场精英的专业学生社团,于2015年成立,每年吸纳协会成员数十人。以温商协会为载体,在社团指导老师的指导下让学生参与各类相关实践活动,锻炼和培养学生的温商精神和文化素养。

二是打造温商文化培育系列活动平台——温商加油站。依托温州地域文化优势,从"文化化人"的视角,以专业学生社团温商协会为载体,展开具体的创新创业素质教育实践。打破课堂界限,依托温商文化资源,将温商文化与创新创业教育深度融合,以学生自育为主要形式,展开"行走的课堂",创新开展"一元钱生存体验""百元发展体验""我与百名温商面对面""变形计"等系列主题活动,深受学生喜欢。以"我与百名温商面对面"为例,要求班级学生分成6~8个小组不等,每个小组的同学主动约谈15~20位温商企业家,面对面聆听他们的创业故事,学习温商的干事创业、立世为人之道。

三是积极组织学生参加各类创新创业技能竞赛——温商训练营。通过以赛促学、以赛促教的方式增强了学生创新创业意识和技能的培养。主要的技能竞赛项目有浙江省"挑战杯"大学生创业大赛、浙江省大学生职业生涯规划大赛暨创新创业大赛、浙江省大学生市场营销技能大赛、浙江省高校调查统计大赛、浙江省电子商务创新创业大赛、赢在职场挑战赛、农产品销售实战大赛等，同时组建了相应的技能集训队进行训练，培养和锻炼学生的创新创业意识和技能。近年来，师生参加各类技能竞赛屡创佳绩，荣获中国国际大学生创新创业大赛国家铜奖1项、浙江省金奖1项；浙江省大学生职业生涯规划大赛暨创新创业大赛一等奖1项、二等奖3项；荣获浙江省大学生市场营销技能大赛三等奖4项；荣获浙江省高校统计调查大赛二等奖2项、三等奖3项等。

温商文化育人“互联网＋”活动成果册

四、温商文化育人初显成效

开展温商文化育人之后，在几个主要方面均取得了较明显的成效。

1.学生的吃苦耐劳精神明显增强，订单班稳定率留职率逐年提升。实行温商文化育人实践之前，学生的吃苦耐劳精神比较缺乏，实习工作稍微辛苦一点就开始抱怨，甚至直接退出不干，表现得比较明显的是订单班的学生。比如之前的第一期永辉创业合伙人订单班学员，由于在永辉超市需要搬运货物和理货等，工作比较辛苦，有些学生是实习第一周就开始打退堂鼓，表示工作太辛苦无法适应。还有相当一部分学生在订单班中途就选择退出了订单班，给企业和学校都带来了很不好的负面效果。订单班结束之后离职率也很高，第一期永辉创业合伙人订单班最后的留职率不到10%。自从实行了温商文化育人，对学生的吃苦耐劳精神进行锻炼培养之后，后几届学生的吃苦耐劳精神明显增强，表现得特别明显的还是订单班的学生。第二期和第三期永辉创业合伙人订单班学员都是接受了温商文化育人改革实践的学生，这两期订单班的稳定率得到了大幅度提升，没有学生中途退出，而且订单班结束之后留职率得到了大幅度提升，从原来的不到10%提高到了80%以上，改革成效显著。而且也没有学生抱怨工作辛苦不想干，老师去看望订单班学员时学生都表示虽然工作比较辛苦，但是都能坚持到底。企业对订单班学员的满意度也逐年提升。

2.学生的创新创业能力明显提升，省级以上技能竞赛屡创佳绩。实行温商文化育人之后，学生参加了众多的创新创业大赛和职场挑战赛等，极大地锻炼提升了学生的创新创业能力。其中最明显的成效是我们组织学生参加浙江省大学生职业生涯规划大赛暨创新创业大赛，由改革前的零获奖提升到改革之后两年之内获奖4项，其中一等奖1项、二等奖3项，取得了非常好的成绩。更值得一提的是，我们的学生参加中国大学生"互联网+"创新创业大赛获得国家铜奖、浙江省金奖，实现了历史性突破。

3.学生的自主创业意愿明显提高，成功自主创业学生日益增多。实行温商文化育人之后，学生的自主创业意识和意愿都明显提高，有些学生在入校不久就明确未来要进行自主创业，表示要向优秀温商学习，自主创业之后要诚信经营。每年进行自主创业的学生人数都在增加，而且还有不少学生的自主创业比较成功。如市场营销专业大二学生在校园内进行自主创业，创立了征途快运，进行校园外卖等服务，虽然工作很辛苦，但是他们都能吃苦耐劳坚持到底，也盈利不少。目前该团队已经将业务范围扩大到了其他省份的高校。

五、结　语

"文化是一个国家、一个民族的灵魂。"高校既是文化传承的重要载体，也是思想文化创新的重要源头。文化育人工作开展得如何，直接影响着青年学子的思想观念、价值取向、精神风貌，关乎一代青年的成长和成才。我将尽己之所能，继续发扬温商文化和温商精神，走文化传承之路，育文化自信之人。温商文化育人之路"路漫漫其修远兮，吾将上下而求索"。

2019年8月

故纸堆中后半生

陈光熙*

陈光熙

* 陈光熙,男,1948年9月出生,温州市瓯海区人。1979年进温州师范专科学校图书馆工作,1987年浙江师范大学中文本科函授毕业,研究馆员,2008年从温州大学图书馆退休。工作期间发表专业论文10多篇,多次在省、市优秀学术论文评奖中获二、三等奖。1998年开始整理古籍,已出版《明清之际温州史料集》《刘安节集 刘安上集 许景衡集》。参编道光《安徽通志》,应聘参与《中华大藏经·续编》的点校工作,完成《梵网经菩萨戒本疏注》等经典9种。整理《符璋日记》《徐定超集》,参编《瓯海谱牒文献汇编》,均已出版。

我1946年出生于今瓯海区南白象街道南湖村，1952年进瑞安县小读书，1965年毕业于瑞安中学高中部，回乡务农。我喜欢看书，在学好数理化的环境里，中学阶段只看过《古代汉语读本》一种大学教材。后来借的书如《结构力学》《无线电物理学》都没看几页，缺乏高等数学基础，这类书没法看。祖上藏书土改时被没收了，父亲藏书以中学语文教学参考资料为主，一年“三余”看完四册《古代汉语》，犹如翻小说。感谢主编，他反切自己的名字，刚好与中央“文革”小组一成员相同，红卫兵“破四旧”时被我忽悠一下，这套书躲过一劫，此后能公开看的书就只有“红宝书”和《鲁迅全集》了。1979年进温州师范专科学校图书馆工作。1980年春至1984年底在温师专中文科夜大获大专文凭，1984年9月至1987年8月完成浙江师范大学汉语言文学系函授学习取得本科学历；1984年上半年在浙江大学“浙江省高校大专毕业生图书馆学情报学进修班”进修14门专业课。1987年获图书馆助理馆员资格，1992年升馆员，1998年升副研究馆员，2007年升研究馆员，2008年从温州大学图书馆退休。

在图书馆工作期间，我写过一些专业论文，在各地期刊发表，曾参加全国高校期刊工作学术会议，得过浙江省高校图书馆工作委员会的论文评奖二等奖两次、三等奖一次，也得过温州市社科优秀论文和图书馆论文奖。由于日常工作比较简单，要写出有价值的论文可能性渺茫，必须考虑另辟蹊径。

一次，温州籍纽约州立图书馆东方部主任马大任先生来馆访问，问馆藏有多少民国时期社会科学书籍。我答以有一套《民国丛书》，500册，马先生说民国时期的社会科学著作学术水平很高，可惜这套丛书不是原版。《民国丛书》即使非原版在我们图书馆也已属珍品，然而馆藏目录里这套丛书只有一条著录，难免影响流通利用，我就萌发了编写子目的念头。先写卡片，后组成题名、作者、分类、主题四套子目。又估计只作综合著录的图书馆或许不止我们一家，1998年向科研处申报一项课题，拟名“《民国丛书》图书馆目录”。花了不少精力，分类目录还请采编部同事审核，自以为较完善了，才向书目文献出版社等单位联系出版，结果都是“无力出版”，不免灰心。

1998年春，我看到徐君勋先生的一篇文章，提到董朴垞先生遗著大多由四弟铁铮先生保存在丽水，就去丽水向董铁铮先生商借《瑞安孙诒让学记》。这本书是董朴垞先生退休后所撰，1964 年写成，近百万字，分 14 卷，有自序与何励生先生序。两年后，书稿被撕破放在废纸篓里得以保留。朴垞先生去世后，铁铮先生特地印制稿纸，把全书清抄一过，字体娟秀，比原稿毛笔字竖写清楚得多。董铁铮先生十分热情，要把该书抄件赠送温师院图书馆供学术研究，并委托我们联系出版。我以为应该复印，抄件可以璧还，董先生同意了。复印时，我发现自序与《温州中学九十周年校庆纪念刊》发表的有颇多不同，问过铁铮先生，知道抄件尚未校对，即用《清史稿》《晚晴簃诗汇》《孙诒让遗文辑存》等近 30 种书校对，又照同事提议借原件校对一次，諟正文字约 8000 处。近年温州大学张真博士看过复印件，说："你真的做了很多工作。"2000 年，瑞安召开孙诒让研究国际学术讨论会，市政协文史委出版了第十九辑文史资料《孙诒让学记选》，作为会议文献赠送与会专家，后来不少研究者撰文引用这本书。周梦江先生转达上海陈镇波先生的意见，认为《孙诒让学记选》标点错误过多，问我是否知道。我告诉周先生，标点原来就有，不是我所加，我只是校勘文字，由于出书时间匆促，校对不精，这本书错字倒真是很多。《瑞安孙诒让学记》虽然至今未正式出版，却为我以后整理古籍打开方便之门。

2001 年，温州启动《温州文献丛书》整理出版项目，抢救挖掘宋代至近代先贤遗留的稿本、抄本、孤本，为研究人员提供地方文献基本资料。接着成立了整理出版委员会和编辑部，温州市图书馆负责日常工作，抽调卢礼阳先生任专职编辑。7 月初，整理出版委员会召开座谈会，我忝陪末座。看到规划草案中选题讨论稿，洋洋 61 种，我仅看过温师院图书馆收藏的孙延钊《孙征君籀庼公年谱》抄本，只有这种勉强可以一试。主编胡珠生先生同意了我的要求，还打印了拟编目录，于是我趁暑假着手工作。抄本字体容易辨认，但有明显讹字，如"陈止斋"写成"陈正斋"，"适同里洪锦标"写成"通同里洪锦标"，显然未曾校过。短短的章太炎序用《瑞安孙诒让学记》《瓯风杂志汇编》《章太炎年谱长编》一校，就发现异文六处，均贴上纸条。正文又用朱芳圃、宋慈抱所编年谱及雪克《籀庼遗著辑存》、张宪文《孙仲容先生年谱简编》《孙诒让遗文辑存》等书校过。抄本有句读，文字不深，标点也颇顺利。只是引用的碑拓、金文，既多空白，字又古怪，无法标点。经过一个暑假，完成了全书 90%，不料徐和雍、周立人先生以原件在他们手中为由，要让他们整理。我不甘心,曾致函孙宝麟先生,问《孙征君籀庼公年谱》是否还有其他稿本,草稿也行,请求借用,孙先生回复已片纸不留,只得忍痛放弃。

孙宝麟先生建议我整理孙延钊先生其他几种著作,胡珠生先生就要我整理《明清之际温州史料集》。于是在温州市图书馆复印了大量原件作为底本与校本:《明季温州抗清事纂》稿本,《明季瓯江殉节四先生事迹》同治刻本,《困苦悲愤记》敬乡楼、黄玉山、杨绍廉抄本等共24种。《明季温州抗清事纂》是稿本,无对校版本,原稿字体不一,由多人抄写,错字很多,仅部分内容用地方史志、正史、文集校勘,有的用该书其他文献互校,有的用本汇编前后的内容本校。《明季瓯江殉节四先生事迹》是清同治刻本,无对校版本。撰者郑烺字获畴,校订者孟锦城字剑秋,都是永嘉增生。《困苦悲愤记》又名《康熙瑞安藩乱记》,以敬乡楼抄本为底本,校以咸丰二年(1852)黄玉山抄录、朱鸿瞻注释本与杨绍廉抄本。底本无孙诒让跋,从杨本录入并用《孙征君籀庼公年谱》与《孙诒让遗文辑存》校过。朱鸿瞻注释与底本有异,对原文影响不大,不再出校记。作者鲍廷荐,瑞安后垟人,廪生。《固山贝子平定三郡纪略》是道光二十六年(1846)周兆霖抄本,即乾隆六年(1741)昆山书院刻周声炣《宁海将军固山贝子恢复温郡并台处事实》的修改本,文字较胜,用为底本而校以昆山书院刻本。作者周声炣(1661—174?),字慕峰,温州府学生员,周兆霖是周声炣六世孙。《宁海将军固山贝子功绩录》以柔桥隐居抄本为底本,校以上海古籍出版社出版的《四库全书》。底本有"逊学斋收藏图籍"印记,当为黄岩举人王棻抄本。作者佚名,但《四库全书》本《平闽功绩闻见录》末有"云飞金泳记于道山草堂"署名,可能金泳即该书作者。《时变纪略》以瑞安义阳朱氏家谱本为底本,校以乾隆《瑞安县志》与乾隆《永嘉县志》,作者朱鸿瞻(1620—1690)字默斋,瑞安贡生,曾任宣平教谕,著有《竹园类辑》等。以上史料五种以事件发生先后为序,《时变纪略》时间跨度最长,放在最后。

《林任先自订年谱》以乡著会抄本为底本,校以另一抄本,此本字迹极像《叶义士遗集》,疑系籀经楼抄本。作者林增志(1593—1667),字任先,瑞安人,崇祯元年(1628)进士,官至少詹事。李自成进京,不从南归。唐王建号隆武,起为文渊阁大学士,隆武死难,奔沙县至吕峰山出家。清室征召,僧服赴清,得放还。先后住永嘉密印寺、瑞安大隐庐,游四明、登雪窦、入大梅,康熙五年(1666)往括苍净觉寺,次年返密印,八月圆寂。《一笑录》以乡著会抄本为底本,校以龙泉精舍抄本与王希逸抄本。作者王钦豫(1596—1658)字与谦,永嘉廪生,入清退避不出,筑四止斋啸咏其中,著有《翼正编》《经德录》。以上两种年谱以内容述及年代先后为序。

《叶义士遗集》以籀经楼校本为底本,校以乡著会抄本。底本曾为梅冷生先生劲风阁收藏,有冒广生与杨青跋各一,疑籀经楼即光绪间永嘉杨青藏书楼。作者叶尚高(1607—1647),字而栗,永嘉人,郡庠生,明亡佯狂,系狱自尽。书末附林梦龙传与墓志铭,邹元檄作。邹系吉水人,徙金陵,崇祯时举贤良方正,因劾杨嗣昌隐居瑞安。《匊庵集选》以乡著会抄本为底本,校以玉海楼抄本。底本为永嘉县令鄢陵恩贡韩则佥选定。作者李象坤字宁侯,明中丞李光春次子,乐清岁贡,后徙永嘉,好古嗜学,工诗善文。《玄对草》二卷,以敬乡楼抄本为底本,校以乡著会本。作者王至彪(1596—?),字文虎,王叔果族孙,崇祯六年(1633)副贡,授南平知县,以亲老不赴,明亡后隐迹不仕。《竹园类辑》十卷,底本为康熙十二年(1673)瑞安绿林轩刻本,无对校本。作者朱鸿瞻,已见《时变记略》。《范庵文稿》一名《朱鸿增文抄》,录自《西高秋集句》,乡著会抄本,无对校本。文稿仅文八篇,后三篇皆朱氏谱序,盖从朱谱掇拾已非原编。作者朱鸿增字长任,鸿瞻族弟、门生,康熙癸酉(1693)举人,人称"引掖后进,一时出其门者多知名士",似未为官。为使文集更为完善,古籍部潘猛补先生特地从《四库全书存目丛书》中搜检出当时浙江总督李之芳的《李文襄公别录》卷四中部分涉及温州的公文充实内容。作者李之芳,山东武定人,耿精忠反清时任浙江总督。以上六种文集大抵只选用其中涉及当时温州政治、军事、经济与人民生活内容的诗文,以其内容反映的时代先后为序。李之芳是外地人,排在最后。

我选择较好的版本做底本,用校本校勘一过,再开始标点。文集删除《明季温州抗清事纂》中已引用的内容以免重复。碰到疑难,工具书解决不了问题,束手无策的时候,则向编辑部与市馆古籍部行家请教,他们让我学到许多整理古籍的知识与方法。为了这本书,我几乎动用了温师院图书馆能找到的所有文献,一首天关山诗有残缺,馆藏没有《泰顺分疆录》,无意中在一个网站里找到电子文本,补足了残缺部分,于是知道钻故纸堆也可利用电脑。请人打字,校对五次,错误仍然不少,最后不得不自行修改。2004 年

3月初稿交上，如释重负。胡先生很快来电话说已经通过初审，用红笔改过的地方让我斟酌修改，还说看我的稿子很省力。我知道他的话分明仅是鼓励，意在通过修改让我逐步掌握校勘古籍的正确方法。我依胡先生的意见删除了大量烦冗的校记，只有七八条校记自以为有点用处，就用铅笔写在打印稿旁边。后来稿件送往上海社会科学院出版社，上海古籍出版社编辑钱伯城先生审稿，认为"标点质量，允称上乘"，仅两处破句；还特地指出铅笔写的校记"颇精审"，这些文字就又补充到书中。我反复阅读审稿意见，从中摸索规律，寻求解决问题的方法。2005年1月，上海社会科学院出版社出版《明清之际温州史料集》，41万字。中国社科院两位研究员向胡珠生先生索书，均予以好评。上海师范大学博士生孙良同参考该书《叶义士遗集》写出学术论文。

2005年5月，胡先生又让我整理《二刘集》。刘安节（1068—1116），字元承，著有《刘左史集》，今存四卷。刘安上（1069—1128），字元礼，安节从弟，著有《给事集》，今存五卷。

因《温州文献丛书》规划体例要求书稿字数20万字以上，初稿完成，发现篇幅较小，就擅自增入未见规划草案而同属"元丰九先生"的许景衡文集。丛书副主编陈增杰先生认为选题很好，永嘉学派重要著作大备，给研究者提供了较系统的资料。

许景衡（1071—1128），字少伊，瑞安白门里（今属温州市瓯海区）人，徙东山（今属瑞安市）。著有《横塘集》，今存二十卷。

刘安节、刘安上与许景衡三先生的著作流传至今，散佚不少。《宋元学案·许周诸儒学案》认为《刘左史集》四卷，非足本也。薛嘉言所撰行状说刘安上"有诗五百首，制诰、杂文三十卷"，但是《直斋书录解题》载《刘给事集》已只有五卷，可见宋代已是残本。许景衡《横塘集》三十卷明中叶以后传本久绝，四库馆臣从《永乐大典》辑出二十卷，孙诒让认为"佚缺颇多"。因此，我在点校文集完毕后曾试图搜集三先生佚文，无奈学力不逮，耗时甚多而收获至微，仅发现刘安上一首诗有一个字异文而出半条校记。后经潘猛补先生指点，才从《全宋诗》中找到刘安上佚诗一首，许景衡佚诗十题共一十三首。其中《论学》已见《温州瑞安迁县学碑》，《铭刘安节墓》已见附录中《宋史翼》本传，不再重复。因篇幅不多，分别载入各自文集下附录后。《全宋诗》

许景衡佚诗引书出处注明有五题七首录自《永乐大典》，今存《永乐大典》仅百分之三，可见"佚缺颇多"说并非臆断。听说《永乐大典》完帙尚在，倘能重见天日，我们就可以有幸看到三十卷《横塘集》全貌，孙诒让《〈横塘集〉跋》中所说"《大典》本所佚而见于他书者尚多，拟捊辑之别为补遗，俟他日并刊之"的愿望也能够实现了。

整理该书所用底本都是上海古籍出版社出版的文渊阁本《四库全书》，校本都是瑞安孙氏刊本《永嘉丛书》。四库本二刘文集来自朱彝尊抄本，源于颍州刘体仁与福建林佶藏本。永嘉丛书本二刘文集所据有家藏文澜阁传抄本、卢抱经藏旧抄本《给谏集》、周季贶录得吴枚庵校本《左史集》；《横塘集》所据有吴兴陆氏藏本、祥符周氏藏本，都是辗转传录《四库全书》的抄本。

《刘左史集》中《渔樵问对》有人认为是邵雍所作，有人认为是程颐所作，既然"以此书归安节而儒者未尝驳其非"，孙诒让也说"其源流、真赝盖不可考"，故予以保留。又因为《刘左史集》篇卷尤少，特从《二程遗书》录出刘安节手编的《伊川先生语四》载入附录，可以概见刘安节与程颐的学术师承关系。

《刘安节集》《刘安上集》《许景衡集》与丁治民点校的《刘黻集》合出一书，我整理的3种文集共42万字，2006年8月上海社会科学院出版社出版，刘黻比二刘、许要迟140多年。

2005年，应聘在温师院工作的吉林大学管成学教授邀我参与道光《安徽通志》点校工作，据说是安徽省重点科研项目。他不时交给我复印件，直接在上面标点。我完成了18个底本，共51卷，计《舆地》（包括沿革、形势、山川、公署、关津、古迹、坛庙、陵墓）25卷，《河渠》（包括水利）4卷，《食货》2卷，《备武》（包括兵制、江防、驿传、铺递）9卷，职官5卷，名宦6卷，约50万字。《安徽通志》文字不算深奥，标点还顺利，只有一本《分野》不敢尝试。管老师对我的工作很满意，说审稿是抽查，希望抽到的是我们做的稿件。2007年管老师离开温州，2008年暑假安徽寄来十几本复印件和电子文本让我校对，催得很急，其中还有几本没有电子文本，只得另找人打字，总算按时校对完毕。管老师来电话说，《安徽通志》年底即可出版，就能拿到稿酬与赠书了。不料此后杳无音信，十年后才知道标点本道光《安徽通志》已在2015年由黄山书社出版，没有赠书，收到些许稿酬，除去打字费，仅够买一套6册

《安徽通志》,比起丁治民教授8万字《刘黻集》即得到全套48册《温州文献丛书》有天壤之别。我至今未看过这版《安徽通志》,很是遗憾。

2008年初,看到寒假积压的《光明日报》有党中央、国务院关怀下获得立项的国家重大出版工程项目《中华大藏经(汉文部分)·续编》点校人员征聘启事,我对佛学并无兴趣,点校古籍却已成瘾,即跃跃欲试,明知已逾期数日,仍不揣浅陋寄出简历。不久收到标点试卷,觉得还能应付,完成后请张乘健先生看过,他把几个顿号改为逗号。7月收到已通过招聘考试通知和点校有关体例的规定并填写《中华大藏经》点校人员登记表。规定很严格,错误率须在万分之一以下,只能小心翼翼,如履薄冰。8月收到选编目录,选中《禾山超宗慧方禅师语录》1卷,即收到纸本与电子文本,与任继愈先生签了《委托合同书》,开始工作。电子文本由世界各国居士录入,多次校对,达到与纸本一字不差的标准,为标点提供极大方便,实属难得。我对佛学一窍不通,临时抱佛脚看些材料,并不解决问题;到龙山寺听那烂陀佛学院陈世忠教授讲座,也是一头雾水;向护国寺一法师求援,法师说不是不帮,实在不能;要标点佛学文献,谈何容易。借了《佛学大辞典》《佛光大词典》,许多词语未见解释,书名、人名就更复杂了,不得已,上网搜寻,反复比对,稍见眉目,才敢下笔。9月寄出草稿,须经三审才算定稿。2009年6月选《宝觉祖心禅师语录》《破庵祖先禅师语录》《无准和尚入内奏对语录》各1卷,10月交稿。2010年1月选《梵网经菩萨戒经疏注》8卷,3月交稿;11月选《蔗庵范禅师语录》30卷,12月交稿;12月选《寒松操禅师语录》20卷,翌年1月交稿。2011年8月选《天隐和尚语录》15卷,电子文本仅1卷,自己打字14卷,10月交稿;11月选《四分律行事抄简正记》17卷,2012年8月交初稿。此后没再收到点校目录,似已竣工。与大藏办的联系多通过电子邮箱进行,除了稿件,还有《点校通报》《工作简报》之类文件,纸本文件则由邮政局寄送。编写人员彼此之间没有联系,我是一个都不认识,只从群发的邮件中见过浙江省有另外四人参编:浙江大学博士生后在浙江图书馆工作的曹海花,绍兴文理学院教授俞志慧,浙江大学教授李明友,中国计量大学教授邱高兴。忻州师范学院赵林恩教授审过我的稿件,与我用电子邮件交流过几次。我做的前四种文献能收到一审、二审意见,经修改寄出三审;后来再没收到审稿意见。审稿专家业务水平自然出类拔萃,修改意见大抵正确中肯,一般我都是照改。偶然也有审稿失误处，例如一部藏经有两段偈，各 42 字，我断为 7 字 1 句，标点是“逗号、逗号、句号；逗号、逗号、句号”，1、2、3、5、6 句末都押韵。第一段偈审稿改为“逗号、句号，逗号、句号，逗号、句号”，改后一、三两句号韵脚还押韵，第二个句号韵脚却不押韵，错误很明显；第二段偈有修改痕迹，后用涂改液恢复原状。这种情况我先坚持己见，不做修改，并在文旁说明原因：这两段偈实际上是词，调寄浣溪沙，按词谱不必修改。至 2016 年 10 月，《中华大藏经》点校结束：5 年共完成通过三审稿件 8 件，版面字数 95 万字；未通过一审稿件 1 件，实有字数 86 万。

2010 年底，我奉命整理温州市图书馆藏《符璋日记》，协议决定 2011 年 11 月交稿，同时签约的有《刘绍宽日记》《林骏日记》《赵钧日记》。

温图藏符璋日记稿本系作者哲嗣符石青所赠，共 28 册，从光绪十九年(1893)至民国十八年(1929)，有 15 种题名，各册之间时有缺佚。温州博物馆还藏有 1929 年《符璋日记》一册，与温图所藏第二十八册相衔接，至作者去世前两天，谢作拳先生已加标点、注释。瑞安玉海楼收藏《蠡佣日记摘存》一册，封面题“戊己庚辛壬五年”，内容只有庚申、辛酉、壬戌三年，故将未见于温馆所藏日记的摘存内容插入《黄嫺室日札》后。

符璋，字聘之，一字笑拈，号耇盦、后江东生等。原籍江西宜黄，咸丰三年二月十四日(1853 年 3 月 23 日)生于福清，民国十八年九月初八日(1929 年 10 月 10 日)逝世，享年 77 岁。

符璋读书之多，当时温州推为第一。舟车所至，必增卷帙，可惜阮囊羞涩，连到手的也常常忍痛割爱。符璋文思敏捷，诗钟经常夺冠，代作寿序被评为“友朋之最”，陈三立对他的诗赞不绝口，张宗祥比拟其文章以王仲瞿，这些评价绝非阿谀之辞。符璋著作，见于日记已完成的有《知昨非集诗存》等三十三种，多未出版，拟撰的有《骈文举隅》等九种，拟编的有《国会公案》等九种，拟辑、拟抄、拟录的有《咏明妃　近世〈无题〉七律》等十六种，拟选的有《吴王近体诗选》等十一种，可谓洋洋大观。

《符璋日记》行文简洁，保存了丰富的清末民初社会、历史资料。日记记载的家事，有生老病死，子女上学、就业、婚嫁等。公事，有起草文件、出差办案、职务交接、浪人滋闹、平枭、弹压等。国事，有甲午战争、废除科举、更改币制、温州独立、五四运动、革命军北伐、“四一二”大屠杀等。天下事，如第一次世界大战、俄国革命、东京地震等。日记对清末民初官场腐败黑暗多所揭露，对苛捐杂税屡有鞭挞，也记录了众多灾害，保存了大量经济资料。《符璋日记》也涉及文学、书法、版本、民俗、宗教、堪舆、科技、医药、轶闻等内容，有独特见解。由于《符璋日记》提供了许多鲜为人知的史料，能补充名人传记资料、鉴别文集诗文的真伪、纠正报刊文章的出入、还原名胜古迹旧貌，还可以作为党史资料的佐证。

《符璋日记》有些字不易辨认，难免认错；还有 4 处 5 个字无法辨认，只能用"□"表示。原文空缺待补处也加"□"，大抵是人名、地名之不确定者。整理颇为顺利，能按时交稿。原件中有不少红笔、黑笔勾乙处，多书籍评介、版本收藏等内容，作者似欲删除。我为了减少篇幅未录入，卢礼阳先生审稿时发现了，认为内容有价值，不应删除，后来逐一补足。日记中物价常用苏州码，现在认得的人不多，又无法打字，一律改为汉字。作者用干支记录日期，全书错误 35 处，作者仅发现 18 处，有"以下甲子皆讹""以上干支均错"等说明，然而最详细的解释"三月初六日重一壬午日，以后甲子每迟一日。又，上月廿八漏一日，遂迟二日"仍莫名其妙。每处错误少则两天，庚申年全年皆误，共错约 2010 天，占全书 1/4 强。古人尚且经常写错，以致"改者亦错"，现代人如何知道正确的日干支，故整理时按万年历予以改正。另外全书有阳历日期错误 157 天，阴历日期错误 13 天，也一并纠正。到 2012 年底，稿件修改完毕，写了前言，等待出版。

后来这些日记稿钞本改由中华书局出版，奇怪的是要出简化字本，繁简转换，又得从头校对一次，以免出现"警察"换成"员警"、"瑞安"变成"里安"等错误。中华书局并要求增加人名索引，我在整理日记过程中曾记录了主要交往人物名录，编制人名索引较快，又经几次修订，也能及时交稿。2018 年 2 月，中华书局出版的《符璋日记》问世，分印 3 册，共 95 万字。

退休后我曾在几处"打工"，2011 年当过《温州年鉴》副主编，2014 年为浙江煤炭测绘院编辑过《瓯海地名志》《永嘉地名志》，后为《温州文化》《龙湾文化》审过稿，召之即来，挥之即去。工作时间最长的是在瓯海政协文史委干了一年半"校对"，出了两辑文史资料——《董辛名集》和《四海侨情》，《琦君温州书信》已打印完毕，还看过陈小平的《瓯海名胜古迹诗文集》部分书稿。

瓯海“打工”期间有件副产品:《瓯海谱牒文献汇编》,2016 年由上海印书馆出版。因工作关系认识了林伟昭,他收集了大量资料,已经编好并加标点,让我看看,略等于审稿吧。全书标点大多在公交车上改毕,照片文字在家里校对,提些修改意见,伟昭客气,让我当第一作者,真是汗颜,他才是真正的第一作者。

2015 年,永嘉县政协文史委以陈继达先生主编《监察御史徐定超》为蓝本增加内容重印徐定超文集,请卢礼阳先生编写,卢要我代庖。《徐定超文集》曾列入《温州文献丛书》规划草案,不知为何没有出书。我对徐定超了解不多,只知道他是枫林人,窦妇桥老师院斜对门徐宅大屋或许是其故居。枫林有谏亭,称“三先生耕钓处”,纪念刘安节、刘安上与徐定超。我也是古永嘉人,既然点校过二刘文集,徐氏文集何乐而不为,就答应试试。《监察御史徐定超》提到徐定超有医学专著四种,除《伤寒论讲义》,尚有《素问 · 灵枢讲义》《内经注》刻本三种,各有明确收藏单位线索,我天真地认为,只要找到一本专著,文集内容必将大幅增加;而《徐侍御遗稿》《奏稿》《枫林诗铭》等,怕不能寄太大希望。

搜集佚文难于上青天。我网上搜索到几十条资料,朱则杰先生论文中有徐氏佚诗二题五首、佚文一篇。从浙江高校图书馆一个咨询网站打印出徐定超奏折《牟勉居乡不法》和《吴正伦开释》全文,《道员溺职》折约三分之一,下文还是同事吴凤仙和温州市图书馆王妍先后帮我印出的;另有朱深呈文半篇打印成功,可充附录;浙江巡抚增韫举荐徐定超任两浙师校监督的奏折用高校图书馆的机器搜索了三天无果,只得放弃。又从网上搜得曹元忠《三儒从祀录》卷一第八页有《协理京畿道监察御史徐定超奏》线索,但是温州所有图书馆都借不到该书,只得作罢。接着查找中国国家图书馆和浙江图书馆馆藏目录,都不见《内经注》和《灵枢 · 素问讲义》著录,垂询刘时觉教授,他认为三种专著已经散佚,令人大失所望。卢礼阳先生曾告诉我温州市图书馆新到《光绪朝朱批奏折》,或许有徐定超的佚文。《光绪朝朱批奏折》120 册,无著者索引,逐本翻阅,耗时两天,一无所获。奏折作者以大员为主,监察御史仅二三十篇,徐定超居然一篇也未收。

胡珠生先生以为徐氏后裔可能会寻找佚文,于是找到徐顺帆先生、郑小绰先生,但没有新发现。徐顺络先生决定陪我到外地继续寻找,先去杭州。

浙江图书馆孤山古籍部有徐定超《重修永嘉县学碑记》拓片两张，孙诒泽书；可是他们正在做数字化，做好的可以看，未做的无法使用，没有通融余地。论述《灵枢·素问》的书籍不少，却没有徐定超的讲义。原来浙江省通志馆图书已全部归于馆藏，编入目录，目录里找不到就是通志馆原来就没有。工作人员还帮我们查了中国国家图书馆目录，没有《内经注》，仅《浙江公学同学录》有徐定超名字。省档案馆与徐定超有关的只有一件通志馆档案，却没有徐定超的片言只字。顺络在另一台电脑上浏览地方志，翻到《温州府志》，让我看看，居然有徐廷超《补刻乾隆〈温州府志〉序》，署名前清京畿道监察御史，徐廷超必是徐定超无疑。工作人员为我们复印了 5 页资料，能收入文集的只有序文 300 多字。去杭师大校史馆，不出所料，毫无所获。我的同学林安君曾在浙江省博物馆见过一幅徐定超真迹，是教育内容，当时没有抄下来，徐逸龙先生后来去看过，只是书法作品。《温州读书报》曾刊登我的《杭州寻书记》一文，后来礼阳先生收到台州朱汝略先生寄来徐定超致何见石书一封，100 多字，凤毛麟角，已弥足珍贵。

永嘉徐定超研究会徐展东会长到北京出差，在中国国家图书馆复印了徐定超乡试和会试朱卷与《浙江留京同学录》叙，在第一历史档案馆拷贝了九篇徐定超的奏折和一篇王文韶等推荐徐定超的奏折。朱卷《监察御史徐定超》已有，同学录殆即北图目录里的《浙江公学同学录》，黄绍箕、陈黼宸、徐定超都曾任该校监督。寄来的邮件中《翰林院升途拥挤》《翰林院初制以备顾问》各有两篇，内容相同；《上海局董》等四篇《监察御史徐定超》已有，可用于校勘，另三篇为新发现佚文；王文韶的奏折可加入附录。朱卷邮件我没收到，未做校勘，仍是原书张宪文先生手笔。

徐逸龙先生勤于辑佚，他陆续把搜集到的永嘉、乐清、青田藏家珍藏的各种宗谱、图书、文件、实物中新发现材料的复印件、照片和打印稿用电邮源源不断向我发来，才使《徐定超集》的内容较为充实。徐先生还寄来"徐定超和《申报》"目录一份，是 1876—1924 年《申报》上涉及徐定超的报道 200 多件，嘱我去查原件。同事杨安利和邱西西又帮我搜得带版次的目录，提高了查找速度。从中还是找出 27 篇有用材料，另有两篇可充附录。同事王希又提供了一份《东方杂志》等旧报刊中徐定超资料的目录，其中一篇有大段引文可补充《兴复滇省铜矿折》的缺失。徐逸龙先生知道陈寿宸兄弟与徐定超关系密切，陈氏族人居住瓯海嶕川，可去访问，据嶕川线索在陈岙找到陈进东、陈成贤等先生，他们不了解陈寿宸，只有 2012 年新修的家谱，其中没有前人文章。陈岙陈氏源出白泉，白泉《陈氏宗谱》有光绪丁丑(1877)与民国戊午(1918)等版本，后者修于徐定超逝世当年，是寻找其佚文的极佳版本，可惜没找到。卢礼阳《〈徐定超年谱简编〉订补》中有几篇佚文，也都辑出充实文集。后来我们又从《杨青集》《永嘉金石志》《洪叔临哀挽录》《瑞安旧联今读》等书中发现一点资料。把搜集到的所有佚文输入电脑，有 70 来页，共新增 118 篇诗文，总算有点成效。

《徐定超集》分奏折、公文、朱卷、杂文、书信、诗歌、联语、专著和附录 9 部分，各体文章大体按写作时间先后排列。附录包括时人诗文、传记资料、后裔纪念文章、普济轮史料。所收诗文都重新整理，标点略有改易；能找到校本的也都校勘一过。专著《伤寒论讲义》选用 2005 年上海社会科学院出版社出版的刘时觉主编《温州近代医书集成》，是足本。传记资料中《徐定超年谱》是卢礼阳先生整理的，我曾将胡珠生先生《徐定超年谱简编》与《温州历史文献集刊·第一辑》中卢礼阳先生之订补合二而一，插入新发现材料简单叙述发电邮给卢礼阳先生，他又补充了许多新内容和谢作拳先生搜集到的资料，编成《徐定超年谱》发邮件给我，我又加上徐逸龙先生提供的福寿堂日商行凶肇事几篇和徐定超亲属诰封 11 篇。普济轮事件选自诸葛立淮、卢礼阳主编的《旅沪温州同乡会史料》，包括轮船失事 23 志，劫后余闻、广济轮船开往温州、海关审案 3 志，均录自当时《申报》。

2018 年 3 月，《徐定超集》上下两册 48.5 万字由浙江古籍出版社出版。我自知不是编写《徐定超集》的合适人选，散落民间或深藏收藏单位的佚文尚多，有待继续搜集，愿不久能读到更完整的《徐定超集》。

2018 年底，浙江古籍出版社《浙江文丛》选择部分《温州文献丛书》内容，另出竖排繁体字版，我点校的《刘安节集　刘安上集　许景衡集》在内。这为我提供了纠正《温州文献丛书》版本中错误的机会。2019 年 3 月与出版社签订《图书出版合同》：国庆节前交稿，六个月后出版。整理本书所用底本都是上海古籍出版社出版的文渊阁本《四库全书》，校本都是瑞安孙氏刊本《永嘉丛书》，按作者时代的顺序排列三种文集。整理《温州文献丛书》所用的底本与校本的复印件及稿件的几次修改本仍在，为重新整理带来了极大方便。卢礼阳先生为我发来电子文本，直接转换成繁体字，节省了大量时间。

我再次仔细阅读陈增杰先生的审读意见，用底本、校本与简体字本对校一过，问题还真不少，讹字、脱字、衍字都有，标点也有欠妥当处。由于繁简转换导致的错字有90来个，如"斗"变成"鬥"、"咸"变成"鹹"、"卜"变成"蔔"，要逐字更正。全书共修改文字错误71处，其中讹字52处，多同音、形近致误，改字号4处，增脱字6处，删衍字6处，倒字改乙3处；修改标点260处，其中改标点33处，增标点34处，删标点193处，如书名号、引号之间，商周、孔孟等字之间的顿号，原《温州文献丛书》规定为讹字、衍字、脱字所设3种标点109处均予删除，讹字径改，衍字径删，脱字径加；修改校记223处，其中删通假字校记55处，删异体字校记4处，通假字、异体字不出校并非我的发明，《中华大藏经(汉文部分)·续编》就是这么处理的，删多余校记7处，加判断语69处，增加脱漏校记85处，改误字2处，改繁体字1处。附录部分也遵嘱不再细校。

因近几年未发现三先生佚文，文集无由补充；在卢礼阳先生微信中见到《京师珍藏》第16期杨健先生一文，中有孙衣言、孙诒让乔梓题记与跋，原书未收入，经与图片互校，特录出加入《刘安上集》附录中。

8月30日，繁体字本《刘安节集》《刘安上集》《许景衡集》稿件用电子邮箱寄出了，据说年底就能出版，真如此，可谓神速，且拭目以待。

2019年10月30日

熹微前路　一鞭清旭

——我的从学问学征程

陈增杰

陈增杰

一、简　历

陈增杰，曾用笔名欧公柳，室名豁蒙楼。温州市鹿城区人，1942 年 7 月 2 日生于永嘉县白岩村。1965 年 8 月，浙江师范学院中文系本科毕业，分配至温州师范学校（后改名温州师范专科学校、温州师范学院，今温州大学）任教。是年 10 月，抽调参加浙江省农村社会主义教育工作团，赴宁波地区农村进行“四清”工作，历时一年。

1977年7月，参加国家重点科研项目《汉语大词典》编纂工作，担任温州师专(后改名温州师院)编写组副组长、浙江省编委。历时九年，为该书第一卷、第二卷、第四卷主要编纂者。1982年起至1999年，应聘为《辞书研究》特约撰稿人。1984年，获温州市先进工作者称号。1985年，大词典工作结束，回到中文系古典文学教研室，讲授“中国古典文学作品选”和“中国文学史”课程，为高年级学生开设“唐宋格律诗研究”专修课，兼任院语言文学研究室主任、南戏研究室主任。1989年病后复出，调入学报编辑部工作。同年，获温州市首届专业技术拔尖人才称号。1991年，参编《汉语大词典简编》，任编委。1993年经浙江省出版专业人员高级(正高)职务评委会评审通过，任职编审。1994年起担任《温州师范学院学报》编委会副主任、编辑部主任，主持学报工作，任院学术委员会委员。同年4月，赴京参加《汉语大词典》胜利出版庆功大会，受到江泽民、李鹏等国家领导人接见，荣获新闻出版署颁发的《汉语大词典》荣誉证书。2001年5月起，应聘参加《温州文献丛书》纂修工作，任副主编，前后六年。

2007年8月，从温州大学退休。2011年，承聘担任《温州通史》顾问。2012年12月起至今，应聘参加《汉语大词典》第二版修订编纂工作，担任编委、分册主编，参与编委审稿，并承担第三册主编定稿任务。

曾从夏承焘先生学习唐宋文学，从梅冷生先生读书，从苏渊雷先生学习诗学，从蒋礼鸿先生学习训诂学。与郭在贻、吴战垒、王嘉良为学术切磋之友。平生以教学、编辑和读书著述为乐。主要从事古汉语训诂学、中国古代文学研究，擅长辞书编纂和古籍整理校注。中国训诂学研究会会员，中国历史文献研究会会员。在各学术期刊、高校学报发表词语训释、辞书编纂、古文献校理和古典文学研究文章计200多篇。出版专著有：《汉语大词典论集》(2001)、《唐诗志疑录》(2007)、《陈增杰集》(2011)、《豁蒙楼散稿》(2019)、《宋元明温州诗话》(2020)；古籍整理校注有：《永嘉四灵诗集》(1985)、《宋代绝句六百首》(1986)、《唐人律诗笺注集评》(2003)、《林景熙集补注》(2012)、《李孝光选集》(2014)、《李孝光集校注(增订本)》(2016)。另完成书稿二部：《汉语大词典修订丛稿》《宋元温州诗略》。

二、传　略

（一）童年和初中

1942年7月9日日寇第二次侵占温州（第二次沦陷），循照国民政府的“应变计划”，全城绝大部分市民于敌军入境前各自疏散下乡。父亲带领全家老少逃难到永嘉县楠溪沿岸白岩村，7月2日（农历五月十九日）那天，我出生在一个农户家。虽然在离乱颠沛中，全家还是非常高兴；因为此前母亲连生三位姐姐，三姐因此取名千千，希望能“牵牵转”，添个男丁。这家农户后来与我家常有往来，白岩伯每年都会带上山货到我家住上几天。1951年我十岁时，母亲和三姨也曾带我到出生地白岩村回访，我记得坐小船横渡瓯江自楠溪溯流而上，到了西岸一个埠头然后走很长一段小路才抵达。

显考讳伯钧（1903—1992），艺文中学毕业，以会计为职业。民国时供职于温州六益油行，任驻沪办事处主任，很得老总信任，待遇优厚。父亲是个有文化的人，所以十分重视子女的上学教育，竭力培养。我于1948年秋入读温州市沧河小学，1954年夏毕业，也没经过升学考试，即报名就读离家较近新创办的温州市第三中学。三中校址位于九山湖畔（即今籀园小学处），风景秀丽。在这里度过两个学年，初三时搬到了小南门新校舍。

从小学五六年级起，我便喜欢看课外书，学校没有，就到市图书馆借阅。市图在沧河巷，离我家不远。限定只能借取一册，手续挺麻烦，窗口又十分拥挤，很难借到自己喜欢看的书。虽为如此，但我等还是乐此不疲。小学时读的有《卓娅与舒拉的故事》《古丽雅的道路》《青年近卫军》《新儿女英雄传》等。初中时则喜读古典小说，如《水浒传》《说唐》《今古奇观》等。我外公家藏有好多旧武侠小说、演义（外公说是我已故舅舅年轻时购置的），如《峨眉剑侠传》《七子十三生》《乾隆游江南》等，这些书图书馆是禁绝的，同学中则成抢手货，相互传看。

辞典虽然不是供阅读而是供查检用的，但我少时却有过一段“读辞典”的经历。上初中时，家藏有一部商务印书馆1915年版戊种本《辞源》，上下二册，蝇头小字，而我如获至宝，如饥似渴地将它逐页翻阅，还从中摘抄一部分词语典故条文，像“近水楼台”“云峰阙处涌冰轮”之类成语诗句就是那时候记诵的。这部辞典，给我打开了宽广的大门，提供了丰富的语文历史知识。

那时的初中语文课本，分为文学和汉语，分别授课。文学课本厚厚的一册，文学性、知识性都很强，内容丰富，很受同学们欢迎。我喜欢上唐诗，也是从文学课开始的。但是借不到像《唐诗三百首》那样顶普通的读物。直至上高一时，我才买到一本上海文艺出版社新出的《唐诗三百首新注》。

2001 年 11 月，同班好友许顺申兄自美国还乡见访，偕寻三中旧址，因忆同学少年事，感赋四章，有云：

野水春云景趣幽，落霞潭畔昔曾游。重寻快乐读书地，上课钟声耳际悠。

桌间递纸猜灯谜，墙角开畦种大头。最是退班[①]铃响后，操场竞逐小皮球。

当时课外活动多种多样，包括园艺，我与黄颐云、朱加飞于校园僻角垦种大头菜，喜有收获。校无足球，课间课后以踢皮球为戏。那时的初中，作业负担不重，更无苛繁的“补课”，没有应试的重压，上学读书是活泼泼地充满着乐趣。

（二）高中

1957 年夏初中毕业，时无统考之制，由毕业生自择高中的学校报名，各校自行出题招考。我报考温州一中，顺利录取。才读完一个学期，运动来了，第二学期整个年级搬迁到江北岸农场，实行“勤工俭学”，一边种田，一边教学。见此，同学们纷纷辞学，时称“流生”，几乎走了一半，一年级原 11 个班经重新组合只剩下 6 个班。我没有离校，背起铺盖到了江北（今瓯北），上午上课，下午下田劳作。为了响应“大跃进”“放卫星”的号召，种试验田，“深耕”出高产，于是挖地三尺，将上层肥沃的表土填下去，把下层不毛之青泥翻上来，这不是胡闹吗？可没有人敢说做法不对。三四个人一组，拿个榔头什

① 退班，温州方言，下课。

么的，到附近山头敲敲打打，所谓全民探矿，为“钢铁元帅升帐”供料。时常半夜吹响哨子，起来挑灯夜战，说是夜以继日，“一天当两天”，进行“学比赶超”。而教学的内容，绝对政治化、概念化，如语文课，连篇累牍都是《人民日报》社论或评论员文章之类，委实索然乏味。就这样在江北折腾了一年，至高二下学期，我们才回迁到市区蝉街本部。

高中阶段的进展，一是对文史渐感兴趣，二是作文大有长进。逐渐偏好文科，尤其喜好古典诗文，《古文观止》《杜甫诗选》《唐宋名家词选》等是我熟习的读物，其中许多名篇背诵如流。古诗文之外，我还爱看鲁迅的作品，读了《呐喊》《彷徨》《故事新编》《野草》《朝花夕拾》和十本杂文集，认为鲁迅的小说、散文（包括杂文），富有睿思精见，深刻凝练，时带幽默；在现代作家中，能够让人复读不厌的恐怕也只有迅翁了。

写作的进步，则是从写诗开始。1958 年掀起一场新民歌运动，受其熏陶，我也尝试创作，并陆续在《温州一中》校刊和《温州日报》《浙南大众》副刊发表，有一首还登上《浙江日报》，因此很受鼓舞，且还时有稿费的收入。班中同学都称我为“诗人”。三十多年后，与同班王显椿兄（温州建筑设计院院长）重逢时，他竟还能一字不差背出当时我写的一首俚句（我自己早已记不得了），并当场写了出来。

高中对我最有影响的是王梅奎、黄立中、张延彪三位老师。王老师是高一班主任，教语文，当时班级宣传演出快板道情等都是王老师让我起稿的。有一次说：“增杰诗写得蛮不错，唯文章还得加把劲。”王老师不甚经意的这句话，却让我记住了，决心发愤努力。我看了好多谈写作经验的文章，颇得启示。文章是凭借语言来表达的，所以得从学习语言入手，须广积词汇，掌握用法。我准备了一个小本子，随身携带，阅览中看到新奇的说辞、精妙的句子、生动的词语，随手抄录。我课外的阅览兴趣十分广泛，除借阅的图书外，还有众多出版的期刊（文学类）、报纸副刊等。我几乎每星期日便到市图书馆阅览室，借阅已经按月装订的旧报，翻看《羊城晚报》《新民晚报》《中国青年报》的副刊；星期六的晚上便会到五马街市工人文化宫三楼阅览室阅览陈列的各种文艺期刊。黄老师订有《文学评论》《文艺学习》等刊物，我经常借回来看。如是日积月累，一年下来，便记满了好几本，时常翻阅，日久即能潜移默化，灵活加以运用。像“藻思绮合”这样的词语，富于表现力，弄懂它的意思，就很想驱遣于笔下。这方法固然"笨"，但却实际管用。到了高二、高三，黄、张老师先后执教，我的作文就被举为范文在课堂讲评时诵读。1959年，获得全校"庆祝建国十周年征文比赛"一等奖(仅一名)。

那时，我还为市图书馆办的《读书园地》和大众电影院(五马街)办的《电影与观众》专栏写稿，常见刊登。为市图写的是有关读书的体会，为影院写的是影评文章。写过一二篇后，即成了通讯员，大众影院往往会邮寄赠送本地影院放映新片的影票，所以那几年我看电影基本上免费的，而且是最先场次的上好座位。

(三)我的大学

高中毕业，参加1960年的高考，为杭州师范学院中文系录取，颇有点失落之感。然而，更让人失落的还在后头。刚到杭州体育场路报到，连慕名已久的西湖还未及认识，随即被转送到一个很偏僻的村庄——里桐坞(从留下过去还得步行40分钟)。那是为了贯彻"教育与生产劳动相结合"的方针，按照大学要搬到农村去的指示，中文、数学两大系便成了试验品。这本是一所改名成立不久的高校，充满活力，发展很快，两年后改名浙江师范学院。尽管如此，还是避免不了坎坷的命运。在我毕业后的1965年，整个学校被下放到金华，失去了地域的优势；"文革"中更遭肢解，一分为三，拆为金华、丽水、台州三校。后来虽然恢复了，但已经元气大伤。相比同时办的江苏省四所师范学院却都风雨无摧，蒸蒸日上，直有天壤之别，令人感慨系之。这是后话不提。

课堂教学尚见秩序，只是环境条件太差。农户家的一个堂屋，格子铺鳞次栉比挤在一起，全班三十多个男生就在里安顿。吓唬人的是，南面窗沿下放置着主人家一口黑漆寿坊，无有遮掩，就这样与我们这些鲜活的年轻生命朝夕共处。要在现今，这是绝对不能接受不能容忍的，可我们却只能无奈地默默忍受着。

上课之余，我继续着诗的爱好和写作，时有诗作投稿《杭州师院》院报和《浙江青年报》，蒙获发表。班中跟我最合得来的同学是严志南，宁波人。我住下铺，他居上铺，两人都嗜好文史，他兼事篆刻书法，情趣相投，无所不谈。当时正处国家困难时期，我们是三餐食粥，还是填不饱肚子。由于营养不良，我又体质较差，得了浮肿病，每天分到一个很难吃的糠团。

在乡下过了半年，第二学期得到回迁。新校舍未竣工，中文系被临时安排在城内一处旧厂房。开学不久，上头落下文件，说是为减轻国家财政负担，按百分之二十的比例裁汰高校在读生。遭辞退的大抵是一些家庭成分不大好、被认为政治思想上不那么积极的同学。志南君也在其列；而这时我因体检胸部透视查出有阴影，办理了休学，决定回家养病。我们就此黯然执手辞别，书赠志南云："此别真须各努力，何时共与细论文?"后来我们多次重晤，他还给我刻制"增杰述作"等印章。

休养了半年，身体差不多恢复。家中经济拮据，很想找个工作，小学代课教师也罢，然联系有关部门，均无结果。路上逢到一个同学，说母校一中近有登记就业。于是立即去报名，没多久被分配到温州市土产公司，一起报到的有同届前届的十多个同学。学徒身份，三年出师转正。我被落实到业务股，也没什么专业，跟一位老员工，掌管毛竹、黄麻一类物资的调运分配，坐办公室开开发票，时到仓库核货。日子就这样无忧无虑、浑浑噩噩地过去。突然有一天，人事科召集开会，说："政策有变，你们这些人今后转不了正，都是临时工，公司也很无奈，特先为告知，去留悉便。"这无疑晴天霹雳，打击很大，不能不考虑另谋出路。因此我想到了再去上学，经与家人商量同意，即刻驰函杭州师院教务科，申请复学，并附上医院胸部复查报告单。这时春季开学已经过去快一个月了，心里忐忑不安。庆幸的是，教务处回函说："你的复学申请已经逾期，但还是同意复学，望赶快来校办理。"这样我即赶赴杭州复读，时在1962年4月初。现在回看，这确乎是我人生历程的一个重要转折点。世事幻出不测，一个突发事件往往能改变你的生活轨迹，改变一切。

到杭后很快适应了学校生活。大一写作课布置的习作是关于读书的题材，自由拟题。我交上一篇《漫谈读书》的文章。任课毛节成老师讲评时说，有三位同学写得很好，第一位是陈增杰同学，请陈同学站起来认识一下。大家都注目惊视，因为我是刚刚坐进教室的插班生。下课后班长沈志庭特意过来，借阅我的作文。我看到校学生会办的《群声报》(黑板报周刊)发表的一些诗词，标称"七律""调寄念奴娇"等，都不合格律，或平仄失粘，或韵脚出韵，或对偶不工，有点不伦不类。我先前于诗词一道有过揣摩，稍具这方面的知识，于是写了一篇《谈古典诗词的格律》小文，说明近体诗和词的格律要求，如七律的平仄、押韵、对偶，词调的定句、定字、定声、定韵，指出写作者不懂格律，胡乱凑合字句，便加以标榜，反映了一种浮夸的作风。文章迅即刊登出来，这是低年级同学对高年级老大哥提出的批评，站着看的人很多，感觉新鲜。也可能因小文，此类冒牌的诗词尔后在黑板报几乎绝迹。

1962 年秋季开学，中文系从体育场路搬到文二街分部，从此开始度过了我大学生活中两年多最为精华的阶段。班级中最为投契的是王嘉良，与我同龄，上虞人，专攻现代文学，写得一手好文章。我们彼此相惜，情谊深笃，毕业后继续在各自的研究领域砥砺前行。嘉良说："我们班上的同学，后来在学术上一直走下去的，就是我与增杰二人。"(《王嘉良学术文集·自序》)他后来在现代文艺思潮、地域文化和鲁迅、茅盾研究中取得非凡成就，2011 年出版的 12 卷本《王嘉良学术文集》便是明证。

大二起开设的重要课程是古代文学，最有难度，许多同学视为畏途，却正为我所喜好。这门课要上两个学年，第一学期先秦两汉，第二学期魏晋南北朝和唐前期，第三学期唐后期和宋元，第四学期明清和近代。我被选为课代表。教材是朱东润主编的《中国历代文学作品选》(全 6 册，那时还只有前 4 册)。我嫌其注释尚较简略，也不满足老师课堂所讲的内容，课余寻读北大游国恩主编的《先秦文学史参考资料》《两汉文学史参考资料》等书，作为补充。参考资料的特点是注释详尽，且有深度，于疑难异说广征博引，然后加以按断，富有启示。二十多年后，我编撰《唐人律诗笺注集评》，就是借鉴了参考资料的这一方法。我对先秦这一块特别用功，置备了铜版《诗经集注》、袖珍本《四书集注》(主要读《论语》)、商务版《左传》(杜林合注)等几种要籍，作为选读用书。

大三开课的古代汉语，亦为我所喜好。主课宋文翰老师(系副主任)，为《辞源》纂修者之一，他教的是自编的《古代汉语》讲义(油印本)，王力《古代汉语》为主要参考。古汉语中的虚词，蕴义繁多，变化复杂，是学习中的一大难关。宋老师教给我们一个方法：先是将主要虚词的各种含义用法进行排比归纳，各举例句；然后精选 15 篇古文辞，专释其中的虚词，让大家熟读以至背诵，达到能迅即确切讲出其中任何一个虚词在语句中的意义。这种概念加实例、理解加记忆的专业化反复诵读训练，果然有效，经过一段时间的诵习,我已基本掌握主要虚词的用法,阅读中不再感到困难了。

主讲宋词的叶柏村老师,善吟诵。课堂上一首词(名篇)讲完,便会吟诵一遍。他的音质浑厚,音节铿锵,抑扬顿挫,有点京韵的味道,很受同学们欢迎。词,本来就是供歌唱的,按曲作词,故称填词,只是曲谱后来失传了。所以宋词的吟唱,特别是吟得好听,富音乐感,即使从今天来看,都是绝活。我与一些同学想加以学习(我那时是班级学习委员),经宋主任批准,向学校有关部门借来当时还很稀罕的录音机,到叶老师书房录制十多首,如范仲淹《渔家傲》、苏轼《水调歌头》、辛弃疾《水龙吟》等,课余在教室、寝室播放。后来还跟几个同学扛机到夏承焘先生家录制,夏先生很有兴致,吟了苏词"明月几时有",我们想试放以听效果,结果录音机坏了(可能在途中扛着走时受损),放不出来,扫兴而归。但是我已将叶老师的十来首词的吟唱学到了手,在班级联欢会作为节日表演,得到人家认可。曾吟给夏先生听;回温后,也曾吟给梅先生、苏先生听,都认为雅正而别有韵味。

王冥鸿老师上明清和近代文学课。王老师是古典文学教研室主任,学识渊博,谈论风生,大家很喜欢听他的课。他为人坦诚爽朗,容易接近,故我常至居室拜访晤谈,启益良多,也时将诗词习作呈教。他用红笔一一批阅,或作删改,或加圈点。1964 年暑假,我回温一趟,其间写作七律《谒江心文天祥祠》《东海上作》二首。前一章云:

> 烽火当年一叶舟,南行万里走东瓯。孤臣半壁撑危局,双塔中川镇乱流。高木尚腾奇士气,惊涛尽洗古人愁。喜看碑表云头出,凛凛英风江上留。祠侧为革命烈士纪念馆。

回校后抄呈王老师过目,他看后大悦,谓三句"撑"可改作"支",颔联及五句、结语并佳。又说:"'士别三日,当刮目相看。'不想这个假期,让你的诗有长足的进步,可喜可贺!"在我结业离校时,王老师赠诗云:"知君课余爱吟诗,旧格新姿气韵奇。莫负倔强弍枝笔,风雷时代扫魑魅。"我毕业后,王老师就退休了。

乡贤夏承焘先生是我心仪已久的大学者,第一次往谒我也记不得了,可能是经游汝杰兄(夏是他的姨父。他在师院中文科,我在中文系)的绍介。我就读的浙师院分部在文二街,与夏先生所居道古桥杭大教工新村不远。我很感不安,说唯恐耗费先生宝贵时间,夏公连说:"不,不,我们的交流是互相的，我也从你这里了解到许多信息和时论舆情。”自此访见连续不断（有时也偕与嘉良、存江等同去），直至毕业。

夏先生谈话的内容十分广泛，如说《玉楼春·京邸夜迎弘翁》词写作经过；为济南辛弃疾、李清照纪念馆撰联缘起；岳飞《满江红》词真伪问题；陈亮自浙江东阳访辛弃疾于江西铅山，道途艰难之不易（谓尝亲经行此条线路）；听盖叫天谈演艺、黄宾虹谈画艺，多有启示；鲁迅旧诗中，当以“曾惊秋肃临天下”为第一；等等。又谓：毛主席《如梦令》词“宁化清流归化，路隘林深苔滑”，似若随笔写出，实见匠心。不仅巧裁地名，二句两字一顿，极具节奏感，复现了山岭间紧急行军的急迫情景。又谓：曾与陈毅副总理谈书法，陈云曾亲见毛主席临摹古帖，当是宋人写杜甫《秋兴八首》书帖，草体。又谓：陈翔鹤的历史小说《广陵散》，写得很好，我在开会遇见时曾向他谈起；后来他寄给我《陶渊明写挽歌》（也发表在《人民文学》），看过后感到大不如前篇，不知是何原因。还谈起一些趣事，说：一次，陈毅副总理招宴予与熊十力、马一浮、沈尹默等六人。熊、马向来不和，陈老总有意调和，予从旁打趣云：“二公姓名恰成一副妙对，天造地设，岂无缘分！”举座皆大笑。

先生诲人之道方式多样。他不时将一些论文稿（有些是研究生毕业后撰写寄阅）交给我看，问有何看法。因为先生有“谈意见”的任务，所以得仔细阅读，有时还要翻翻查查。交谈时，我说的有些道理，先生即颔首肯定；说的不对，也不马上否定，总是婉转地笑一笑。《人民日报》1965年元旦和《红旗》杂志发表胡乔木《词十六首》，全国传阅。先生说：王季思在中大给师生讲解，印成《胡乔木同志词十六首注释》，见寄就商，我意何不直接请教作者本人，所以就转给了乔木同志（胡来访时留有地址）。很快接到胡的复信，在注稿上密密麻麻做了修改。他说原本尚未转交，你可以拿回去看看，比较一下作者原意与注者的解说有哪些不同的地方，于中可能会有所启悟。我看到油印本上，打上蓝括号的是给予删裁的原注文字，红括号的是作者添改的文字。我把这些内容都抄录下来，细细加以揣摩。

先生鼓励奖掖后学的精神，让人不忘。我与一位同学曾谈了对《唐宋词选》注解的一些意见，先生很有兴趣地听取。他认为青年学生直接从读者的角度提问题，最为实际明确。（《天风阁学词日记》1964年4月27日：“夕陈增杰来谈《唐宋词选》。”）过后不久，中国青年出版社准备再印此书，先生便将修补工作交给我俩去做。我们两人花两个多月时间，写成斟补稿三万多字。先生看后并与盛静霞先生商议，决定将补注稿附于书后出版，寄给了出版社。但尔后“文革”开始，此事自然搁置了。多年之后，先生回温小住，我去拜见时，特提起该书补注之事。先生说出版社的补注稿丢失了，问我是否存留底稿，我说已经没有了，为之感叹。这不过是很小的一件事，但先生的真诚、认真和虚怀，足令感动。

夏先生的治学方法，我体会最深的是两点。第一是通读原著。他认为写文章讨论问题，必须接触第一手资料，这样才能立于不败之地。没有通读原著者的全集，了解同时代人的述作，怎敢下笔著论？他说苏轼的作品博大精深，有待探究的东西很多，可以考虑作《东坡七集》人物、词语的引得（《天风阁学词日记》1965 年 7 月 3 日“夕陈增杰偕歙县许君来谈文，劝其作苏轼全集索引”），从最原始的方面做起，既有益于人，也可充实自己，使立题作论有坚实基础。只是毕业后运动频繁，这个工作始终没有去做；但先生教给我的研读全集治学之道，还是能够身体力行的。第二是勤作笔记。先生时时谈到，勤读书，还须勤作记。除了眼勤，还须手勤笔勤。他说自己的词人年谱，就是几十年来读了几百种文集笔记杂著，钩沉史料，寸积铢累写成的。这一点对我影响也很深。后来参编《汉语大词典》中，更养成阅览遇有疑难或有价值的资料随时记录的习惯。

晚岁到杭，曾访西谿浙师院旧址，感赋一绝，奉寄嘉良诸学友，有云：“负笈西谿共砚时，晨窗苦读恨熹微。老来寻步谿西路，闲倚斜阳悟昨非。”

（四）社教和“文革”

1965 年夏毕业，分配至温州师范学校。语文组急需教师授课，争取挽留我；但省里规定，本届大学毕业生全部赴乡参加浙江省委农村社会主义教育工作团锻炼。我们先集中省干校训习一个多月，经受“查三代”（家庭出身）的审查，肃清资产阶级思想，然后下乡从事“四清”运动。我被分到宁波慈溪县的一个大队，住在贫下中农家，不过已经放宽许多了，工作队可以自行开火做饭，吃饱不成问题。工作队有严格的纪律规则，日间学习政策文件，有时参加劳动，晚上召集农民开会，发动贫下中农群众起来揭发干部贪污腐败走资本主义道路问题，展开批判斗争。

1966年2月，在慈溪有《敬呈王冥鸿师》作：

蘸干心血与栽培，老去垂盲气未衰先生目疾近盲。已自白头染日月，还教彩笔扫风雷。西湖春水年年绿，东国红桃处处开。寰海风云正激荡，昆仑顶上泻琼瑰。

王师复函称曰："赐诗气格雄健，琢句工稳，置之老手中，殊无多让。"又谓将诗作给一位老友看了，亦甚赞许，唯以为"三句'染日'可改为'侵岁'；五句'年年'可改为'朝朝'"，并附次韵和作：

九畹滋兰着意培，园丁气力今全衰。惭无大化沾苗雨，喜听春风动蛰雷。四海波涛撼地起，万家葵藿向阳开。雪中快读雄奇句，气似长虹笔似瑰。

我即奉函表谢，这四个字确实都改得好。又寄去《金缕曲·观革命现代京剧〈红灯记〉》词，下阕云："男儿到死心如铁。有朝阳，胸中喷薄，顿消冰雪。极目人间花吐艳，何处豺狼猖獗，风雨过、山河荡涤。彩笔殷勤开生面，听曲终满座衷肠热。灯高举，继先烈。"王老师回函称："大作收笔恰切不泛，情境兼到，语意俱佳。"并寄同调次韵和篇。

6月间，"文化大革命"风暴逐渐刮到乡下，9月1日工作队宣布休假一个月，12月25日接到通知工作队全部撤走。1967年1月，我回到温州。这时道路上游街盛行，一队队戴高帽、攥头发、胸口挂牌的游行队伍，络绎不绝。被游者大约四类人：走资当权派，包括市委书记、市长、公安局局长等；坚持反动路线者，多为工作队队长等；铁杆保皇卒；现行反革命分子。街头大字报、散发的传单极多，充斥各类秘闻消息。学校早已停课"闹革命"，我被抽到《红卫兵战报》工作。校内几个社教归来的同事为顺应潮流也组织战斗队，推举我起草"宣言"。接下来便是造反夺权后分化的两派之间的"路线斗争"，激进一派称"工总"(工人造反总司令部)，稳和一派称"联总"(各界造反联合总司令部)，兵戎相见，势不两立。各有系统，各得支持，全国如此，这便是所谓的"武斗"时期。

我对这类无休止的"革命斗争"颇感厌倦，跟大多数人一样对整个国家长期不搞经济建设日感不满，于"将无产阶级文化大革命进行到底"的"伟大号召"也逐渐失去热情和兴趣。从1968年开始，我便将富余时间"躲进小楼成一统"，用来读书。那时温师图书馆尚可内部出借，于是陆续借阅子部《诸子集成》(8 册),史部前四史(中华书局校点本)、《通鉴纪事本末》,集部《靖节先生集》《杜少陵集详注》《昌黎集》《柳河东集》《玉溪生诗笺注》等。1971 年秋,我想系统深入地细读几种先秦经典,于是经人介绍谒见梅冷生先生,得到了他的指导,并从市图书馆古籍部陆续借得各种要籍。读先秦典籍,离不开前人笺注。我的方法是将几种不同的注本对照起来合读,而且抄摘笔记,这样能够广开思路,解决疑难,真正读懂。我读《诗经》,除通行的毛传、孔疏、朱熹集传外,还看陈奂《诗毛氏传疏》、马瑞辰《毛诗传笺通释》、吴闿生《诗义会通》等,认为马氏《通释》最富精义,近人余冠英《诗经选》的注多采取之。作《诗经笔记》20 本。我读《楚辞》,除王逸章句、洪兴祖补注、朱熹集注外,还看王夫之《楚辞通释》、戴震《屈原赋注》、蒋骥《山带阁注楚辞》、闻一多《古典新义》等,认为闻氏《新义》最多新解。作《楚辞笔记》11 本。我读完《左传》的几种重要笺注本,如杜预注、孔颖达疏、林尧叟句解、顾炎武补正、洪亮吉诂、沈钦韩补注、吴闿生发微后,仍感尚存一些疑惑不解之处,进而借阅近代日本学者竹添光鸿撰纂的《左氏会笺》(15 大册),始得通晓全书(我在文章中称竹添氏“诚左氏域外之功臣也”)。作《左传笔记》9 本。我后来对上海人民出版社 1977 年校点本《春秋左传集解》的断句、标点提出批评(杨伯峻先生阅拙文后称“所言皆获我心”),依凭的就是当年研读所作的笔记。直至最近,在《汉语大词典》二版审稿和定稿中,对一些条目释文引证《诗》《楚辞》《左传》书例所作订正,这些笔记仍派上了用场,发挥有效作用。

“文革”后期,学校复课招生,我先是在新成立的初中部当班主任,教了近一个学期课;接着调至刚恢复的函授部,负责各县在职中学语文教师的进修辅导,编写《马恩列斯著作选读》《毛泽东著作选读》《中国古代文学作品选读》等,赴乐清、瑞安、平阳、洞头等地巡回授课;1975 年,与语文组同人合编《法家诗词选注》(由我拟定选目、写作后记),实是借“法家”的名义,突破禁忌,让学员读一点古典诗词。印行后颇受欢迎,王景逊先生对其中王夫之“彩云歘倏散还休”诗的评释大为称赏。“四人帮”粉碎后,抽调到温州地委宣传部理论组,写作“大批判”文章。总之,一切服从调配,什么都干。

(五)参编《汉语大词典》

《汉语大词典》(以下简称《汉大》)是一部代表国家水平的特大型汉语词

典,列为国家重点科研项目,由华东六省市协作编纂。1977 年 7 月初,组建《汉语大词典》温州地区编写组,获召入组,自此开始了长达 9 年的词典生涯。1979 年 8 月,改名温州师专编写组,副校长马锡鉴兼任组长,我任副组长,负责具体编务。1980 年 10 月,增补为浙江省编委。1984 年温州师范学院恢复,易名温州师院编写组。

1978 年 12 月至 1979 年 5 月,浙江省 5 个编写组通力合作,首先完成《汉大寸部释文初稿》,由上海编纂处印行征求意见。这是《汉大》刊行的第一个初稿本,有筚路蓝缕之功,对打开编写工作的全局起到了很大的鼓舞推动作用。笔者参与了寸部编写、复审、讨论、定稿的全过程,深感荣幸。接着参与[巾、山、手]及[一、人]部编写,共计撰稿 3200 余条;审阅编写组[巾、山、戈、支、户]部初稿,参加省词办[己、廴、幺]部复审和编纂处[二、人]部复审定稿,共计审稿 8000 余条。按例署名《汉大》第一卷、第三卷、第四卷主要编纂人员。1994 年 5 月 10 日,应邀出席在北京人民大会堂举行的《汉语大词典》编纂出版胜利完成庆功会,受到江泽民总书记、李鹏总理和丁关根、李岚清、李铁映等党和国家领导人接会,合影留念。江总书记说:"《汉语大词典》的出版,是全国文化界、学术界、出版界、教育界一项丰硕成果,感谢你们为祖国文化建设做出了这一有历史意义的贡献。"当晚中央电视台《新闻联播》和次日《人民日报》及首都各大报均以头版头条新闻做了详细报道。

关于《汉大》编纂的收词原则、词义区分和书例引证等若干问题,我在多篇文章中表述了以下观点:(1)收词多多益善。大型语文词典应该兼具规范词典和备查考词典的功能,既要考虑语言的规范化问题,更要重视词典的研究价值、使用价值和资料价值。我个人更加看重解释原则。因为《汉大》是一部历史性特大型词典,它以通古融今、荟萃词汇源流为己任,为高层次的学术研究和广泛的查证提供服务,具有语料库性质。它在收词上当然应该注意词汇规范问题(主要是防止误收、滥收),但如过多地从是否固定成词的语法角度考虑而颇加限制挑剔,只会自缚手脚,势必会丢弃许多有价值的语言资料,造成很多缺漏,影响大词典的广博内容和研究使用价值。特别是对于古代词汇的收列,更不能从现代汉语的一些标准和概念去衡量,凡是一般读者不易看懂需要解释的辞藻、词组、短语(四字格)等,都应从宽收录。

(2)细致区分词义。《汉大》是一部反映汉民族语言全貌的详解词典,一方面要借鉴前此所有辞书，订正错谬，吸收合理成分；同时又要尽量运用新的繁复的语汇资料，努力挖掘字词的意蕴，细致地辨析区分词义，使义项收列齐全。字词的意蕴和用法繁多，是语言发达的标志之一。汉语历史悠久，著作繁宏，极富表现力，这一特点在大型详解词典中应有最集中最突出最全面的体现。《辞书研究》曾展开“辞书编纂中国化”问题的讨论，笔者应约撰文，在《大型语文词典编纂中国化之我见》中曾作陈述：“一般地说，抽绎词的基本意义，选择归纳几个重要的或常见的义项，这种对词义作粗线条式的处理，比较容易办，不唯有以往的辞书可资借鉴，而且可以避难就易，有所删略不顾。词典编纂者最感困难繁重的工作，在于根据大量实际的语言材料，把各个词的众多意义罗列齐备，概括周全，分析词义的细致差别，恰当地确立和区分义项，并且通过适当的安排以显示这些意义在历史发展中的演化变衍过程；同时又要做到义界清晰，条理明达，避免义项间的相互交叉重叠。而这正是详解性民族语文词典释义中的重要课题和所要努力完成的任务。”

(3)如何处理孤证。《汉大》举例要求体现源流，一条词目或一个义项一般以引援三或四例书证为适宜，时间上兼顾上古、中古和近现代。这即是所说的“源流并重”原则。所谓孤证，指词目或义项只有一条书例。孤证自然不够理想，应该尽量避免。但由于彼时语料搜集主要靠按书收词，手工制卡，掌握有限，所以在编纂中经常遇到一个词语或词语的一个用义只有一张卡片，即孤例。对于这类孤例是否入目立义，编写人员的处置不尽相同，或取或舍，各持理由。但随着进程的深入，经过相互交流和讨论，认识上渐趋一致。所谓孤证，分析起来不外以下两种情况：一是其语其义其实不孤，只是我们囿于所见，尚未找到旁的用例；二是其语其义或许就是孤例，流传下来的著作中可能只有一个作者用过一次。前一种情况无疑占绝大多数，自然不能轻易丢弃；即或属后一种情况，那也是历史的存照，不能随便将之拒于门外。故而，于孤例之处理，通常做法是：凡属词义明确（不模糊、不导致歧义）、义界清晰（不与其他义项交叠）者，予以收列。执行上古例从宽，今例从严。

这段时间，结合编写实践，展开了训诂学、辞书学的探索研究，撰述不断，这是我论文成果的丰收期，相继在《辞书研究》发表16篇（含见载《疑难字词辨析集》3篇），在《汉语大词典编写工作简报》《辞海通讯》发表16篇，在《中国语文》《中国语文通讯》《浙江师范学院学报》等发表19篇;外此,在《文学遗产》《古籍整理出版情况简报》等发表古代文学论文4篇,共计55篇。其中多篇论文为中国人民大学复印报刊资料《语言文字学》《中国古代近代文学研究》全文转载;《〈汉语大词典〉编写散记》,被举为是能反映《汉大》编纂和科研水平的代表性论文,《新华文摘》1984年第3期以6页篇幅全文转载,引人瞩目,产生了广泛影响。《辞书研究》执行主编郑炳中(耿庸)先生称誉说:"既具理论素养,又来自工作第一线,有实践经验,最有发言权。"自1982年起至1999年,获聘该刊特约撰稿人。1991年,应《辞书研究》邀约,撰写《我和词典:编纂、评介、探索》文,作为我从事《汉大》编纂和辞书学研究的一个小结。

也正是在此时期,获教于苏渊雷、钱钟书、吴鹭山、蒋礼鸿、徐规诸先生,诲益良多;并与邹平郭在贻、浦阳吴战垒结为学术契友,鱼雁往还,切磋频夥。

(六)教课和罹病

1985年7月大词典工作结束,浙古社拟商调我到杭任副总编辑,因吾妻不愿离温其事遂不考虑。学校书记、院长都找我谈话,言图书馆馆长、学报编辑部主任两个职务,我都是理想的人选,可任选其一。我没多作考虑(当时行政不好参评职称),就说愿回中文系教课。8月,准备古代文学唐前期(初唐、盛唐)讲稿,9月开始授课。11月初上完课程,感到胃痛恶心,疲乏嗜睡,无力看书。初以为胃病,经化验,是得了肝炎,立即住院治疗。此段时间,除备课上课,撰述课题确实太多,可谓"八面开弓",过度劳累,身体严重透支。

病愈后,经过一段时间休息,1986年5月重返教坛,讲授元明清文学课。不意课程甫毕,8月初肝病复发,并转为慢性。此后病情不断反复,数次住院治疗,身体每况愈下,不得不请假长休。基本工资打了折扣,奖金自然没有,又增加了医药开支,家庭生活全仗吾妻维系,经济压力挺大。两年后,身体稍稍恢复,1989年1月,遂找中文系商谈,能否安排半工作(上课)半休息作为过渡,被告无法做照顾性的安排,要么正式上班,要么继续休假。我先前被抽调编词典,1986年破格评上副教授,接着就生病请假了,一些人难免心里不平衡。我是个好强不甘屈服的人，但此际甚感羸弱和无奈。于是又找人事处商议，仇毅处长是很了解的，说容再安排。事后得知，如元兄相助主动提出自己已在新建的美术系兼课，下个学期索性调将过去(他后来担任美术系主任)，学报编辑部的岗位可由我来顶上。经院领导研究同意，3月新学期伊始，我就转到了学报工作。

(七)学报编辑部工作

马大康时任编辑部主任，为人很好。他是研究美学和现代文学的，古代方面的稿件遂交由我处理，相处十分融洽。学报因工作性质不同，不采取坐班，比较机动，一般上午集中办公，下午处理稿件等可自行安排，这于我的身体将养无疑很有利。真是“世事茫茫难自料”，当初不愿任职学报，不意几年后如是落魄，想“混口饭吃”都不易，费了几许周折才谋得这么一个岗位，说来委实惭愧。不过我已经心意满足，更无他想，从此在这个编辑岗位耕耘十九年，直至退休。

随着身体逐渐好转，积习难除，又重理旧业，继续写作词典文章，如《〈汉语大词典〉寸部订补》(1990)、《语文词典中系列条目的处理》(1991)等。1991年5月，应邀赴沪参加《汉语大词典简编》(以下简称《简编》)会议，聘任编委。会议商订《简编》的性质、规模、方法和分工，确定《简编》为《汉大》之精简普及本，订正原书的一些疏失，进行大幅度简缩提炼，并做适当补充，规模约为原书1/3。原书37.5万条，《简编》收24万条；原书每条平均125字，《简编》缩至60字。仍由五省一市分工协作，浙省承担第一、三两卷。省内分工，交给我第一卷第394～804页的编纂任务，将原书107万字改编至35万字。1992年10月第一期交稿，1993年4月全部交稿。《简编》后于1998年由汉语大词典出版社出版，全3册。

又自1991年起，集中精力投入《唐人律诗笺注集评》的编撰。这是一直有的打算，原拟编《唐宋律诗评笺》，夏瞿禅师为题书名，后因考虑到篇幅过大，决定先做唐律部分，已经长时间做了广泛阅览和大量资料收集，准备相当充分。1992年4月完成初稿，寄交浙江古籍出版社，全书计130万字。当我写竟全书第3840页四百格稿纸时，不禁舒了一口气，真有如释重负之感。曾赋短章云：

浩茫诗海费追寻，得失文章知寸心。数载星光伴砚墨，韦编三绝曼长吟。

思飘云物鬼神惊，笔底澜翻百变新。诗苑雌黄具只眼，问渠谁是知音人。

1993年3月据出版社的口头意见拿回来重阅一过，做了若干修改（主要是删减一些内容，压缩篇幅）。但改稿交付后，即杳无音讯，搁置十年，至2003年始获出版。

《唐人律诗笺注集评》写成后，我另着手《林景熙集校注》的工作。此书系应浙古社“两浙作家文丛”的约稿，并列入国家古籍整理规划重点项目。1993年11月完稿，35万字，1995年12月出版。与此同时，我将考证和研究所得，写成系列论文，如《林景熙的生平和诗歌评价》《林景熙事迹作品辨疑》《林景熙集的版本流传及其它》，在《杭州大学学报》《苏州大学学报》等刊发表。

《林景熙集校注》出版后，颇获好评。杭州大学宋史研究室主任徐规先生许以“精审”，并赐示五条校补意见（1996年10月22日函）；浙古社副总编辑王翼奇誉称：“林集读者皆盛称整理功力，包括前言之精到评论，洵霁山功臣，在两浙文丛中为上乘之集。”（1996年8月9日函）莫砺锋、陶文鹏、程杰《回顾、评价与展望——关于本世纪宋诗研究的谈话》论及宋诗文献整理时说：“别集的整理工作也很有成绩，朱东润先生的梅集校注、钱仲联先生的剑南诗稿注、白敦仁先生的陈与义诗注、陈增杰先生的林景熙集注、傅平骧与胡问陶先生的苏舜钦集注都值得肯定。”（《文学遗产》1998年第5期）

1991年，我在中文系兼了一点课，讲授魏晋南北朝文学；又按系里的要求，给大四学生开设“唐宋格律诗研究”选修课，为此埋头编写讲义，写成打印第一、二章，第三章拟好了提纲。这其实是为参评教育系统的职称而做的准备，但是没有取得效果。1993年，我申报出版系列“编审”（正高）职称，经浙江省出版专业高级（正高）职务评委会评审通过。因体力不支，这样我就不用考虑为挤教育系统的职级而再去上车轮式之课程了。

1994年初，接任学报编辑部主任。我做的第一件事就是向国家出版局申办“国际标准连续出版物号”，委托中国出版对外贸易总公司负责国外总发行，从1994年第2期开始，在扉页刊登（1995年起改在封面、封底刊登），以扩大影响和发行。相继设辟《谢灵运研究》《叶适与永嘉学派研究》《温州方言研究》《温籍学人传略》等专栏，开通稿源，加强和突出乡土历史文化的探究，像周梦江、胡雪冈、胡珠生、郑张尚芳等人的文稿，都优先给予发表。对一些比较敏感的论题，并不消极回避，而是积极加以支持展开讨论。在学报论文的编辑中，我十分注重援引资料的核实校对，认为这是提高学术质量的极重要方面，要求作者引文务须详明出处，注明版本、卷次、篇目、页码等，并找原书复核，力求引证翔实，避免辗转传抄造成误讹沿袭。这是将多年编纂《汉大》养成的作风和习惯带到了学报编辑上，许多年后从外地院校引进的刘锦明教授(时任学报编委)回忆说：那时"参考文献"征引规则尚未制定实施，为文者往往加以忽略，《温州师范学院学报》编辑部做出严格要求，走在了前头，实是开风气之先。

这时期，作为《唐人律诗笺注集评》的副产品，我连续撰作《论唐人七律艺术的发展风貌》《说唐诗中的疑句》等文，在《历史文献研究》《浙江社会科学》等刊发表。这些文章后来结成专集，名《唐诗志疑录》(36万字)，上海人民出版社列入"人文社科新著丛书"，于2007年12月出版。

1995年初，浙古社约稿，让我主持编撰《中国历史文化疑案》(暂名)一书，要求年底交稿。于是我利用《汉大》编写组的藏书和学报编辑部收藏的交流期刊，翻阅诸名家论著和有关文章，按照"中国文明、古代神话传说、历史事件、文化事件、文学问题、科学技术、其他"等7个类别，5月初草拟一份选题目录，约计230余题(附注主要参考资料)，打印出来寄交出版社。他们阅后甚表满意，认为已可窥见全书之轮廓。因即邀约师院各系诸教师周梦江、沈洪保、张乘健、张如元、蔡克骄、张靖龙、叶世祥、饶道庆、蔡瑞霞、李颖等认题撰稿，我自己也选作数篇。

5月26日，撰作引言，略云：在中国政治历史和思想文化领域的研究中，由于文献不足或记载异辞，人们考察角度或理解、观点不同，出现许多聚讼纷纭的疑难悬案。这些疑点问题，在学者们长期不断的探索中，有的已趋于解决，取得比较一致的意见；有的尚无定论，到现在仍还是一个谜。我们编撰《中国历史文化疑案》一书，想通过综合概括、深入浅出的方法，将历贤和近今学者的有关研究成果加以绍介阐述，其中也表达撰稿者个人的一些意见或倾向性看法。这些文章，以学术为依托，同时也注意可读性，冀能引起读者对历史疑案了解的兴趣，并为进一步探索研究提供线索和参考。6月21日，杭州大学宋史研究室主任徐规先生为此特作推荐函，认为"颇具探索精神和意义"，给予有力支持和鼓励。

为此，《温州师范学院学报》1995年第5期开辟《中国历史文化的疑点问题》专栏，选登已写就的几篇文章。《温州日报》文化版编辑索取已撰文稿复印件，特辟《古代文化之谜》栏目发表多篇。12月，书稿的编纂正在顺利进行中，但不幸的是我旧病复发，而且病得不轻，整个工作受到影响，被迫停顿了下来。几年后待我身体康复，已经时过境迁。这本粗具规模的书终于成了半拉子工程，功败垂成，令人遗憾。2018年10月，我应约编选《豁蒙楼散稿》，翻检旧箧，将《中国历史文化的疑点问题》列为第三辑，择取原拟引言，选登部分选题文章和资料，用作纪念；并特向参编的诸位先生致以歉意，而周梦江、张乘健、蔡克骄、叶世祥诸先生都已作古，抚编尤觉伤怀。

此后旧病迁延发作，长时挂针服药，精神衰疲不堪。1996年11月，戈悟觉主编《温州文化丛书》，邀我担任《温州历代诗选》的编注，副主编胡雪冈、徐顺平先后莅舍或致电商洽，而我确实没有体力接受。1997年12月，向学院提出请辞学报编辑部主任职务，以专心休假养病，经院党委研究同意。经过一年多的治疗休养，病情总算稳定下来，为生活计，遂于1999年6月恢复上班。此时除审阅学报若干稿件，不敢轻举妄动。闲坐无事，凭记忆所及，默录往昔熟诵之诗词名篇，以为消遣。自曹操、陶潜至鲁迅、毛泽东，日书数什于别本，积计460余首(诗380首、词83首)。

2001年5月，中文系计划编辑"师苑教授论丛"，承邀加盟，遂整理旧稿，收录1979—1998年间所写的关于《汉语大词典》编纂、辞书评论及词语考释、古籍校订文章36篇，按内容编为3辑。因为这些文章的撰作大都同《汉大》有关，同时也是为了表示对参加《汉大》及尔后的《简编》编纂这一段并不算短的经历的怀顾，取名《汉语大词典论集》。7月写作后记，校毕书稿；12月由吉林人民出版社出版。《辞书研究》2002年第5期为做介绍："著者曾长期参加《汉语大词典》及《汉语大词典简编》的编纂工作，该书即为著者二十多年来从事辞书学、训诂学研究学术成果的结晶。""全书既有词典学理论的宏观探索，又多具体细致的编纂方法的微观考释，深入幽微，作风谨实。"

(八)参编《温州文献丛书》

2001年5月23日,在市府会议室召开地方文献整理座谈会,钱兴中市长主持。参加者有胡珠生、马允伦、张宪文、周梦江、陈增杰、潘猛补,市文化局局长瞿纪凯、文物处处长金柏东、图书馆馆长郑笑笑、市府办黄副主任与会。胡珠生提出温州地方文献编纂计划及备选书目,我介绍了原先温州师范学院语言文学研究室编辑《温州文献丛书》(1992)的倡议及第一辑书目,又说:胡先生的书目比较侧重历史方面,我认为应该增加文学及其他方面的内容。张宪文先生发言支持了我的意见,谓文史并重,二者皆不可偏废;猛补亦谓我提出的书目切实可用。关于组织,我建议可以仿效《汉语大词典》的办法,成立两个机构,一是工作委员会,作为行政领导;二是编辑委员会,负责具体编务。

5月29日,珠生先生见访,商谈丛书选题。7月4日,市文化局在奥林匹克酒店召开《温州文献丛书》会议,瞿局长代表市政府宣布整理出版委员会和编辑部名单,胡任主编,予任副主编。丛书的编纂工作正式开始,调入卢礼阳任专职编委,商讨制订全书的规划、选题、体例及进度、审稿、出版诸事宜。一次会议,钱市长问整套书出版需要多少钱。胡先生迟疑了一下,我抢先说:“需要两百万元。计划四辑,每辑十部,共计四十部(有的一部是两册或三册)。平均每部按五万元算,四十部足需两百万元。”其他人都表赞同。钱市长考虑了一下,当即拍板说:“就两百万元。市政府出资一百万元,另外一百万元由我负责向企业家募集,没有问题。”会后,胡先生对我说:还是你想得周到,一步到位;我原本打算说暂定一百万元,不够按实际情况加补,那样会很被动。后来他多次在会上说,增杰的经费提议,贡献最大。后来整套丛书出版,用掉了两百万元,证明当初不为虚报。

我承担了《李孝光集校注》《东瓯诗存校补》两个项目,随即着手李集工作,调查版本,选择底本和参校本;广阅相关史料,着重交游人物、写作时间地点的考释。2005年1月,校注完稿,列入丛书第二辑,于是年9月出版。《东瓯诗存》则因病放弃,转交如元兄完成。其间,先后审阅《许景衡集》《刘景晨集》《东瓯词徵》《东瓯逸事汇录》诸书,提出切实意见。2007年3月24日,召开《温州文献丛书》出版总结会议。瞿局长做总结,胡珠生主编介绍编纂过程;予作为专家代表发言,后整理成《〈温州文献丛书〉的选题、整理方法和价值》,发表于《温州大学学报》。

《唐人律诗笺注集评》于2003年4月出版,120.5万字,精装全一册。香港中文大学杨勇教授序称:"陈增杰先生以长远时间,通过艰苦工作,曾三易其稿,完成这部巨著,可以说是一本集大成具有代表性的作品。"浙古社吴战垒编审序称:"是一部具有当代审美眼光和学术水平的继往开来的唐诗选本。""其笺注之详赡精卓、活泼跳脱,古今注本中殆罕其匹。"副总编辑王翼奇惠电,极誉此书之评解,并言"可即着手《宋人律诗笺注集评》,而现代诗词评论亦可进入视界"。《古籍整理出版情况简报》2004年第2期发表尚佐文长篇书评《诗苑雌黄具只眼——陈增杰先生〈唐人律诗笺注集评〉出版》,《古籍新书报》2003年第10期第1版、《文学遗产》2004年第3期和第4期并做介绍。荣获第13届浙江树人出版奖、第7届华东地区古籍图书特等奖。出版后颇受欢迎,2004年4月重印。浙古社责编尚佐文惠函,言社里拟出"众口说诗词"系列,望能担任该系列第一种《众口说唐诗》的编著。但我当时正在病中,无法承担。

2005年5月,《温州日报》记者金辉辟作《温州学人对话录》前来采访,撰成《陈增杰——训诂学界"少壮派"》文,刊于《温州都市报》6月7日第22版。

(九)退休之后

2002年7月,予满六十周岁,师院延聘五年,因此至2007年8月,始办理退休。退休,是人生难得的宽余时间,倍当珍惜。尝录宋人诗"不嫌老圃秋容淡,且看黄花晚节香",用为自勉。

退休后到目前止出版了7本(部)书。《唐诗志疑录》(2007),是我唐诗研究方面的结集。上海金文明惠电称其"精深,极见功力"(2008年5月11日函)。上海《时代报》2008年2月26日第25版、《社会科学报》4月10日第8版相继发表李伟国书评《唐诗疑案多》;《温州日报》3月12日第6版(阅读)发表《细考详证说唐诗》;《温州职业技术学院学报》2009年第1期发表沈洪保《求实通会　胜义纷纭——评陈增杰〈唐诗志疑录〉》。

2008年6月24日,张索邀予偕如元兄前往茶山校区参观温州大学校史馆,历史部分搜集实物颇丰。辟有《汉语大词典》专列橱窗展出,展品皆予所捐赠。

11月18日，参加苏渊雷先生诞生100周年学术研讨会，予作第一个发言。承赠《苏渊雷全集》一套(全5册)。发言稿经整理，题《我心目中的苏渊雷先生》，刊于《温州读书报》2009年第2期。杨乃琦等编《翰墨雅韵——苏渊雷墨迹选》卷首用作代序(西泠出版社2013年版)。

《林景熙集校注》出版后，我根据手头累积的资料，觉得有必要进行修订。遂于2006年9月申报并列入《浙江文献集成》首批立项课题，但此后两年，因病中辍，直至2009年初始能董理旧章。根据《浙江文献集成编纂纲要》的要求，体例上做了相应的调整，将章注予完整保留，采用题下文内夹注形式。另立补注，主要就撰作时间、地点、交游人物、本事及典实作笺，以补原注之欠缺；其误注亦酌予订正。散文部分亦用"补注"标目。又设辑评，辑集前人评论(计165则)，笔者评语(计48则)亦附著焉，用助赏览。修订的幅度较大，一方面匡缪正讹，校订文字和标点，并削去一般性的词语释义和诗句串讲；同时补进大量新的内容，提高笺释的深度，增引的资料和改写的注条相当多，解难辨疑更加用力了。又辑得佚文3篇。与《林景熙集校注》相比，不仅篇幅大有增扩，内容亦益见充实，可说是"更上一层楼"。为与初版区别，遂易名《林景熙集补注》，破例成为《浙江文献集成》中唯一一种带有笺注内容的古籍整理本。

《林景熙集补注》于2012年出版，《温州通史编纂通讯》2012年第3期刊发《特别策划——〈林景熙集补注〉笔谈》，发表王嘉良(浙江师大)、徐宏图(浙江艺术研究院)、虞万里(上海社科院)、钱志熙(北京大学)和胡雪冈、胡珠生、张如元、潘猛补、陈瑞赞诸人评论。编者按云："《林景熙集补注》是一部视角全面、取材赡博、体例得当的古籍校注之作，新版问世之后受到学术界的关注。为此，本刊特编发一组文章，从多方面展开讨论，供各界读者参考。"解读林景熙，20年间两本书，从校注到补注，从35万字到52万字，记录和反映了我求索、研究、阐释林景熙而不断推进深化的历程。20年的不倦倾注，20年的沈潜体味，意在澄清疑误，探寻本真，表彰霁山先生的高风亮节和不朽业绩，俾先哲之遗绪不坠，用弘扬乡邦优秀文化。

《李孝光集校注》出后，我以明抄本《李五峰集》为主，兼从他集、选本、杂著、方志、宗谱等续裒遗佚，2008年整理成《李孝光集校注补遗》发表。2014

年出版《李孝光选集》,继又全面进行李集的增补修订,厘为18卷,列入"浙江文丛"于2016年4月出版,全书近百万字,全4册。增订本收录诗836首、词27首、文42首,较《全元诗》多146首、《全金元词》多5首、《全元文》多20首。我在前言中写道:现在可以说,李五峰作品至此大备。在李集的编校注评过程中,笔者还进行有关生平事迹、文学成就及版本流传的探索考证和评论,撰写发表李孝光研究系列论文,主要有《李孝光的生平和文学创作成就》(2005)、《李孝光诗辨疑》(2006)、《明抄本〈李五峰集〉述略》(2010)、《李孝光交游考》(2012)、《〈全金元词·李孝光词〉校补》(2014)、《李孝光考论二题》(2015)、《〈全元诗〉李孝光诗校订》(2016)。

2008年11月,承市社科联"温州学人文选"邀约,编辑个人选集。因病延搁,2010年4月始能着手进行,7月编定,分为"《汉语大词典》编纂、辞书评论、词语考释、古籍整理校注、唐诗探索、宋元诗散论"6个专辑,编录各类文章74题138篇(包含《唐诗志疑录》题下汇集的64篇专论)。这是我自1978年以来30多年间在训诂学、辞书学、古籍整理和唐宋元诗学研究方面的成果结晶。

《汉语大词典》第二版编纂修订,列为国家出版基金项目,于2012年12月在北京人民大会堂举行启动大会。予应聘担任二版编委、分册主编,参与二版修订原则、编纂体例、引书格式及样稿的研讨和若干文件、手册的制订。2014年1月至2015年8月,参加二版前4册初稿审阅(编委审稿)。2015年12月,承担第三册(上半)主编定稿任务。2017年6月完成定稿,获得一致好评;2019年9月,审读定稿校样(计140万字)。该册于2019年12月由上海辞书出版社出版。

结合《汉大》二版修订编纂工作,相继撰写发表10多篇专题论文,主要有《〈汉语大词典〉二版修订贡议》(2014)、《加强〈汉大〉二版初稿的修订力度》(2016)、《全面细致的审订、充实和提升——〈汉语大词典〉第二版修订定稿略记》(2019)、《释义深化的途径——〈汉语大词典〉第二版修订定稿思考之一》(2019)、《让书例引证臻于完善——〈汉语大词典〉第二版修订定稿思考之二》(2019)、《收词务求更多更富广——〈汉语大词典〉二版修订定稿思考之三》(2020)。2020年6月,我将这些文章和参加历次编纂会议的发言加以整理,汇为一书,名《汉语大词典修订丛稿》。我在后记中说:"本书可说是《汉语大词典论集》的续编，是我八年来从事《汉大》二版修订编纂的一个见证，略可反映于兹书投注之力、辗转思考之过程和拳拳眷顾之心，于中亦可略见二版修纂订补细入而艰辛的进程；书中所举所述所论，其于二版尔后各册的修订定稿或者不无参取借镜意义。”《汉大》二版副主编蒋绍愚先生序称：“《汉语大词典修订丛稿》不仅总结了著者参加第三分册（上半）修订定稿的工作实践和心得体会，而且对《汉语大词典》二版编撰的一系列重要问题提出了自己的见解。全书论述集中，内容十分丰富，它的出版，对于《汉大》续后各分册的定稿工作和二版修订编纂之研究以至词典编纂学的探索，都具有启示意义和参考价值。”该书将由上海辞书出版社出版。

2002 年编纂《温州文献丛书》时，尝认领《东瓯诗存》的校理，因病放弃，但心中仍惦念着这件事。宋元是温州诗歌发展的繁盛时期，名家辈出，佳作纷呈，蔚为大观，在当时和后来都产生了广泛的影响，很值得加以发扬。2011 年，市社科联负责人找我商谈，希望能做一点乡土文化的推广普及工作，因有编注温州古代诗歌选本的设想，乃截取其巅峰时段即宋元时期入手，取名《宋元温州诗略》。几历寒暑，2013 年 9 月纂成初稿，全编厘为 6 卷，选录宋元温籍诗人 150 多家计诗 500 余首，通过笺评方式，将这一时期的优秀作品或较有特色曾经产生过影响的诗篇荐赏于读者。

与修纂《宋元温州诗略》相辅相成的，便是《温州诗历》栏目的撰作。这是 2010 年秋间为纪念大儒叶适诞生 860 周年而写的《不唱杨枝唱橘枝——谈叶水心的诗》开始的，寄给《温州日报》风土版编者，并建议开辟《温州诗历》栏目，愿提供相适合的文章，获得赞同。在编纂《宋元温州诗略》时曾广泛阅读，蒐录大量有关资料，对这一时期的诗家和诗作有较为系统的了解，可以说成竹在胸，具备水到渠成之便利。这样，遂自 2011 年 3 月 26 日起，我写的宋元明温籍诗人作品的鉴赏文章在《瓯越风土·温州诗历》专栏陆续登载，六七年间共刊出 50 多篇。发表以后，不断得到读者的奖誉和鼓励，深受鼓舞。《宋元明温州诗话》正是在此基础上编撰而成的，收文 63 篇，绍述评析这一时期的重要诗家和他们的优秀诗作，可以窥见温州诗歌发展鼎盛时期的诗学崇尚和创作风貌，为深入探究温州文化史提供线索和参考。钱志熙《〈宋元明温州诗话〉序》称：“陈先生的这部书，实际上是一部宋元明时期的温州诗歌史。”“形式新颖活泼，内容丰富充实，评论精彩独到；论人以明诗，赏诗以知人。这不仅在温州地域文学的研究方面有所突破，而且诗歌史研究方面也有别开生面之功。”

2016年5月，《温州广播电视报》记者周红辟作“温州人物志”前来采访，撰成《陈增杰：并不呼啸的人生》，见刊《温州新壹周》第19期（5月12日）封面人物、第2版。

最近出版的《豁蒙楼散稿》（2019），系承《瓯风》编委会邀约选编，2018年12月编定，列入“瓯风文丛”第二辑。《瓯风》主编方韶毅君相与商定“纪事怀人”的主题，选录《陈增杰集》（2011）以外和以后撰写发表的文章31篇，按内容分为4辑：第一辑思怀篇，追怀前哲师友，记叙从游交往和切磋中得到的教益。第二辑纪历篇，是对40多年前参编《汉语大词典》往事的回忆和30多年来从事乡邦文献整理的一些心得体会，温图百年庆典文附焉。第三辑读史篇，系主纂“中国历史文化的疑点问题”时撰写的文字和所拟选题。第四辑评说篇，是几篇评论杂谈文章。这些文章贯穿一个中心：学习和求索，从中可以看出我从学问学的历程，因之取名“述学散稿”。文丛第二辑例用五字书名，遂略去“述学”二字。

目下正在进行《宋元温州诗略》初稿的修改加工，期于年底或明年初完成定稿。此书已列入温州市文史研究馆近三年工作规划之出版项目。

三、学术探索

50多年来，我的学术探索大致分为4个阶段。第一阶段（1965—1976），大学毕业后，继续钻研学习，勤读不懈，由是奠定学术基础。第二阶段（1977—1985），以《汉语大词典》编纂为契机，展开辞书学、训诂学研究。此时精力充沛，得心应手，工作、科研相得益彰，成果丰硕，可说是我学术生涯的黄金时段。第三阶段（1985—2007），重回中文系教学岗位，后来调职学报编辑部，研究重心也转到唐宋诗学和古籍整理校注。由于劳累过度，以致顽疾缠身，两度长假养疴，艰难备尝。这20多年，差不多是在同病魔抗争中跌跌撞撞地过来，未有舒心快意之时。然纵为如此，坎坷学路上求索未尝中辍，一息尚存，不言放弃。这是我始终怀抱的信念。第四阶段（2007—　），退休之后，不废耕耘，余绮晚照，犹当著鞭。“闭户著书闲岁月”，这是人生回顾与总结的时候，也是学术积累沉淀与升华的时刻。

《〈陈增杰集〉自序》尝云：“我的研究工作比较注重材料。训诂、考据都是占有材料，凭材料说话，所谓‘事实胜于雄辩’。我们所做的只是对纷繁众多的资料进行甄别分析，去伪存真，提出判断意见。功力在于熟能生巧（如卖油翁言‘无他，惟手熟尔’），慧眼识真。其次，引证翔实，掌握第一手资料非常重要。清初学者顾亭林在致友朋的函中，说自己作《日知录》，月余仅得数条，但都是‘采铜于山’提炼所出，不同于那种收拾废铜烂铁的滥造。我很推崇顾氏‘采铜于山’的治学方法，就是在广积原始资料的基础上进行研究，独出心裁，不做学术上的‘二道贩子’。许多的错误，都是由于转辗沿用，陈陈相因，以讹传讹。第三，表达上须求理路清晰，手法简练，除‘辞达’外，还要有点文采，让人家好读，力避奥涩。以上说的只是我多年来从学问学的一些体会，未必确当，也不是说已经臻此境界，然心向往之，愿努力不懈。”这一段话，反映了我信守的学术理念和身体力行的法则，过录于此，祈以自励。

我的学术研究主要集中在以下三个方面：（一）《汉语大词典》编纂及辞书评论、语言训诂；（二）古籍校理论评，着重于温州乡土文献；（三）唐宋诗学探究。

自 1977 年迄今，40 多年间三度参编《汉语大词典》（包括《简编》），可谓奉献青春，情有独钟；现在来说，也成了为数不多仅存的《汉大》老人之一。“旧日同仁，多半已归道山，俯仰之际，不禁令人感慨兴怀。”（《汉语大词典：一个老兵的回顾》）参编《汉大》，带动了我的学术研究，在编纂过程中不仅撰作有关《汉大》的编纂思想、编纂方法，商酌具体条文和修订完善之方略；而且由此及彼，开展对当代几部重要辞典（修订本《辞海》《辞源》、台湾出版《中文大辞典》等）的评论，并以这些辞典为依托，论述语文词典（包括成语词典）的收词、立目、释义、义项、引证、体例和平衡照应诸问题。而词语考释，也往往涉及《汉大》，其中有的就是结合《汉大》的编纂而撰写的，有的则是在编写过程中发现了问题所做的进一步探讨。《汉语大词典论集》（2001）、《汉语大词典修订丛稿》（将出）二书，比较集中地反映了这方面的成果。

我在《〈李孝光集校注（增订本）〉后记》中说：“前哲遗留之文化瑰藏，历时既久，或恐零落湮没，躬逢盛世，亟当收集董理，俾能重彰德业，发扬而光大之，此乃乡邦后学者义不容辞之责任。余数十年来，孜孜于此，职是故也。”整理乡邦文献，起步较早。1982年初编校《永嘉四灵诗集》，列入浙古社“两浙作家文丛”第一批书目（1985）；1992年从事《林景熙集校注》，亦列入该文丛出版（1995）。2001年起，应市政府召聘，共同规划推进《温州文献丛书》的编纂出版，完成《李孝光集校注》（2005）。其后复出《林景熙集补注》（2012）、《李孝光选集》（2014）、《李孝光集校注（增订本）》（2016）。于林集，是20年的沈潜解读；于李集，历十六寒暑四易其稿；同时，发表林景熙研究论文12篇，李孝光研究论文18篇。长绠深汲，黾勉终始，未稍懈怠，庶几不断完善丰富，广为刊布流行，发扬文献之邦薪火递承的传统。

弘扬乡土文化的另一课题，是温州诗学遗产的挖掘研讨。从永嘉四灵、林景熙、李孝光入手，进而探究温州诗学和诗史，于2013年编选《宋元温州诗略》6卷，相继发表《论王十朋的诗风》（2012）、《薛季宣诗初探》（2015）、《陈傅良诗初探》（2017）等文，在《温州日报》风土版开辟《温州诗历》专栏，撰著《宋元明温州诗话》（2020）。

我之唐宋诗探索见于已出版的3本书，即《宋代绝句六百首》（1986）、《唐人律诗笺注集评》（2003）、《唐诗志疑录》（2007）。我从训诂学、考据学的视角切入唐宋诗的研究，运用排比归纳方法进行考索求证，细入幽微，采取了许多未被人注意的资料，所以能提出一些与别人不同的意见。吴战垒《〈唐人律诗笺注集评〉序》曰：“他本邃于段王之学，诗词乃其余事，而亦寝馈甚深，心得甚夥，且能将朴学之求是精神与诗学之通脱气象相融合，故其说诗决无凿空之语，严谨精卓，胜义纷纭。”钱志熙誉《唐诗志疑录》云：“先生治学，近于南大程千帆教授所说的文艺学与文献学相结合的方法，在笺校与析艺两方面都有所发明，可谓治学之正道。”（2008年5月6日函）虽愧不敢当，然诚为我所遵循所力行之准则。

“问征夫以前路，恨晨光之熹微。”陶公此辞，为我所喜诵，尝书诸座右。人生即若征途，就像是在不断问路赶路前行，未有停歇。熹微前路，一鞭清旭；白首老至，不坠初志。天若假吾以时日，私心贪多务得，还将争取完成《宋人千首绝句》《唐宋格律诗研究》《豁蒙楼读书记》等更多的述作。

2019年11月16日

我与九本学术著作

林成植*

林成植

1947年农历十一月初六日，我出生在瑞安陶山霞林村的一户农民家

* 林成植，1947年出生于瑞安陶山霞林村。中学高级教师，中国教育学会，浙江省修辞专业委员会会员。曾担任瑞安市语文学会会长和20多年中学校长职务，当选瑞安第八、第九届人大代表。从教30多年，钻研专业，自觉组织教育、教学改革，在全国各级报刊上发表多篇文学作品、学术论文。退休后，致力于地方文史的搜集、整理和研究。已出版个人文集及主编的地方文史《流萤岁月》《陶山这部书》《瑞安历史名人故居》等。其中，《瑞安历史名人故居》获温州市第十五届哲学社会科学优秀成果奖。

庭里。

因为是大房长孙,爷爷如获至宝,待我像掌上明珠。在我还不会讲话时,爷爷就抱我认大红对联,今天进这家,明天去那屋。久而久之,我真的认下字来了。只要人家说,那什么字在哪呀?我便会用手指给指了出来,一时在乡村邻里传为佳话,爷爷的脸乐开了花……

时光流逝,我慢慢长大。儿时的夏夜真有诗意:吃了饭,洗了澡,便跟着爷爷奶奶到院子里乘凉。爷爷仰在长椅上,悠悠地摇着蒲扇;奶奶坐在竹椅上,用蒲扇不时地往我身上拍着蚊子,带来淡淡的清凉。

当天空闪动星光的时候,爷爷便讲起"牛郎织女",的传说,讲起"陶弘景公"的故事……奶奶呢,指着一亮一亮的萤火虫,拖开声音领唱着:"飞萤光光,飞你家上间吃麦茶,麦茶凉凉,兜碗给亲娘……"那时,我虽不理解这些故事,但感到好奇,在心田里种下兴趣的胚芽,孕育着人生绚烂的梦。

一、三个初梦

我正式开始瑞安历史文化的搜集、整理、研究、结集出版,应在2008年12月退休以后,得益于2007年参加了瑞安玉海文化研究会。之前,在几十年的教书和校长生涯中,我曾做过三个梦。

第一个是"作家梦"。我凭自己的爱好和影响,在几位友人的支持下,在陶山区组织了"甘蔗园"文学社,刊印社刊《甘蔗园》。当时的市委副书记金邦清为我们题了报头"甘蔗园"三字,温州文联主席吴军先生、瑞安文联主席俞海先生等文人名士均为创刊号寄来贺词,一时在瑞安火了。1985年,我们社还代表瑞安参加在苍南召开的"温州市民间文学社团大会"。前前后后,我曾参加过瑞安、温州的多次笔会,在《玉海》《瑞安报》等报刊上发表了许多反映温州风情的散文、小说,但总是走不出瑞安,进军不了省,直至全国文坛。我有点沮丧,认为自己不是这块料,再加上学校工作繁忙纠结而慢慢落下了。

第二个是"学者梦"。这个梦,因张之伟先生而起。张先生常出书,一出书总拎着一手书到我的学校来推销。茶间饭后,总是语重心长地说:"作为教师总得有一门学术专长,不然总是庸庸碌碌的教书匠。"受他的影响,我便参加了浙江省修辞专业委员会。工作之隙,我看了好几本书:陈望道的《修辞学发凡》、王希杰的《修辞学导论》、陆家祥的《辞格运用》、王德春的《现代修辞学》、谭永祥的《汉语修辞美学》。我也写了修辞方面的论文:《语言的真谛在修辞》在1995年《修辞学习》上发表,《浅谈朱自清、刘白羽散文修辞风格》《语境的制约》等在修辞学会年会上交流获奖并发表。参加了在杭州、天台国清寺的年会,还参加1992年在苏州召开的华东三省一市的"修辞学与语文教学研讨会"。在当时的省内也算稍有名气,后来慢慢地懈怠了,也许是因张之伟先生的瘫痪而少了一位引路人?这是第二个"梦",虽然没有圆好,但还是有价值的:拓宽了学术研究的面,与做后来的梦还是有着内在联系的。

林成植(前排右一)参加"修辞学与语文教学研讨会"合影

第三个是"教育改革家"的梦。这个梦是间断的:初梦在20世纪80年代,再梦在20世纪90年代。

1987年,我在瑞安市第九届人民代表大会第一次会议上做了"改革教育弊端"的发言,第一个提出在陶山中学实行"三制改革"试点,引起了很大反响。大会把我的发言录了音,向全市播放,印成内参提供给市领导传阅。尔后,市教育局把我校定作全市农村中学"三制改革"的试点。"风乍起,吹皱一池春水。”学校动了、闹了、变了……1989年，陶山中学开始“脱贫”：学校被评为瑞安市、温州市文明学校，我个人被评为温州市优秀教育工作者，获温州市首届“园丁奖”。在市教育工作会议上，我代表学校做了典型发言，一时轰动了瑞安教育界。于是，“三制改革”便在全市推开。我便踌躇满志地写下了“乘风破浪定有时，腰挟连弩射长鲸”的诗句。

20世纪90年代的“再梦”，是在瑞安城关一中。1993年8月，由虞继尧先生引荐，我进了城，到城关一中任副校长，协助伍树声校长工作。目睹当时“以曲为美，以病为美”的扭曲式教育，萌发了教育改革的念头。说来也巧，当时我正与伍校长参加温州第七期校长学习班学习。课余饭后与老伍谈起这一想法，引起了共鸣，于是酝酿了《为社会培养人才雏形》的文章，在《温州教育》1995年第2期发表，打响了改革的信号弹。于是，我们密谋于“暗室”，“出笼了‘温州式’的教育改革——‘三组块’课程改革实验方案”，立即付诸实施，并做了阶段性实验报告《“三组块”课程改革实验》在《温州教育》1995年第6期上发表，在温州市引起一定的反响和教育局的密切关注。

在学校教学改革向前推进的时候，碰上了全国波澜壮阔的“活动课程”改革实验的大背景。1997年上半年，我去金华参加“中国教育学会教育实验研究会活动教育专业委员会成立大会”。会上我向浙江师范大学吴惠青教授汇报了学校“课程改革实验”情况，口头申请加入全国活动教育课题实验，并邀请他们来校考察。

通过考察、论证会，一致通过我校以“城镇初中活动课程建设方案”课题列入国务院“九五城镇初中活动教育实验”的子课题，于1998年4月6日举行基地授牌仪式。教育部课程教材研究所常务副所长吕达参加仪式并做“课程改革与素质教育”的讲座。实验课题下分“三校四节”“学科活动课”“社会综合实验活动”三大子课题，旨在实现课余兴趣活动课程化和学科课程活动化的目的。

课题实验轰轰烈烈地科学发展，迎来各级领导的参观视察，声名鹊起。1998年10月28日，“全国中学活动课现场会”在我校召开，我校的郭炳光老师与深圳的方兴老师做了观摩教学。中央教科所田慧生博士做了“课程改革若干问题的思考”的报告。我与课题组教师编写的《活动课程的组织形式——“四节”的构想及实践》荣获“全国活动教育课程建设”一等奖，雕塑出了具有瑞安、温州特色的“教育活动节”。

三个多彩的“梦”，浓缩在2009年出版的《流萤岁月》里，足迹清晰可见。

二、走进“温州学”之梦

2007年，瑞安成立了“玉海文化研究会”，我参加了成立大会。2008年12月退休，那三个“梦”也随之退了休。但儿时故事的泛起，退休后闲情逸致的发酵，催促我从教育圈走向文化圈，开始了对温州历史人文的兴趣。

我的研究兴趣是从自己的家乡——“陶山”开始的。陶山历史悠久，人文内容丰富，有著名的新石器时代遗址，有众多的名人大家，有神奇的历史传说，有许多古代建筑……很需要编一本反映陶山人文历史的图书。

从某一侧面，可以这样说，陶山的文化缘起于南朝的陶弘景。所以，我从寻找陶弘景有关资料入手，看李养正的《道教概说》，了解陶弘景的“道教茅山宗”及其道学造诣；读《南史》的《陶弘景传》，了解陶弘景的传奇人生；去采访，听陶山老人讲陶弘景传说，载录他在陶山的神奇故事，投宿福泉山感受洞天福地的意境和灵气。为了让作品顺利诞生，我组织了写作采访小组，踏访遗址、古迹：遗址在哪，我们就去哪里；哪里有古迹，我们就跋涉到哪里。缘溪攀岩“花岩潭”；披荆斩棘出大垟；临登炼丹岩；过溪寻找“种玉畦”；探视险境“龙船岩”；访将军殿由来，听将军潭瀑布。我们还夜宿福泉山，感受福地清、静、空、净特有的意境，描下了“竹静杉长直，陶公已入眠。鸠咕声偶起，月色更幽妍”的特有感受。

通过了一年多的跋涉、踏访、整理，于2012年春出版了《福泉记》一书。该书描述了温州道教名山——那丹青难绘的福泉山，掀开了陶弘景隐居陶山的神秘面纱，翻开了陶山这部缘起陶弘景的古书，走进江南古镇的沧桑岁月与历史烟云。回答了“六朝霸业成逝水，千古名山犹姓陶”的文化力量和深邃的哲学道理。其间，还出版了与夏海豹同志合作主编的《陶山这部书》。

在注目家乡的同时，回眸瑞安全市。2011年9月，我向瑞安市社科联申报了“瑞安历史名人故居”的课题，组织了陈钦益、万锡春、方步瀚、冯具坚、唐方汉等6人组成课题组。2011年12月12日，瑞安市社科联发文（瑞社科〔2011〕3 号),把该课题列入市研究课题第一批项目(编号为 Rsk1108),并安排了 0.8 万元的启动经费。

文件下来了,如何操作呢?第一,要解决的是故居的范畴。我们定位在,从瑞安 300 多座古屋中挑选出保留较完整的历史名人故居,以及与之有直接联系而又有历史价值的古屋,47 座。我认为,古居建筑是古建筑最重要的组成部分,瑞安的名人故居是晚清及民国时期建筑文化的窗口。写好了故居,可以从一个侧面洞析当时瑞安的文化。第二,是怎么写的问题。我们一致认为,要把古居作为有意念、有思想、有感情的生命体来写。因为,名人故居是古建筑镌刻的瑰宝,是木石写就的历史;是时代文化理念的反映,是一部有生命的教科书。不管它屹立在城市还是孤守乡间,都载录着人们对家园的梦萦魂牵;不管富丽奢华还是古朴沧桑,都默默地传递着感情岁月的变迁。这也就是该书的魂,我们紧紧围绕着这魂去构架这本书。第三,是写什么呢。"故居",第一要义得写建筑,写出故居的建筑风格、建筑艺术;第二,要写名人,因为这不是普通的民居,而是名人的故居,所以要写出名人在故居里的生活画面、活动场景、传说故事,写出名人与故居的情结。

完成该书的构思之后,就得采访,搜集素材。第一步是看故居。我们对所需描述的 47 座故居一座一座看,一座一座采访,把看到、听到的拍下来,记下来。这是第一手的感性素材。说说还容易,一接触具体的房屋就有问题了,若不懂建筑构造,更不能确切表述。怎么办?我们请万锡春先生培训,还买了《中国仿古建筑构造精解》学习,具体构件逐一比对。一回生二回熟,慢慢地就啃下来了。47 座故居分布在全市各地,有在城里的,也有在乡下的;有在平原地带的,也有在山区的,我们连翻山越岭的黄林古村和高楼"雍正土楼"都去过两次。因我们去黄林不是旅游旺季,所以到了饥肠辘辘的中午,中餐还没着落。一位老妪热情地招呼我们说:"你们几位同志未吃饭吧,到我家吃番薯饭,门前园里的油冬菜正泛嫩,好吃着呢。"我们进了屋,看到煮饭烧菜的是两眼镬灶,烧的是柴爿火。大娘手脚利索,不一会儿,一大碗的菜端上来了,青绿青绿的,镬盖一掀,那真香啊!番薯饭配油冬菜,真有味!一次意外的中饭把我们还原到民国时期的民居结构和风俗民情,给我们提供了真实的山区风情和生动的古居素材。

高楼的雍正土楼

经过近两年的努力，名人故居的建筑风格和文化品位显现出来了。其中有传统的合院大宅，白墙黛瓦，翼角飞翘；有欧式的洋楼，山花耸立，百合浮雕，具有西方古典的宏伟气势；有中西合璧的建筑，呈现出欧式建筑的豪华大气和深含中国传统建筑的文化内涵……这种种建筑形式，是时代文化理念的反映，镌刻一个时代的人文痕迹，蕴藏着一部部家族史、地方史。

2013 年底，我把稿本送给洪振宁先生审阅。洪先生给写了序言，提出许多宝贵的修改意见，我们集中集体修改，终于在 2014 年 9 月由浙江人民出版社出版发行。发行后，社会反响很好，洪振宁先生好几次来瑞讲座时都提到这本书的可读性和价值性。2015 年获温州市第十五届哲学社会科学优秀成果奖。

在编写《瑞安历史名人故居》期间，我和许希濂先生接到瑞安市政协给我们的瑞安"山、水、人、文"系列研究课题，且要一年一本。

按系列顺序，第一是"山"。瑞安有很多的山，不论你从哪个方向进入瑞安，最多映入眼帘的是那些绵延起伏、层峦叠嶂、形态各异的山。如何构架呢？我认为，这本书要具备三大元素：首先，要有总写，让读者了解瑞安的地形地貌；然后分写，写出一座座山的人文历史。其次，在每一区域内寻找、搜集出文化沉淀深厚的山。最后,有历史、有人文,又要有附着在山体上的历史传说和神话故事。于是,我们把这些要素提升起来,作为编写此书的指导思想和宗旨。换言之,山,不只作为自然地理元素去写,更要作为一部珍藏的地域历史文化:一座座的山,附着着一个个古老的故事,镌刻了一段段不凡的历史,彪录了一位位杰出的人物,蕴含着丰富而深邃的文化内涵。

要做好"山"这篇大文章,翻"志书",访名山。我们对圈定的 36 座山和 5 条古道,一山一山访,一山一山走。如为了察看白岩山的白岩特点和深厚的道教文化,我与冯具坚手脚并用,走走爬爬停停,花了近两个小时,才从山脚爬到了白岩山之巅,领略并感悟到"入山那受红尘染,峭壁清幽总不凡"的境界。

一本 25 万多字的书,不知浸透了多少的汗水和心血,也不知有过多少次的欢欣和喜悦。定稿后,取名《瑞邑山韵》。市政协白一帆主席予之写了序言,其中有这么一段话:"读着,读着,我有些爱不释手了,仿佛是捧着一幅幅关于山的历史画卷,仿佛是穿越了历史时空走进了久远的过去,认知领悟了这些山的前世今生,感觉自己的心已紧紧地与这些山贴在了一起。"2013 年 12 月,《瑞邑山韵》由中国文史出版社出版发行。

按系列顺序,我们进入瑞安"水文化"的整理和研究。瑞安的水系主要有三:一是源于丽水景宁的飞云江;二是经莘塍、塘下去温州的塘河(含南塘河);三是构成小桥流水人家的城厢河网。按三大水系,我们分为云江篇、塘河篇和城厢水系篇三篇编写。

水系庞大,错综复杂,做起来确有点难。为写好"水",我们先列出小标题,然后按图索骥。以飞云江为例,我们列了"云江源流、云江津渡、云江商贸、云江军事、云江治理"5 个标题,整理出飞云江的前世今生及其千秋功过。

再如金潮港上游湖岭境内的罗溪。罗溪,又名三十三溪,地属三十三都得名。罗溪源于巾子山东南麓的乌石坪,流经黄林,穿过九曲回肠的深涧到六科,再顺流东下,汇入金潮港中,人文历史丰富。我们课题组四人,溯流而上,观光采访,获得许多鲜为人知材料。村人说,湖岭境内有很多条溪,只有罗溪有香鱼,是东海龙王特地驱赶上来给在昭福寺教书的刘基补充营养的;他们还告诉我,在清同治、光绪年间,城里的许启畴、陈黻宸、陈虬等一伙青年的“求志社”，就落户在六科地方，这是成为他们“隐居求志”的世外桃源。一路采访，还得知永嘉的何白、本邑孙希旦都到过这里，在昭福寺留下匾额；刘基的嗣孙刘世延还成了寺院修建的檀越主；在这里，我们还看了《卢氏宗谱》，卢氏宗族人文渊薮，是瑞安文坛的重要族群……踏破铁鞋跋涉处，尽收珍珠入囊中。求得一学，尽是艰难。

营前老街

为了采访古渡，我去高楼，到马屿，寻艄公，趁渡船，亲身体验。我坐高楼营前古渡，赏古渡风光，陆游的《泛瑞安江风涛贴然》浮现脑际：“俯仰两青空，舟行明镜中。蓬莱定不远，正要一帆风。”过了渡，坐下来，听他们讲营前古渡故事。营前是古代重要军事要塞，原名陈岙。北岸渡口有个村叫潘岙，因驻扎过兵营而改名“潘营”。陈岙位于潘营南岸，故更名“营前”。这里曾是孙锵鸣的白布会与金钱会义军对垒激战的军事重地；也是飞云江上游瑞安、文成、平阳、泰顺、青田五县的繁荣商埠和货物集散地，有瑞安的“小香港”之称；吃了中餐，还跟老乡去看了曾繁华过的老街，欣赏了渡口旧式的轩楼和昏鸦老树，还上山看当年作战留下的又深又宽的战壕……一条溪有一本历史，一个渡口是一份厚重的人文画卷，它尘封在消逝的时空里，挖掘在研究者的脚步下和一句一句的问答中。

我和我们的团队为了交出一份满意的答卷，为瑞安及瑞安以外的读者再现瑞安江河的人文历史，或埋进书堆，或长途跋涉，用了一年多时间写完书稿，于 2015 年 11 月出版，书名《江河风韵》。

完成了《江河风韵》后，我们立即着手写瑞安的“人”。瑞安名人荟萃，有“东南小邹鲁”之称。写哪些人呢？高则诚纪念堂的台门上嵌有一副对联：“此地曾蕴玉，其人可铸金。”我们认为，玉之价在于德，金之价在于才，两者之中，德是根本。台湾师范大学教授曾仕强先生认为：“德本财末，德本才末。”有德有才，德才兼备谓之“贤”，这是首先要写的，其次是有大德者。

瑞安写人的文章很多，但重在文，大都是像孙诒让、黄绍箕、项骧等瑞安的顶级大家，不繁其笔；对现代的或其他各界的如武备、科技、金融、实业、宗教触及较少，很多名人鲜为人知，未曾挖掘开发。所以，我们在该书中注意了这方面人物的挖掘，如北伐名将潘鹏，抗战英雄朱炎晖、王运尧，浙南机械工业先驱李毓蒙，罐头工业先驱李墨西，誉名杏林的翘秀洪天遂、池仲贤，近代瑞安金融前辈俞象川，宝塔山下的瑞安女儿薛兰，革命武术家陈文征……均列入了目录，向瑞安、温州直至全省展示了很少或没有听到过的瑞安名人，拓宽、丰富了名人的外延和内涵。

在编写个体名人的基础上突出名人群，这是编写的第三个指导思想。洪振宁先生在瑞安的学术讲座中多次提到，以血缘关系组成的家族名人群是瑞安人才结构的显著特点。于此，我主张“以血缘家族群”寻找、组织材料，故首设“望族名人”栏目，探索并组织了“谢灵运及陶山后裔”“仙洟季季月泉家族”“北大‘温州学派’领军陈黻宸及家族”“许氏族群中的太和五杰”“名人日记里的林损及家族”等十多个名人族群阵营，让广大读者了解瑞安过去名人群落血缘性分布的重大特征，从中领悟其形成的原因，探索人才培养的变数与不变的内因和外因的科学规律。

因为我们以不同构架和思维组织了该书，为温州学提出了许多未曾触及的思考和问题，故出版后引起社会的较大反响。为了保持课题系列性，我们把该书取名为《玉海人韵》，与《瑞邑山韵》《江河风韵》组成了“瑞安三韵”。于是，“瑞安三韵”成了这三本书的代名词。

2013 年 10 月 4 日，《瑞邑山韵》一书脱稿付印不久，接到当时市人大文教科卫办公室主任、陶山干部联谊会会长林伟光的电话，邀我到他办公室商议编写《陶山镇志》一书的事。接下任务后，我邀请了唐宝贤、方步翰、唐方汉、王乃弟、张寿元、胡秋霞、娄增尧、周巨展等组成编写组。12 月 10 日下午，在市食品药物监督局会议室召开编写组成员座谈会，讨论了我草拟的目录，开始启动《陶山镇志》的编写。为了加强对《陶山镇志》编写的组织领导，陶山镇委、镇政府于 2014 年 6 月 23 日发文《关于成立〈陶山镇志〉编纂委员会的通知》（陶委〔2014〕67 号），镇委书记周晓华为主任，领导编志工作。

《陶山镇志》分“区域”“经济”“政治”“基础建设”“教、卫、体”“文化、科技”“宗教、民俗”“人物”“丛录”九编二十八章。怎样完成这项瀚浩工程？我们通过查阅有关志书，到市档案馆查阅历史档案资料，到有关单位看数据、规划、总结、文件，下乡村采访，寻古碑，看古建筑……夏天冒酷暑，冬天顶风寒，我们的足迹几乎遍布陶山的山山水水，访遍了各个乡村角落，经过了两年的跋涉奔波，于 2015 年底基本完成初稿，之后进入反馈、补槁、修槁、统稿、编辑的程序。年底，忽接林伟光会长指示：《陶山镇志》要赶在明年清明节年会发行。不久，得知林伟光会长身体不好。我们把这一情况向镇第二任编纂委员会请示，得到同意。于是，我们立即改变计划，决定：一、稿件不反馈；二、对现有草稿立即统稿；三、稿件截止，立即修改、校阅、编辑。经过一个多月的校、修，终于定稿。但距 2016 年清明节已不到两个月，时间十分紧迫。我立即电告出版社，在保证质量的前提下，务必在 40 天内出书。为了赶时间，我们夜以继日地工作。最后一校的来回已没有时间了，于是我与方步翰两人在二校本未出前赶到杭州，两天两夜没睡好觉，连夜完成了第三次的校阅，保证了出书时间，赶上了清明年会。

会后的第三天，我立即与张寿元同志赶往杭州林伟光会长家中，给他送去了两本《陶山镇志》，他很高兴，很瘦很瘦的脸上泛出了笑容。《陶山镇志》的出书，平常，也不平常，它是与时间赛跑出来的，实现了林伟光会长的心愿。同时，也为陶山人民干了一件有意义的事，为陶山的文化做出了应有的奉献。但由于时间过于仓促，留下许多不足和遗憾。

2012 年，在搜集、整理出版《福泉记》一书时，我计划给瑞安的寺院庙观编一本书。于是，我乘隙去瞻仰寺院，陆陆续续地在《瑞安日报》《玉海文化研究》上发些文章，如《福泉寺的历史碎片》《西山庄济殿的神奇传说》《进士宋之才与宋岙庙》……后来，我与戴世德居士谈起自己的想法和打算，一拍即合。他说:"瑞安佛教协会也有这一计划。"2014年春,在宝坛寺召开佛教协会文化组会议,讨论如何编写《瑞安寺院》,做好这一课题。组长安海法师主持,副会长释道霖师父参加了会议。会上,我做了发言,谈了这一课题的必要、意义和如何操作几个问题,得到赞同。

林成植(右前)参加佛教协会文化组会议

会上,我们讨论研究了该书要具备的特色:在学术思想上,要在实事求是的前提下,引入传说、名人活动和诗词,增强文学性和可读性;在学术观点上,采用在史实的基础上,适当穿插诠释和史论,更好地彰显主题和有助于读者的领悟;在研究方法上,采用史料的搜集和采访相结合,保证内容的真实性、生动性和义理性。

指导思想明确了,我们把这一课题分为四步走。第一步是"查",即在古籍中查,从佛教协会现存的资料中找,然后分片区整理。第二步是"访",采访寺院师父和乡村耆老。这是一件烦琐辛苦的事,因为寺院大都分布在乡间僻壤和山上,车进不去的得爬山越岭,用双脚走。在盛夏酷暑真有说不出的难受。第三步是"听",听历史、听传说、听人文,边听边记。最后一步是"理",就是回家整理、回顾、再现、编写。我们不是佛陀,在碑文、佛联中碰到很多不懂、不解的地方,得去问、去查、去忆、去领悟……

为了扩大课题影响,我陆续在《瑞安日报》《玉海文化研究》发表有关课题研究成果的文章,如《皇帝赐封过的陶山寺》《六科昭福寺》《五灵寺:曹豳读书处》《状元周坦与常宁寺》《龙翔寺》《明教寺》《宝方寺》《瑞安佛教寺院略说》等。一天天采访，一天天编写。有汗水，也有欢愉。“瑞安寺院研究”是瀚浩、艰辛的工程，贯穿前后用了5年时间，才现端倪。现在，我们已载录了全市490座大小寺院的基本信息，给其中的100座历史悠久、文化深厚的寺院做了图文并茂的记述，课题研究进入尾声。

2019年5月，我们将此课题申报给温州市社科联，经专家审查，列入了“温州市哲学社会科学规划课题”。

三、续　梦

回顾一生崎岖的来路，还是令人欣慰的。退休前做过三个梦，虽不完全算作“温州学”，但拓宽了专业研究的道路，为退休后“温州学”研究奠定了基础。退休后的十年，光阴没有虚度，我参加并融入了“温州学”的研究中，虽谈不上成就，却留下了难以消逝的黄昏美色，桑榆晚唱！

遥望前面的路，很长很长……

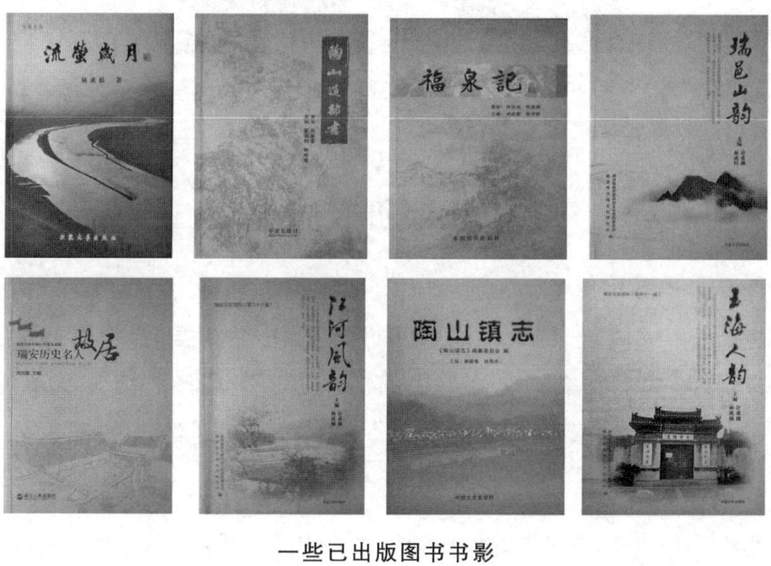

一些已出版图书书影

2019年10月

笃学立说尽丹心

林坚强*

林坚强

一、主要研究成果

20世纪80年代,中国开启了改革开放的伟大历程,温州人大胆挣脱计划经济的羁绊,先行先试,成为时代的"弄潮儿",无愧于社会变革的先驱。我的而立之年恰逢改革浪潮迎面扑来。一方面,计划经济的理论体系依然

* 林坚强,1954年11月出生于温州,1998年11月被浙江省高校高级专业职务评审委员会评为副教授,2012年被温州大学聘为兼职教授,2016年担任温州市经济学会执行会长,温州市政协文史工作特邀研究员。曾任温州大学社会科学部原副主任,党委办公室、校长办公室主任,温州市人大常委会党组成员、秘书长。

占主导地位，作为理论工作者，我们承担着继续宣传讲授计划经济理论的任务。但是，象牙塔外的改革脚步已然叩响大地，促使我要与温州人民的伟大实践“并肩作战”，秉持求真务实的精神，大胆探索实践中遇到的新问题，力所能及去研究解决之道，并运用社会科学的理论予以诠释。

温州率先进行改革发展的实践，为理论研究提供了有利条件。自己作为理论工作者，深入调查，致力思考，撰写论文，获得了专家们的肯定。同时，围绕温州社会经济发展的重点、老百姓关心的难点，先后提出了十几项议案建议，得到市政府及有关部门的重视，并取得一定的成效。几十年的学术研究成果主要体现在著作论文和议案建议两个方面。

（一）著作论文

1988 年，随着改革开放的深入和市场经济的拓展，人们需要了解掌握股份经济的基本知识，自己从经济学专业角度尝试编写了《股份经济实用知识》一书，在此基础上，1992 年合作编著了《股份企业与股票债券》，由海洋出版社正式出版。而后撰写（包括合著合编）的《中国社会主义建设理论与实践》《论语温州》《钱生钱的密码》《温州民间借贷风暴》《温州指数：中国民间融资风向标》《郭心崧传》《温州模式再研究》等著作，分别由宁波出版社、新华出版社、中国对外翻译出版有限公司、中国民族摄影艺术出版社、中国经济出版社、中华书局、社会科学文献出版社等正式出版发行。

在《中青年经济论坛》等刊物上发表的论文达 30 余篇。

林坚强编著（包含合著）的图书和发表文章期刊剪影

(二)议案建议

一是关于温州工业企业股份制改革的建议。1985年10月,针对温州国营工业企业面临的问题,撰写了《关于温州国营工业企业股份制变革的建议》,时任温州市委副书记副市长刘锡荣做了批示,予以肯定。二是关于温州家庭生活服务社发展的建议。1987年针对温州家庭生活服务社发展中面临的问题,我进行了深入调查,撰写了《温州家庭生活服务的兴起及其作用》一文,建议有关领导应把生活服务的社会保障放到经济发展战略上来认识,适当地解决家庭生活服务社的场地、资金等问题,使这支后勤力量在社会家庭生活中发挥更大的作用。三是关于温州大学发展的建议。2001年初,在温州市人大常委会对《高等教育法》进行执法检查调研的基础上,就温州大学发展问题,撰写了《温州高等教育发展总体思路的思考》一文,明释三套方案,提出最佳方案为温州大学与温州师范学院合并组建新的综合性大学。经市人大常委会领导同意,以专题调研报告呈报温州市委、市政府等,引起了市领导的重视。四是关于发挥在外温州人优势的议案。2003年领衔提出了《关于发挥在外温州人优势的议案》。其核心内容是重视在外温州人的作用,努力推进温州人经济转化为温州经济,得到温州市委、市政府的高度重视。五是关于小贷公司试行优先股融资的建议。2013年,提出了《关于小贷公司试行优先股融资的建议》,主要是建议解决小贷公司融资难问题,引起了市政府的重视,随后市政府出台了有关"试验"政策。瑞安华峰小贷公司首期以非公开方式发行1亿元优先股,成为全国首单小贷优先股,拓宽了小贷公司的融资渠道,更好地为小微企业服务。六是关于要求市政府加大政策支持,推进市区多层次住宅电梯工作进度的建议。2016年初,提出了"关于要求市政府加大政策支持,加强协调,推进市区多层次住宅电梯工作进度的建议"也得到市政府及住建委的高度重视。市政府出台了《关于进一步推进我市既有住宅加装电梯工作的指导意见》,方便居民特别是残疾人、老人上下楼出行,完善住宅功能,提高居住品质。七是关于对证券业及机构相应重视的建议。2016年11月,提出了《关于对证券业及机构相应重视的建议》,引起了市政府金融办公室的高度重视,使温州市证券业地位得到提高,成为温州证券市场发展的重要组成部分等。

二、“温州模式”的研究

温州是我国改革开放的先行区、民营经济的发祥地。“温州模式”这一改革的产物，自 1985 年 5 月问世以来，一直曲折前行并伴随着争议。几十年来，我一直关注温州经济运行及“温州模式”的创新发展。

2016 年 5 月 11 日林坚强在温州大学主持召开“温州模式回顾与展望”专题会议

“温州模式”在创立、发展过程中，之所以引起社会各界的关注，关键之一是温州人不唯书、不唯上、只唯实，敢于坚持改革实践，开创了一条以市场经济为主导的农村经济发展新路径。长期以来，传统计划经济理论相对固化了人们的思维模式，理论界固执认为“公有制、计划经济是社会主义，私人经济和市场经济是资本主义”。对于改革初期出现的个体私人经济及专业市场，总认为与传统社会主义经济理论相违背。当时，自己在温州市宣传部理论科工作，接待了上海市社会科学院、辽宁省委《理论与实践》编辑部等多批考察团，向同行介绍温州经济社会文化的历史背景及地理环境，阐述温州个体私人经济及市场经济发展的必然性和必要性，得到了他们的认同和赞许。

1986—1987年间,辽宁省委主办的《理论与实践》《理论内参》陆续刊登了我撰写的《所有制改革必经与经济运行机制相协调》《国营经济一定要占主导地位吗?》《温州农村十大观念更新》等论文。特别是《劳动力市场在温州的实践》和《温州的实践对传统社会主义经济理论的重大突破》两篇论文,通过专家审定后,《经济学周报》和《中青年经济论坛》予以刊登。

我国改革开放初期,开放劳动力市场是理论界热衷讨论的一个问题,也是政策上亟须研究和解决的问题。我在调研的基础上写了《劳动力市场在温州的实践》一文,依据温州的实践,阐述我国开放劳动力市场势在必行,强调它是在商品经济条件下,达到劳动力在各部门、各行业、各单位合理配置的重要途径。至于劳动力是否属于商品范畴,我认为这些概念上的争论需要转到现实问题的分析和研究上,只要能促进社会生产力迅速发展,人们生活更快地富裕,即使劳动力是商品也未尝不可。因为,劳动力不等于劳动者,劳动者既是经济人,又是政治人、社会人,而劳动力成为商品,仅仅是劳动者作为经济人的一个方面,并没有影响在我国人民民主专政条件下,每个劳动者在政治上的平等,这是与资本主义国家的一大区别。

当时,对劳动者市场观点争议很大。据中国经济体制改革研究会名誉会长高尚全关于《我亲历的三个中央关于经济体制改革的〈决定〉的起草》一文中写到,1993年江泽民总书记在讨论关于建立社会主义市场经济体制若干问题的决定时说了一句话:提出劳动力市场,社会上能不能接受?……后来,经中央常委审阅,劳动力市场写进十四届三中全会通过的《关于建立社会主义市场经济体制若干问题的决定》。

除了劳动力问题外,所有制和分配问题在我国理论界争议分歧也是很大的。自己基于温州模式的实践,探讨理论上如何重新认识私人经济和按资分配。传统的社会主义政治经济学对于私人经济(雇工经营)一直视为异端,不承认它的合理地位。其实,温州私人经济发展的实践已走在理论前头。从实践来看,在社会主义经济初期阶段,私人经济的存在有其必然性,对社会经济发展起着较大的作用。从理论来看,现阶段我国的私人经济与资本主义条件下的私人经济有着本质的区别。一是社会历史条件不同;二是各自在社会生产中的作用不同;三是在企业中雇主与雇工的关系不同,在社会主义条件下,雇工与雇主在政治上都处于平等的地位,不存在阶级压迫。因此，根据社会主义条件下私人经济的新特点及实践效果，改革中出现的私人经济应成为我国社会主义多种经济形式中的一种特有形式。

所有制理论的突破，必然带来分配理论的再认识。这里所讲的分配理论仅指微观层次企业内部的收益分配（除上交国家税收和管理费外）。当时，温州商品经济的发展突破了单一的按劳分配理论，出现了以按劳分配为主，辅之以按资分配的分配方式。温州的实践表明，在我国经济发展的早期阶段，实行按劳分配为主、按资分配为辅的分配方式是可取的，有利于激励经营者投资的积极性，充分利用社会游资，促进商品经济迅速发展。

温商是“温州模式”的创造者、实践者，正如有人说：没有温商，也就没有“温州模式”。20 世纪 80 年代中后期及 90 年代，随着我国改革的深入，私人经济和市场经济得到了肯定，温商走遍全国各地，成为发展生产力的一支重要力量，但是温州本土对此并未相应地重视。2003 年初，针对这一问题，我作为温州市人大代表，领衔联合易本等 11 位市人大代表，在温州市第十届人大一次会议上提出《关于发挥在外温州人优势的议案》，认为温州经济之所以充满活力，具有区别于其他区域经济的鲜明特色，是因为它有 200 多万温州人在全国各地、世界各地创业经商。据有关资料显示，2001 年，我市有 160 万人在全国各地经商办企业，占全市人口的 1/5。在外企业及个体工商户年销售收入达 2400 亿元，相当于在全国各地再造了一个“温州”。这种放大了的温州人经济，解决了全市 1/5 人口的就业问题，缓解了巨大的生存压力；构建了庞大的温州产品销售网络，带动并加快了全市工业化进程；形成了巨大的资金回流，积累了充裕的民间资本，为温州依靠民间资本投资进行基础设施建设创造了条件；为温州企业提供了大量的市场信息，提高了企业的市场应变能力和竞争力，推动了市场调节机制的率先建立，并形成先发优势；扩大了温州在各地的知名度，进而树立起良好的形象，逐步形成了温州区域品牌效应。在外闯市场的温州人，个个是活跃的“细胞”，如何把“细胞”的活力变成“肌体”的活力，把在外温州人的优势潜能充分发挥和挖掘出来，转化为温州人经济发展的巨大动力，转化为温州现代化建设的现实生产力？这些无一不是当时温州面临的重要课题。为此建议：一是要上下联动，左右协调，全方位地关注在外温州人工作；二是要进一步完善在外温州人联络机制；三是要改善政府服务，制定优惠政策，激发在外温州人回乡投资。同时，与温州市协作办陈永聪、王廷、王可训等，撰写了《进一步发挥在外温州人对温州经济发展的推动作用》，刊登在《温州社会科学》2003 年第 7 期。

议案和论文引起了市委、市政府的高度重视，取得良好的效果。2003 年 11 月，时任温州市委书记、市人大常委会主任李强主持召开了第一次世界温州人大会，努力推进温州人经济转化为温州经济。目前，温商在全国 260 多个地级以上城市成立了近 300 个温州商会，为 180 多万名温商打造了一个良好的发展平台，发挥了重要作用。温商成为温州经济社会发展的重要组成部分，成为我国改革开放的一大亮丽的新群体。

2008 年，在改革开放 30 周年之际，各类回顾、纪念的文章也开始屡屡见诸报端，我作为改革开放的亲历者和实践者，选择了 30 篇文稿汇集成书，定名为《论语温州》，当年 8 月由新华出版社审核出版。时任浙江省人大常委会副主任刘奇为此书作序。他在书序中写道：

> 我与坚强虽然相识在温州工作期间，但对他的研究文章早已拜读过。20 世纪 80 年代撰写的《温州的实践对传统社会主义经济理论的重大突破》《劳动力市场在温州的实践》等文章，在当年，不仅需要智慧，更需要挑战传统的胆识和突破理论藩篱的勇气。而这些文章，即使在今天，读来仍然让人感到英气逼人，一股坚定的力量力透纸背。而当“股票”还是新生事物的时候，他就撰文对证券市场进行了详细的分析，见解独到、精当，具有前瞻性。他甚至在 1992 年就提出，“发展证券市场是温州实现经济现代化的重要战略选择”，温州要在“先发优势”的基础上，通过现代金融体制的建设，发展资本市场，将改革推向纵深，从而延续“温州模式”更大的辉煌。坚强在经济理论和实践上艰苦而务实地探索，体现出他作为一名学人求真的精神本质。

此书被温州市文化研究提炼工程指导委员会办公室列为“温州文化研究工程第三批项目”(编号为 WYZ0713)。

2014 年，我应邀参与温州申报历史文化名城撰写文本，撰写了《温州人精神与温州模式》一稿，提出如下主要观点：温州人精神是中华民族优秀传统文化凝聚温州区域文化的优良传统，经市场经济大潮洗礼而形成，其主要源是温州深厚而独特的文化力。温州模式既是一种经济现象，也是一种文化现象。

2014 年秋，应温州大学浙江温州人研究中心之约，与《温州晚报》原总编胡方松，历时 3 年多撰写了《温州模式再研究》一书，在温州市社会科学界联合会领导重视和支持下，2018 年 10 月，在改革开放 40 周年庆祝之际，予以正式出版。2019 年 2 月，光明日报社主办的《书摘》(2019 年第 2 期)还予以摘录推荐。

《温州模式再研究》一书，汇集了作者亲历亲为的翔实资料，并进行了梳理研究，对一些有争论的问题阐明自己的见解，认为"温州模式"的生命所在，是我国改革开放的一个缩影，其价值在实践中逐步体现出来。

"温州模式"之所以有强大生命力，是由"温州模式"核心内涵和本质决定的。根据温州农村和各地农村的长期实践，以及众多专家学者的共识，"温州模式"作为一种农民依靠自己的力量兴办工业打通流通走向市场的经济发展方式，作为一种不发达地方依靠自己的力量的区域性经济发展方式，作为一种贫困落后地区群众自我脱贫奔小康求富裕的经济发展方式，是中国社会主义初级阶段广大农村工业化可供选择的一种经济发展方式，也是中国农村走向现代化城镇化可供选择的一种经济发展方式。它既适合于依靠群众和地方自己的力量，加快解决社会主义初级阶段人民群众日益增长的物质文化需要同落后的社会生产力之间的矛盾；也适合于依靠群众和地方自己的力量，加快解决中国特色社会主义新时代人民日益增长的美好生活需要和不平衡不充分的发展之间的这个主要矛盾。可以说，在中国整个社会主义初级阶段，在中国特色社会主义整个历史阶段，"温州模式"都具有自己的强大生命力。不能只从温州的经济发展阶段性的快慢看"温州模式"的生命力，而是要从中国特色社会主义发展的历史长河中来看。

2018 年，应温州市政协文史委之约，撰写了《探索温州模式》一文，列入《我与温州模式》一书，认为改革开放的今天，研究"温州模式"，并非照搬照抄以往成功经验，而是与时俱进的创新发展，不断扩充丰富"温州模式"的内涵。

三、温州民间金融的研究

2012年3月28日,国务院常务会议决定设立温州市金融综合改革试验区,希望通过体制机制创新,构建与经济社会发展相匹配的多元化金融体系,使金融服务明显改进,防范和化解金融风险能力明显增强,金融环境明显优化,为全国金融改革提供经验。

当时,我因年龄到限,卸任了温州市人大常委会秘书长,经市领导同意,被温州大学聘为金融研究院副院长,这就获得更多的机会与时间从事民间金融的研究。

民间金融一直是温州改革面临的一个大课题,也始终是一个令世人关注的大话题。民间金融是各种民间融资的总称,泛指不通过官方正规金融机构进行的一切民间融资活动,通常包括居民间的借贷、小额贷款公司、农村资金互助会、典当行、小额投资入股等。民间借贷是民间金融的主要形式。从20世纪80年代到2011年,伴随着温州个私经济的发展,"温州模式"的民间金融经历了风风雨雨,可以说走过了一条异常艰难之路。

2011年爆发的民间借贷危机,是改革开放以来温州最大的一次民间金融风暴,也是新中国成立以来温州最大的一次民间金融风暴。这次风暴,因资金链断裂,温州一批中小企业和担保公司扎堆倒闭,企业老板因不能还债而潜逃或自杀,企业倒闭关门,民间借贷纠纷案件激增。温州民间借贷市场总体处于无序状态,风险乱象并存。由于无力偿还巨额债务,爆发"温州民间借贷危机"。

对于民间金融,过去有所了解,尤其是在2011年初,对于无序的民间金融感到担忧。炒"钱"之疯在温州及全国许多地方一浪高过一浪,我预感一场"金融风暴"将要降临,为此忧心忡忡。自己出于强烈的责任感,坦然决定撰写一本现代理财书,通过总结自己20年的理财感悟,告诫人们要理性投资。书名本来考虑为"现代理财方式的选择",后来,考虑读者的关注点,定名为"钱生钱的密码"。《人民日报》原副总编周瑞金还为此书写了题为《一本特别的理财书》的序,认为《钱生钱的密码》谈的是钱,但读者从中真正读到的却是人，是作者的人性观察和人生感悟。作者以温州人的聪明与才干、务实与清醒、追求与理想，告诉人们：成功的投资不仅来自知识与技巧，更在于投资人高远的眼光、宽宏的胸怀、诚信的品格和君子取之有道的情操。

2012年4月，与《温州晚报》原总编辑胡方松等人合作编撰了《温州民间借贷风暴》一书，系统地阐述了金融危机发生的原因，提出解决的意见和建议，认为温州民间借贷风暴是一个惨痛的教训，更是一个巨大的警示。编撰《温州民间借贷风暴》，就是想赶在第一时间，通过对这个风暴的直击记述，让更多的人和后来的人记取这个风暴的教训，避免重蹈覆辙。要加快金融体制到位改革的步伐，让民间借贷能早日阳光化、法规化、体内化，让民间信用早日能成为中国特色社会主义金融事业的重要组成部分，让中小企业能早日得到发展所需要的足够资金而不再成为银根紧缩的牺牲品。今日的危机，要化为明天的希望；温州风暴的代价，要转变成中国的财富。

"三农"问题是我国社会主义建设中一大战略问题。温州在金融综合改革实践中出现了一批农村资金互助会，为农村发展注入了活力。2013年，我与胡振华教授等深入瓯海、瑞安等地调研，撰写了《农村资金互助会融资性质与实现形式》一文，刊登在《广西大学学报》2014年第1期。

温州小额贷款公司是民间金融的一种新型组织形式，相对于其他地区，总体运行比较正常，是温州金融综合改革的一项重要内容。2014年，受温州市小额贷款公司协会委托，我担任课题负责人对其发展现状及创新路径做一研究。同时，专门对小额贷款公司融资难问题向温州市人大常委会提交建议，取得良好的效果。

民间金融对温州民营经济的发展起到了不可或缺的作用，满足了中小微企业的资金需求，弥补了正规机构的服务缺位问题。但长期以来，民间金融市场产生一些弊端，最后酿成地方性的金融危机，其中的一个重要原因是信息不对称和监管缺失。要解决这个问题，需要对民间金融市场建立一个监测体系，定时发布民间融资利率变化情况；也能使监管部门掌握社会资金的真实需求变化，发现风险苗头，及时采取应对措施。2012年3月28日，国务院第197次常务会议确定了温州金融综合改革的12项任务，"规范发展民间融资"作为首项任务。其中，有3个细分任务：制定规范民间融资的办法，建立民间融资备案管理制度，建立健全民间融资监测体系。而建立健全民间融资监测体系，则有赖于编制一个新的民间融资利率指数——"温州指数"。2012年4月，启动"温州指数"编制工作；12月7日，"温州地区民间融资综合利率指数"正式对外发布。2013年9月26日，"温州·中国民间融资综合利率指数"正式对外发布，引起了国内外有关部门及媒体的关注。2016年3月，在中美央行高端对话活动中，浙江省副省长朱从玖发言中建议货币政策应关注"温州指数"。

我在担任金融研究院副院长期间，一直关注"温州指数"的完善以及运行主体的研究。2016年，与孙即、叶永两位博士在研究运行分析的基础上撰写了《温州指数：中国民间融资风向标》。中国著名金融专家谢平为此书作序，认为"温州指数"既是温州金融综合改革重要成果之一，亦是民间资本服务于小微企业的集中体现，更是利率市场化直接反应。《温州指数：中国民间融资风向标》一书是"温州指数"运行以来的阶段性总结，从"温州指数"的出台背景出发，探讨其内涵、体系与意义；同时，对"温州指数"发布以来的近三年运行情况进行分析；并对"温州指数"的计算主体——小额贷款公司、农村资金互助会、民间借贷服务中心、民间资本管理公司、典当行、融资性担保公司和P2P等，进行了分析；在此基础上，针对"温州指数"发布结果，构建了民间融资风险监测模型，进而探讨了"温州指数"面临的问题和未来发展的方向。该书既可为民间金融研究者提供研究素材，亦可为政府监管人员和广大民间金融从业人员提供参考。

为了进一步完善"温州指数"，我撰写了《关于将"温州指数"列入国家货币政策研究的建议》，2017年初提交温州市人大常委会，由全国人大代表尤小平在全国人大五次会议上提出。浙江省人民政府关于十二届全国人大五次会议第3513号建议的答复意见认为："温州指数"作为引导民间融资规范化、阳光化的创新举措，自编制发布以来，在提升民间借贷价格透明度、引导民间融资市场健康发展等方面发挥了积极作用。

四、股份制及证券市场的研究

在我国改革开放的过程中，我持续不懈地关注研究股份制及证券市场。

1984年，在浙江省委党校政治经济学本科专业班就读时，有幸聆听董辅礽、戴圆晨等一批我国著名经济学家的谆谆教导，对股份制及证券市场特别感兴趣，先后撰写了《浅谈国营工业企业股份制变革》《利用股份市场，拓宽发展空间》《发展证券市场是温州实现现代化的重要战略选择》等文章，刊登在《温州日报》《温州大学学报》等报刊上。1988年，为了推进温州股份制改革，撰写了《股份经济实用知识》一书，时任温州市委书记董朝才特为此书作序。1992年初，在杭州大学（现为浙江大学）就读研究生主要课程时，与陈加琴、林瑞荣、林江帆、邱国宁等合作，在《股份经济实用知识》一书的基础上，根据国务院关于股份企业条例的有关规定精神，撰写了《股份企业与股票债券》一书，时任温州市市长陈文宪为此书作序。1993年，从理论学习研究转向实践，投身证券市场的尝试之中，在实践中学习、提升。关于股份制的新观点及思路的前瞻性为我国及温州股份经济发展所证明。

在编写《股份企业与股票债券》一书的基础上，针对20世纪90年代温州企业上市滞后的现状，撰写了《利用股票市场拓展发展空间》一文（刊登在《温州日报》2000年9月9日），认为我国股票市场的发展，为企业建立现代企业制度，推进现代化经济建设立下了汗马功劳，而我市在这方面显得落后。据初步统计，至2000年6月底，我国各省、市有1100多家企业公开发行股票，累计筹资5000多亿元，浙江省有51家企业发行股票，筹资240多亿元，我市仅东方集团发行股票，筹资2.3亿元。另外，从股票总市值与地区生产总值比例看，全国股票市价总值达4.4亿元，流通市价总值1.4万亿元，分别占国内生产总值的50%和18%左右，我市一家企业股票市值仅20多亿元，流通市值仅5亿多元，分别占我市地区生产总值的3%和0.8%左右。这与“遐迩闻名的温州”的地位极不相称，长期下去，将会弱化我市经济发展的后劲，延缓现代化新温州建设的进程。股票市场从某种意义上说是现代化程度的一个重要标志。无论从现代市场经济理论，还是实践来看，股票市场对推动企业制度创新和现代化建设至关重要。一是有利于筹措资金，加快城市现代化的基础设施建设。二是有利于调整结构，促进龙头企业的迅速扩大，实现产业升级。三是有利于转换机制，摆脱国有企业面临的困境。四是有利于更新观念，增强现代市场经济的战略意识。温州应创造条件使更多企业争取发行股票上市，成为我市新兴产业发展的龙头，进一步推动现代化新温州的建设。

2018年，与陈荣剑合作提交“温州市证券业发展研究”课题申请报告，被温州市社会科学界联合会列入年度应用对策研究课题。2019年5月，俩人围绕课题研究撰写了《温州证券业在经济转型中的问题与建议》，认为在温券商缺乏IPO牌照、在辅导上市积极性和专业性的投行团队，导致温州本地上市企业规模较小，资本市场短板明显，某种程度上延缓了温州地区经济转型。以无锡经验为参考，建议政府成立或引进本地法人全牌照券商，并增强在温券商在一级市场的竞争优势。其报告至温州市社科联，以其《智库报告》(决策参考)2019年第6期呈报市领导参阅。2019年6月17日，市长姚高员做了批示。

五、为温州历史名人写传

温州人不仅善于经商，而且有着深厚的文化素养，历史上名家辈出。2013年10月10日，《温州日报》瓯越风土版刊登了一篇文章《民国邮政总局局长——郭心崧》，这样一位民国历史上有作为的人物，在《民国人物大辞典》《浙江民国人物大辞典》等文献均有记载，而在国内，尤其在温州却鲜为人知。为了挖掘温州历史文化遗产，提升温州人的文化品位，我着手撰写《郭心崧传》。

郭心崧先生自东渡留学后，其人生主要经历发生在远离温州的异地，对郭心崧的资料收集异常困难。2013年10月底，我驱车去苍南龙港，联系到陈文苞，进行了交流，参观了郭心崧先生的故居，虽然获得一些资料，但要写成一部人物传记却远远不够。11月初，与温州大学人文学院徐华炳副教授商议，组建写作小组，扩大范围搜集郭先生的有关历史资料。一是从温州大学图书馆、温州市图书馆、浙江大学图书馆、中国国家图书馆搜寻有关历史的书籍及郭先生20世纪20年代刊发的论著；二是从互联网上搜集有关资料及购买曾经与郭心崧共学共事的名人回忆录；三是赴南京中国第二历史档案馆、北京中国邮政邮票博物馆、北京市档案馆、北京邮电大学、上海市档案馆、上海邮政博物馆、天津市档案馆、浙江省档案馆、温州市档案馆及南京大学，收集有关原始资料；四是走访集邮专家，获取邮政及邮票方面的资料；五是拜访郭心崧先生的直系亲属，口述了解郭先生的人与事。当各方面资料收集后，感到可喜的是内容相当丰富，尤其是1922年至1942年底这段时期，资料比较完整，仅民国《中央日报》《申报》刊载郭心崧先生的活动，就有100余条。但资料参差不齐，郭心崧先生辞去邮政总局局长之后的资料很少。为了补充资料，先委托日本东京温州商会余飞舟秘书长了解，却无人知晓。尔后，通过温州大学商学院院长张一力教授，联系日本的姜红祥、西口和迁田等学者教授，获得一份日本筑波大学博士杨子震著的《中国驻日代表团之研究》，文稿中涉及郭心崧的情况只是一笔带过。针对这种情况，我们进行了多次讨论，认为一部传记，不可能十全十美。郭心崧一生的精华是在1922—1942年。于是，调整写作大纲，考虑先整理成书，作为"抛砖"，让人知晓，让更多的学者去挖掘、去研究，以达"引玉"之初衷。《人民日报》原副总编周瑞金为此书写了题为《值得立传的民国人物》的序。

2014年10月，《郭心崧传》一书正式出版，获得了有关专家和众多朋友的鼓励。中国邮政邮票博物馆专家还将有关郭心崧的原始材料复印传递过来。浙江省人大常委会十一届秘书长姚民声说道："书中反映中国现代化道路寻求中的不同思考，尤其是那些年代的论著，至今仍有启发。"浙江省法制办原主任郑志耿："题材难得，传记写法也有个性研究的可能。"更为难得的是，此书出版后竟促成了郭心崧失散70年的儿女在家乡温州重聚，引起各类媒体关注，留下一段佳话。2015年，《郭心崧传》被评为温州市第十届哲学社会科学优秀成果学术进步奖。

关于温州籍中国历史人物许璇的研学。外界知道许璇的人很少，作为温州老乡，知道他生平及成就的人也不是很多。在许璇先生诞生140周年之际，我怀着崇敬的心情，专程赴中国农业大学、浙江大学华清池校区等许璇工作过的地方寻找第一手史料，撰文纪念，为温州有这样一位先贤感到骄傲。中国农业大学校史馆的"创建篇"展示：许璇作为农学的著名教授、校长，最早提出了"熔学术教育与农村事业于一炉"的办学方针，为学校的建设和发展做出了卓越贡献，是中国农业经济学的开拓者和奠基人，为农业经济教育与研究奠定了坚厚基石。《中国农业大学史料汇编(1905—1949)》有相当篇幅记载了许璇在农大十几年的峥嵘岁月。他那做人做领导、做事做学问的风范,至今依然备受敬仰。

许璇,字叔玑,1876 年 11 月 9 日出生于浙江瑞安的耕读世家。1905 年夏选派留学日本,1913 年毕业于东京帝国大学农科,旋即归国,任北京大学校农科教授,兼农场场长。尔后四度任北京农业专门学校、北京农业大学(中国农业大学前身)校长,两度出任浙江公立农业学校、浙江大学农学院院长(校长);1924 年任中华农学会会长,连选连任 10 年。著有《农业经济学》《粮食问题》等,是我国近代著名的农学家、农业教育家,农业科学之先驱。于右任称其为"农田实学贾思勰、乡邑先圣叶水心",中华农学会赞其为"群士所师,群农所倚"。

许璇在近代农学界享有很高的威望,深受学校师生和农民的尊敬与爱戴。1934 年 11 月 9 日,他因突发脑出血去世后,当时的国立北平大学为他举行了隆重的公祭校葬。蔡元培题写墓碑,马叙伦撰写墓志。马寅初、于右任、马君武、郭心崧等 400 多位社会名流赠挽联缅怀。4000 多名各界人士致送花圈、祭幛等。4000 多人前去京城许宅聚贤堂瞻仰悼念,有的从南京、上海、杭州、天津、石家庄、保定等地专程赶去悼念。

我出于对许璇先生的敬意,于 2016 年初撰写了《关于重视中国农业科学先驱许璇的研究,加快温州新农村建设的建议》,与林崇国代表一起提交温州市十二届人大六次会议。建议市政府及农业等部门重视对著名农业教育家许璇的研究,汲取许璇关于农村建设的思想精华,推进温州新农村建设。

2016 年 6 月,撰写了《不曾忘却的中国农学泰斗》一文,刊登在《温州人》杂志 2016 年第 7 期。历史是现实的镜子,现实是历史的延伸。许璇先生虽然离开我们已有 80 多年了,但他那学农志农、造福农民的执着追求,严谨治学、唯实创新的独立精神,敢于担当、刚正不阿的人格魅力依然熠熠生辉。

研究,研究,还是研究。我有幸经历了我国改革开放 40 多年的全过程,对改革中的新情况、新问题,总是爱思考、爱研究,并将温州经济研究的理论成果融入高校教学之中,赢得了师生的认可和赞誉,这是特别感到欣慰的。时今,已到了有生的转折之年,如有可能,仍会秉承"为学求真、为人求实"的精神,为温州学的研究尽微薄之力。

2019 年 11 月 25 日

植根乡土沃野　传播文化力量

金丹霞*

金丹霞

* 金丹霞，复旦大学文学学士、浙江大学文学硕士。资深媒体人，高级编辑，曾任温州日报社编委兼文化新闻中心主任。现任温州大学人文学院教授、温州市社科联学术委员会委员、温州市文艺评论家协会副主席、温州市民俗学会副会长、浙江省文学研究会理事。曾获全国巾帼建功标兵、浙江省社科普及优秀专家、温州市"四个一批"人才等称号。采编的作品获全国、省级新闻奖项二等奖以上50余次。

20世纪40年代,潘光旦先生曾经在《说乡土教育》一文中讲过这样一段话:

近代教育下的青年,对于纵横多少万里的地理,和对于上下多少万年的历史,不难取得一知半解。而对于大学青年,对于这全部历史环境里的某些部分,可能还了解得相当详细,前途如果成一个专家的话,他可能知道得比谁都彻底。但我们如果问他,人是怎么一回事,他自己又是怎样一个人,他的家世来历如何,他的高祖父母以至于母党的前辈是些什么人,他从小生长的家乡最初是怎样开拓的,后来有些什么重要的变迁,出过什么重要的人才,对一省一国有过什么文化上的贡献,本乡的地形地质如何,山川的脉络如何,有何名胜古迹,有何特别的自然和人工的产物——他可以瞠目不知所对。

20年前,当我读到这段话时,扪心自问,深感惶恐:我作为一个祖籍温州,在外地长大求学,毕业后才随父母回到家乡的"温州人",对脚下这片土地又有几分了解?

如果说潘先生的这段话让我幡然觉悟,乡土文化是滋养个体生命的精神血脉,那么2000年《温州日报》新一轮的改版则为我亲近乡土文化、传播温州学研究创造了条件,提供了平台。

1991年我从复旦大学中文系毕业后,进入温州日报社工作,采访过政治文教、社会民生类新闻,写过舆论监督、热点追踪类报道,还参与了《周末增刊》《社会生活专刊》的创办。我发现自己最感兴趣的始终是文化类报道,因此当时光的年轮驶入新千年后,《温州日报》启动新一轮的改版,我毫不犹豫选择了专副刊部门。正是从那时起,我在前辈报人的引领下,在文化界各位师长的指点下,一步步走进乡土文化的沃野之中,探微寻幽,其乐无穷。

一、普及学术研究成果

2002年7月22日,《光明日报》刊登了《温州启动温州学研究》的报道。当年8月,《温州日报》的《瓯越副刊》即在金辉老师的策划下,推出了《创立温州学》专栏,及时刊发温州研究的新发现和创立温州学的新见解。作为当时温州日报社副刊部的负责人，金辉老师始终以新闻人的敏感关注着温州学术理论研究的重大问题。我们有这样的共识：温州学研究需要严谨规范的学术著述，也需要面向大众进行传播和普及。

我作为继任者，沿着金辉老师开启的这条路往前走，一路行来，但觉异彩纷呈，风光无限。在向一位位专家学者的约稿组稿中，在对一篇篇文章的编辑审读中，我深深感受到一直以来被外界误读的温州，掩盖在商名之下的是它悠久的历史文化、深厚的人文底蕴、精湛的百工技艺、新颖的文化创意。作为媒体人，我们有责任告诉世人一个全面的、立体的温州；作为党报副刊，我们的每一个版面都是这座城市的一扇文化窗口。

《创立温州学》专栏持续了5年，整合文化资源和学术成果，不断在内容的深度和广度上进行拓展，刊发了近百篇文章，涉及温州文化、艺术、经济、农业、医药、城市发展等各领域，如文化方面的有《温州曾有过永嘉画派吗?》《从永嘉画派走向海派》《明代海内推善弈　永嘉棋派居第一》等；经济方面的有《温州港的盛衰与机遇》《浙江近代食品工业先驱》《温州古代丝绸品牌之路》《将温州展品推向世博会》等；医药方面的有《源远流长的温州中医史》《温州近代著名儒医》等；文化传播方面的有《温州与海上陶瓷之路》《温州华侨足迹遍天下》《史上外国人在温州》等一批颇具分量的文章。《创立温州学》是温州媒体中关于温州学研究持续时间最长的一个专栏，为推进温州学创立、传播温州文化提供了一个交流探索的平台。

2005年10月14日，温州市委宣传部与市社科联召开"实施温州文化研究提炼工程"座谈会，对"温州学"创立3年来温州文化研究与科普工作进行了总结与回顾，并隆重表彰了在推动温州文化研究、创立"温州学"和社科普及活动中成绩突出的单位(个人)，温州日报社副刊部与《温州文献丛书》编辑部等17家单位(个人)名列其中。座谈会后，我执笔撰写了《春华秋实硕　三载勤耕耘》一文，总结温州学3年来的研究成果，以一个整版的篇幅刊发在南航主编的《温州日报》"风土版"上，后收入《温州研究的新进展2003—2006》一书。

我一直觉得自己是个很幸运的人，经历了纸媒的黄金时代，又遇到了文化大发展大繁荣的时期，得以与副刊部同人一起耕耘文化园地，挖掘人文底蕴，传播文化力量。

从2001年每周4个版面的《瓯越副刊》，到2010年每周7个版面的《瓯越副刊》加《人文周刊》，再到2012年每周10个版面的《瓯越副刊》加《文化周刊》，在众多纸媒削减专副刊的大潮中，《温州日报》的副刊版面却越来越多，领域愈加拓展，内容愈加丰富，不仅成为温州新闻界一个叫得响的品牌，而且其中的《文化周刊·人文》获评浙江新闻奖名专栏。

十多年来，不论副刊版面名称如何变化，我和同事们始终强调紧扣本土的文化积淀、历史渊源、风土人情做文章，力争做出浓郁的地方味、温州味。

为发掘彰显温州“百工之乡”的魅力，我策划推出“民间版”，介绍温州的戏曲艺术、传统工艺、风俗民情等。如回顾《曾经辉煌的瓯越刺绣》《十字花绣源远流长》，惋惜《濒临消失的指头戏》《逐渐远去的制陶业》，寻访《泰顺民居中的精致木雕》《瓯海古老的民间造纸术》，展示《百工之乡的阵容》《民间工艺赏“十佳”》等；同时还开辟一批系列专栏，如《温州先贤图谱》《小城寻踪》《匾额遗韵》《温州俗语撷趣》等，文图并茂、短小精干，具有浓郁的地方特色。由于对非物质文化遗产的挖掘和整理，“民间版”受到浙江省文化厅表彰，2008年被评为全省5个好专栏之一。当年浙江省新闻出版局《报刊审读管理》第38期对《瓯越副刊》做了专题评介：“既整合温州区域历史文化元素，又注重现实条件下的人文精神，不断增强正面引导能力，成为推进先进文化建设的一个平台而备受关注。”

为助力温州创建国家历史文化名城，我们发挥版面优势，对重大话题做深做透。如“世界温州人研究国际学术研讨会”召开之际，推出三个版面的“温州人海外奋斗史”专题；中断多年的东瓯王巡游恢复之时，推出“文化溯源，回望东瓯”的专题；当矾矿踏上申报世界遗产的漫漫路途时，推出“呼唤工业遗产的春天”的专题；围绕着温州古城建城纪念、温州学人智行天下、府学孔庙遗址的舆论纷争、温州古井的生存空间等社会各界关注的文化热点话题，副刊版面都刊发了大量文章。

为营造城市良好的阅读氛围，推介温州学研究的专著成果，我们长期开辟《温籍作品》《温籍作者》专栏，推出系列阅读报道，专访学界精英，介绍作品专著，策划讲座活动，引导阅读兴趣。由于内容丰富翔实，形式生动活泼，2012年我们策划的系列阅读报道被新闻出版总署评为“全民阅读报刊行”优秀活动，成为全省7个上榜单位中唯一的地市级媒体。

特别让我感到欣慰的是，我们版面上开辟的专栏经过一段时间的积累后，一批有质量的作品结集成书，正式出版。如许宗斌先生所著《雁荡山笔记》就是在副刊“风土版”上的专栏结集。2006年初，他将几篇写雁荡山的稿子寄给我，我看后觉得文章既有严谨详赡的史料，又写得生动活泼，在文史类文章中尤为可贵，因此打电话告知许先生稿子拟在“风土版”上刊发。后来我又和版面主编宋永梅商量，雁荡山可写的内容很多，许先生文笔与史料俱佳，不如干脆开一个专栏，请她和许先生联系，能否将此类文章续写下去。于是有了《雁山深处》的专栏，陆续刊发的60多篇文章后来由线装书局正式出版，名为《雁荡山笔记》，此事许宗斌先生也写入后记中。2010年，我遵从陈增杰先生的建议开辟《温州诗历》专栏，由“风土版”主编南航主持编辑，如今50多篇文章已结集成书，名为《宋元明温州诗话》。

当“文化大发展大繁荣”成为从政府到民间的迫切愿望时，我也一直在思考：如何以大文化的视角进行观照，充分开发文化报道的新闻资源？地方媒体如何更好地承担起传播先进文化、引领人文精神的职责和使命？我把这些思考写成论文《文化报道的高度、深度和温度》《“人文周刊”的人文品格和文化担当》等，分别刊发于《新闻战线》《中国记者》等国家级核心期刊。

因密切关注优秀传统文化、普及宣传地域文化特色，《温州日报》副刊多次得到浙江省委宣传部、温州市委宣传部的充分肯定。2010年，温州市委宣传部《新闻舆情分析》评价道：“在充分突出瓯越文化特色和温州人精神的同时，彰显了党报主流媒体的权威性、影响力和新闻报道的实力和优势。”2013年，省委宣传部副部长鲍洪俊在《温州日报》第1期《文化周刊》上批示：“文化强省建设任重道远，媒体责无旁贷。厚待文化、呵护文化应当成为新闻媒体的文化自觉。《温州日报》创办《文化周刊》很好，值得其他媒体学习。《温州日报》要努力把周刊办成读者的灵魂栖息地、精神家园。”同年3月27日，省委宣传部《新闻阅评动态》也评价《文化周刊》是“一桌风味浓郁的地方文化大餐”，“充分展现了温州的千年历史文脉传承和现代产业体系构建，有力地塑造了文化温州的新形象”。同年10月22日，省委宣传部常务副部长胡坚在第33期《文化周刊》上批示，给予高度评价：“《温州日报》的《文化周刊》办得很有文化，很有特色，在市级报刊中独树一帜。撰写的报道许多是独家的，编辑也独具匠心，体现了温州文化的厚重与深邃。希望其他报刊也学学《温州日报》的做法。"

二、追寻温州人的足迹

2002年11月1日，时任温州市委书记李强在《光明日报》上刊发署名文章《关于创立温州学的思考》，提出"温州学应该是一门主要研究温州文化，研究温州人和温州人精神，研究温州文化与经济互动发展，揭示温州经济和社会发展内在规律的综合性地方学科"，特别强调了"温州文化和温州人"是温州学的精髓。

我理解的温州学，其内涵不是固化的内容，而是随着时代发展在不断充实丰富。它不仅包括理论的探讨和支撑，也需要对生动鲜活的个体进行挖掘和分析。每个真实的个体为温州学研究添加了丰富的注脚。

普利策奖得主迈克尔·维特兹(Michael Vitez)说过这样一段话："我们活在一个充斥着网站、频道、宣传家、资讯、新闻，甚至只是噪音的世界，读者没有可能消化所有信息。他们往往索性什么也不理。我发现，接触人、打动人的最佳方法，就是说故事。透过有人情味的故事，阐明一个重要议题。"我相信，文化传播的出发点和落脚点，都在于"人"，讲好"人的故事"，是强化传播效果的最佳方式。

温州、温州人，在外界眼中都颇有些神秘色彩，甚至一度在大众传媒的视域中有被污名化的倾向。因此，通过搜集资料、田野调查，记录温州人的事迹，主编出版相关著作，是我十余年来特别投注时间和精力的内容。

2003年7月，《温州瞭望》(后改名为《温州人》)杂志创办后，即由胡方松总编和刘旭道、方韶毅两位责任编辑策划推出了一批特色栏目，其中《温州望族》专栏邀我和施菲菲等人为专栏作者。我在繁忙的工作之余着手写作这组专栏文章，走进一座座老宅大院，也走进了近代百年风云变幻的历史，走进了一个个起伏跌宕的人物命运中——百里坊马家书画传家三百年的文脉绵延，英桥王家能文能武能商的"磊落奇才"，世美巷刘家父子铮铮傲骨的学者风范，乐清张家父女分属两个阵营的家国情仇，邵氏摄影家族痴心不改的艺术追求，时代风云中叶家三代的人生际遇，谢池巷杨家医者仁心科技报国的赤子情怀……这些温州近现代以来的名门望族，他们的故事依然在坊间流传，他们在社会发展和专业领域中产生的影响积极而深远。

追溯他们的家族史，挖掘其世代传承的家风，我们从侧面书写了一个温州人群体，展示了他们的精神风貌，彰显了家族文化对个体生命成长的意义。该专栏于2008年结集成书，名为《温州望族》，被温州市社科联列入“温州文化研究工程项目”，由浙江摄影出版社正式出版。胡方松总编在序中称：“这是温州第一本反映望族的图书，也是当代中国第一部反映现实望族的图书。”

2018年是温州医科大学建校60周年，温州医科大学拟出版一套纪念丛书，其中《百年风度》一书邀我和周红担任作者，为在温州医科大学发展史上做出重大贡献的医学名家立传。我得以翻开温州这部现代医学史，在这60年乃至更长久的岁月历程中感受一位位前辈大家的人格魅力和他们的奋斗精神，并努力将这份震撼和感动传递出去。我查阅资料文献，并走访他们的后人、学生，执笔撰写了洪式闾（中国人体寄生虫学科奠基人）、杨玉生（瓯海医院首任院长）、缪天荣（标准对数视力表发明人）、王维松（首批带队赴温州的医学教授）、林镜平（医拳诗酒“四绝”传奇）、黄达枢（温医儿科之父）、池永龙（脊柱微创外科开拓者）等人物的传记文章，希望能用自己浅陋的文字稍稍记录下他们的人生轨迹，为后人留下一点追寻前辈风范的线索。

此外，我还陆续写了一批关于温州人的文章，关注温籍海外华人作家的文学成就，如《琦君：温州的文化遗产》《陈河2016年的写作成绩单》《张翎：用文学的笔尖挑开历史的一角》等；探寻名家与温州的渊源和情怀，如《陈来的三重身份》《追寻梅雨潭的绿》《王蒙温州之行的三个关键词》等；以口述实录的形式抢救记录有关史料，如苏春生眼中的父亲苏渊雷，王益强回忆父亲王荣年，赵瑞椿回忆艺术道路上的恩师，林曦明回忆从小漆匠到大画家的历程，林剑丹回忆老师方介堪的音容笑貌等；同时也记录下大时代中普通人的命运轨迹和人生追求，如志愿军战俘的传奇人生、华侨世家不变的中国心、女导演用镜头解读温州人文密码的执着、温州“洋媳妇”的喜怒哀乐等。这些文章除了刊发在本地的《温州日报》《温州人》《温州新壹周》《瓯风》《世界温州人》等报刊外，还刊登在上海《青年一代》《现代家庭》、北京《北京日报》《中国书法》、南京《东方文化周刊》、杭州《西湖杂志》《文化交流》、青岛《王蒙研究》、福州《炎黄纵横》等报刊。这些文章已汇集成《另类温州人》书稿，即将由浙江工商大学出版社出版。

近些年我也主编了多部关于温州人的著作，其中比较重要的一本是《温州百年文化星座》。2010 年我牵头创办《人文周刊》，一心希望利用好大报版面的优势做好"温州人"的文章，因此春节过后即与版面主编潘虹商议开辟《温州百年文化星座》专栏，拿出每期两个大版的篇幅，陆续盘点温州近现代史上有影响力的文化人。黄绍箕、宋恕、郑振铎、夏承焘、方介堪、苏步青、董每勘、夏鼐、赵超构、陈田鹤等，这些在百年历史星空中熠熠生辉的名字，就这样在很长一段时间里成为我们版面的主角。他们或为改良维新摇旗呐喊，或为教育救国鞠躬尽瘁，或誉为专业领域的翘楚，或成为备受争议的怪才——他们正是城市历史文化中最可珍视的财富。

专栏的推出得到了文化界的热烈响应，温州市社科联原常务副主席洪振宁先生不仅帮助我们搜集线索，还撰写了多篇文章，并配发照片；金柏东、张声和、章方松、马必胜、陈寿楠、赵瑞椿、陈钧贤等诸先生也应邀撰文。这系列专栏文章既展示了文化名家在专业领域的建树，更侧重于从人性人情的角度塑造他们鲜活可感的真实形象，如郑振铎和温州友人的相知相惜，董每戡之子追述父亲的最后二十年，陈田鹤被世人遗忘的半个多世纪等。很多读者反馈说这组文章好看，原来不知道温州还有这么多名人。

该专栏持续了三年之久，获评 2012 年全国报纸副刊专栏二等奖，并被温州市委宣传部列为 2012 年度温州文化大市建设重大工程项目，资助出版。

由于写作过《温州望族》，我对世家望族的传承一直抱有兴趣。在与潘一钢先生讨论温州非物质文化遗产传承的特点时，他提示我说温州现在的非遗传承人中世家传承是一个非常突出的特点，像黄杨木雕、木活字印刷等都传承了数百年，这个现象值得关注。因此当温州艺术研究院原院长施小琴提议合作一本关于温州非遗的著作时，我就提出了这个选题。经过 3 年努力，组织成立采编团队，采写、记录了温州 20 个非遗世家传承历程的书稿《工匠之道》2019 年 12 月由浙江摄影出版社出版。

三、立体传播温州文化

在温州日报社工作25年，做了10余年副刊编辑。这个岗位给我提供了很好的平台，使我有机会和众多研究温州文化的专家学者结缘。在长期的交往中，他们成为我的良师益友，热心指点，多方提携，为我打开了更广阔的知识视野。我从他们身上学到了很多东西，也越加激发了我亲近地方文史、地域文化的兴趣，并尝试通过更多的方式，从不同的角度进行传播。

2011年，主政五马街道的滕美华女士邀请鹿城区老区长王超俊拍摄、我和周红书写五马辖区内老建筑的故事，我欣然允诺。五马街区自古就是温州老城区最热闹的繁华地段，一街一巷、一砖一瓦都是这座城市的印记，都是沧桑岁月的见证，犹如一枚古朴厚重的印章，钤在老城中心的谯楼；隐在幽雅的如园内，低调而沉静的池上楼；温州第一座哥特式建筑，高大气派的周宅祠巷天主教堂；沐风栉雨上百年，依然耸立在闹市街巷的城西基督教堂；代表着家乡风味，凝聚着游子乡愁的百年老店五味和；飞檐翘角，在高楼大厦包围中的朱自清旧居；曾担负特殊使命，幽深巷弄里毫不起眼的新四军通讯处旧址……

王区长和美华长期在鹿城区工作，对五马街区的一草一木都有着深厚的感情。在他们的策划和指点下，我穿行在大街小巷，真实地触摸到了历史的年轮，那一点点拾掇起的老城记忆，汇聚成了《温州老城印象》一书，由浙江古籍出版社出版。由于这本书以散文的笔调娓娓道来，如讲故事般，比较生动可读，2017年8月被作为浙江日报报业集团旗下浙视频开通“朗读温州”启动仪式上的朗读内容，并被录制成专题节目连续播出。这种新媒体传播无疑是一种更切合当下年轻人接受习惯的方式，取得了较好的效果。

2017年温州市文物保护考古所拟编《温州与海上丝绸之路》一书，温州博物馆老馆长金柏东先生邀我参与编著。金馆长是温州文博界德高望重的前辈，多年来关注温州与海上丝绸之路的研究，掌握了大量材料，其中有不少鲜为人知的新资料。在他的引领下，我开始关注温州与海上丝绸之路的种种关联。经过两年的整理编著，2019年11月《一片繁华海上头——温州与海上丝绸之路》由中国文史出版社出版。该书通过千年港城、扬帆远航、陶瓷魅力、岁月遗诊、文化传播、宗教信俗、走向世界等7个章节，系统阐述了温州优越的地理位置，悠久的舟船、港口历史，不畏艰险、跨越海洋的探索精神，彼此关联，交互作用，凝聚成“天时、地利、人和”的叠加效应，成就了温州在千年海上丝绸之路上的辉煌。那至今犹存的一处处遗址、一件件器物见证了历史长河中，温州为中外贸易发展、文化交流做出的非凡贡献。在2019年12月6日举行的首发式上，与会专家认为该书介绍了温州海上丝绸之路的发展全貌，为读者理解海上丝绸之路的文化内涵提供了学习工具，为进一步研究温州海上丝绸之路的前世今生提供了理论和史料依据。

依山负江通海的温州，境内江河湖海纵横，因此水文化的研究和传承始终是一个重要议题。除了上述梳理海洋文化的印记外，2017年我又承担了市社科联重大应用对策研究课题“瓯江文化走廊建设研究”，与温州职业技术学院年轻的助理研究员应金柱一起，力图通过对八百里瓯江在下游温州段孕育的文化类型的分析，阐述在瓯江两岸打造集历史、文化、生态、旅游于一体的文化长廊，对塑造温州文化品牌、推动文旅融合、建设大美温州具有重要意义，并提出了具体举措。研究报告刊发于市社科联的《智库报告》。

近些年在温州文化传播方面，值得一提的还有我参与了众多博物馆的文本写作，如世界温州人博物馆、周达观纪念馆（柬埔寨）、谢侠逊纪念馆、孔庙府学博物馆、温州近代开埠史馆、平阳博物馆等。每一次的执笔写作都是一次学习机会，系统梳理相关资料，把握其精神内核，在专家组反复的讨论碰撞中，不断厘清思路、校正错漏。

特别是全职参与世界温州人博物馆的筹建工作，历时200天，我亲身经历了一座博物馆诞生的全过程，体会到展陈是一项更加综合、现代、立体的文化传播方式。从无到有的艰难过程，不断推翻重来的煎熬，持续加班加点的辛苦——下午1点45分要举行开馆仪式了，布展人员1点30分才赶完最后一道工序——这一切，都在终于顺利开馆的喜悦中化为内心深深的自豪感。

穿越千年开拓的时光，走过百年开埠的艰辛，奋斗在改革开放的征途中，世界温州人书写了一部宏大的传奇史。我自豪，我为传播这座城市的文化和弘扬温州人精神尽了自己的微薄之力！

乡土文化是一片丰腴的土地，也是一座富饶的宝藏，探寻文化根脉，传播文化力量，我知道，脚下的路才刚刚开始。

2019 年 12 月

田歌在野

——我的学术自传

赵顺龙*

赵顺龙

* 赵顺龙(1955—),乐清北白象人。乐清市政协第十届委员,浙江省诗词楹联学会理事,曾为乐清市诗词学会会长、副会长兼秘书长。著有《千年鼓歌——寻找乐清对口白》《遗落的乡村词语——乐清俗语杂纂》《寻常巷陌里的说唱——乐清民歌俗曲闲谭》等,主编《乐清诗词录》《华仪卅年》《乐清历代诗词录》。现为乐清市社会科学界联合会人文研究中心研究员、乐清市博物馆理事会理事。

一、缘　起

居家临河，一条铺满青砖石的老街，长不过五百米，街西端直抵象山之麓，一座宋代古塔遗世独立。周围汇集着五条河流，一条古桥卧空衔接，桥边榕树浓荫如盖，桥下小船次第泊岸。晨曦暮霭中，益显宁静平和。而当斜风细雨时，那水、那桥、那舟、那树，仿佛有一种如诗如画如梦如歌的感觉，使我不由地想起一位师友的怀乡诗："年年枕上还乡路，细雨石桥舴艋舟。"我就在这样的水乡环境长大，灵魂深处烙上了对于温州、对于乐清的深情厚谊，沧桑过后，这份深情催生出我对温州、乐清的文化考察和研究的情怀。

这石桥就是白象大桥，古名白塔桥，又名象峰桥，为五间石板梁桥，上有青石栏杆，初建于宋天圣九年(1031)，毁于"文革"期间。余生亦晚，对石桥的过去知之甚少，可它是我童年的歌谣。青石的栏杆柱上雕着形态各异的石狮子，口衔石珠，煞是可爱。小时候放学归来，三两同学互相追逐，看谁先跑至桥上，然后把栏杆拍遍，拍得小手掌红红的，再去柴坦捡柴枝，去划那石狮子口里含的珠，"差一点划了出来"，可总是划不出来(其实压根儿别想划出来)，就这样划了还划。那是儿戏。

大人们也玩，他们在桥上赌吃喝。一天，铁匠和卖豆腐花老头赌，连喝了十二碗豆腐花，喝了白喝，扬长而去。再一次，斫柴人和小贩赌吃"油炸麻绳"，说好了一筛簟油麻，吃光白吃，吃不完加倍给钱。那人居然吃下了二十多条，末了几条，噎得他眼翻白，唇干裂，肚皮鼓胀。有围观者说食堂化刚散那阵子还有更能吃的。

水乡桥多，白象更多，白塔桥之外，还有楼桥、商量桥、双庙桥、麝客桥、姜妻桥、李博桥、香山桥、大兴桥、由仁桥、硐桥、横带桥、十里桥、廿里桥。桥多，关于桥的故事也多。其中"十里荷花廿里桥"的传说流传最广。

廿里桥古名通津桥，在马山之麓，约建于宋绍兴年间，清光绪时重修过。其处河网交曲，荷风四面。垂钓老人讲，当年刘默造官塘为避行人遭野兽袭击，官塘建在水中间，而从县城至此恰好廿里，故名。桥东有塘下村，即此得名。据说明代高友玑在京做官时，在皇帝面上夸故乡美有"十里荷花廿里桥",曾使皇帝几欲起驾江南游,惜乎路远山遥,惧怕"侧身百步钻洞桥"而未果。佳话流传至今。岁月如流,有关高尚书的传说,依旧为乡人津津乐道,祖宗的荣耀,他们总是娴熟于心。每当农耕之余,高氏故里村头巷尾时见村翁闲坐说尚书。

就是这些故乡景物,成就了我多年从事地域文化研究的热情。

二、学术研究

(一)乐清古民居

乐清枕山滨海,大大小小的平原散布于山海之间,风光绮丽甲于东南。且不说闻名遐迩的雁荡山和中雁荡山,即便寻常的一丘一壑、一川一水,亦别具一种风韵,足以使人流连不已。而风光类型不一,既有名山大海的伟岸汹涌,又有江南小桥流水的温婉妩媚,乐清的山水就是这样一片诗意的土地。

森林之民构木而居,陕北黄土高原之民挖洞而处,山水和民居常常彼此关联。乐清的传统民居亦因乐清独特的山水而呈现出自己鲜明的特点来。

1.乐清传统民居的人文背景

历史上为神奇的雁荡山景观写意传神者甚众,唐代诗僧贯休的诗句:"雁荡经行云漠漠,龙湫宴坐雨蒙蒙。"徐霞客的《游雁荡山日记》、袁枚的《龙湫观瀑》等,大量文人墨客的诗文表叹赏之情,其中儒、释、道者各具慧眼,有善模峰峦骨象者,有善传丘壑之神态者,有假景论道者,不一而足。乐清的民居"依山而筑,傍水而居",基于这种地缘关系,就会呈现出多层面的建筑风格来。

乐清山水民居形神理韵是冥合艺境的自然景观语言表达,所以才能引出人们或文或画的感应合鸣之作。例如中雁荡半岭山、平田村一带山居,就颇具典型性,今人天木先生诗云:"一篙潭水晚来柔,四合峰峦翠欲流。石径斜从林背出,隔山灯火叠层楼。"宛然一幅"山居图",洒脱飘逸之奇,不逊廊然安详,悬岩壁立之险,愈增山居闲适。类似的田园风光,我们还可以从古代诗文中见到,如宋代永嘉四灵之翁卷的《乡村四月》:"绿遍山原白满川,子规声里雨如烟。乡村四月闲人少，才了蚕桑又插田。”赵师秀的《约客》：“黄梅时节家家雨，青草池塘处处蛙。有约不来过夜半，闲敲棋子落灯花。”地处东海一隅乐清湾畔的柳市，则铺开另一面景观，如徐照《渔家》诗：“阿翁年纪老，生计在纶丝。野水无人占，扁舟逐处移。数鳞新柳串，一笛小儿吹。有酒人家醉，公卿要识谁？”如此好景除引出诸多胜妙诗文，也引出了诸如梅溪、南阁、高岙等一批文化名村古建筑民居。

2.乐清传统民居的建筑特色

乐清古村落群体一般建筑主题都比较明确，大多一村一个姓族，个个拥有民居、宗祠、亭台、池榭、书院和牌坊。村落选址依山傍水而设，如芙蓉、南阁以雁荡山为背景，重石、高岙依横春、盘谷而聚居，与自然风景浑然一体。规划地景布局，把人文理想寓于地景之中，体现了乐清民居“耕读传家”的文化传承。但建筑形制较自由，大都不拘一格，随着环境条件变化而变化，组合灵活，创造性强。一般住房大都以瓦屋为主，砖墙瓦盖为通式，大户人家过去多建高敞的五间七间，个别的九间（如柳市九间屋）。有些大屋则分三进式，甚至更大，如乐清城关东门徐宅、洪宅、荷盛郑宅。前有门台，有匾额、对联。其外建有围墙，其中以一进三间并联，中为客堂，两侧为厢房的形式较为普遍，如院内东西距离较大，则厢房可向一边或左右两边延伸，前檐有窗，形成五间并联。富裕人家的大型住屋，一般用穿斗式、木构架式、斗式与抬梁式的混合结构。在基地中央纵轴线上布置客厅，次为住房和厨房、杂屋等，成为中、左、右三组为一单元的、多进的院落组群，它的住房和厢房均建于楼上，且四面均有前廊，宛转相接，环行无阻，俗称“跑马楼”。有些按徽式建筑布局，在厢房、轩间建有马头墙，如虹桥蔡日升老屋。民国时期，一些大户人家建有炮楼（如虹桥倪宅、白象车头孙宅、南岙尚宅等），兼作巡逻和防盗之用。外围高墙，围墙上开有漏窗，房屋前后亦开窗，以便通风。院内凿池叠石，栽植花木，房屋外部的木构部分用褐、黑、墨、绿等色涂抹，与白墙灰瓦相合，显得素雅明净。一般人家民居则多为土木结构，正面三间，左右为卧室，前后隔成两间，中为堂屋，后部隔一小间供作厨房（俗称“三间两偏舍”），内部实为六间，故称“明三暗六”，也有“明二暗四”或“明五暗十”。旧式房屋多以木搭架，分梁、檩、椽三部分，屋顶用瓦片覆盖，周围以土砖或石块砌墙，涂墙刷白皆用“蛎灰”，亦较耐久。柳市一带水网交错，岸柳婆娑，傍水民居有的设置栏杆坐靠,倘有美人倚栏,晴光水面倒影,极富水乡韵味,堪作画本。大荆虹桥等山区一带民居则别具一格,那里地处偏僻山区,建筑用材大都因地制宜,用鹅卵石叠成墙垣,蛮石铺就路面,山间小路曲折延伸,层次分明,风格独特。

3.乐清传统民居的文化内涵

乐清人文之风,始于东晋北方士族南迁,到了宋、明,文风日盛,人才辈出,如王十朋、高友玑、章纶等人物,由读书入仕,他们衣锦还乡后,修祠堂、建园第、开书院、造牌坊。在大荆南阁、白象高岙,至今还留有牌坊群。他们的文化意识表现在建筑营造上的就是多讲究虚实。建筑中的虚实,多指空间的通与隔。如大宅院的影壁,大门外迎面用砖砌一墙壁,作为屏蔽之用,也称“照壁”“照墙”“照屏”。其壁的顶端两头或二龙昂首形,或双凤展翅形,或两端各置两块白石。壁面有涂以红色,向门一面中心偏上做一团形,中间大书“福”“寿”等字或“松鹤延年”“松鹿长青”等图,以求祥瑞。空间的装饰之物普遍带有民俗文化性,作为传统民居建筑装饰的一个重要主题,我们还可以从许多实例中看到,如虹桥倪宅(今为粮管所)家中的堂屋、漏窗图案及木板浮雕,都十分考究。尤其是一些书香门第,多寄以高雅情操,所谓超凡脱俗,如虹桥杏庄、蒲岐东门、柳湖蟾河一带、白象车岙“梅萼楼”,常能看到私家宅园布置琴棋书画、渔樵耕读之类的饰物,“岁寒三友”(松、竹、梅)、“四君子”(梅兰竹菊)之属,并把这些内容以绘画表述,使空间充满文士气、书卷气。此外还有许多带有德育内容,如“二十四孝”“桃园结义”“将相和”等。

前面提到的进门照壁除带有“风水”“气”之说,也有实用方面的考虑,即不“露财”,让人见不到室内到底有什么,这也是古代建筑的文化特征,所谓“纡余委曲”“秘响旁通”。这种转弯抹角的做法也在宗教建筑中出现。如天台山国清寺、鼓山涌泉寺,进山门要转好几个弯,才到中轴线入天王殿。有人说这是“回头是岸”之意,亦未可知。至于约定俗成的情态性在民居建筑中,更是比比皆是,墙、门、窗上用鱼的图案装饰,则用其谐音,“鱼”者“余”也“裕”也,不言自明。蝙蝠的图案即“变福”。瓦当上蝙蝠、铜钱图案,即“广种福田”之意。如此等等,不胜枚举。窗或漏窗上的花饰,也有好多象征,如用八块瓦合成铜钱图案,其意义更为明朗。又如用木条做成冰裂纹等图案,则多为文人所喜爱,而它对人能产生潜移默化的作用。

还值得一提的是民居中建筑布局带有堪舆学说、风水思想的一面。民居多为南北向是门窗、东西向为墙垣，则南北虚而东西实。出于实用原因当然在于朝向、通风之类，但其中还有深层的含义。南北为虚为无，东西为实为有，所以“物”称“东西”而不叫“南北”。其实这与五行之说有关，木和金为东、西，火和水为南北，土在中央，为人之所在地。木和金为物，火和水为流动无定之对象。这四个方向除有四种对象，还有四种神祇保护着人，即东（左）青龙、西（右）白虎、南（前）朱雀、北（后）玄武（神龟）。总之，这种空间形态有许多深层内涵。

4.乐清传统民居的现状

随着岁月的流逝，我们今天尚能看到的古代民居是极少数部分。古村落作为特殊的文物，由于受气候、环境、社会、自然条件等因素的影响，大部分古建筑处在风雨飘摇之中，不少极富保存价值的古建筑文物也因此急剧消失，随着时间的推移，其自然消失的速度呈加速趋势。同时，在现代文化的冲击下，各种新式建筑点布其间，与传统风貌格格不入，乡土文化面临着一种自然和人为损毁的双重劫难。长此以往，三五十年内有三分之二的古建筑将从人们的眼前消失，制定合理有效的保护措施十分重要。

环境贵乎自然山水，建筑贵乎与山水交融。应该说，建筑是为了改善和调整人与环境之间的关系而创造的，是人类生存与行为的场所。建筑活动的根本目的是为人类生活和行为发展提供必要的物质基础。它是一个庞大的聚居系统，又是构成各种层次、范围环境的基本内容。乐清山水得天独厚，“雁荡山云间崛起，东瓯海天际奔流”。而今市场经济方兴未艾，在迈向城市化建设进程中，一些地方的做法还不尽如人意。有的民居盲目仿效欧式建筑，而屋顶上面又建亭阁，像穿着西装戴箬笠，滑稽好笑；一些城镇建设条条道路通“罗马”（非骡非马）。柳市某阁有一副对联问得好：“皆宽路新桥，柳市何方植柳；遍高楼大厦，麻园哪里寻麻？”繁华销尽田禾绿，无复前村旧碧油，有识之士已经在大声疾呼：保护环境，刻不容缓。试想，当我们居住在现代化的水泥森林中，还能感受那田园牧歌、山水灵秀的精神滋养吗？

（二）民俗鼓歌研究

我的学术经历起始于白象鼓歌，乐清斗歌是乐清西乡流传的一种曲艺形式，起源于北白象镇石船村，而石船刘姓早在五代间从闽地迁来居住。王十朋在《刘知县墓志》中说：“刘氏为邑著姓，世衍于财。”又大港孙姓系官宦世家，亦有财力。这些都是白象当年经济发展的例证。宋刘方叔(刘进)书王十朋《述怀》诗后云：“山北山南春雨足，漠漠柔桑秀如沃。侬家荆妇几时归？西畴独自驱黄犊。”写出了当时农耕社会的现实状况。

乐清斗歌因以乐清西乡方言说唱，作为民间艺术和地方文化资源颇具独特性魅力，民间所谓文擂台即指斗歌或俗称“对口白”。斗歌的艺术特点是使用本地方言的一种对唱艺术，斗歌是以参龙唱腔为基调，乐清方言韵依照古“平水韵”韵部，或以《千家诗》作为收尾，曲艺行当称千家诗煞。这就使每韵部包含的字数多善于表达，便于艺人记忆背诵。斗歌演唱形式有山歌与传书，以二人对唱为主，听众可以在台下接唱，互动性很强，山歌的句式近似于《刘三姐》对歌，只是变化更多一些。传书则五花八门，包罗万象。乐清西乡旧时习俗，凡时令节庆、神佛开光、宗族完谱、家逢寿筵、婚丧嫁娶、夏日纳凉或犯禁、争端讲和等皆有斗歌活动。斗歌的精彩之处在“斗”字上，往往唇枪舌剑，斗得难解难分，遇到旗鼓相当、能言善辩者会一气斗到鸡鸣报晓，不肯罢休。

(三)宗教研究

乐清的原住居民多是海民和山民。他们靠打鱼和狩猎为生，危险性和偶然性都很大。民间信仰在乐清具有悠久的历史渊源、深厚的社会基础和广泛的群众影响力。民间信仰从正面来看有发挥传承优秀传统文化、道德教化等积极的作用；但从反面来看，也存在掺杂封建迷信、陈规陋习等消极的因素。海上渔猎谋生，在海上作业，九死一生。他们只能把希望寄托在神明保佑上。乐清人四海谋生，在过去通信不便的情况下，亲人们只能通过默默地祈祷来安慰各自的心灵。这些都使乐清人从小就受到拜神的熏染，对神明都取虔诚态度。据不完全统计，乐清民间信仰种类有30余种，各类庙宇总数达1200多所，比佛教、道教、基督教等宗教场所多出数倍。

由于乐清地区与中原内地阻隔，远离古代中原争斗的战场，就成为中原人避难的首选之地。秦末、南北朝、宋末、明末等几次大规模的移民高潮，成为乐清居民的主要来源。他们离乡背井，唯一能带走的只有他们的信仰和对祖宗的怀念。因此，他们带来了全国各地各种系统的神祇。这些习俗与浓厚的封建意识结合在一起，牢固地延续至今，虽经“文化大革命”的急风暴雨的扫荡，但民众的信仰仍未能彻底改换，往往是既接受新的，也保留旧的。这就使得乐清地区的神祇愈来愈多。

乐清人崇拜的诸神中，最多的当然还是全国共有的神，佛教中以三世佛、观音、地藏为盛；道教中以玄天上帝、关羽为盛，如大荆的五月十三日，就是关羽的诞辰。此外，是外地创造而经移民带入的神，其最大者是陈十四娘娘和各行业祖师神，其他有二龙三法师(白龙娘娘、乌龙娘、倪法师、黄法师、朱法师)、胡公、杨府爷、华光爷等。

在民间村社小庙中，多供奉乐清人自己创造的神，乐清人深知神是人造的玄机，需要什么就创造什么，十分得心应手。其形象多取材于三个方面：古今英雄伟烈人物，其中有许多都是抗倭英烈，还有各族各姓祖先和各种神话传说。在意识上，他们认为这些属于自己的神最为可靠，关键时刻能予人以庇佑，对之礼拜最勤。

1.古今英雄伟烈人物。尤其是为本地人做过好事的人，殁后多奉为神。唐僖宗命山东兖州田居部抵温平乱，田将军初来乍到尚未明地形，以子规鸟啼误了军机，鏖兵之中力战阵亡。胜败乃兵家常事，但田将军的勇烈感动了人们。邦人怜其忠义立庙祀之，称忠烈大帝庙。据说此后琯头横春山一带再无杜鹃鸟啼声。宋末忠臣文天祥追随宋末帝过温州，人们感其忠义奉为神，在温州江心寺立“忠贤祠”纪念。明嘉靖时，乐清人侯畐任兵部尚书，在北方筑长城，回家乡修水利，其偶像被乐清人带到蒲岐北门，又称“英勇大帝”。

2.祖先崇拜系统。各姓除了崇拜自己的先祖外，还供奉了许多中华民族的祖先，黄帝、神农、开山祖师、鲁班祖师等，几乎成为中华民族开发历史的博物馆，是中国下层百姓自发进行传统教育的地方。这种对祖先不忘本的美德，是中华民族凝聚力的表现。

3.地方风物传说。几乎每个在本地流传的各种传说、神话、故事，最终都能结晶出一个神，立县前夕有半儒半道人物张文君；唐代有高僧惟谦、继南；五代、北宋有高僧子仪(水月大师)、信南(文英大师)、慧才，高道李少和(真人先师)等。管生育婚姻的，有女娲娘娘；管小孩出麻疹的，有珍珠娘娘；

土地神和灶王爷也多是由本地人神担任。每个庙宇都有一段故事来源，乐清人的神祇崇拜有何特点呢？

第一，非宗教化。信者绝大多数已分不清佛道，更不论其源旨，只要是神明，便认为不可怠慢，以便在心理上多一份保险，老树（民间称树神）、桥神，甚至宏伟建筑，皆在可拜之列，既不讲宗教的仪轨，也不念什么经文。今日乐清人之拜神，完全成了一种习惯性行为，大都是宁愿信其有而善待之，不愿信其无而诲谩之。

第二，崇拜但不完全迷信。《汉书·地理志》说："楚人信巫鬼，重淫祀。"陆龟蒙《野庙碑》记："瓯越间好事鬼，山椒水滨多淫祠。"现已大有改变。"信巫鬼"的情况，因医疗知识之普及和技术进步，在乐清已基本绝迹，很少有人找巫婆、神汉看病。现在拜神演戏时，已完全是人们自己在欣赏。戏中"送太子"之俗，即将戏中的太子人偶请到神像前配享一会，演完戏即还给剧团，实质就是一种图吉祥的表演。

第三，尽可能与现代文明相结合。在乐清，不管什么寺庙前，一般先设天地父母牌位，以祈祷国泰民安，父母康健。寺庙往往也极尽装饰之能事，贴瓷、镶瓷、塑花，各臻其妙；浮雕、圆雕、透雕，尽显神通。加上现代化的声光电等手段，一改旧寺庙那种阴森恐怖的氛围，成为民俗活动和民众休憩的场所。原来用以敬神驱鬼的一些表演活动，也一改其原旨，成为民众自娱、娱人的艺术活动。

总的来说，乐清地区的诸神崇拜是比较兴盛的，但因其不害人，符合信仰自由原则，也就充其存在。政府和有识之士正努力，使其逐渐转化成为有益于人民群众生活、有利于社会精神文明的活动，这也是我们研究诸神崇拜要达到的最终目的。

三、研究和实践过程

民俗学界普遍认为："民俗文化是一种实用文化。民俗信仰的主要目的，在于使民俗事项有利于人，为人们的生产和生活起作用。因此，可以说民俗活动乃是一种有所为的活动。由于这种有所为的实用性目的存在，才使民俗事象的约定俗成和世代传承有了积极的思想基础。"对于民俗所做的这种价值判断是正确的。以人、生活、生产的正常发展为主要目的的民俗，必然是具有功利性、实用的。而民俗的实用性，不仅表现在信仰心理方面，而且表现在民俗本身在人民生活中发生的积极效用而使人民获得实际利益方面，由此而成为一种"有所为的活动"。

民俗的实用价值，大体可以归纳为以下几个方面：

1.民俗活动可以巩固和强化民族、部族或家庭的世系，增强民族观念、祖宗观念和家庭意识，增强社会责任感。如图腾崇拜的产生成为维系民族的纽带一样，祖先崇拜和祭祖活动客观上强化了族系观念，使族内人众找到了一个共同的精神支点。婚俗、丧俗在巩固家庭关系、家庭形式上发挥着巨大作用。另外，毋庸讳言，民俗的这种实用性又有着突出的负面。由于中华文化的原始性和家国一体的文化特征，家族在社会生活中的作用极为重要，民俗的这种维系作用，搞不好又能产生消极的社会问题。如历史上屡见不鲜的打冤家、械斗等血缘复仇形式的陋俗，就是在维护家族利益、强化家族观念的旗号下，违反人道与理智的民俗现象。

2.一些正常的民俗活动，建立在有益于身心健康、避免疾病，有益于种族繁衍的基础上，如崇信医药的民俗、产育禁忌的民俗、处理死丧大事时的某些禁忌、追求婚嫁的喜庆吉祥的民俗等，客观上能产生积极的效果。至于实施这些民俗时采用的迷信形式，则是不可取的。

3.有些民俗可以活跃文化生活，增强人民体质，增加生活情趣和乐观精神。如各地区各民族在各岁时节令所进行的赛龙舟、荡秋千、斗歌、走街、走百病、踏青、咬春、除旧扫房、迎春喜庆、民间花会、游艺表演等，都直接表现这方面的作用。所有这些民俗活动，与人们追求健康、调剂生活、增强情趣、娱乐休息的目的都是一致的。

4.民俗活动可以改善人际关系，助团结，促和睦，调感情。如传统的中秋节、新年春节、祝喜寿活动，都是利用亲朋团聚的机会，通过礼仪和祝愿的渠道，加强人的伦理观念，调和人的思想情感，使家庭生活、人际关系趋于和谐。走娘家、会亲友、贺生子、祝满月等也有加强人际沟道、巩固亲戚关系的实际意义。帮工帮种，一家盖房、全村出动，一邻有事、八方帮忙的习俗，是团结互助、协调关系的最好形式。

5.民俗活动可以进行知识教育、艺术扫盲和热爱家乡、热爱祖国的思想教育。过去,农村人受教育的机会少,许多知识是通过参加民俗活动获得的,如参加迎神赛社、看社戏、听鼓词、演出民间戏曲,传承口头文学等。这些民俗活动,不仅可以收到知识扫盲效果,而且可以收到艺术、审美扫盲效果,而浓厚的地方民间艺术及民俗活动,又能培养起人们热爱家乡、热爱祖国的浓厚感情。为此,我想到了谚趣闲谈的确是我们人类曾经拥有过的一种生活艺术。谚趣之所以被看作是一种趣味的语言艺术、一种生活的享受,在于闲谈中我们喜欢那样一种闲适、自由的精神,亲切、自然、通俗、风趣的氛围,以及谈话的机锋中所展现的人生的智慧,乃至良朋知己在“口耳之际,倍为亲切”。清代周天度在《通俗编》序中说:“语有见于经传、学士大夫所不习,而荛僮灶妾口常及之。若中古以还,载籍极博,抑又繁不胜举矣。盖方言流注,或每变而移其初,而人情尤忽于所近也。”

中国俗语辞书向无专史,未免是一块令人遗憾的空白。然而,由于在我们根深蒂固的传统文化的价值观念中,“雅”与“俗”的分界极其森严,运用俗语即或是从远古时就在先人的日常语言习惯中出现了,却仍然被以崇古自诩的雅士们拒之门外。曾有朋友告诉我,类似俗谚语之属,过去文人所不为,清代钱大昕云:“齐人有言,孟子以证乘势;南人有言,孔子以警无恒。夏谚周谚引于经传;齐鄙语引于《吕览》,邹鲁谚引于《汉书》,则浅近之言,亦圣贤所不废乎。”所以,过去的围炉聚谈、剪烛西窗、班荆道故,向被人们看作是无穷益友说快意话时谈天的理想模式,我在读明人陆绍珩《醉古堂剑扫》时,颇为神往于其描写的那种闲谈的美妙境界:“吾斋之中,不尚虚礼。凡入此斋,均为知己。随分款留,忘形笑语。不言是非,不侈荣利。闲谈古今,静玩山水。清茶好酒,以适幽趣。臭味之交,如斯而已。”清代金圣叹的《快说》认为与挚友的聚谈是“不亦快哉”的人生乐事之一。尤其是画家周明心先生所著的《世说新绘》且想且画,给我很多启发和思考,他绘出人生百态,以漫画形式画出现世相的真髓。我们之所以喜爱座上清茶,聚谈终日,实在于他们“可以谈关于哲学和文学的闲天”,而正是这种文化的意味,使古今闲谈艺术具有了文化的意义。在现代文明社会中,“遗落的乡村词语”在流年似水的岁月里,勾起人们一段闲谈谚趣的怀想;同时,启迪人们对生活、哲学的理解和思考,这是笔者的美好祈望。

民间文化的存在，具有物质、行为与精神三个层面。衣食住行、生产商贸是最直观的物质民俗文化。岁时节庆、婚丧寿诞、方言野语也是容易让人注意的行为层面上的民俗文化，但精神层面上的民俗文化——民间信仰、民间俗曲的各种存在，因其主要的形态在于人们的精神世界中，非熟悉传承它的那个社会者不能有的体会。所以，在历史的长河中，民间俗曲一直只是默默地传承于民众口头心间，少见于文献论载。

这几年来，因民间非物质文化遗产调查，我越来越多地接触到关于群众口头文化创作的材料。越是接触得多越是觉得它是一个文化宝库，有值得挖掘和研究的价值，值得传承和学习。此后，凡是关于这方面的材料就着意收集，一有余暇就潜心学习，如有所得，及时记录，默会于心，诉诸文字，零星片羽，集腋成裘。

然而，民间俗曲作为民俗文化的一个重要组成部分，有着它自身独特的价值与魅力。直至20世纪初，虽然现代文明的进步给人们带来了无比丰富的文化娱乐生活，但是民间俗曲作为民众日常生活的一个重要组成部分，仍可以在许多地方发挥着无可替代的作用，给人们带来生活的愉悦。正如伟人恩格斯所说："民间故事书的使命是使一个农民做完艰苦的田野劳动，在晚上拖着疲乏的身子回来的时候，得到快乐、振奋和慰藉，使他忘却自己的劳累，把他的硗瘠的田地变成馥郁的花园……"另外，民间俗曲还以其对社会现实的洞察，详细地再现着讲述者身边的事情，蕴含了民众对社会的理解。民众所言所想，全可在这些日常的民间俗曲中找到。因此，乐清民间俗曲无论是研究乐清民俗文化史，还是研究乐清民众心志史，都是难得的资料。

女作家陈染说，我们的乡村正不断被城市蚕食鲸吞，而充满欲望的城市逐渐变成了思想的幼儿园。这种侵略与丧失实际上可以看成一种象征，即作家笔下宁静平和的世界正日渐被喧嚣的现实遮掩，涌动的物欲正以排山倒海之势摧毁田园牧歌的悠远情调。穿行在陌生而热闹的都市里，参差林立的高楼和应接不暇的商品已将目光分割得七零八落，加之走马灯似的各种时尚的推动，面对这些必须贴近时代又不得不与时代保持距离以审视时代的人，在疾速变换的风向中往往难以准确而清晰地辨明方位。"找不着北"，这句新的都市流行语同样可以成为他们焦灼心态的写照。

或许正因为此，郁闷开始成为一个使用频率极高的廉价的名词，有人慨叹闹市里的郁闷是跻身汹涌的人潮却无人相识，其实这仅仅是隔膜，或因隔膜而生的更深的寂寞。真正的郁闷是人在剥离伪饰确证自身过程中的极致体验，人在郁闷的氛围中，伴随着回归自我的历程而绽开思维的花朵，像茫茫黑夜中愈燃愈亮的一抹烛光。但令人悲哀的是，放弃思考成了一种广为流行的时代病，思考者便注定要在冷遇中归于沉默。

有一天我开始思考如何排解郁闷，便远离喧闹的城市，走进一个偏僻的山村，忽然一阵山风吹过，飘来一声声动听的田园牧歌，当我倾注于那久违的悦耳歌声时，一个踉跄摔倒了。醒来时却发现原来是一场梦。既然是如此美妙的梦，不如起来重拾旧梦，续我情思……

乐清市文联张文兵主席在壬辰年新春座谈会上说《乐清民间文化记忆丛书》要编续集，恰好我手头在写《遗落的乡村词语——乐清俗语杂纂》，这真是一个机缘，正好与民间文化记忆对路。

《遗落的乡村词语——乐清俗语杂纂》成稿百余篇，拉拉杂杂，有熟语、俗谚、惯用语、流行语等，主要从语言学和民俗学两方面考释俗语源流。多年来收集了不少俗语、民谚，记录在案，用起来方便多多，古人说"好记性不如烂笔头"，这话很有几分真理性。从民俗角度考释俗语源流，则主要从俗语的民俗源，亦即民间传说、岁时风俗、人情风物等相关联的出典，地方色彩及流传演化等方面入手进行考查判断。同时，我也翻阅不少前人写的图书，汉杨雄的《輶轩使者绝代语释别国方言》，即是源远流长"采风"的证明。其实读有字书是做学问，到实际中调查也是做学问，自古以来，只读有字之书而不读无字之书的人，就会时常碰壁。俗话说"乡言解颐"，说的即是这个道理，将采风所集字条，熔说理阐释、劝诫、评议于一炉，不拘一格，以散文、随笔的形式赋予文学的魅力，演绎成篇杂。

2019 年 10 月 7 日

"温州现象"是经济学研究的一片沃土

——我对温州的一些观察与思考

胡振华*

从2000年2月至今,恍惚间,与温州这片土地结缘已有近20载。我虽不是土生土长的温州人,却已然是一个"新温州人"。

时光荏苒,在温州扎根的岁月里,让我不仅以"新温州人"的心去拥抱温州,也让我以一个"经济学者"的身份去探索温州。作为温州大学的一位经济学教授,自然就把温州区域经济作为自己的研究对象。通过不断深入研究,提炼温州区域的经济学素材,我成功申报承担国家社科基金重点项目1项,国家重大招标项目子项目1项,教育部人文社科规划项目2项,浙江省社科规划项目5项(其中重点项目1项),浙江省软科学项目1项,温州市以及各类横向项目30多项。至今,我累计发表学术论文100多篇,其中在一级以及权威期刊26篇(其中《新华文摘》全文转摘3篇),出版专著3本,主编、参编著作9本,在国内《中国社会科学报》《经济学消息报》《中国经济时报》《浙江日报》《环球时报》等重要报纸发表了大量的经济评论文章。文章一经发表,有幸得到社会的认同、肯定,启发大家的思考、探讨,掀起了一朵

---

* 胡振华,1964年出生,2000初来温州,就职于温州大学。2004年晋升教授,2012年担任温州大学首批瓯江特聘教授,2016年评为二级教授。浙江省重点学科"应用经济学"学科负责人("十二五"),浙江省一流学科"应用经济学"学科负责人("十三五"),温州大学硕士学位点"社会主义市场经济理论与实践"负责人。成功主持申报温州大学应用经济学一级学科硕士学位点和金融专业硕士学位点,2019年开始招生。2019年任浙江省经济学会副会长,2018年任浙江省企业管理研究会副会长,此外还任温州市农业经济学会副会长(2014)、浙江省经济学会常务理事(2015)、浙江省国际贸易学会常务理事(2017)、中华发展经济学会常务理事(2017)、中国金融工程年会常务理事(2017)。

朵浪花。我还乐于将自己的成果、想法与人分享，共同探讨，碰撞出思想的火花。我曾结合科研成果应邀为有关单位做学术讲座100多场，接受国内外媒体采访报道几百次，其中包括美国《时代》周刊，产生了一定的社会影响。我认为区域经济的研究应该按照三个维度展开，一是资源禀赋，二是路径依赖，三是偶然事件。我对温州区域经济的研究就是按照这三个维度展开的。回顾自己在温州20年的学术耕耘，一时间不知所措，只能撷取其中几朵小花，奉献给诸位。

受邀赴温州市委党校做题为《改善营商环境　提升公共服务》的讲座

一、西班牙烧鞋事件

记得2004年9月17日这一天，在西班牙的埃尔切市——被誉为"欧洲鞋都"，上演了一场烧鞋事件。近千名当地鞋商和鞋厂工人未经当地政府的批准却"有组织"地聚集在该市工业区，号召当地人"把进入这个城市里的所有鞋子烧掉"。人群高呼"中国人滚出去!""我们要吃饭！我们要生存!"等口号时，一个装着温州鞋的集装箱货柜刚从波兰运达这里准备下货，游行人群冲到仓库门口,放火烧鞋。在一名女华商看到浓烟拨打火警电话叫来消防车后,肇事者却躺在地上耍无赖,阻挡消防车进入现场灭火,致使大火未能得到及时控制,整个仓库被烧毁,还殃及了旁边一家当地工厂。当地时间9月23日晚间,埃尔切市又发生一起大规模的反华商抗议游行示威活动。

这两则新闻事件引发了我对我国外贸所面临的新问题的思考。从2001年开始,温州鞋商共遭受过4次大规模的打击:2001年8月至2002年1月,俄罗斯曾发生过一次查扣事件,温州东艺鞋业卷入其中。查扣货物历时最长,整个浙商损失大约3亿元,其中个别企业损失达千万元以上。2003年冬,20多家温州鞋企的鞋类产品在意大利罗马被焚烧,损失不详。2004年1月8日,尼日利亚政府发布"禁止进口商品名单",90天后,新列入名单的41种商品禁止进口和销售。已在尼日利亚的温州鞋,损失至少千万元。2004年2月12日,俄罗斯内务部出动大量警力查抄莫斯科"艾米拉"大市场的华商货物,包括温州鞋商在内的中国商人,此次损失约3000万美元。温州鞋商在成功解除关税壁垒和技术壁垒后,又面临着民间壁垒这一新的贸易难题。

这一连串事件的发生预示着找出其中的问题并将之避免或者解决已然迫在眉睫。我仔细地回顾梳理了这些事件的细节,将温商在经营过程中自身存在的一些问题归纳如下:(1)法律原因。在外温商有偷税漏税,向消费者收取增值税,不遵守当地政府规定的营业时间等现象,这些都容易让人抓住把柄,不利于自己的长远发展。所以侨商切记要合法经营,遵纪守法。(2)经营原因。中国鞋商过于集中在一地经营、恶性竞争,容易引起注意。侨商之间恶意竞价,互相压低价格,且没有统一的华人协商组织,在事情发生之后不知道怎么办,从而被本地居民"趁虚而入"。(3)生活原因。先富起来的中国鞋商应该注意低调生活,不应该挥霍过度。一些人开豪车,住海滨别墅,进出高级饭馆,甚至去赌场豪赌,这些举动很容易引起当地人的嫉妒和反感。(4)沟通原因。绝大多数中国侨民没有融入当地社会,也都不懂当地的语言,沟通相对比较困难,对当地的法律和风俗习惯也不是很了解。这些都为当地人对我国侨商的敌对情绪埋下了隐患。

在分析这些事件背后的问题时,我也在进一步思考如何破解引起这些事件的成因——"民间壁垒"。我个人认为,应该从以下方面入手:(1)成立商务协会，寻求外交保护。侨商普遍反映出了事情不知道怎么办。因此成立商务协会非常必要，它可以帮助中国鞋商加强与当地的沟通和融合，更好地保护自己的人身财产安全。(2)进行战略联盟，收购国外品牌。从融入当地社会的角度考虑，华商和当地企业除了竞争关系，如果能和它们融为一体，形成一个利益共同体，就能实现双赢。收购国际著名品牌、在当地设立工厂有利于解决当地人的排斥心理。(3)融入当地社会，多行善事、造福一方。一起起事件从侧面反映出来中国的商人在当地只注意赚钱，没有搞好当地的公共关系，没有融入当地主流社会。我们应该通过各种办法和民众进行沟通，消除对方的敌意，同时需要去研究如何做到我们的出口能够和当地的生产商利益共享。(4)走出“温州模式”低价竞争的误区。温州目前低成本的廉价市场价格竞争的海外发展模式关系到当地产业的发展，威胁到他们的生存，便引发了诸如此类的焚烧暴力事件。因此，我们应该搞技术竞争，搞品牌，搞不可代替的产业。企业首先应该做的事走出低价竞争的误区，有意识地提高劳动力价格，除了对工人有好处，企业同样也不吃亏，在放慢出口的同时，增加了内需。

二、温州合作建房事件

在2006年底，温州市市场营销协会法人代表、秘书长赵智强联合协会成员、社会白领等200多人率先在全国“破冰”，建造个人合作房“理想家苑”。该项目建设规模为7幢小高层(16层以下)、多层建筑，共计25000平方米，合256套。套型60～110平方米不等，房价比周边商品房低40%。由于这是新生事物，省市各级政府及各部门从未经历过，故在立项审批环节受延宕，最终认定合法合规。

针对温州本年度合作建房事件，我于2006年12月19日在《经济学消息报》发表《合作建房是一种负外部性行为》。我个人认为合作建房表面看来是为了抑制住房价格，其实质是一种产生外部恶劣效应的行为。合作者们在共同利益的诱惑下形成激励相容的共同体，大家可能有力出力，有关系出关系。在“团结就是力量”的口号下，合作者们会形成一股巨大的力量，他们可以排除政府设置的许多必要制度,使制度成为一纸空文。更加可怕的是,合作者们为了自己的共同利益往往会邀请土地所有者和土地掌握者一起加入他们的联盟,这样寻租行为就不可避免,又很容易实现。它可能为特权阶层、特权机构所利用,变成特权者谋私的手段,可能成为权力机构的福利。应该说市场相对于计划是公平的,合作建住房是对市场公平的挑战,使人们更多想到福利分配住房的时代,但是却缺少福利分配住房的公平。市场配置资源相对权力配置资源是一种进步,合作建住房不通过市场交易,会使地区生产总值流失,是一种反市场化的行为。

该报道一经发表,在《经济学消息报》引起长达一年之久的争鸣,这是我始料未及的。《经常学消息报》专门为此配专栏进行讨论,民网、中财网、中经网等 50 多家国内知名网站理论频道转载。而这些也正反映出国人对于投资房地产的"热衷"。

三、温州经济奇迹下的地理因素

根据对温州地区多年的调研与观察所得,我于 2007 年 8 月 3 日在《经济学消息报》上发表《地理因素——温州经济奇迹的一种视角》一文,《经济导刊》全文转载。该文以一种全新的视角去剖析温州经济在当代如此繁盛的原因,阐述地理因素是如何造就温州经济奇迹的。

温州在改革开放前是个穷地方,改革开放后温州经济发展异常迅猛,"温州模式"闻名于世,不仅如此,温州商人、温州街、温州城、温州人投资遍布世界各地,温州民间资本雄厚。温州为什么可以取得如此举世瞩目的成就? 许多学者对此孜孜以求,仁者见仁,智者见智。我认为温州经济的奇迹是多种因素造成的,其中地理因素是重要原因。

这种人多地少、集中居住、难以靠土地为生的特点决定温州的城镇化水平非常高,城乡一体化程度非常高。人口分布和地理特征决定温州具有工业革命和城镇化的先天条件。这种地理特征对于创造商人的品格并形成商帮有着非常重要的作用。人多地少而且远离政治中心使得这里的人无法靠土地、靠政治为生,而不得不外出经商;山区、沿海而且内部河流众多,不仅为这里的人从事商品经营提供了可能性，而且有利于形成厚道、稳重、低调、灵活、开拓、团结的商人品格。温州除了有100多公里的海岸，几乎没有什么自然资源，这决定了温州没有发展资源依托型经济的条件，却因为河流多、沿海的地理特征使得它具备发展市场导向型经济的条件。这种经济发展模式恰好是经济效率高的模式，因此温州经济发展的速度和效率高于其他地区。

四、温州企业家幸福感仅65.3分

在某个时期的研究中，我偶然发现在社会经济转型期，中国企业家幸福感在下降。对全国企业家及京沪等地白领、公务员调查显示，全国幸福指数普遍在七八十分以上。通过访问身边的温州企业家朋友们，我发现温州企业家的幸福感并不是想象的那样，似乎远远低于京沪地区。在人们的印象中，温州企业家名车豪宅，灯红酒绿，这个最有钱也应当最幸福的群体，怎么就感到不幸福呢？

于是，我开始思考并探索温州企业家的幸福程度。2010年，我带领研究团队与温州市民营企业协会、温州市个体企业协会通力合作，完成了《温州市企业家幸福感指数研究报告》——全国首份区域性企业家幸福指数调查报告。

《温州市企业家幸福感指数研究报告》幸福测量问卷主要包含100道选择题，涵盖企业家工作、生活、心理活动等方方面面，分值按照国际流行的卡罗尔·罗斯威尔(Carol Rothwell)和彼特·科恩(Pete Cohen)提出的$H=p+5e+3h$的方程式计算，其中H代表先富，p代表个人特质，e代表生存，h代表更高阶层的需求。同时，问卷的设计考虑了温州企业家具体的经营环境。

《温州市企业家幸福感指数研究报告》调查历时6个月，通过现场问卷调查、电话采访、电子邮件等方式，共发放问卷600份，对鹿城、瓯海、瑞安等10个县(市、区)，鞋服、皮革、汽配等10大代表性行业分类比较分析，最终得出了相关数据。

这项百分制的《温州市企业家幸福感指数研究报告》显示，温州企业家幸福感平均值仅为 65.3，仅高出及格线 5.3 分。刚过及格线的"幸福指数"，似乎与人们印象中温州商人"光鲜"的形象不符。这个结果告诉人们，能赚钱但未必能"赚"到幸福。

幸福在于知足和分享。要提高幸福感，企业家个人首先要提高自身的知识和能力，培养积极的心态，努力实现事业与生活、成功与幸福的均衡发展。"企业家的幸福快乐，和每个人的其实一样，不外乎事业、家庭、爱好、修养和健康这 5 个环节。"我始终认为，幸福是个五角星，这五个角缺一个都会导致不幸福感，而居中的则是个人的驾驭力。在初创期，温州企业家可以充分发挥"家文化"原有的优势，利用绝对权威，从而让自己有成就感、有幸福感。但进入纵深发展阶段，加强对资源和愿望的管理以提高自我认识、自我管理，是解决企业家困惑的根本途径。一句话，企业家要想幸福，还是要靠修养，靠境界。

此外，社会舆论及国家政策的支持也必不可少。企业家是社会的精英阶层，努力营造鼓励企业家创业、创新的良好环境，并为企业家成长和企业发展提供制度保障，这也能帮助企业家驶上幸福快车道。

研究成果提交温州市民营企业及个体工商户协会，成果发布后，在全国媒体产生巨大反响，全国各大媒体全部头条予以报道，新华网、人民网、凤凰网、新浪网、搜狐网等多家媒体多次进行转载报道，《浙江日报》为此对我进行了专访。这篇文章不仅使国家关注到温州企业家这一群体，更加深刻地了解到这一群体的辛苦与焦虑，同时也加深了温州市政府对温州企业家和温州企业所面临的一系列问题的了解。这个成果的发布在 2010 年下半年，其实是为 2011 年温州市区域性金融风波的发生发布了一个预警。温州市委、市政府随之出台了"三生融合，幸福温州"的工作号召。2018 年，温州市实施的"两个健康"的工作部署在逻辑上也是与之贯通的。

五、"两个健康"先行区建设

近年来，民营经济遇到了前所未有的挑战。为应对这些挑战，党的十九大报告指出“要构建亲清新型政商关系，促进非公有制经济健康发展和非公有制经济人士健康成长”。日前，温州获批创建新时代“两个健康”先行区。这标志着温州成为新时代“两个健康”的全国首片改革“试验田”。中央统战部和全国工商联要求，温州要着力先试先行，勇于率先突破，探索新路，形成一批可借鉴、可复制、可推广的经验、制度和措施。

“两个健康”先行区建设的现实意义何在？当前，在中国经济转向高质量发展的关键阶段，特别在全球经济格局加速重建、全球贸易摩擦加剧的复杂背景下，占据中国出口额近45％的民营企业更加敏感。它们亟待在产品研发、企业管理、融投资、风险防控等方面不断努力，同时也需要得到政府的扶持。而对于民营企业数量占企业总数99.5％的温州来说，如今更是面临着模式创新、技术变革、产业升级等现实考验。这是区域经济转型升级的阶段性阵痛。温州民营经济率先面对“成长的烦恼”，如果能够通过改革创新率先突破，就能为区域经济发展注入新活力。

当前，温州既面临加快转方式调结构实现转型发展的重要机遇，也面临原有优势弱化、新旧动能转换青黄不接、经济增长后劲不足的严峻挑战。如何实现温州新旧动能转换，推动产业结构转型升级无疑是当前的重大战略问题。而“两个健康”先行区的建设，“破”“立”并举、以“立”为重，按照“高端产业规模化、传统产业高端化”的发展思路，聚焦培育数字经济、智能装备、生命健康、新能源智能网联汽车、新材料等重点战略性新兴产业。这为民营经济进一步发展提供广阔的空间支撑，有利于加快“腾笼换鸟”步伐，实现平台能级提升，构建动能强劲的经济生态等。

如何种好“两个健康”发展的“试验田”？创建名副其实的“两个健康”先行区，要从降低企业成本、推进市场监管规范化等方面入手，形成一片“亲商、安商、重商”的民营经济健康发展环境。

要优化市场准入，创造有效需求。坚持新的发展理念，把握时代发展趋势。一是要优化市场准入机制。全面实施市场准入负面清单制度，推动社会资本进入各类基础设施、重大民生工程、新型城镇化等领域，规范PPP、EPC项目投资程序，引导民营企业参与投资。落实公平竞争审查制度，完善权利平等、机会平等、规则平等的市场环境，促进企业公开公平公正地参与市场竞争。二是要为民营企业创造更多的市场需求。深入实施创新驱动战略,加强对中小企业技术创新支持力度,瞄准主导产业和战略性新兴产业,引导企业加快发展研发力量、推动科技成果跨界融合,推动企业转型升级,走自主创新、可持续发展的道路。

要降低企业成本,激活发展活力。一是要降低税费,减少企业的经营成本。政府要切实落实中央关于减税的政策,分类型加快推进对企业的税务减免。二是要降低涉企相关费用。严格落实各项收费清理改策,动态调整涉企收费目录清单,加强市场调节类经营服务性收费监管,切实减轻企业负担。

加强密切沟通交流,恪守臂距原则。构建"亲""清"政商关系,政府既要积极帮助民营企业解决发展中遇到的困难问题,又要守住底线不得以权谋私;同时,民营企业家要遵纪守法办企业、光明正大搞经营。在责任细化与监督考评方面,要形成政商交往的"负面清单",划定"红线"和"绿线"。在责任细化与监督考评方面,形成自上而下的责任落实机制,规避责任归属扯皮推诿,形成"出必行、行必果"的方案执行机制。

要精准出招建策,破解发展难题。坚持用改革的办法对症下药、破解难题,助推广大民企持续健康发展。一是要深入调查研究,摸清实际情况,精准出台政策。放大社会力量办学、办医、办文化、办体育等改革效应,鼓励民间资本进入基础设施、社会事业等领域,打造市场准入最优试验田。二是要优化金融发展体系。加大金融创新、融资支持力度,缓解融资难、融资贵问题,比如通过设立企业家创业风险共担基金的方式,通过政府部门、企业、担保基金(政府专项资金设立)、银行的风险共担、政府增信的机制,实现政银企三方共赢。

致力打造一流营商环境。持续推进"放管服"改革,全面深化"最多跑一次"改革,大力推进清费减负工作力度,实现群众和企业到政府办事"最多跑一次"100%全覆盖,保障各类市场主体依法平等进入负面清单以外的行业、领域和业务,真正让企业轻装上阵、放手发展。

六、温州市本土企业跨国公司培育计划

今年，我承担了温州市商务局和温州市政研室的委托课题，研究温州市本土企业跨国企业培育的三年计划和政策支持体系。

改革开放以来，从最早海外设立贸易公司、开办营销窗口等简单的投资方式起步，发展到境外办厂、建专业市场、资源开发，收购兼并、境外上市、建立境外经贸合作区等，温州走出了一条民营企业跨国经营的独特路径。截至2018年底，筛选整理上报了12家温州企业列为浙江省的跨国公司培育的目标，全市跨境并购境外中方投资1.75亿美元，比重占29.35%。新批境外投资项目33个，中方投资额5.93亿美元；完成境外承包工程营业额1.21亿美元。当前，温州民营企业已经进入了"破茧化蝶"的关键时期，全面梳理温州民营企业跨国发展的优势和面临的挑战，提出契合民营企业跨国发展的思路与对策，对于加快我市跨国公司培育发展具有重要的现实意义。

首先，在理论层面上系统厘清跨国公司的概念，借助SWOT分析法从优势、劣势、机遇、挑战剖析温州本土跨国公司的现状。结合各部门统计数据对温州跨国公司培育的内外环境、政策机制、人才技术等层面进行反思，罗列培育目标与要求，筑建培育本土跨国公司的理论框架与设计出发点。

其次，在探析国内外跨国公司培育经验的基础上，巧借"他山之石"，发挥温州跨国公司培育的次动优势，搭建全球价值链视角的战略视野、思路，从新旧动能转换的事实出发找到战略重点，构造出合理的路径与区位选择，给出相关政策建议。

最后，保障措施要发挥组织领导的力量，加强宏观指导和战略规划。落实到实践层面上便要健全各个维度的保障机制，建立新的考核体系与风险预警系统，提高企业风险防范与经营管理水平。政府做好自身的服务职能，强化氛围营造，在新的国际化环境中铸造属于温州的新天地。

2019年10月

求实存真　挑战自我

——我的学术自传

俞　光*

2019 年俞光接受央视《中国影像方志·瑞安篇》摄影组采访

* 俞光，男，1945 年生，浙江瑞安人。1968 年浙江大学化工系本科毕业，历任浙江青田水泥厂技术员、瑞安市物资局副局长、市科协副主席、市科委副主任等职。先后在《水泥》《陶瓷》《砖瓦》等刊物发表论文 7 篇；获得浙江省优秀科技成果奖、中国技术经济研究会优秀论文奖、浙江省硅酸盐学会优秀论文奖 5 次。主编《瑞安市软科学研究成果选编（1980—1994）》，与俞雄合著《温州工业简史》。退休后从事地方经济史研究，编有《温州古代经济史料汇编》《温州古代经济史料续编》，著有《温州经济史话》《瑞安经济史》，均已出版。在《温州学刊》等刊物发表论文 40 余篇。《温州经济史话》被评为全国优秀社科普及作品。

一、学术之路

(一)求学路上的学术熏陶

1945年8月,我出生于浙江省瑞安县城的一个书香门第家庭里。曾祖父一生设馆授徒,后来成了县学学官;祖父为清末贡生、新中国浙江省文史馆首批馆员;伯父终身执教,酷爱诗词,为温州市诗词学会顾问;父亲因家贫从小为学徒,后从事金融,亦喜爱文墨。1951年,我进入瑞安县城东北小学(今市实验小学的前身之一)。1957年,考进浙江省重点中学瑞安中学,学校名师荟萃、学风求实。高中时,文科成绩不错,还为班级语文课代表,这为我日后研究文史打下一定的基础。校内的劳动课,培养了我的吃苦耐劳精神。1963年,考入浙江大学化工系,刻苦的学习赋予我扎实的基础课知识,而轰轰烈烈的"文化大革命"则荒废了我学习专业课的宝贵时光。

(二)在职期间的学术尝试

1968年,我以工人的身份被分配到浙江省青田县水泥厂。这是一座尚未投产的小型半机械化立窑水泥厂,其生产工艺在国内同行中尚属落后。我自学了"水泥工艺学"等一批大学专业课程,攻读了国际上水泥专业权威著作《水泥和混凝土化学》。后来,根据我厂的实践,我撰写的《利用低品位石灰石生产水泥》在1974年浙江省水泥工作会议上做了介绍,《提高沸石水泥早期强度的探讨》《矾渣、石膏增强作用的实验》相继在1981年第9期、1982年第4期《水泥》杂志上发表。我也由一名普通工人成长为负责全厂生产配方和工艺的技术人员。11年多山区的艰苦生活,我付出了美好的青春年华,得到了意志的锤炼,工作、学习能力的提高,一生受益匪浅。

1980年我调回家乡,在瑞安县建筑材料公司任生产科科长。我自学了"陶瓷工艺学""砖瓦工艺学"等专业课程,主持的"明矾石氨浸渣、磷矿渣制釉面砖""用海涂泥制黏土砖"相继获得成功。相关论文在1984年第4期《陶瓷》、1985年第4期《砖瓦》杂志上发表,前者还获得1982年度浙江省优秀科技成果四等奖。

1984 年后，我先后任瑞安市物资局副局长、市计划经济委员会物资科科长、市科学技术协会副主席、市科学技术委员会副主任。在完成本职工作的同时，我尝试研究经济管理、科技管理、地方文史，在各级报刊上陆续发表文章，提高了我研究社科学术的兴趣和能力。

（三）退居二线后的突破

2000 年 8 月，我退居二线，时年 55 岁。当时，有人邀请我去担任企业党组织负责人，也有朋友希望我一道去开发房地产，但都被我婉拒了。我觉得自己的身体不错，完全可以干一些对社会有益而自己喜欢的事。我选择温州经济史为突破口，一则是我长期从事经济工作，积累了一定的经验，还可能有自己独特的视角；二则当时温州经济史的研究还比较薄弱，还有许多领域有待人们去探索。2004 年 5 月，我承担的“温州古代经济史研究”被中共温州市委宣传部、温州市社科联列为“温州学第一批研究课题”，从此我与温州学结下不解之缘，并探求学术上的突破。

二、学术成果

（一）温州古代经济史料的整理

从 2001 年 7 月至 2019 年 9 月，我历时 18 年完成了《温州古代经济史料汇编》《温州古代经济史料续编》。两书共征引 726 种图书，收录 3097 条史料，计 113 万字。浙江省社会科学院历史研究所原所长、浙江省经济史研究会会长陈学文先生在 2006 年 6 月 23 日评论道：“该书具有较高的学术价值，是吾省第一部地区级古代经济史料汇编，为研究温州地区古代经济、社会奠定了坚实的基础。”“该书最大优点是资料较周详，除正史、方志、文集、别集等国史基本史籍外，还注意到碑铭、谱牒等有价值的史料。”“该书体例设计也较科学，从土地、人口资源到农业、手工业、交通运输，再至赋税、恤政，逐层深入，较能展示温州地区的经济发展历程。”“敝人治史有年，接触到经济史料较多，认为该书编者治学态度严谨，颇见功力，用力甚勤。”

《温州文献丛书》主编、温州市博物馆副研究员胡珠生先生在 2003 年 12 月 26 日审读意见中指出：“我温古代经济史料散见多种史籍，未经爬梳。俞光先生曾编《温州工业简史》一书，现以现存多种史志为基础，进行全面分类整理，填补了温州学一项重要空白，学术品位较高。”全编“搜集材料颇为齐全，分类得当，条目明晰，堪称本丛书具有特色之作”，“编者治学态度谦虚认真”，“此编功力深厚，非寻常泛泛之作”。

浙江省历史教学研究会原副秘书长、温州市历史学会副会长冯坚先生在 2006 年 6 月 23 日给编者的信中称：“温州至今尚无一本能反映温州古代社会经济全貌的图书，如今吾兄不辞辛劳从众多的史书、杂著中搜罗了数以百万字资料，经过甄别筛选，分门别类编辑成书，这对温州历史研究与编纂是莫大的贡献。”“书中所收罗的资料，都注有翔实的出处，我很赞成你这个做法。”

（二）温州经济史的研究

在整理《温州古代经济史料汇编》《温州古代经济史料续编》的同时，我对温州古代、近代经济史的 8 个领域进行了研究。陈学文先生在《温州经济史话・序》中认为：“将一个地域（温州）中经济发展的历史用通俗的语言介绍给读者，并在此基础上对一些重要的事件、人物加以研究，让人们可以借鉴过去的成败经验以建设今日的辉煌，这是很有意义的工作。俞光先生十年磨一剑，长期积累，从浩繁的史料（357 种资料）中钩稽出重要的历史事实加以提炼论述，挖掘出一些新的史料，提出了一些新的观点，令人耳目一新。”

温州人口移民史的研究。此前温州对此尚鲜深入研究，我所撰《唐末五代闽人迁温》《两宋之间温州移民潮》分别发表于《温州学刊》2006 年第 6 期和《温州经济史话・人口篇》。前者指出，唐末五代闽人迁温的特点是时间上以五代为主，迁移原因以避乱为主，迁出地以长溪赤岸为主，迁入地以瑞安、平阳为主。后者认为，两宋之间迁入温州的移民具有迁移时间以建炎间为多，迁移原因以避乱为多，移民姓氏以赵氏为多，迁出地以福建、河南为多，迁入地以永嘉县为多的特点。上述文章还分析了这些趋势和特点的原因，对研究温州古代经济社会发展有所补益。

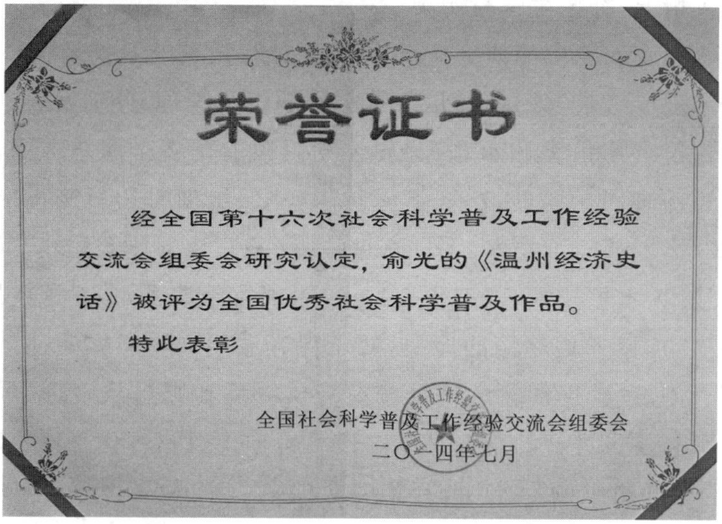

《温州经济史话》被评为全国优秀社科普及作品

温州海洋经济史的研究。《海洋与温州古代经济》《明清海禁与温州经济》分别发表于《温州学刊》2004 年第 9、10 期和《温州经济史话·综述篇》。前者指出，温州辖境七分海二分山一分地，自古以来，海洋为古代温州经济提供了土地之源、煮盐之利、鱼鳖之饶、舟楫之便，同时也带来风潮之灾。海洋是温州经济发展的助推器，也是温州未来的希望所在，要保护海洋、开发海洋、兴利除弊、任重道远。后者指出温州依山面海，地处东南一隅，缺少大城市的辐射，加之宋后地少人多，这些实际情况决定了发展温州经济必须扬长避短，必须面向大海，必须对外开放，必须发展工贸，而明清的海禁则反其道而行之，其结果必然是破坏温州的生产力，阻碍温州商品经济的发展，拉开温州与外地经济发展的差距，教训十分沉痛。《清初迁界对温州经济的影响》发表于《温州学刊》2006 年第 12 期。该文指出，迁界使温州土地荒芜、人口锐减、渔盐尽失、海运断绝，温州是全国受害最深的地区之一。特别是当时全国各业开始得到恢复，重新发展，而温州则百业萧条，从而失去了难得的发展机遇，种下了温州经济发展长期落后的祸根。《元时温州参与全国漕粮海运》发表于《温州经济史话·交通城建篇》。温州参与全国漕运是温州航运史上一件大事，但历代温州方志对此都少有提及。该文根据《永乐大典》等史籍的记载，考察了温州漕运的起止时间、规模、航线、脚价、船户的生活和风险等情况，补记了这段历史。

温州水利及农业史的研究。此前未见对此领域的系统研究。《温州古代水利技术进步考察》《回眸温州古代水利的组织管理》分别发表于《温州论坛》2010 年第 2 期和《温州水利》2013 年第 3 期。前者全面总结了温州古代人民在河道疏通时的防沙技术、清淤技术，建筑堤塘时的石笼技术、石塘技术、备堤技术、围堰施工技术、木桩石塘技术、条石叠砌技术和建筑陡门时的木鹅选址技术、木桩技术、以石代木技术、木枧排水技术，并对这些原本专业性很强的事，加以通俗易懂的诠释，对于保存温州非物质文明遗产，弘扬温州人民敢于创新、善于创新的精神颇有意义。后者则是从管理学的角度对温州古代水利建设进行的全面总结。该文考证了温州古代兴修水利时的地方官员、士绅的组织领导作用，筹集资金时的官府出资、官绅募捐、以工代赈、以田养陡、卖涂建塘、计田摊派等方式，以及日常管理时的测定水则、制定禁约、专人管理等方法。这些制度设计不仅对于当时的水利建设做出了贡献，而且在今日温州现代化建设中还可找到它们的踪影。《明代温州坚持不懈推行屯田制度》发表于《温州学刊》2005 年第 5 期。该文在认真考察其时温州屯田的规模、驻军的守屯比例、官府对屯田的优惠政策、屯军上交粮食的数量以及屯田对温州经济的促进作用基础上，特别指出，在明中后期全国屯田制度渐渐松弛的情况下，温州官府将肥瘠田通融搭配、分别征粮，较好地解决了富人多占肥田旱涝保收、穷人多持瘠田风险很大的不合理现象，从而巩固了温州屯田制度，反映了温州军民的首创精神。《橘录考》发表于《温州学刊》2007 年第 6 期，全面考察了《橘录》的写作背景、主要内容及作者生平后指出，它的成书得益于宋代温州柑橘生产的蓬勃发展并在全国占有重要位置。该书是世界上首部柑橘专著，它最先系统地总结了我国柑橘栽培、采贮、加工技术，指导当时及后世的柑橘生产；同时开创性地对柑橘类果树科学分类，丰富了品种，促进优良品种的培育和推广。它是我国古代科学技术史上的一朵奇葩，是对世界文明的重要贡献。

温州古代开发史的研究。此前鲜有对温州魏晋开发史的研究。《漫话三国孙吴对温州的开发》《东晋南朝士族推动开发永嘉郡》分别发表于《温州经济史话·综述篇》和《温州学刊》2006 年第 3 期。前者在考察孙吴开发温州时采取平定浙南山越、增置罗阳县、兴建石紫河埭、建设横屿船屯四项措施后指出，孙吴对温州的积极开发政策，有别于秦朝的“羁縻”政策与汉朝的“移民虚其地”政策，是温州发展史上的一次历史性的进步，意义重大。后者考察了东晋南朝士族在发展人口、培育人才，兴修水利、发展农桑，建设永嘉、宣传永嘉，清正廉洁、勤政为民等方面的贡献，从而推动温州经济社会出现跨越式发展。

温州手工业史的研究。《宋代温州造船场史事考》《温州古代造船史考》，分别发表于《温州学刊》2007 年第 5 期、2017 年第 6 期。前者在对宋代温州造船场兴建、并迁、关停的时间、原因，以及规模、管理、技术做了认真的考证后指出，它是北宋后期全国最大的官营造船场之一，其工艺技术处于全国同行业先进水平。温州造船场采用船样造船，不仅是我国造船史上的一件大事，而且领先欧洲二四百年。后者在前者的基础上，系统地考察三国吴罗阳县横屿船屯、明清温州造船场等历史，认为温州是我国古代一个重要的造船基地。《晚清温州手工业行会面面观》发表于《温州经济史话·手工业篇》。近年关于温州商会的报道屡见不鲜，但是有关温州手工业行会的情况却鲜为人知，该文仔细考察了晚清温州丝绸业、铁器业、木器业、铜线业、面粉业、金箔业、鱼钩业、制针业、制伞业、锡器业、车骨业、理发业、裁缝业等行会的组织状况、经费来源、活动情况后认为，晚清温州手工业行会在统一产品价格，引导行业自律、维护会员权益、协调会员关系、保护知识产权等方面发挥了积极作用，可供今日的行业协会借鉴。

温州工业史的研究。郑笑笑主编的《温州地方文献联合目录》指出，《温州工业简史》“是温州市第一部工业经济专业史，全书以纵为主，纵横结合，基本上以温州市区工业发展为主线，对温州历代的手工业，尤其是 19 世纪 90 年代至今温州工业走过的 100 年历史做了系统的描述，展现了温州从一个手工业名城转变为现代中型工业城市的全过程”。陈学文先生在该书序中认为：“目前（国内）中小城市工业史尚不多见”，该书“正是填补了这一空白，其意义是不言而喻的”。胡珠生先生在《温州近代史》书后的基本参考书目中指出，该书“收集资料甚富”。该书还被日本学者平田茂树等的《宋代社会的空间与交流》（河南大学出版社 2008 年版）等书所引用。

温州商业史的研究。《晚清温州的远程贸易》《清、民国宁波商人来温创业》分别发表于《温州论坛》2005年第3期和《温州经济史话·商贸篇》。前者根据《1877—1919年瓯海关贸易册》等资料，指出其时温州进口贸易快速增长，出口贸易更胜一筹，这大大拓宽了国内外市场，加快了温州自然经济的解体，推动工业化的进程。后者认为，宁波帮是我国著名的商帮之一，文中考察了其时宁波商人在温州药材业、南北货业、洋广货业、金融业、航运业创业的情况后指出，他们在当时温州商界中居于举足轻重的地位，对于加快温州商品经济的发展发挥重要的作用。他们抓住机遇、不断创新，手腕灵活、精于谋事，诚信笃实、注重质量，抱团经营、和衷共济的成功经验，对于今日的温州商人颇有借鉴的意义。这些研究填补了相关领域的空白。

温州赋税典当史的研究。此前未见对温州赋税典当史的研究。《温州典当：1178—1949》发表于《温州论坛》2009年第4期。该文考察了自南宋至民国温州典当业的店家、资本、当品、当期、利息等情况后指出，温州典当业的作用是以物抵押有效地解决了借款偿还的难题，但未加限制时也有盘剥百姓的一面。温州典当业还有经营成本高的局限，这也是它后来渐渐被钱庄、银行取代的原因。《平阳县"以丁配田"考》发表于《温州学刊》2007年第3期。国内史学界普遍认为，我国"以丁配田"的赋税制度重大改革最早于清康熙五十五年(1716)在广东省试行，而该文对此提出了不同的看法。文中根据清乾隆《平阳县志》的记载，认真考证了康熙三十年(1691)平阳县全面试行"以丁配田"的有关情况，并对该县之所以试行这项改革和为什么这段历史鲜为人知的原因进行了认真分析，以图恢复历史的本来面目。

(三)瑞安经济史的研究

从2011年10月至2013年9月，历时近2年完成《瑞安经济史》。全书分8章叙述史前至秦汉、魏晋南北朝、隋唐五代、宋代、元代、明代、清代、民国时期的瑞安经济，征引书目361种，约33万字，附表12张，图60幅。

《浙江学刊》前主编、浙江省社科院林树建研究员在2013年1月30日审稿意见中认为，作者"长期从事地方经济史研究，史料积累宏富。书稿取材广博，史料详备，且重视国家政策、社会环境、生产技术等因素对经济发展的影响，注意史论结合，定性论述与定量分析相结合，能清晰勾勒出瑞安经济发展历史轨迹，以及发展过程中的经验和教训”。陈学文教授在 2015 年 1 月 6 日《读后有感》中指出：“俞光同志新著《瑞安经济史》是一部以县为区域的经济史论著，在国内尚属首创性、前瞻性的研究成果，值得珍视。”“著述是书当须有良好的学术涵养和敢为人先的勇气。”该书有以下几个特色：“坚持历史唯物主义”；“资料丰赡，考证严实”；“结构缜密，遵循规范”。“总之，俞光同志这部书是开创性有价值的学术论著，是作者数十年长期积累的成果。”

此外，《论古代瑞安移民》《瑞安古代历朝人口总量考》分别发表于《玉海文化研究》2007 年第 1 期、2013 年第 1 期。前者在综合从唐至清迁入瑞安县 396 支移民的有关情况后指出，千年瑞安移民史具有迁出地从福建向浙江转变、福建迁民由闽东向闽南转变、浙江迁民由永嘉向平阳转变、迁移原因从避乱向创业转变的四大趋势。后者依据《中国人口通史》提供的历朝浙南人口分布密度和方志上历朝瑞安县陆域面积、人口数据，测算出历朝瑞安县人口总量和户数。《近代瑞安工业发展研究》发表于《温州学刊》2016 年第 6 期。该文将近代瑞安工业发展分为起步期、黄金期和衰退期，形成了以食品及粮食加工业、日用轻工业、化学工业、木材加工业、机械制造业为主的行业结构。瑞安工业不仅在当时温州所属各县中名列前茅，而且食品加工业在全省具有重要的地位。瑞安近代工业发展历程告诉我们：安定的社会环境是工业发展的必要前提，良好的政策环境是工业发展的重要保证，民营企业是工业发展的根本动力。

（四）其他方面的研究

温州物资经济管理的研究。《物资企业工资总额与企业经营成果挂钩浮动浅析》《温州市生产资料市场的现状、趋势和对策》相继发表于 1987 年第 3 期、1988 年第 2 期《浙江物资经济》。前者根据自己的工作实践，探讨物资企业工资总额与企业经营成果挂钩浮动的基数、指标、浮动比例和注意问题。后者在分析温州市生产资料市场现状的基础上，提出它的发展目标是建立多渠道、多层次、多成分、开放式的生产资料市场，并探讨了具体对策。以上在温州该领域具有首创性。

温州科技管理的研究。《迎接知识经济的挑战》《加快我市技术创新体系建设》相继发表于1998年第4期、1999年第6期《温州探索》。前者在介绍知识经济由来的基础上，指出它将使我市的产业结构、经营方式、生产方式、出口结构、投资结构、就业结构、消费结构、生态模式、社会管理方式发生前所未有的深刻变化，提出当前要加强对知识经济的宣传，加快信息化的步伐，加大利用高新技术改造传统产业的力度，加速智能型人才的培育。后者认为，加快我市技术创新体系建设要增强创新动力（增强创新意识、更新落后观念），提高创新能力（提高经济实力、科技实力、管理能力），加大创新合力（完善规划环境、政策环境、舆论环境、服务环境）。这是温州最早对该领域的研究。

瑞安软科学的研究。《瑞安市软科学研究成果选编（1980—1994）》共收录41个软科学研究成果，分为研究报告和专题论文两大部分。《温州地方文献联合目录》评价道：该书"内容涉及瑞安市社会经济建设的各个方面，包括许多重要的基础资料和数据，内容相当丰富，具有较高的参考价值"。时任中共瑞安市委书记的包哲东同志在序中认为，"《选编》的出版发行，对加快软科学研究成果的推广和应用，对推动我市软科学研究的深入开展，无疑都将起到积极的作用"。

晚清瑞安政治史的研究。《辛亥革命前夕瑞安反帝反清斗争》《晚清温州维新思潮中心——瑞安》分别发表于《玉海文化研究》2011年第2期、2018年第2期。前者考察了拒俄运动瑞安九志士、拒款保路运动在瑞安、瑞安反清思想与反清志士，这对于弘扬革命传统精神有所补益。后者考证了瑞安是温州维新思潮舆论中心和实验中心，指出孙黄的相继崛起为温州维新思潮创造了良好的外部环境和人才条件，永嘉学派经世致用思想为温州维新思潮奠定了思想基础。

民国瑞安文化史的研究。《论民国瑞安县志稿》《云江吟社考》分别发表于《温州学刊》2006年第11期和《玉海文化研究》2009年第2期。前者认为，民国《瑞安县志稿》往往不为人们所重，但该志的修纂异常艰辛，为温州历代修志所罕见；且它颇具特色，很有价值。其特点是体例大胆创新，内容宏富翔实，重点突出有特色，努力采用新知识。后者考证了云江吟社的活动时间、主要社友后指出，它的主要成就是弘扬中华优秀传统文化、宣扬爱国主义精神、开温瑞诗坛新风。

现代温州数学史的研究。《现代温籍数学家的地位和成因》发表于《温州论坛》2001 年第 2 期。该文考证了温籍数学家的成就和贡献后认为，温州是中国"数学家的摇篮"，并探讨了其原因是近代温州数学传统的潜移默化，维新思想使温州具有开风气之先的便利，主持教育者数学意识强，温州集聚了一批优秀数学师资。这是国内最早系统地研究温籍数学家群体的论文。

俞光部分著述书影

三、治学体会

我的治学座右铭是"求实存真，挑战自我"。求实存真就是追求实在的，保存真实的。它既是行事原则，也是做人规矩，一个从事学术研究的人必须具备这样的素质。因为真实的才是事物的本来面目，才能经得起时间的考验，才有生命力。挑战自我就是要不断地提高自己，生命不息，追求不已。要做到这八个字并非易事，主观上要抵制各种诱惑，客观上要排除各个障碍。

(一)要吃得起苦,耐得住寂寞

从事学术研究是一种艰苦的劳动,只有吃得起苦,耐得住寂寞,才会有所收获。我刚从事地方文史研究时,面临着巨大的困难。当时,温州文史学界同人大多科班出身,而我在大学里学的是理工科,与文史风牛马不相及,又是退二线后起步,真可谓"外行人唱戏,临老上阵"。如何才能尽快入门?

读懂古汉语是摆在我面前的第一道关。开始我在没有标点的古籍面前,感到束手无策。于是我从书店购来大部头的《古汉语词典》《康熙字典》,一字一字地查,慢慢地读,不知度过多少不眠之夜,终于略懂常用的古汉语。21 世纪初,老年人少有会电脑的,我赶时髦自学电脑,不懂就问,不会就自己捣鼓,居然慢慢地会用了,这给后来的研究工作带来了很大的方便。

掌握历史学科,特别是经济史学科的基础知识是摆在我面前的第二道关。这也没有捷径,只有恶补,只有边干边学。于是,我认真学习《温州文献丛书》编辑部编的整理凡例,掌握了编纂工作的基本要求。认真学习《现代汉语词典》附录的《我国历代纪元表》,从中掌握了历代王朝年号、干支年号与公元纪年的换算方法。从书市上购来全套二十五史,从北京大学复印来全套中国历代经济史,还去中国国家图书馆通读全套中国历代经济通史,学习各种版本《中国历史》《中国通史》《中国人口通史》《全球通史》等经典图书,逐步掌握了有关基础知识。

收集尽可能多的经济史料是必须攻克的又一道难关。书海茫茫,从哪里下手呢?必须得"沉"得下去。多年来,我浏览了二十五史的地理志、食货志及其他有关部分,多次查阅了现存 30 多部温州府、县志及各种专业志,阅读了《四库全书》《四库全书存目丛书》《四库全书禁毁丛书》《续修四库全书》相关内容,翻读了《明实录》《清实录》相关部分,还借阅了温州市图书馆、温州博物馆、瑞安市图书馆珍藏的有关碑文、稿本、田契、表册等,从中积累了数以百万字资料,从而为研究工作奠定了基础。

我家住瑞安,为了去温州市图书馆,常常每天 5 时多起床,吃了早饭,坐公交车赶到温州时,刚好开馆。下午闭馆后,赶回瑞安,已是晚上七八时,这样持续了一个多月。后来觉得实在太累了,我又到温州大哥家里住了一个来月，这样到图书馆看书就方便多了。至于零星去温州查资料，可是数不胜数。由于经常去看书，我跟图书馆的管理人员很快就熟悉起来，他们很照顾我，中午闭馆时，还让我继续留在里面看书。2010 年后，外孙女在北京上幼儿园，我每天把她送到园后，就去中国国家图书馆看书，遨游在知识的海洋之中，受益匪浅。

对于有价值的大段资料，能复印的尽量复印。图书馆规定珍本、善本、孤本不准复印，就只有一笔一笔地抄下来。至 2019 年 9 月止，共复印 3419 页，订成 35 大本；抄了 13 个笔记本，计 1150 多页。有一次，我无意间在存放古籍的书柜里发现了一叠明嘉靖《温州府志》。但遗憾的是该书的相当部分被蛀虫咬得洞孔斑斑，我一连看了 1 周多时间，由于与书本接触的时间长了，双手发痒，就简单地擦了一下随身携带的清凉油，然后继续看。当时，温州市文化局的一位老领导看到此情景后说："做学问就应该是你这样的。"

(二)要重视第一手资料

有人说，现在找资料很方便，上网去搜，一切就有，其实不然。网络确实给我们带来很大的方便，但是这有两个前提：一是网上要有；二是网上搜到的要准确。事实上许多珍贵的、稀有的资料网上不一定有；而网上搜到的是第二手、第三手资料，由于编撰者的原因，可能存在贻误。所以，仅凭网上搜到的资料做学问，很难深入，也很危险。要重视第一手资料，重视原创性研究。

2002 年，我仔细阅读清康熙《永嘉县志》，发现该书物产卷中已有"番茅"(即番薯)，这是温州方志中关于温州出产番薯最早的记载。于是我写了《番薯何时传入温州》一文，发表在该年 1 月 30 日《温州日报》，否定了此前将薯蓣(即山药)误为番薯，从而得出"番薯明末传入温州"的错误观点。

我在考证浙江食品罐头工业创始人之一李墨西的事迹时，体会就更深了。1983 年 7 月，许世铮先生发表《维新运动后瑞安新工农业的萌芽》，率先披露李墨西创办太久保罐头厂的事迹。但是由于当时条件的限制，该文比较简略，也有一些纰漏。为了进一步搞清上述问题，2000 年 7 月，我采访了作者，他告诉我，李墨西有一位堂房媳妇叫曹德言，住城区安居街小区。次日他陪去找，由于要找的是一位年已古稀的老人，我们不仅不清楚她家的具体住址，连她亲属的姓名也不知道，真如大海捞针。我们找了一个多小时，还是没有找到。其时正值盛夏，赤日炎炎，我们都已汗流浃背，两脚发软。后来，在一位老者的指引下，我们终于找到曹老太太的家。当采访结束时，我们又商定次日去李氏墓地考证。《瑞安历史人物传略》主编余振棠先生在该书编后记中提到这件事，“作者为决一事之疑，求一字之安，常常要付出艰苦的劳动。如俞光先生为了写实业家李墨西的传略，因缺乏现成的可信资料，多方设法才找到李墨西的孙子，与他一道爬上道路崎岖、俗称‘猫狸擂’的山头，去寻找李墨西的墓冢，才从坟头的墓志里找到李墨西生平事迹的第一手确凿资料”。

在此基础上，我又查阅了民国《瑞安县志稿・实业门》、林炜然《九十年来》、俞雄《清末温州留学生人数考》、王超六《瑞安近百年大事记》，找到了该厂罐头的制造方法、产量及获奖情况；了解到李墨西留学原因、专业和省水产学校罐头厂技术员对太久保罐头厂罐头的评价；得到了李墨西赴日留学的进一步材料。后来，大哥俞雄又到温州市图书馆查阅了刘绍宽《厚庄日记》、张棡《杜隐园日记》的手稿，得到了李墨西赴日留学、归国创业的直接证据。到 2004 年 9 月，有关李墨西的采访告一段落。后来，我写的《浙江食品罐头工业先驱》等文在《温州日报》等报刊上发表，得到读者的好评。

（三）要在真实面前人人平等

做学问要实事求是，决不能凭想象、靠推测做研究，就要在真实面前人人平等，无论权威还是自己，均不例外。2001 年 10 月，我读《旧唐书》卷四十《江南道》和《新唐书》（开明版）卷四十一《江南道》，发现两者所载温州天宝年间人口数相差 10 万人，孰是孰非？据《中国历代户口、田地、田赋统计》《中国人口・浙江分册》的数据，通过比较其时温州与全省、全国家庭规模的异同，得出《旧唐书》的记载是合理的。又比较两者口数，仅头、尾两字不同，其余相同，由于《旧唐书》修纂先于《新唐书》，可知是《新唐书》抄《旧唐书》口数时笔误。于是我写了《一笔不慎误千年》发表在 10 月 26 日《温州日报》，受到大家的赞同。

2011 年 12 月 19 日我在《瑞安日报》发表《解读南塘兴筑之谜》，后来《温州日报》转载，对当时“两晋时期温州已经修建南塘，东晋时已经初步形成”的说法提出质疑。“东晋说”的依据是宋时祝穆的《方舆胜览》中“自百里坊至平阳屿一百里皆荷花"的记载。我根据南朝刘宋初永嘉郡守谢灵运的《游赤石进帆海》《舟向仙岩寻三皇井仙迹》诗、明《永乐大典》中陈谦的《永宁编》、弘治《温州府志·形胜》的记载，指出其时从瑞安县城至平阳县城是强潮型大海湾，《方舆胜览》的说法实乃牵强附会；并依照明嘉靖《温州府志》、民国《瑞安县志稿·氏族门》的记载，认为南塘兴建始于唐中期，唐后期形成。该文引起了学界的关注。

治学过程中，自己也有可能犯错，那就要大胆承认，坚决改正。2014 年我在《瑞安日报》发表《瑞安近代金融业先驱俞象川》，据《瑞安市金融志》的记载，认为俞象川任瑞安支行经理后调任他职。后来，在瑞安市档案馆发现其时离任移交清册，他的职务为瑞安办事处主任。于是在该文收入《瑞安大沙堤俞氏家风》时，我对此做了修改，并附上离任移交清册摄影件，以对历史负责，对读者负责。

最后，用一首《自勉》结束全文：

自古人生七十稀，晚年求学正当时。
莫道秋深夜风凉，枫红菊黄总相宜。

2008 年俞光(右一)参加纪念孙诒让座谈会留念

2019 年 9 月

晚年立志不为晚　艰苦治学收获丰

——俞雄治学自述

俞　雄*

俞　雄

* 俞雄，男，1933年生，浙江瑞安人。长期在党政机关工作，曾任温州市法院秘书科长、中共温州市委秘办副主任、《温州市志》编辑。已出版专著《温州工业简史》《骄鸥远影：温州百年在外学人》《孙诒让传论》等，选编列入"温州文献丛书"的《张棡日记》。参编《温州市志》《温州市工业志》《温州当代人物》等。先后发表地方史论文《道咸年间"英军"扰温辨疑》《清末民国温州乡邦文献的整理与研究》《温州清末留学生人数考》等40多篇。

一、我的人生简历

俞雄，浙江瑞安人，1933年生。童年便遭受日寇侵略苦难，瑞城二次沦陷，读小学、初中，先后换了瑞安东南小学、海安乡小学、瑞安县小、平阳中学4个地方。抗日胜利后，1946年起，才得以安定地在瑞中读初中二、三年级，毕业后，1948年春考入温州中学高中部。

温中是个革命大熔炉，地下党力量很强。在进步书刊和地下党员徐中武影响下，投身学生民主运动，参加了地下党外围组织读书会，及温中学生自治会、温州市学联工作。1950年3月被抽调入伍，任团温州市工委学生部干事，此后一直在党政机关工作42年，先后任温州市法院秘书科长、温州市委秘办副主任、鹿城区农经委政策调研科长。1991年因被邀参编《温州市志》，58岁提前退休。

在鹿城农经委时，曾对农村经济稍有研究。撰有《温州农村兼农化探讨》《对搞活土地转包机制的探讨》《温州蔬菜产销体制改革浅析》等论文，发表于《温州探索》。其中《试论现行土地承包制的完善》，被中国人民大学《农业经济》转载。

参编《温州市志》，主要承担工业方面机械、化工、电力、医药、轻工、二轻、陶瓷、电子仪表等14个志，从联系、参与研究、编写，到评审定稿，历时6年，最后将其压缩成卷27、28及卷31—42，共60万字。这期间，还被市经委、市档案馆邀约参编《温州市工业志》《温州当代人物》。

在参编《温州市志》过程中，对地方文史的兴趣油然而生。1996年日记中写道："愿循这条业余文史之路走下去，作为晚年的人生目标。"从此进入人生一个新的历程，时年63岁。

二、走上地方文史研究之路

从事地方文史研究前期，首先是大量浏览。1999年3月日记："终于盼来了古籍部的开放，我如饥似渴，大读特读，每周从两个半天到三四个半天。"8月、9月，遍读晚清、民国温籍人日记，如赵钧《过来语》、张棡《真叟日记》、刘绍宽《厚庄日记》等20多种；又遍读民国前期旧期刊，如《救国演讲周刊》《新学报》《瓯海新潮》等10多种等。日记又载："一直无法拜读的《周礼政要》，终于读到了，由此完成参加孙氏诞生150周年学术研讨会论文"；"刘绍宽《东洋观学记》也读到了，撰成了相关文章"。

从大量阅读获取大量可研究课题。1999—2007年，在《温州论坛》《温州探索》《温州社会科学》《温州学刊》共发表论文23篇。这期间，研究范围较广，大体以近代为主。主要是：

1.近代温州一些重要人物。如《孙诒让维新思想及其实践》《宋恕思想浅探》《黄群与梁启超》《黄绍箕生平史事考》《张冲生平史事汇考》《戴任史事补遗》等。

2.近代温州一些重大事件。如《道咸年间"英军"扰温辨疑》《清末温州出洋留学热潮及形成的人才群体》《温州清末留学生人数考》《温州五四运动回眸》《孙衣言重倡永嘉之学与瑞安维新人物群的形成》等。

3.近代温人日记及一些文化现象。如《记录浙南地方史料的一部日记巨著——厚庄日记》《张棡〈杜隐园日记〉的史料价值》等。《清末民国温州乡邦文献的整理与研究》，被东北师大《古籍整理研究专刊》以卷首版面发表。

4.一些温州古代历史。如《东瓯古史与古文献研究》《秦汉和三国孙吴对东瓯的不同政策》《历史上的海溢与东瓯人民的抗争》等。

为写论文进一步扩大阅读。如研究黄绍箕，便列出阅读书目52种；为研究孙诒让维新思想，阅读书目22种。共阅读有关图书200余种，这为以后从事地方文史打下一定基础。

三、20年为"温州学"出了6本书

从1995年起，2001年以后更重点转向撰写专著，到2015年，亦即从63岁到83岁这20年间，共撰著、选编专著6种：《温州工业简史》《骄鸥远影：温州百年在外学人》《孙诒让传论》《陈傅良传论》《叶适思想论稿》《张棡日记》,合计 199.4 万字,都有关“温州学”内容,亦可简单概括为“二史”“三论”。

“二史”就是研究温州工业史、百年温州学术史。“三论”就是对温州 3 位重要历史人物的“传论”或“论稿”,亦即对南宋永嘉学派重要人物陈傅良、叶适的研究,对晚清大学问家、瑞安维新人物群领军人物孙诒让的研究。我弟俞光曾在电话中对我说:“这‘三论’是你对家乡瑞安历史文化的三大代表作。”现分述如下。

(一)研究温州工业史

撰著《温州工业简史》,16 万字,1995 年上海社科院出版社出版。这其实是参编《温州市志》的副产品。

《温州工业简史》封面

这是温州第一部工业史。参编《温州市志》时,我曾以很大精力到市档案馆查阅了新中国成立前及 1949—1990 年温州全部工业档案,共 590 余卷,获得大量珍贵史料。如光绪三十年(1904)《温州海关报告》、民国二十二年(1933)《瓯海关给海关总署的报告》、1949年《温州工业调查材料》等。由于《温州市志》文字限制,大量材料无法纳入,丢弃又觉得十分可惜,便撰成《温州工业简史》。我弟俞光参与修改定稿,二人合著此书。

对此书,省社科院历史研究所原所长、研究员陈学文评价说:这是"温州市第一部工业经济专业史,目前中小城市工业史尚不多见","《温州工业简史》正是填补了这一空白,其意义是不言而喻的"。《温州地方文献联合目录》评称:"这是温州市第一部工业经济专业史。全书以纵为主,纵横结合,基本上以温州市区工业发展为主线,对温州历代的手工业,尤其是19世纪90年代至今,温州工业走过的100年历史,做了系统的描述,展现了温州从一个手工业名城,转变为现代中型工业城市的全过程。"

(二)研究百年温州学术史

撰著《骄鸥远影:温州百年在外学人》,52万字,2006年中国文史出版社出版。此书撰著正值世纪之交,后记称:"对即将过去这一世纪的温州学术,做一盘点式的研究,似很有意义。"特别是读《温州经籍志》后,深受启发,我在日日记中说:"温州一向有重视地方学术史资料整理的优良传统,晚清先辈孙诒让,历七年之功,收录自唐至清道光前温州学人著述1300多家,集地方学术之大成,被誉为开全国郡邑艺文志之先","先辈的学术造诣,我当然无法比拟,但为使重视地方学术史这一优良传统不致中断,在时间上力求为其之续。并力求突出学术性,争取写得更深、更细"。

全书共收录124位学人,包括数学17人,农学生物学15人,天文学地学11人,工程技术科学18人,医学11人,国学、考古、语言文字学21人,哲学史学16人,其他社科15人。前言指出"它代表了20世纪温籍人士学术成就的菁华,实际上也是一部20世纪温州学术史的缩影"。

研究开始,便遇到名单确定的大难题。这百年间又基本没有完善的职称评定,只得通过大阅读来筛选。2001年1月22日日记称:"学人研究起步头两个月,以名单大盘点为中心,掀起了三个浪潮。第一个浪潮找出106人,第二个浪潮达到204人,第三个浪潮增删为160余人。"最后确定为124人。大盘点中,以全国性机构、较有权威的编著为主要依据,共查阅4大类

《骄鸥远影:温州百年在外学人》封面

书(《中国大百科》数学卷、生物学卷,《农业百科》林业卷和《当代中国科学技术总览》《中国当代科技精华》),8大传记(《中国科学技术专家传略》《中国现代数学家传》《中国现代语言学家传略》《世纪学人自述》等),13大人物录、人物辞典(《中国当代名人录》《中国科学技术人物辞典》《中国科学家大辞典》《中国科学院科学家人名录》《法学家辞典》等)。

编纂过程中,凡在世学人60余人的初稿,都发函请本人复核,并希进一步提供材料。他们普遍都很重视,如姜伯驹(中科院院士、拓扑学家、北京大学数学院教授)说:"看得出您付出了极大的努力,收集丰富材料,整理加工。"并认真修改了其父姜立夫(已故)的材料。张淑仪(中科院院士、南京大学声学研究所所长)复信:"我实际上已涉及声学诸多分支,题目拟不加'超声和光声'二词为宜;原列的论文4、5、6及10、11删去,我改了另外几篇代替,共列15篇。"戴金星(中科院院士、我国煤成气理论奠基人)说:"按来信要求,寄上8份资料和我的简历、著作及论文目录,不知能否满足要求。由于忙着马上出国,故匆匆先复。"方国洪(国家海洋局第一研究所研究员)来信："寄上我父亲(数学家方德植，已故)的一个材料。作者梁益兴，是我父亲的学生，厦门大学数学系教授。这个材料是我父亲寄给我的，说明他对内容是认可的，应当比较确切。"还有徐嘉炜寄来《"郯庐"的探索——风雨争斗四十年》及申报院士的表格，以及合肥工大环境科学系的《徐嘉炜简历和学术成就》；蔡乾忠提供专著《油踪纪程》等。

温州市社科联很重视此项研究，很快便将"20 世纪温州学人研究"立项，列为"温州学研究第一批课题"。书稿初成后，市委书记王建满亲批 3 万元资助出版。《温州日报》配合出版，发表了我写的《百年学人，群星璀璨》；《瑞安日报》以"特约撰稿"发表《二十世纪，温州学术不同凡响》。《温州社会科学》先后发表了我的《民国温州学术论纲》《新中国 50 年温籍学者自然科学成就简论》等。

出版后，受到许多学者称赞，好评如潮。一是掌握史料翔实，编辑态度严谨。如曾衍霖(中科院上海药物研究所研究员)说："这本书编得很好，足见你花了许多心血，增加了我对故乡许多先贤事迹的了解。书中撰写我叔辈(指曾省、曾勉、伍献文)的内容，是我读过的最充实的。有些内容我以前都不知道，足见你掌握史料很充分，写作态度严肃认真。叔辈都已仙逝，我们这些第二代知情人也已是余日不多，不忍让有些史料随风飘走，尽可能留一些给后人，谢谢你为此做出的努力。"钟顺时(上海大学教授、我国微带天线开拓者)说："感谢你为温州写了这本极难得的学人专集，材料之翔实、全面、准确，十分不易，很是可贵。许多温籍学术名人，我只是久仰大名，捧读大作才知其详。从选材看你是很严谨的，一位非专业人士能写出这样的稿子，令人敬佩。"朱则杰(浙江大学人文学院教授)说："十分感谢你为家乡人民做的这件好事。关于我的这一篇，写得比我自己都清楚，足见先生下功夫之深，令人钦佩不已！"

二是增强了学人对故乡的感情与联系。如吴松弟(复旦大学教授、历史地理学家)说："能跻身于 20 世纪温籍有重要贡献的学人之列，实感荣幸之至。这是家乡人民对我的表扬和鼓励。"陈锦清(浙江省农科院研究员)说："与家乡的贤哲相比，我何才何德，承蒙入选，是家乡父老对我的厚爱。"张超然(工程院院士、三峡水利枢纽工程总工程师)说："谢谢家乡人们对我的鼓励，感谢母校对我的教育和培养。"李耀菘(核工业北京地质研究院高工)说：

“草草翻阅之后，深佩能搜集到如此丰富的材料，生动扼要叙述了温州百年在外学人的方方面面，实为桑梓做出了贡献，能给故乡青少年以不少教益。拟一联以表祝贺：一部新书，荟萃菁华励后辈；五年辛劳，耕耘勤奋续前贤。”颜逸明（华东师大教授、语言学家）说：“寄上为此绘制的《骄鸥远影》水彩画，以表谢意。”

2017 年 5 月 10 日，一陌生者夜晚敲门来访，自称是华东师大艺术学院院长苏春生（苏渊雷之了）之友，苏院长听说有《骄鸥远影：温州百年在外学人》一书，特托他去温州新华书店购买，而书店未有此书，故访得我的住址，特地找上门来求书。

（三）对晚清大学问家、瑞安维新人物群领军人物孙诒让的研究

撰著《孙诒让传论》，25.1 万字，2008 年浙江人民出版社出版。此书撰著，起于当时全国尚未有一本研究孙诒让的全面专著，作为地方后学，感到有责任填补这个空白。但同时又感到，孙氏所涉及古文字学、训诂学等，都属于专业性很强，而且较少有人涉足的“冷门”学科，我几乎完全陌生，必须有一个“猛补”的过程。

撰著过程中，共读书 104 种。由于扩大阅读，拓宽了视野，深化了思考。此书对孙氏的交往关系，记叙得更完整、全面；对孙氏成长道路、教育思想、学术成就的分析，也都比较到位。

对此书，温州市社科联十分重视，全额资助出版。2006 年 1 月 26 日，在召开纪念孙诒让座谈会上，为此书举行首发式，以此作为向孙氏逝世 100 周年的献礼。在会上我做了发言，说：“此书出版在全国虽非最早，却是第二。总算也为温州人争了一个面子，但愿不给温州人丢面子。”这个座谈会电视做了转播，次日《温州日报》发表了我写的《深入剖析一代大儒》；瑞安《玉海文化研究》刊登《百年来孙诒让研究之回顾》。

在首发式上，《温州都市报》记者金辉听了我的发言后说：“其中一句话，给我留下最深刻印象，至今难以忘怀。他说，他是抱定‘未读百书不动笔’的决心，完成《孙诒让传论》写作的。”为此三次相约采访，最后写成《俞雄：不读百书不动笔》，在《学人访谈录》专栏发表。《温州学刊》也发表了《温州学人剪影——俞雄》。

《孙诒让传论》封面

复旦大学哲学系教授、中国哲学史学会理事潘富恩,对此书高度评价,称:"这部书是目前所见关于孙诒让研究的颇具特色、较为系统、全面而精详的上乘之作。"又说"深感其治学方法严谨、考据精审,有独具一格的论析特点","能详人之所略,有发人之未发的独得之见……自成一家言",是"对孙诒让的研究有了更高层次的新突破"。

2011 年,南通教育学院孙经燊(孙氏后裔)从温州老同学处获知有《孙诒让传论》,来信索要,自称:"忝为孙氏后裔,但对家族史知之甚少,只是一鳞半爪,实在愧对祖宗。"读后复信:"收到大作如获至宝,迫不及待地拜读起来,很快便通读一遍。"称赞"传与论相结合,深入浅出,论点鲜明,论据充分,史料翔实,结论公允,实为不可多得之论著"。

2012 年 4 月,温州电视台拍摄《孙诒让》纪录片,市社科联介绍我代为审阅解说词。9 月,电视台经济科教频道制片人陈桂婕来拍摄对我的采访,采访约三四十分钟。10 月中旬《温州日报》载:温中 112 周年校庆时,校内 800 名师生观看了《孙诒让》纪录片。

（四）对南宋永嘉学派重要人物陈傅良、叶适的研究

1.撰著《陈傅良传论》

这是历史上迄今唯一一本全面、专门研究陈傅良的著作，30 万字，2013 年由浙江人民出版社出版。研究陈傅良的最大困难，是他的大部分著作如《周礼说》《皇朝赋税、兵防、秩官志》等，均已失佚。为攻克难关，参阅图书共三四十种，从马端临《文献通考》中，找出涉及国用、征榷、市籴、职役的“止斋陈氏曰”22 条；从王与之《周礼订义》，辑录陈氏佚文 110 条；从《全宋文》第 268 册中陈氏早年时文 96 篇，细研他的思想演变；从《朱子语类》中，梳理了朱熹对永嘉之学的 23 条批评和指责；为研究陈氏学术交往，从《吕祖谦集》《南轩集》《陈亮集》寻找材料；还千方百计从市图储藏库，借出已出版多年、研究陈氏兵制思想的《历代兵制浅说》进行阅读。2018 年 10 月 18 日日记：“这些书都在图书馆，且基本上不出借，故每周去四五个半天。整个夏秋大量时间在图书馆度过。”

《陈傅良传论》，将陈定位为南宋大学问家，儒家思想培育的“清官”样本，永嘉学派的重要领军人物；认为他的成长之路、为学方法，尤其是作为走近中央权力中枢的朝廷大官，他的清廉一生、体恤民生、刚直不阿、诤臣风骨的为官风格，可为今人提供有用的教益。

2017 年，瑞安筹建陈傅良纪念馆，此书成为布置陈列的重要参照，亦在纪念馆陈列。开放后，特邀俞氏二代五人前去参观。我在贵宾册留言：“重视陈傅良事迹的现代价值，融入社会主义核心价值观教育。”

2012 年 12 月，受温州市社科联之托，因《宋恕评传》作者陈镇波在出版中途去世，书中许多引文需补注出处。我虽与陈素昧平生，但感义不容辞，花 15 个整天，为他查补了引文出处 214 条，校改引文错字 681 字。

2.撰著《叶适思想论稿》

对叶适思想的研究，源于对《习学记言序目》的研读。蛰居斗室，从冬到春，从研玩到潜心细读，旬积月累，至次夏，已有读书笔记 13 篇，5 万余字。

读书笔记中，形成以下主要观点：(1)该书的核心是鲜明的反理学思想，主要表现为：批朱熹“道统”说，批孟子、宋儒“心性”说，批程朱《大学》讲论，批《中庸》，批朱熹“天理人欲”论；(2)叶适“根柢六经，折衷诸子”，从理论上

《叶适思想论稿》封面

寻找与程朱理学分歧的根源，为永嘉学派构筑了理论框架，这是他"集永嘉学派之大成"的主要表现，使永嘉学派的概念定位，从主事功提升为反理学；(3)南宋的叶适，是以后明清反理学思潮的最初源头，他高举反心性说、反天理人欲论两面大旗，是反理学的先驱；(4)后期儒学史研究，应贯穿理学与反理学这一主线，不能把反理学纳入"理学的演变"或"理学创新派"的框架来研究；(5)叶适从尊崇理学到坚定反理学，是个思想不断发展的动态过程，理学、儒学有联系，但又是两个不同概念，反理学并不等于反儒学；(6)数百年间该书一直被禁，被视为"异端""邪说"，进入近代才逐渐摆脱偏见，40 年前有研叶专著，5 年前才有研《习学记言序目》专著。这是块未被开垦的处女地，研究空间还很大，是个值得开拓的领域。

但又感到，真正搞清楚这些问题，涉及对朱熹理学的评价，也涉及儒学史上许多问题的探讨。兹事体大，从海外新儒家到大陆学术界，朱熹理学思想影响根深蒂固，盘根错节，而我的观点则相反，必将面对激烈的争论。

2014 年底，《叶适思想论稿》成书，共 22 万字。瑞安市社科联十分重视，列为“社科研究项目”，全额资助出版，并请温州市社科联原副主席洪振宁先生共同敲定书名，最后于2015年由黄山书社出版。出版时《瑞安日报》以《八十老叟笔不辍，用足余生到晚年》为题报道。出版后许多学者来信赞扬，给予肯定。如《叶适传》作者、上海财经大学教授朱迎平，赞称“仔细梳理原著，整理出其与理学在一系列重大问题上的分歧，阐明鲜明反理学思想是《习学记言序目》的核心……主旨鲜明，架构严谨，论证深入，无疑为近年叶适思想研究的又一部力作”，并说：“这部大著是先生学术功力的结晶，必将在叶适与永嘉学派研究史上拥有重要地位。”温州地方史资深专家徐顺平，赞称“深究叶适之学，突破樊篱，新开境界，功大矣”。他在日记中《读俞雄〈叶适思想论稿〉》一则说：“特别深入钻研《习学记言序目》，在前人研究的基础上，提出了自己的新见解……肯定了叶适的反理学先驱地位”，认为“是现今对叶适研究最为深入的著作”。《叶适的习学之道》作者、浙江工商大学副教授蒋伟胜来信：“先生八十高龄依然笔耕不辍，为弘扬桑梓文化而努力，实在让人敬佩不已”，“大作《叶适思想论稿》，对叶适研究较为全面……拙作《叶适的习学之道》是十几年前的博士学位论文，觉得实在不怎么样……书中的一些观点现在也有了变化”。复旦大学哲学系教授潘富恩也认为“阐述叶适对道统说、心性说的批判，总结揭示叶适思想的理论价值”，“在研究的方法和角度上有新的突破”。华南师大教授周炽成完全赞同对朱熹“道统”说的批判，还寄来发表于《哲学研究》的《唐宋道统新探》，此文对朱“道统”说的批判，比《叶适思想论稿》更深入。

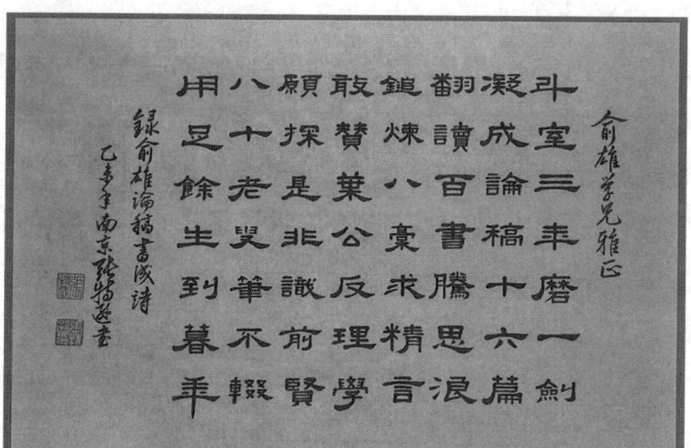

南京友人张特逊为《叶适思想论稿》题赠书法

在学者赞赏之中，也有分歧意见。如南宋思想史专家、杭师大副校长、博导何俊先生便来信说："先生据水心《习学记言序目》而细论之，不仅路径非常正确，且补学界之空白"，"翻阅更知先生用功甚勤，立论有理有据，诚当敬佩"；但认为"是否定为'反理学'，或可再酌"，"别择解释框架，虽足以示新，但于认识与理解本身，有时也是一障"，并称"有机会去温，将当面请教"。

《叶适思想论稿》出版后我已 83 岁，此后基本上不再写作，但仍继续宣传我的观点。如 2015 年在《玉海文化研究》发表了《〈习学〉的核心是反理学》；2016 年在《叶适和永嘉学派》创刊号，发表《叶适"不反理学""就是理学"吗？——与龚鹏程先生商榷》。

（五）选编《张棡日记》

《张棡日记》，53.5 万字，2003 年由上海社会科学院出版社出版。

2000 年春节后，我用两个月时间，在图书馆读完张棡《杜隐园日记》计 81 册，270 万字。撰成《张棡〈杜隐园日记〉的史料价值》，发表于《温州社会科学》，称它为清后期至民国温州"三大日记"之一，堪与《过来语》《厚庄日记》相媲美。同年，《温州文献丛书》邀我选编《杜隐园日记》。经一年半努力，选出 1200 余则，改名《张棡日记》出版。

编辑之初，我曾约请张氏后裔共同分担，被其婉拒。编成后亦曾将打字稿送请审阅，他阅后通过其弟（在瑞安新华书店）向我弟反映两点意见：(1) 对他祖父评价太低；(2) 日记中有关田地、田租等数字无需列入。我慎重考虑后未予采纳，他约我去他家谈，我建议在编辑部交谈较合适，他则断然表示"不去"。由于未遂所愿，出版后他在外多处散布流言，向有关部门投诉，编打油诗称该书为"废书"。张×意见，实质在两个问题：

1.对张棡的评价。我的前言指出：张棡"作为一名中学教师和乡村士绅，在温州政界、文化界、实业界并非重要人物，但所留《杜隐园日记》却使他颇受人注目"；指出这"是一部长达半个世纪的日记巨著。……其时间跨度之大，内容涵盖之广，确属不可多得……具有丰富的地方史料价值"，但也指出"由于作者的立场观点，文中对中国共产党及其领导下的革命武装斗争，每以'匪''贼'诬之，对农民运动、新文化运动、妇女运动等评论，亦多贬辞"。"日记暴露出作者思想观点，偏于陈旧保守，夹杂着对一些人和事的许多错误议论，需读者加以鉴别。但这也是时代使然，不足为奇。”这一评价，我以为是实事求是的，也是必要的，有责任讲清楚。但张氏后裔显然不满意。

2.对原稿中污蔑我党，称为“共匪”“匪”的，我一律加以引号。这是他与我之间的重要分歧。他指责“书中凡是提到匪字，不是去掉，就是改为共党，或把匪字用引号引起来”，认为“改变了原书原意”。我对书中1927—1935年9年统计，称“匪”共124处，除3处小标题“共产匪首”改为中性词“共党魁首”，其余121处都加引号处理，而“去掉”则没有。

对张×意见，温籍宋史专家徐规、温州知名文史专家周梦江、《温州文献丛书》主编胡珠生，都不以为然。市文化部门最后也未予处理。

对《张棡日记》，胡珠生主编审读意见：“篇幅浩繁，历经时日，开发此一史料宝库，系统选录整理公之于世，贡献甚大，具有较高学术价值。”选编本由于更方便实用，出版后颇受读者欢迎，据我所见被引用很多。

此外，2009年，还撰成《周礼新论》书稿，21万字（未出版）。它起于撰著《孙诒让传论》中，引起对南宋永嘉《周礼》研究热的关注。在撰写了《陈傅良〈周礼说〉探论》《王与之〈周礼订义〉浅析》等论文基础上，继而从116种历代研《周礼》专著中，选读了宋代王安石《周官新义》，明代郝敬《周礼完解》、魏校《周礼沿革传》，清代方苞《周官辨》、万斯太《周官辨非》、江永《周礼疑义举例》等20多种；也阅读了郭沫若、杨向奎、彭林等近现代研究专著，撰成《周礼新论》草稿。

四、几点体会

（一）晚年立志不为晚，仍能取得丰硕成果

2005年，我应邀为级友刊写了一篇《让余生更充实》，大意是：退休后绝不是传统意义上的“余生”，更准确地说，应该是进入一个新的生活领域。它一般还有二三十年，还可以办成许多事。让余生更充实，是题中应有之义。

我一生在机关工作，干了42个年头。1991年被邀参编《温州市志》提前退休，此后对地方文史的兴趣油然而生。1996年在一篇《余立志也晚》日

记中说"愿循这条业余文史之路走下去,作为晚年的人生目标。……直到此时,才找到晚年生活的归宿",从此进入新的人生历程。这时已经63岁。

2000年1月30日日记:"回顾四年,聊可自慰。立志钻研地方史以来,自觉颇能坚持,有一定收获,基本没有浪费生命。"至2003年,共撰、编了《温州工业简史》《张棡日记》2本书,发表论文20余篇。但总结退休后第一个"十年",仍然大多还是为别人"打工"(如参编《温州市志》等,参与鹿城工业区、炬光高新产业园开发)。觉得第二个"十年",必须坚决刹车,摆脱这种局面,婉辞了文化局、九山村的其他邀请,决心从70岁起,转向主要为自己干,把剩下时间留给自己。2004年古稀之年学电脑,从此自写文章自打字,不再求人了。

2007年,为75岁生日而作《晚学悟言》中说:"前半生辛勤几十年,都只不过'为他人作嫁衣',现在才真正写一点自己喜欢的东西。这种幸福感,使人感到欣慰。退休后这廿几年,是我人生最惬意的时期,不再有政治运动的'担惊受怕',地位权势也都已成身外之物,能干一些自己乐意干的事。浪费的青春晚年补,补一生遗憾于万一。亡羊补牢,犹为未晚;目标正确,如鱼得水。时光流逝,幸晚年抢回一段时间,在虚度青、壮、中年之后,没有再虚度晚年,这一点总算聊可自慰","珍视退休后人生道路的第二次选择,不让生命浪费,让剩下的时间用得更有价值。这是驱动我的精神动力"。

2012年,在《八十感言》中说:"前半生一心跟党,两袖清风,但路途并不顺利,是磕磕碰碰的半生。退休后半生,埋头于地方文史,却也成就颇丰,虽辛劳却自得其乐,乐在其中,是忙碌、快乐、充实,多少有点成就感的余生。余生成就似超前半生,后22年远胜前42年。"2006—2016年,共撰著《骄鸥远影:温州百年在外学人》《孙诒让传论》《陈傅良传论》《叶适思想论稿》4本书。

实践证明,晚年立志不为晚,只要珍视退休后人生道路的第二次选择,只要牢牢把握人生航向,不让生命浪费,确实还能办成许多事。

(二)治学难,晚年治学更难,晚年体制外治学尤难

搞文史,我非"科班出身",连"半路出家"也算不上,是"临老"上路,并且前半生也没搞过文史研究,求得晚年自学有成,确非易事。尤其是业余文史

研究这条自学之路，不像在大学、学术机构等正式体制之内，可以得到许多帮助，而是体制之外的“散兵游勇”，是“单枪匹马”“孤军奋斗”。不仅学术信息、参加学术交流等渠道不畅通，更在课题立项、获奖、成果发表、出版等许多问题上困难多多，都要自己去解决。只有拿得出有质量的成果，才能有生存立足之地。

治学成果需刊物发表。地方史的市场在地方，投寄外地往往不被重视。温州以前有《温州探索》《温州社会科学》《温州学刊》，大大促进了地方文史研究与繁荣。2008年《温州学刊》停刊后，写了论文也没处发表，渐渐我也就不写了。研究温州学，没有“园地”怎么行？

尽管如此，还是有利条件比困难多。温州市、瑞安市社科联十分热情帮助我解决了出版困难，《温州探索》《温州学刊》等也给我很大帮助。1996年我投寄最初一批稿件，时任《温州探索·地方文史》专栏主编胡珠生先生，给我复信：“本文作者似须多方搜集查阅，始能免于重复空谈”，“且见作者看到的都是第二、三手材料，大半为引文，足见写此论文准备条件欠充分”，“此等文章如要写出水平，必须对早期维新派人物及其思想做好全面研究”。正是这些指点和帮助，助我逐步走上文史研究之路。

温州市图书馆在浙南藏书最丰富，基本能满足一般研究所需，为我治学提供了极良好的条件。2010年春节，我曾赴深圳女儿家70天，拟在那里“闲中改《陈傅良传记》”。一动笔才体会“殊不知我材料之源，都在温州市图书馆。离开图书馆，我就寸步难行，一事难成”。所以“深圳回来只休息一天，第三天便投入图书馆”，《陈傅良传记》二改才得以启动。

（三）晚年治学稍能有成，靠的是坚强毅力和一种“特别能战斗”精神

治学有成，关键在人生信念、毅力与艰苦治学精神。表现为行动，就是甘坐冷板凳，扎扎实实做学问。治学本身是一种艰苦劳动。晚年治学能攻坚克难，持之以恒，能自学稍有成，靠的是死工夫，更需坚强毅力和一种“特别能战斗”的精神。读书是关键，为著撰这6部书，广泛读书便达1200多种（卷），不仅为著述提供了大量所需材料，挖掘许多新史料，更为扩大视野，吸取前人智慧，推进创新性思维，有助于提高著作的质量与水平。

就《孙诒让传论》撰著过程来看,确是很艰辛的,试举几则日记为例:

[2007年6月18日] "读彭林关于周礼成书年代记述后,认识大有提高。看来我对《周礼》还是人云亦云,处于一知半解之中,未形成自己的主体认识。如此成书仍太危险。……必须从根本思想上来一次清理,自己心中应有个对《周礼正义》的较踏实评价,不要含糊,不要遮遮掩掩,要形成自己的判断。"

[7月20日] "昨天是古历六月六,俗称'晒霉天'。室外热浪滚滚达40多摄氏度,比人体温度都高,报纸天天报道'超历史',我却一直工作如常,似乎没有多大热的感觉,或许这也是专心致志的结果吧!""前天到图书馆,中午在停靠站候车时,闷热异常,骄阳似火,人如同在蒸笼中,我也担心有中暑之忧,幸好无事。"

[8月15日] "台风之夜,最后完成第四章'孙氏成长道路的回顾',3.28万字。其中总结孙氏成长道路10条规律性归纳,花了很大精力,自感较为满意。没有抄袭、引用别人,纯是自己的东西。"

[9月8日] "实际上未休整,第二轮攻坚之战就开始了。这一轮攻坚的重点,仍是《周礼正义》。光弟送来2000年国际研讨会材料,为我解决了一大问题。收到当晚,即兴趣盎然地浏览一毕,颇觉津津有味,说明已有点入门。""这一个多月,对《正义》一节进行了三次大修改,伤筋动骨,十分艰苦,是一场类似'百团大战'的恶战。""原来最不踏实的部分,对'集《周礼》研究之大成'的分析,这是一块易沉陷的'软地基',也是全书中我最感无把握之处。这块地基夯实了,等于去掉一个心头大患,我的心也就踏实了。"

[10月15日] "开始修改第三节关于《墨子间诂》的内容,出人意料地令人大吃一惊,原来竟如此凌乱混杂、前后重复,先前毫无觉察现才发现,这也说明二稿之改极有必要。此节原10500字,压缩成8500字,文字简略不少,自然更精练了。"

[11月26日] "常常半夜醒来,思潮如涌,灵感不绝如缕,必须马上把它记下来,否则稍纵即逝。床头必须有一盏灯、一支笔、一本簿。"

[12月7日] "终于完成二稿修改,前后整整三个月,至此可暂松一口气。……彩香对我说:'你就是写、吃、睡三个字,其余天塌下来也不管。'确实如此,这三字真是我生活的全部概括。她这么说,并无批评责怪之意,而

是全部承担了所有家务，深深感谢她的理解和支持。理解万岁！此书将成，后记中我必定记上一笔：她功居其半。”

其他各著也是如此，各有需攻克的难点。这种艰苦治学精神，就我来说，离不开家风的熏陶。我曾祖父俞鱜唐是读书家风的首倡者，其《河间诗存》中“日西追月到黄昏”“继晷焚膏忘昼夜”，便是他对自己酷爱读书的形容。祖父俞春如也酷爱读书，他的《五十述怀》说：“爱向琅嬛福地行，不教本色负书生。……老来未改丹铅习，南面还思拥百城。”我弟俞海回忆：“祖父一生中，绝大部分的时间都花在了做学问、写文章上面。除了看书写作以外，几乎没有任何嗜好。他的书桌上堆满了线装书和很多手稿。晚年他的眼睛近视得很厉害，中途要时常停下来休息，只有这时，他才会踱出他的书房。”

正是这种精神，播下子孙们酷爱读书、严谨治学的种子，这就是家风的传承吧。

2019 年 9 月 25 日

尚在起步路上的探索

洪振宁*

洪振宁(林其勉摄)

* 洪振宁,温州人。1996—2012年当选为温州市社会科学界联合会第三、四、五届副主席。曾任浙江省社科联常务理事、温州市决策咨询委员会委员,曾被聘为厦门大学经济学院、温州大学兼职教授。其中2005年起兼任温州市文化研究工程指导委员会办公室副主任,具体负责温州文化研究工程的实施。2014年12月退休。2019年9月被聘为温州大学温州学研究所所长、温大特聘研究员。还任温州市文史研究馆馆员,长年致力于温州文化与经济的互动发展研究。

一、求学与组织研讨的经历

我在大学里读的是中文，由李泽厚著作的引领而走上文史研究之路，他的《美的历程》《中国古代思想史论》，给人很大的启迪。我庆幸自己生长在“温州模式”的诞生之地，工作中需要学习现代化理论和发展社会学，平时也思考温州文化是推动还是阻碍经济发展等问题。

较早发表的文章，是1986年写作的《温州农村经济模式的思想文化意义》，摘要刊登于1986年9月14日的《温州日报》，被收入广西人民出版社1987年版《温州模式的理论探索》一书中。那几年，还相继写作和发表了《温州青年亚文化特征及其社会功能》《温州精神的主要特征及其他》《传统温州人开始走向现代温州人》等，以及短评《能人经济、行为自由与精神文明》《试谈有温州特色的企业管理》《造就一代新商人》《改革，呼唤着“温州味”文学的崛起》等。

我个人对温州的探索，一开始是因为工作而逼上来的。起步阶段的经历，我在《探讨温州文化与经济的互动》（载《我与温州模式》，中国文史出版社2018年8月版）文中有叙述。1997年起草《温州市文化发展规划(1997—2010)》、1998年协助起草党代会报告和《温州文化升位计划》，使我对温州文化发展有了一个初步的面上的认识。同一时期，随着撰写《温州人的创新与创新中的温州人》《思想解放与温州发展》《发展中的温州新文明》一组文章，以及编写《建设现代化新温州干部读本》等，我开始综合探索温州与温州人。

2002年，当时的温州市委书记赞同外地两位学者关于建立温州学的想法，于是在《温州日报》开展讨论。日报刊登了10篇相关文章，我在讨论文章中认为，建设温州学，不是要把“河文化”变成为“井文化”，而是要把“河文化”变成为“海文化”，研究这里的经济、文化如何越来越“世界化”“全球化”，研究“世界中的温州人”。后来，为书记起草《关于创立温州学的思考》，与市委办的笔杆子一起讨论修改后，由陆健经手，书记的文章发表于《光明日报》。2003年2月25日《光明日报》发表《深化温州研究需要创立“温州学”》。

书记非常重视温州研究，举办了温州学学术研讨会，由市社科联承办，但许多人并不理解温州学，经费多年也没有落实下来。至 2006 年，接轨浙江省文化研究工程，改提实施温州文化研究工程，打响温州学文化品牌。适逢市委全会通过《关于加快建设文化大市的决定》，实施包括温州文化研究工程在内的六大工程，成立了市文化研究提炼工程指导委员会，讨论了实施意见。那时我在市社科联副主席任上，兼着这个委员会的办公室副主任，又多次跑财政，终于有了每年的一笔研究经费。2007—2012 年实施推进，立项和资助研究成果的出版，这里头的一些事，我撰有《温州实施文化研究工程的过程、成果、价值及建议》一文，发表在《温州职业技术学院学报》2017 年第 3 期，可参阅。

2018 年初，重提"温州学"，我在《温州人》杂志 2018 年第 3 期发表《说说"温州学"的建设》。在 2019 年 8 月 5 日《温州日报》发表《对深化永嘉学派研究的建议》，论述了学派的原本体，复活后的永嘉学派，提出当今建设新永嘉学派，需要推进温州学研究和创立温州学派。2019 年 9 月，温州大学温州学研究所成立，我这个退休老人担任所长。我统计了自 2002 年以来出版的温州研究的著作，已有 700 部，其中研究温州人方面的 100 部，乡邦文献方面的 300 部，专题与专题史方面的 200 部，当代发展研究方面的 100 部。温州学是跨学科的，跨学科既是困难所在，也是魅力所在；温州学是跨行政区域的，这既带给学者莫大的喜悦，又是研究深化的难点。温州需要有"温州文库"，需要有像维基百科那样的"温州百科"。

二、解答温州之谜的猜想

有人说，"温州模式"其实是温州人模式，从社会学视角说，是有道理的。20 世纪 80 年代中期，"温州模式"提出后，探讨者屡屡发问，"温州模式"是怎么来的？那时的回答是，生活逼出来的，政策放出来的，群众闯出来的，历史留下来的。但对于历史是如何留下来的，尤其是把什么留下来了，几乎没能做出回答。这似乎是温州的历史之谜，力求在解读中予以回答。

经过多年的探索后，我试图加以回答，历史遗留给了温州什么？一是合群求强的运作方法,二是敢为人先的精神品格,三是善行天下的文化传统。历史为何会留给温州这些财富,因为温州民办教育一直领先,更因为温州文化的包容性、温州社会的共生性、近代温州不断生成的现代性。这是改革开放以来温州崛起的历史原因。得出这一回答,是需要许多史料及其严谨的论证的,因为论著尚未发表,只能说是个探索性的猜想罢了。

我的探索是从两头进发的,一头是探讨当代改革开放中的温州人与温州发展,一头是研究古代与近代历史上的温州人与温州文化,跨学科探讨而聚焦到温州这个点上。

2008 年,我在《温州学刊》(第 3 期)刊发《改革先行者的历程、理念和精神——温州改革发展 30 年综述》,2 万字,后以此文参加 2009 年浙江发展经验与中国模式国际研讨会,论文全文收入郎友兴、史雯等主编的论文集《区域治理与绩效》,2011 年由浙江大学出版社出版。那年还在《温州日报》发表《温州改革开放 30 年的经验和启示》(2008 年 10 月 13 日),约有 6000 字。因为我从 2007 年开始主编《温州改革开放 30 年》(浙江人民出版社 2008 年 11 月版),并主持 5 卷本 300 万字《温州民营经济发展 30 年》的编务,对温州改革开放与现代化建设有了一个大致的梳理。

2013 年,又参加温州市政协编辑《十四个沿海城市开放纪实 · 温州卷》(中国文史出版社 2014 年 10 月版),我执笔撰写卷首的综述《走在开放前沿的温州人——纪念温州对外开放 30 周年》(刊载于《浙江工贸职业技术学院学报》2014 年第 2 期),梳理现当代温州开放的历史。

对当代温州发展的探索还有《产业转型、创意城市与温州发展》(载《文化产业》2012 年第 9 期)、《温州人经济研究的三大新课题》(载《温州职业技术学院学报》2015 年第 1 期)和《温州发展智慧健康产业的思考》(载《温州论坛》2014 年第 2 期),主编《温商发展年度报告》2014 年卷,写作《当代中国城市发展丛书 · 温州》(当代中国出版社 2015 年 9 月版)书中的三章,帮助博物馆写历史厅的当代部分布展文字稿,尤其是经常出外报告温州发展的现状和温州人创业创新的理念与做法,积极建议温州应当申报加入联合国教科文组织的创意城市网络,呼吁培育温州加入世界文化名城行列等。但毕竟外行,不像朱康对、任晓、张一力研究当代温州经济那么深入,因而转入对温州人与温州历史文化的探讨。

三、探索温州人与温州文化的三点体会

用了至少10年的时间写作,2009年10月由浙江人民出版社出版《宋元明清温州文化编年纪事》,插图359幅,全书近89万字,梳理下来,后来发现还是有不少的疏漏,尤其是晚清时期。我紧接着开始梳理民国部分,常常回溯晚清,发现这个时期的温州人很值得研究,还原历史的工作任重道远。10年下来,文稿写作已经超过百万字,但还是没办法脱稿。尚在起步路上的求索,因为书稿尚未出版,这里只能谈谈路途中的体会。

《宋元明清温州文化编年纪事》书影

(一)对温州人的研究尤其是对近代温州知识群体的探索

合群图强,本是温州人的一种运作方式。古代的南戏,可称群的艺术,影响了温州八九百年。1804年以来,温州人逆境奋起,建立"文成会",运作了100多年。近代中国,面对内忧外患,国人奋起救亡图存,变法图强。早

期维新思想家认为合群是一种途径。“思开风气，开知识，非合大群不可。”康有为 1895 年进行中国近代史上“合群”的第一次尝试，有温州人黄绍箕参加此项行动。进入全球化时代，从线下到线上，互联网的利用越来越广泛，地方人的“合群”显得落伍而可笑，但在近代史上，这是一种存在，是值得研究的史实。

我先是在 2011 年 10 月 27 日《温州日报》，对近代温州新型知识群体初步做一概述。再，2015 年初，我为《东瓯笔谭》写前言时，概述近代温州知识群体，主要的有孙衣言为首的诒善祠塾师生群体，陈虬为核心的利济学堂医学人群体，东瓯三先生为核心的温州学人群体、两广方言学堂温籍教师以及《新世界学报》社同人所组成的后来被称为北大的“温州学派”，在上海的郑振铎、周予同等出版人群体，以郑曼青为首的在上海的温州书画家群体，在南京后转入重庆的萧铮、黄通等地政学家群体，以苏步青为首的数学家群体，郑野夫领军的近代温州版画家群体，延续至 1950 年后的温州与上海两地互动的连环画家群体和温州语言学家群体等。

综述郑野夫等版画家群体，我先在 2011 年 9 月 22 日《温州日报》发表《中国新兴版画运动史上温州的贡献》和《温州：现代版画史略》，再应方韶毅兄之邀，编成《温州老版画》一书，收入万邦联主编的老温州系列丛书，黄山书社 2015 年 1 月出版。

《温州老版画》书影

关于上海的书画家群体,是在《温州博物》第 8 辑(2013)、第 9 辑(2014)刊发《温州书画家在上海(1928—1930)》《温州美术家在 1946、1947、1948 年》,编年史料并加综述。还在 2014 年 9 月 4 日《温州日报》发表介绍温州女画家徐绮琴艺术人生的文章。

对温州数学家群体,曾在 2012 年 9 月 17 日《温州日报》发表《创立"中国学派"的温籍数学家们》。对在上海的出版人群体,曾在 2011 年 5 月 12 日《温州日报》发表《生长在温州的郑振铎》和《郑振铎与他的温州朋友》(三篇,收入《温州百年文化星座》,金丹霞、潘虹主编,浙江摄影出版社 2013 年 11 月版)。

对孙衣言为首的诒善祠塾师生群体,先后在 2015 年 9 月 27 日《温州日报》发表《孙衣言:"温州学"研究的先驱》(同题,有修改,又载《温州职业技术学院学报》2015 年第 4 期),在《温州职业技术学院学报》2017 年第 4 期发表《近代温州第一个知识群体的生成及其贡献》,在《温州人》杂志 2019 年第 2 期发表《诒善祠塾:温州地区近代文明的启动点》。

在各地的近代温州学人,大多加入中华学艺社,十分活跃,走在了推进知识和制度转型的前列,他们也是早期现代化的探路人。温州学人合群的传统,后来在华侨和温州商人中发扬了下来。合群现象又表现在近代史上的家族中,如项湘藻、项骧等人,对推进早期现代化做出了贡献,我在《温州论坛》2016 年第 6 期刊发《从项氏看近代文明在瑞安的推进》,在《东瓯笔汇》(二集,线装书局 2017 年 5 月版)刊发《瑞安项家近代文明事迹编年初稿》,在 2018 年 8 月 8 日《温州日报》发表温州认为项湘藻是温州早期现代化的探路人,又增补《项骧年谱》,修改写近代瑞安项氏家族事迹的长文,编辑为《瑞安项氏与早期现代化》一书,已由中国文史出版社于 2019 年 12 月出版。

温州历史文化名人小传的重写,还有:陈桷(2008)、王十朋(2012)、蔡幼学(2014)、周达观(2014)、王振鹏(2015)、姜立纲与明代朝廷中的温州书人(2008)、孙希旦(2015)、黄绍箕(2008)、许璇(2014)、邱清泉(2017)、徐寄庼(2013)、王统(2016)、王栻(2013)、缪天瑞(2013)、王均瑶(1998)等。

(二)对温州人"善行天下"文化传统的历史形成的探讨

温州人历来有移民的传统。当代温州人从商行天下到善行天下,是有历史缘由的。曾在 2018 年 7 月 11 日《温州日报》发文章，介绍瑞安曹豳 1234 年在苏州创办和靖书院，是苏州最早的书院。

至明代中晚期，商业化浪潮兴起，世俗化步伐加速，中国的人口和财富逐步向东南集中，温州经济发展趋势向好，永嘉场一带的一部分人先富了起来。明代万历年间修纂的《温州府志》记载，明代温州府乡贤祠的先贤共有 31 人，其中永嘉场就有 10 人。古代永嘉场地区，在明代温州城郊东部，以永昌堡为中心，相当于今龙湾区大部和经济技术开发区部分，当时仅仅是温州其中一个县的小部分，可这个小地方涌现出来的乡贤、人才所占的比例却很大，至今仍是每 100 万人出院士最多的地方。这些乡贤，频频有善行义举，对当地的地方自治和地方共同事务的作为多，贡献大，以至于乡村社会人人称颂。当地人也往往乐于以身边的英雄为榜样，这对于引导一个地方向上向善的社会风气的形成，功用十分明显。

如王叔果、王叔杲兄弟两人，坚持勤俭持家，又好行德于乡，辞官归里后，居家各 20 多年，为地方公益事业各做了不少实事。兄弟两人捐资重修仙岩寺，并在寺外路径植松樟木，坚持了 48 年。1565 年，王叔果父子修纂《永嘉县志》，设义塾。1579 年，王叔果捐资重修永嘉县学，王叔杲捐资重修温州府学。至 1595 年，王叔杲重修白鹿书院，这时王叔果已逝世，其妻林氏闻讯，即重修江心屿西塔。兄弟两人为地方公共事业出力，似在开展竞赛，或可称之为接力赛。王叔杲又于 1580 年捐资重修东瓯王庙，重筑王谢祠，1591 年重修江心屿东塔，1597 年捐资在郡城拱辰门外建镇宁楼，王叔杲生前还捐资义助瑞安县重建儒学。他们的下一代还做了不少公益事业，他们以个人智慧、家族力量为乡村居民造福，开创了一代新风尚。

我先是编了一册《永嘉场纪事》（浙内图准字 2014L04 号），自己觉得需要补充，故没有正式出版。后来在 2019 年 2 月 11 日《温州日报》第 2 版发表《温州人善行天下的历史形成》，又讲到文成会的事。

1804 年起，温州地区各县如永嘉（今温州城区、郊区加上楠溪江流域的永嘉县）、瑞安县、平阳、乐清等地，都成立了文成会、武成会，瑞安称宾兴会、兴贤局。所谓文成会，即以众人之力，助文士“玉成”。众人捐钱集资，发商生息，以子钱作为文士乡试、会试之路费，资助考生应试。这一义举大得民心，调动了广大民众的积极性，延续了 100 多年，体现了温州人合群运作、向上向善的精神。直至科举结束,文成会资金转而资助学生出洋留学。1830年,温州府为表彰陈遇春倡设文成会义举,建立一座石牌坊"会典标名"。这是温州城区现存唯一的牌坊,原在信河街珠冠巷,2006年移至九山公园北端,牌坊雕刻精美,中间的是"乐善好施"4个大字。今苍南县金乡镇第一小学内尚存有1897年所立的《金镇文成碑记》,记载该镇文成会之事。

(三)关注温州乡邦文献尤其是历史上温州人图片的搜集

乡邦文献是开展研究的基础。我用功最多,而收效极少。

国务院已经公布的第一至第五批国家珍贵古籍名录,其中收入温州著作约173部,而其中的80%藏于温州市外各地。我撰有《国家珍贵古籍名录里的温州著作》,发表2015年4月24日《温州日报》风土版。浙江省人民政府已经公布第一至第三批珍贵古籍名录,其中收入温州著作与温藏图书近70部。《中华再造善本》中有温州著作18种。《清代诗文集汇编》影印收入温州著作14家20种。《道藏》收入温州著作有9部。《儒藏精华编》(点校整理本)收入温州籍作者的著作12部。

读《四库全书总目提要》,进而陆续找到四库系列中的温州著作(《续修四库全书》《钦定武英殿聚珍版丛书》《四库全书存目丛书》《四库全书存目丛书补编》《四库禁毁书丛刊》《四库未收书辑刊》等)共收入温州人著作160多部。《全宋文》收入温州文人171家,另,在温州任官或在温州禅寺等有关温州文章的有39家;《全宋诗》收入温州诗人诗作255家约7088首(255家中只有诗句的14人)19句,已计入《全宋诗订补》(大象出版社2005年12月版),潘猛补、洪振宁曾做订补。2016年,黄山书社出版汤华泉辑《全宋诗辑补》12册,补得佚诗22000首、残诗零句3600则,得作者2800人(其中已收1200余人,未收1500余人),其中的温州诗人诗作,如瑞安谢守灏3首等,未计入。《全宋词》收入温州籍词人22家,词作(包括补辑)约229首。

在《温州日报》2014年陆续发表《古代温州著作漫谈》,一组6篇。还介绍了近代雁荡山文献,在2016年9月14日《温州日报》发表《纸上雁山美——民国名人诗文画摄雁荡山》,梳理民国时期的温州著作,有700多部,在2014年5月21日《温州日报》发表《民国温州著作:量多质精》,叙述其主要特点。介绍海外保存的元代绘画大师王振鹏的作品(《温州人》杂志2015

年3月号)，简介1948年玉海楼图书移存、捐献浙江大学的情况，在《温州人》杂志2015年4月号刊发《孙延钊捐书：大善之举》。瑞安孙衣言、孙诒让父子在外地的手稿陆续被影印，又写了《不断发现的温州文化遗存》(载《温州人》杂志2015年8月号)加以介绍，希望引起温州本地学人的重视。另有发表在2016年2月5日《温州日报》上的，介绍楠溪江流域的清代壁画《岁月难以遮掩的灿烂》，为画册《永嘉壁画》所写的序。从文献看温州与日、韩的文化交流，特地撰写一文加以介绍，发表在2019年8月2日《温州日报》第7版，其中说到，温州僧人墨迹13件被日本列为国宝或“重要文化财”，从《证道歌》到《琵琶记》，日、韩出版了众多的温州著作。我曾在师范学校担任过美术教师。近年总是更多地选择在《温州日报》或《温州人》杂志发表文章，其中的一个原因是可以插一些图片。历史研究的一个发展趋势是越来越重视“音像史学”。

建议重视“市宝回归”工作。温州文献藏在外地的较多。黄仕忠记载《琵琶记》藏于日本的有37种。他主编的《日本所藏稀见中国戏曲文献丛刊》(第一辑)影印了其中的3种。哈佛、普林斯顿大学藏温州古籍多种。宋元时期的温州医家著作，大多藏于日、韩。元代温州教师卢以纬《助语辞》，日本至少有两个版本。我在2011年12月17日《温州日报》发表《从〈异鱼图〉拍卖说到“市宝”回归》，在2012年1月5日《温州日报》再刊发《资源共享与“市宝回归”》，提出并呼吁“市宝回归”，再艰难也要想方设法将“市宝回归”家乡，以推进温州研究的进一步深化。我自己也特别重视外籍旅温(或在温州任职的)作家、画家的温州作品。强调要尽快弄明白非温州市图书馆馆藏的温州文献，立项将温图未存的温州地方文献编目，陆续公布其数量、状况和具体收藏地点，以及是否已经有了电子版或上了网络。

四、其　他

另外，社会活动也大多与温州历史研究相结合。如多年坚持参加温州文史群的田野调查和雅集；坚持为龙湾历史学会会员报告历史研究新信息，并对龙湾历史文化名人研究提出自己的看法和建议；坚持参与瑞安市社科界的近代历史文化名人研讨活动，先后在温州市图书馆、温州医科大学、市级机关如政协、人大以及瑞安、乐清、鹿城、龙港、龙湾等地举办讲座，主要是报告中国近代史上的温州人与温州文化。曾担任温州矾矿申报世界工业遗产促进会秘书长，大家共同努力，尤其张传君等同志的坚持与奋斗，使矾矿遗址获批首批国家工业遗产、第八批国家重点文物保护单位。

2012 年在平阳调研

2019 年 5 月在矾矿调研

文章的末尾，不能不说说我的希望。人在旅途，那前头，总是有希望存在的。对温州人与温州历史文化的探讨，尚在起步的路上，需要继续探讨的温州问题还特别多。

比如，温州是个小地方，但又是个生物多样性和文化多样性都特别突出的地方。我曾注意到这个问题，写了《论温州文化的多样性及对温州模式形成的影响》，刊载在 2002 年第 2 期《温州论坛》，现在看来，思考不够深刻，需要继续探讨。尤其是在近代温州，现代性不断成长，温州人推进早期现代化，开垦了现代性生长的文化土壤，这与永嘉学派与后永嘉学派的关系如何？写过一篇《后永嘉学派的创立与发展》(载《温州人》杂志 2014 年 11 月号)，但自己觉得问题没说明白，值得继续探讨。

未能写作温州文化概论之类的著作，仅有一篇综述温州历史文化的讲课稿《温州文化的个性》，发表在 2011 年 2 月 28 日《光明日报》第 5 版"光明讲坛"，《温州日报》2011 年 3 月 3 日第 3 版做了转载。也未能写作温州文化通史，仅写了一册《温州文化史图说》(浙江摄影出版社 2012 年 6 月版)，一篇《温州古城简史》，发表在 2013 年 2 月 6 日《温州日报》第 10 版。

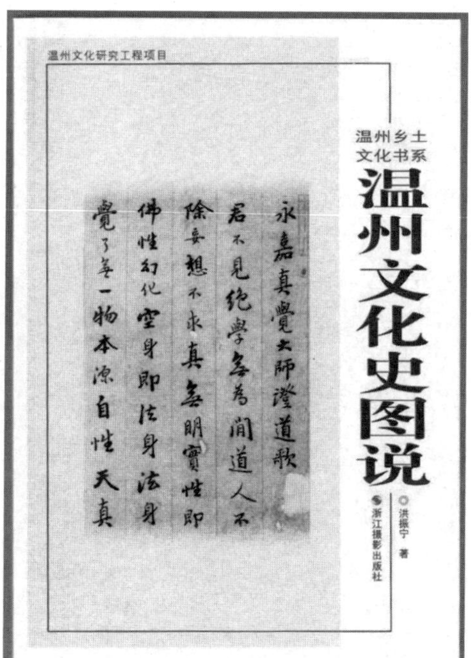

《温州文化史图说》书影

为什么近现代温州人创造了数十个中国第一？为什么近代温州人致力于推进民主与科学开拓在前？作为一个跟进者，我真心希望能寻找到更多的史料，和大家一起共同探讨和解读温州人与温州文化，这也是我写这篇文章所企盼的。庆幸自己生长与生活在温州，应该要对得起生我养我的这片土地，得以文化做公益。我信奉过程美学，人在探索的进程中，生活是美好的。

2019 年 11 月 4 日

一个农村娃的求学与科研之路

徐　辉*

参加改革开放40年视野下新华侨华人与丽水新发展国际学术论坛

* 徐辉（1978—　），男，陕西省咸阳人，留日博士，温州大学外国语学院翻译系副主任，温州大学侨务公共外交研究所副所长。研究方向为海外移民研究、侨乡研究、日语教育。代表作品：(1)著作《在日印度人文化适应研究》（日语版）；(2)著作 *Indian Studies: China-India Relations*。参与国家社科基金重大项目两项，主持浙江省社科联重点课题一项，浙江省教育厅、温州市社科联课题多项。

一、成长与留学

1978 年,改革开放之风吹遍了中国的大江南北。陕西省咸阳市泾阳县徐家村同样也受到了改革开放之风的影响。村民掀起了一股下海打工的潮流。也在此时,我来到了这个世界上,本想跟着潮流下海打工的父亲也取消了下海打工的念头,踏踏实实地在村子里干起了石灰窑的工作。当时大家都比较贫穷,村子里也没有一条像样的道路,一到下雨天,泥泞不堪。我们上学要跑到 5 里之外的别的村庄。因校舍不足,学前班和一年级一个教室,二年级和三年级一个教室。任课教师仅有两名,教师上完低年级课后上高年级的课。教室里比较暗,一到阴天后边的学生几乎看不到黑板上的字……就在这样的环境中,我度过了小学学习生涯,顺利地考取了离家 15 里之外的初中,3 年后又考取了离家更远的高中。我深深地记得我们的语文老师讲过"我们农村人家的孩子,将来想出人头地,只有两种方法,第一是学习,第二是当兵"。因此,为了有朝一日能出人头地,我无论在初中还是在高中学习一直很用功,因为由于身高所限当兵这一条路与我无缘。

人生在世,世事难料。1997 年在全国人民欢庆香港回归的时候,我一个人躲在小屋里偷偷地哭泣,因为高考考得不理想,对于一心想通过学习来改变自己和家人生活状况或命运的我来说是十分残酷的。父母亲、老师和身边的朋友们安慰我说:"失败是成功之母,没有失败就没有成功。我们在补习一年,一定能考上好的大学……"但是被贫穷吓怕了的我没有听取他们的劝言。当时在我的脑海里只有一种想法,就是逃离,离开这个贫困的小山村。之后我告诉父亲,我要去北京,父母亲很吃惊同时也很犹豫。

1997 年 9 月 21 日,人生第一次出远门的我只身一人踏上了前往北京的火车,开始了我的打工生涯。去北京一星期后,经村里熟人介绍我去了海淀区一家饭店做服务生,工作时间是早上 10 点到晚上 10 点,饭店提供住宿和饮食,一周休两天,月薪 450 元。这样的生活持续了大半年,在这半年中我从来没有放弃过读书,只要一有时间,就会学习。

1998 年 3 月 19 日,是我这一辈子难以忘怀的日子。这天我和平常一样做着每天一样的工作，晚上 7 点 30 分左右，一位戴一副方形眼镜，中等身材，提着黑色公文包，上身穿褐色休闲西装，下身穿黑色西裤，脚穿棕色皮鞋，大约 50 岁的绅士走进饭店用餐。之后，他成了我的常客。每每在他用餐之余，我很喜欢和他聊天，虽然被大堂经理警告过几次不要随便和客人搭讪。在这位绅士的指引下，我开始了我的边工边学的“大学学习生涯”：参加全国统一的自学考试并取得了证书。之后进入了一家企业工作，但是由于自身的原因，在这家企业工作不到两年便辞掉工作，开始准备我的海外留学手续。当时海外留学的动机很简单，仅仅为了学好英语，因为在上述企业工作期间，我没有机会前往海外出差交流。但是，事与愿违，两次申请欧美相关国家均被拒签，理由是英语水平不达标。无奈之下告诉中介公司，无论哪个国家都行。之后中介公司建议去日本，我爽快地答应了，谁知竟顺利地拿到了赴日签证。在此我必须感谢我父母和三叔一家等人在经济方面对我的支持。

留学时日本 NHK 电视台关于中日关系问题的采访

海外留学甚是艰苦，有付出就有收获。2003 年 4 月，我开始了我的日本留学生涯，没想到一待就是 13 载。由于前往日本之前基本上没有学习日语（日语五十音图都记不全），去日本之后，在东京的一所日语学校从零开始学习日语一年半。在一年半的日语学校学习过程中，我要感谢日语学校的所有老师，特别是我的初任班主任伊藤老师和一位来自欧美国家的留学生。当时由于我的日语基础差，即使是从零基础开始学习日语，刚开始还是跟不上班级的教学进度。对此,课后伊藤老师一对一地辅导我整整一个学期。另外要感谢这位来自欧美的留学生,感谢他对我的刺激。在正式开课之前,为了分班,学校组织了摸底考试。考试成绩出来了,我考了 17 分,全校新生最低分。对于 17 分这个成绩,我当时很满意,因为我是零基础。但是,课间休息时这位欧美留学生的一席话让我愤怒,同时给了我用最短的时间学好日语的动力和信心。他说:"The Chinese is the worst this time."旁边的一位英语比较好的同学对我说:"他在说你呢。"我听后非常愤怒,因为如果他说:"Xuhui is the worst this time." 我可以接受,但是他用了 Chinese 这个词,因此我无法接受。想和他理论,但是当时日语也不好英语也不会,只好忍气吞声,但心里却下了狠心,要用实际行动来证明给他们看,"Chinese are not the worst"。一年半的日语学习中,无论刮风下雨,无论春夏秋冬,我几乎每天都是第一个到校,从未缺席,在第二次全校统一考试中考了 64 分,第三次 86 分……日语学校结业时我不仅通过了日语能力考试一级,取得了全勤奖,在学校举办的"日语演讲比赛"中获得了第一名的好成绩,而且被评为进步最快的、优秀的结业生称号,同时也深深地理解了"爱国"这两个字的深层含义。身在海外的自己,不仅仅代表自己,更重要的是中国代表的一分子。自己的一言一行,都会直接或间接地影响到我们祖国的形象。

日语学校结业后,我顺利地考入东京都内的一所大学,开始了我的专业课学习,实现了我去日本留学的初衷:学习英语。每次我自我介绍的时候,大家都会说:"你真是与众不同,到日本学习英语。"还有的同学不客气地说:"你真是很奇葩,跟日语人学习英语。"……面对各种讽刺,我始终在坚持,因为我知道自己需要什么。

大学生活丰富而多彩,但对于我这个农村出生,父母亲都是地地道道的庄稼人来说,要想真正体验大学生活的丰富和多彩,要付出比其他人更多的时间与精力。为了减轻家庭的经济负担,去日本三个月后我就开始了边工边读的学习和生活。有课的时间去学校学习和参加社团活动,没课的时间去打工,每天非常忙碌而充实。大学二年级的时候,有幸获得奖学金,前往新西兰留学,学习英语近 10 个月。新西兰留学虽然比较短暂,但是收获满满,我的英语水平也有了一个质的飞跃。

2010 年 3 月,顺利地取得大学本科学位的我没有停止追求自己新的目标。这时的我不仅仅限于学习英语,而且打算攻读硕士研究生和博士研究生学位。同年4月,我顺利地进入了东京都内的一所美式大学攻读心理教育学硕士研究生学位,开始从事日本华人华侨研究,并完成了以《在日中国国费留学生异文化适应问题研究》为题的硕士研究生论文。2012年3月取得了硕士研究生学位,同年4月进入了另外一所大学的亚洲地域研究科开始了我的博士研究生学习生涯。我的博士研究生课题是通过在日本的中国留学生的视角研究在日本的印度人文化适应问题,题目为《在日印度人文化适应研究:以东京都江户川区印度人组织为例》。为了完成该课题的调研,2013年有幸获得日本相关机构的奖学金前往印度德里、班加罗尔调研6个月。博士研究生课程在读期间,先后参加在日本、中国、印度、马来西亚、泰国等举办的相关国际学术会议并发表论文。2015年3月提交博士研究生论文,9月顺利通过了博士论文答辩,取得了博士研究生学位。同年10月参加了在日本东京由浙江省政府组织举办的高层次人才招聘与引进说明会,会上偶遇温州大学。之后经过层层筛选,2016年3月我正式回温州工作。

二、科研与教学

(一)日本华人华侨、印侨研究

初涉学术,研究在日中国国费留学生异文化适应问题。我之所以研究在日中国国费留学生是因为我是自费留学生,对国费留学生的生活及文化适应问题比较感兴趣。因此,我自拟题目,一边听课,一边走访东京都内相关大学或机构,针对从中国前往日本留学的国费留学生进行了系统的采访。在导师的指导下,完成了以《在日中国国费留学生异文化适应问题研究》为题的硕士研究生论文的写作。同样在日本留学,自费留学生和国费留学生存在较大差异。在日本留学的中国留学生中,90%是自费留学生,10%是国费留学生。在经济方面,一般自费留学生是采取边工边读的模式完成学业,而国费留学生在经济方面有很大优势,即国家或相关机构提供他们在日本学习期间几乎所有的开支,他们不用考虑学费、生活费、交通费、住宿费等费用问题,而自费留学生为了尽快适应日本大学生活,首先必须学好日语,方便打工缴纳各种费用。日语学习方面,国费留学生中其中一大部分虽在日本学习或生活多年,毕业时除了几句简单的日语会话外,日语阅读、书写等方面水平不是很高,因为他们中很多通过英语考核来日本学习或交流,学习语言侧重于英语,论文写作同样。言外之意,在日留学的中国自费留学生的日语水平相比国费留学生要好(个别除外)。此外,大部分国费留学生学成后必须回国,而自费留学生毕业后的职业选择比较自由等。

在日新华侨生活状况研究。根据日本法务省近来公布的数据,截至2018年底,在日居住的外国人数已达到273.1万人,其中,中国籍人口(包括台湾地区)已达到80.54万人,约占全体外国人口的30%。80.54万人的中国籍人口中,福建出生的人口最多,而且福建人前往日本移民的历史也比较悠久。

在打工的地方,我也认识了很多福建出生的华人华侨。工作中发现他们有着一种与国内其他地区华人华侨不一样的地方,对此,我非常感兴趣。于是在完成硕士研究生论文后不久,便开始了以《在日新华侨的生活状况研究:以东京筑地市场工作的福建人为例》为题的田野调查。为了能更深一步了解他们在筑地市场的工作状况和日常的生活状况,追踪调研近三个月。同时,花费近一个月时间,每周一次,早上四点半起床和他们一起前往筑地市场做义务劳动,亲身体验了他们所从事的工作。最终发现,在筑地市场工作的福建人有抱团、吃苦耐劳、日语水平不高、没有融入日本社会、给国内送金(还债、盖房子等)、有腰病等问题。最终,该论文2014年在马来西亚人文与社科杂志发表,同时也被相关结构转载和引用。

2017年被邀撰写《中国国内の華僑博物館》(《中国国内的华侨博物馆》)和参编由日本华侨华人的事典编辑委员会主编的《華僑華人の事典》(《华侨华人的事典》)。除此之外,还多次参加在日本、中国、马来西亚、泰国等国举办的华人华侨研究国际学术研讨会。收获之一就是初步了解了侨乡(广东、福建、浙江等地)研究,那时起对浙江温州文成、青田侨乡产生了浓厚的兴趣。

在日印度人文化适应研究。我在攻读硕士学位最后一年里，有幸参加了由日本南亚学会主办的国际学术研讨会。会上认识了很多关于南亚研究的学者和专家，我的博士研究生指导老师就是在那次会议上认识，我们可以称得上是一见如故。交谈中我告诉他我有继续攻读博士研究生的愿望，还向他简单介绍了我当时的研究课题。他说："据我了解，在日华人华侨研究无论是从政治、经济还是从文化、教育、艺术等方面，目前已经有很多著名学者做了很多研究或者在研中。你未来的博士研究生课题如果继续做关于在日华人华侨研究，无论从选题还是从调研都会有相当的困难……简而言之，博士研究生期间如果你继续从事华人华侨研究，很难获得博士研究生学位。但是如果你从在日中国留学生的视角去研究在日印度人，相对来说比较简单，而且此课题目前无人研究。我从事印度经济研究十多年，也可以给你一些帮助。"听了他的分析后，我认真地思考了几日，于是联系了他。之后通过笔试、面试等环节，2012 年 4 月我便跟随他开始了我的博士研究生的学习生涯，并在他的建议下开始了以《在日印度人文化适应研究：以东京都江户川区印度人组织为例》为题的博士学位论文的准备与调研工作。

博士学位论文调研困难重重。如上所述，我的博士学位论文是通过在日中国留学生的视角研究在日印度人文化方面的研究，在调研过程中遇到了很多意想不到的事情。如起初，当我拿着问卷走进东京都江户川区西葛西印度人集中居住地调研时，在住的印度人把我给轰了出来，并称我是"中国间谍"，他们也不愿意听我做任何解释。之后，我把此事反映给了我的导师，他哈哈大笑后建议我："想要了解在日印度人或相关组织的情况，首先你要融入他们，了解他们的习俗与文化，让他们从心里接受你、了解你以及你调研的真正目的。为此，建议你多参加他们定期举办的祭日活动，周末拜访他们在日本的寺庙以及参加印度人举办的相关文艺活动等。"除此之外，他也介绍了在日生活的、比较熟悉的印度人给我认识，如他爱人。他爱人是印度人，定期参加在日印度人举办的相关活动，每次有活动他都会通知我和他爱人一起。久而久之，我也认识了部分在日印度人和相关机构的负责人，我的调研也慢慢地有了方向。

除了对日本国内的印度人进行调研外，2013年，有幸获得了日本相关机构赴海外调研的奖学金，有了前往印度针对回国印度人进行调研的机会。在我博士研究生在读期间，多次参加日本南亚学会、日本亚洲学会、日本东南亚研究学会等相关学会主办的学术研讨会并发表学术论文5篇。在导师的指导下，经过3年时间的努力学习和调研，2015年3月终于完成了博士学位论文的初稿。同年9月通过博士研究生毕业论文答辩，取得了博士研究生学位。2018年博士研究生论文以专著的形式[《在日印度人文化适应研究》(日语版)]有幸被上海交通大学出版社出版。除此之外，拙著《在日中国人与印度人文化适应比较研究》也即将出版。

《在日印度人文化适应研究》书影

(二)温州学研究

2014年日本华人华侨学会上我首次关注了"侨乡"一词，并得知广东、福建、云南、黑龙江等地的侨乡研究者比较多，而浙江侨乡(温州文成和青田侨乡)研究学者比较少。从那时起，就想如果有机会一定前往浙江侨乡去看看。这可以说是我与温州学研究在思想上的一个碰撞。但是，组织承办"2017年印度国别研究国际学术研讨会"是我真正意义上认识温州学研究。

2016年3月，我正式加盟温州大学。为了让世界了解温州和温州文化，从正式入职温大的第二个月我便开始着手准备"2017年印度国别研究国际学术研讨会"。经过整整一年的精心准备，"2017年印度国别研究国际学术研讨会"于2017年4月21—23日在温州大学隆重举行。有来自中国、印度、日本、韩国、美国等国家的150多位专家学者出席本次会议并做了相关学术发表。本次会议的主题虽是以印度研究为中心，但是，正如温大薛伟副校长所言，以此会议为契机，广纳全球人才，开拓创新，为温大的国际合作寻求新途径。此次会议上，温州大学与印度 Alliance University、Acharya Bangalore B-School、Centre for Rural Health and Social Education 等单位举行签约仪式，达成了“促进学术交流，提高国际化办学能力，推进中印、中日、中韩等国家间的民间交流和共识”的合作意向。同时，通过本次国际学术会议使温州走向世界，让世界了解温州。会议得到了中国国际在线、凤凰资讯、东方头条等媒体的关注。

2017 年印度国别研究国际学术研讨会开幕式

与 2017 年印度国别研究国际学术研讨会印度学者合影

有了以上对温州学的认识后，我自己的研究方向和课题重点由日本华人华侨、印侨研究逐渐转化为浙江、温州地域研究，目的是作为一个新温州人，首先要了解浙江、温州等地域文化，其次，向国内外传播温州文化、温州模式,为温州的发展做出自己的一点贡献。

回温后,我的课题研究主要体现在温州高校外国留学生教育问题、温州海归回国创业创新研究、温州侨乡和青田侨乡研究、浙江戏曲在东南亚的传播研究、日本浙江总商会(温州总商会)研究等方面。先后参与2016年国家社会科学基金重大项目"海外华人社区的中华文化传承研究"(编号:16ZDA220)、2017年国家社会科学基金重大招标项目《世界华商通史》(六卷本)(编号:17ZDA228),浙江省社科联、浙江省教育厅、浙江省人力与社会保障厅、温州市社科联、温州大学和温州相关企业的横向课题等。

因为具有在日本留学期间对在日中国留学生的调研经历与经验,回国后申请的第一个课题是关于温州高校外国留学生教育问题研究。近年来,随着全国各高校办学层次的提升,浙江省各高校的外国留学生人数也在不断增加,同时也出现了各种各样的问题。外国留学生在温州文化走出去,引进来中扮演者非常重要的角色,留学生教育问题是一个不容忽视的问题。对此,我就温州大学外国留学生教育中存在的问题进行了问卷调研,发现存在对外国留学生毕业后的去向未做统计、对外国留学生的饮食问题不够重视、外国留学生宿舍管理有待进一步管理以及留学生自身存在的各种问题等,针对以上问题也提出了相应的政策建议(见《留学生教育中的问题及其对策研究:以温州大学为例》,《江苏科技信息》2018年第4期)。

第二个课题申请了温州市社科联的课题,是关于海归回国创新创业的研究。自己作为一名海归,虽然没有创业,但日常生活中也接触到了一些回温州创业的留学生和华人华侨。在交流中发现他们存在如不适应国内环境、没有人脉、缺乏资金、对国内相关政策和服务平台不熟悉等问题。海归在国家经济建设中起到连接中国与海外的桥梁作用。温州作为首批开放城市,吸引了很多海外学成归来的留学生以及华人华侨。但与北上广等大城市相比,温州在吸引海归来温创业、投资等方面存在一些不足。如对回国创业者的行业没有进行系统划分和合理定位,相关创业、创新服务平台不够完善,对"小微"创业者的支持与关爱不够,政府如何做好人才与企业的对接工作以及温州当地的企业家需要提高自身能力等问题。(见《海归回国创业创新研究:以温州留学生创业园为例》,《中国商论》2018年第22期)。

学生科研团队调研侨乡留守老人

学生科研团队侨乡调研

第三个课题是带我的学生科研团队共同申请了 2017 年浙江省大学生科技创新活动计划暨新苗人才计划项目,题目为“浙江省青田侨乡留守儿童现状与策略研究”。此课题的申报成功也实现了我多年前打算前往浙江侨乡的愿望。截至 2019 年 8 月,我近 20 次前往青田侨乡调研,指导学生关于侨乡研究的论文 6 篇(如《青田侨乡留守儿童英语教育问题:以方山乡学校为例》《青田侨乡留守妇女现状与问题:以龙现村为例》《青田侨乡环境治理问题调研：以龙现村为例》《青田侨乡留守老人问题研究》等）。2017 年 7 月中旬到 7 月末，我带领温州大学外国语学院（Center You）暑期社会实践队再次前往青田县侨乡，我们通过支教，给侨乡的留守儿童带来了一个不一样的暑期。同时，通过对侨乡留守老人的田野调查，了解了他们的现状与存在的问题。老人们含泪表示：“我们这里很久没有像你们这样的年轻人来了，谢谢你们。”除此之外，目前，我们团队正在与方山乡政府相关负责人、方山乡学校校长和教务主任共同撰写《田野调查：走进青田侨乡》一书。

关爱侨乡留守儿童

第四个课题是浙江省社科联第三期文化工程重点课题，题目是“浙江戏曲在东南亚的传播研究”，研究地域主要包括马来西亚、新加坡、泰国等东南亚国家。为此，2019 年 7 月我前往马来西亚的槟城和吉隆坡进行了为期三个星期的田野调查。总体来说，浙江戏曲在马来西亚的传播甚少，主要原因是马来西亚的浙江籍人士比较少。马来西亚中国戏曲的传播主要通过剧团、华侨学校、华人组织的各种娱乐、祭奠活动、相关戏曲培训机构、政府机构邀请和商业演出等。针对该课题，我也完成了《浙江小百花越剧团海外传播路径研究》论文初稿并在马来西亚槟城居林举办的“亲情与责任：全球视野下的家庭伦理”儒学国际论坛上发表。并受邀参加中国

2019 年温州大学外国语学院 Center You 暑期社会实践队

驻槟城总领事馆文化交流会，会上向总领事汇报了浙江小百花越剧团海外传播的相关内容。总领事鲁世巍表示，希望并欢迎在 2020 年中马文化旅游年之际，浙江相关剧团前往马来西亚演出交流。

"亲情与责任：全球视野下的家庭伦理"儒学国际论坛

与中国驻马来西亚槟城总领事馆文化交流

到马来西亚浙江华侨华人总会调研

除了申请浙江省社科联等机构的相关温州学课题之外，我也积极参与校外相关科研项目。回国后不久，有幸被暨南大学国际关系学院、华人华侨研究院邀请参加2016年国家社会科学基金重大项目“海外华人社区的中华文化传承研究”(编号：16ZDA220)。该项目中，我主要负责“海外华人的文化认同”部分，子课题阶段性研究成果《在日中国人与印度人文化适应比较研究》将由中国社会科学出版社出版。2017年在江苏师范大学华人华侨研究中心负责人的邀请下，作为子课题成员加入该中心主持的2017年度国家社会科学基金重大招标项目《世界华商通史》(六卷本)，担任子课题《世界华商通史：亚洲卷》的撰写，相关研究成果在《八桂侨刊》等侨界专业期刊发表。2019年与温州大学的姊妹校日本东洋大学的山本须美子教授共同申请日本有关机构关于欧洲浙江年轻人文化适应研究课题等。

(三)日语教学与研究

在日本留学期间，我在日本的中学教过英语，也在大学里教过中文。回国后，我主要从事二外日语和跨文化交际两门课程的教学和相关科研工作。至今，温大外国语学院设有英语系但没有日语系。我来到温大后，一直在从事二外日语教学。我的很多朋友知道后都说，一个留日博士回国教二外日语，这不是大材小用吗？其实不然，我认为无论是教英语还是二外日语都一样。教授任何一门课程最重要的是你教了多少东西，教会学生多少东西，而不是你教什么课程。温大虽然没有日语专业，但每次的二外日语课堂学生们都充满了期待。我入职三年来，也开设了二外日语以外的相关日语课程，如日语等级考试、日语角、日语考研培训等。一名英语专业专升本的学生和我学习二外日语一年半之后通过了日语能力考试二级，毕业后在杭州一家外企找到了工作。接到企业通知的时候，她激动地打电话给我说：“老师，谢谢你。我找到工作了。”之后又告诉我，那个企业之所以录用她是因为她不仅会说英语而且会说日语和持有日语等级考试二级证书，而其他面试者没有。还有一名学生同样考过了日语等级考试二级，毕业后前往日本东京某大学攻读硕士研究生学位。看到学生们取得的成绩，真心为他们高兴，同时也感受到自己所从事工作的价值。

日语教学离不开科研，要在科研的基础上提高日语教学。在三年的二外日语教学过程中，我发现了很多问题。比如，教师的教学模式过于传统、一个人在讲台上唱独角戏、学生学习日语的积极性不高、学校和学院学习日语的环境不足等，而且，2016年以前温大二外日语教学方面的科研为零。对此，我组建了我的学生科研团队并和团队成员就温大二外日语教学的现状与存在问题进行了调查,成功申请了相关教改课题,两名学生以二外日语教学为题完成了她们的毕业论文写作与答辩。而针对课堂上学生学习日语积极性不高这一问题,我采用了通过学习日语落语的方法学习日语和日本文化。

为了把落语搬到二外日语课堂,我做了精心的准备工作,如购买相关表演道具(和服、坐垫、手绢和扇子)、给学生落语剧本并一字一句地翻译给他们等。经过近两个月的准备,学生们穿上了和服,拿起了扇子走进了课堂。当学生乐呵呵地跪在课桌上表演时,我非常高兴,因为学生们很投入、很热情、很认真地做好每一个环节。

二外日语课堂上学生进行落语表演

日语落语相当于中国的单口相声,但两者略有不同,如使用的道具不同。落语的道具包括和服、坐垫、手绢和扇子,而单口相声的道具一般有大褂、桌子、扇子、手绢和醒木。除此之外,在表演形式、表演者、内容等方面也有一定的差异。我正式开始学习日本传统曲艺落语已经有 12 个年头了。开始学习的时候非常痛苦,因为学习落语一开始必须学习古典落语。古典落语不仅难学而且内容也比较难懂,特别是笑点不容易掌握。两年之后,我开始自己写一些简单的落语,主要内容是关于在日中国留学生和华人华侨的事。因为落语的表演内容一般是生活中发生的一些零碎小事，这一点和中国的单口相声不一样。刚开始我写的落语及表演不被我的师匠(指导老师)认可，由于一个偶然的机会，我被邀请参加一家在日外国企业的新年会，会上我表演了自己写的落语，得到了好评，慢慢地我的师匠认可了我写的落语。2015 年回国时，他还送了我两套和服，希望我回国后继续坚持学习和表演落语，并把其作为中日文化交流的一项活动，促进中日民间交流。2018 年受邀参加了在苏州大学举办的汉日语言对比学会并做了专场日语落语表演，收到与会中日专家、学者的好评。

说到这里，有人会问，这属于温州学吗？关于温州学的定义，相关学者、人士给出了定义。温州学是一门主要研究文化、研究温州人和温州人精神，研究温州文化与经济互动发展，揭示温州经济和社会发展内在规律的综合性地方学科，包括政治、经济、历史、人文、地理、文化、艺术、教育等领域。简而言之，温州学就是所有和温州、温州人有关的研究。根据以上定义，研究温州高校学生学习日语的现状与存在问题，理应属于温州学研究范畴。近年来，国家还把日语作为高考外语科目，温州部分高中也开设了高考日语班级。因此，日语教学与研究迫在眉睫。当然，如果温大拥有自己的日语专业势必会更好，这样也可以更好地为温州高中或相关机构提供日语人才。

2012 年日本电台落语秀

2018年在苏州大学做落语表演

最后，真心感谢市社科联各位评委专家给予本次机会，让我和大家分享我的成长与粗浅的学术经历。我接触温州学不久，研究成果也不是很丰富。我认为我不是很聪明，但很勤奋，无论是教学还是科研，我会全身心投入其中。回温后，我一直致力于温州学研究，除温州之外，我在很多地方做过关于温州学的田野调查。研究课题也略有不同，如日本温州总商会研究、浙江戏曲在东南亚的传播等。在每次的田野调查中总是会遇到一些难以忘怀的事和人，也非常享受与他们相处的时间，他们的存在是我一次又一次前往田野的理由。

在未来的学术研究中，我会进一步深入研究关于温州地域文化、海外温州人以及与温州学有关的研究，是自己真正成为一名新温州人和研究温州的学者。

2019年4月10日

论"温州模式"与"温州学"的融合发展

——从重视辩证思维,加强调查研究说起

奚从清*

奚从清

* 奚从清,1935年4月生,江苏省南京市江宁人。浙江大学公共管理学院社会学教授。1961年毕业于杭州大学政治系,留校从事马克思主义哲学教学与研究工作,后到北京大学哲学系进修一年。1986年转入社会学后,历任杭州大学哲学社会学系社会学教研室主任、副教授、社会学硕士生导师,杭州大学(1998年四校合并后为浙江大学)义乌分校校长、教授。中国社会学会第三、四届理事,浙江省社会学会副会长、顾问,浙江省企业文化协会副会长,浙江省残疾人理论研究会副会长,浙江省残疾人教育就业协会副会长等。被多所高校聘为教授和世界温州人研究中心特聘研究员。研究方向为社会学理论、社区工作、企业文化及残疾人问题。发表各类学术论文和研究报告近百篇,其中在《社会学研究》《浙江大学学报》《新华文摘》等发表和转载论文20余篇。正式出版26部专著和教材,其中独著6部,如《社区研究——社区建设与社区发展》《残疾人问题研究》《角色论——个人与社会的互动》;合著14部,如《角色理论研究》《城市社区服务》《移民与区域发展——温州移民社会研究》等;合作主编教材6部,如《社会学原理》《社会调查理论与方法》《现代企业文化》《残疾人社会工作概论》。参与完成国家社科基金课题1项,主持与参与省、部、市级课题10多项,荣获浙江省社科优秀成果三等奖3次。《残疾人社会学》一书荣获全国首届奋发文明进步图书奖的提名奖。

一、重视辩证思维，加强调查研究

1961年，我毕业于杭州大学政治系，留校从事马克思主义哲学教学与研究工作。对我的学术研究影响较大的是薛克诚老师，他是中国人民大学哲学研究生，另一位是马志政老师，1957年毕业于复旦大学哲学研究班。他们的严谨治学态度和辩证思维方法对我的学术研究产生一定影响。还有一位是班主任沈善洪老师，1953年浙江师范学院历史系本科毕业，1956年中国人民大学哲学系研究生毕业。他讲授中国哲学史，倒背如流，不时板书。1983年他任浙江省社科院院长。1978年我到北京大学哲学系进修一年返校后的一天去拜访他。他问我在北京大学学了哪些课程。我说，比较系统地学习了辩证唯物主义与历史唯物主义原理、毛泽东哲学思想、列宁的《哲学笔记》《唯物主义和经验批判主义》等。

当沈老师知道我正在给哲学专业学生讲授列宁的《唯物主义和经验批判主义》著作时，就说：“你好好研究一下列宁的这两本著作之间的关系。”并且提醒我：“要潜心读书，勤学多思，撰文时文字要简洁，主题要突出。”他的这些教诲对我的学术研究起着很大作用。经过两年多努力，我终于写出《试论〈唯物主义和经验批判主义〉和〈哲学笔记〉的关系》一文，寄给复旦哲学系余源培教授审阅。他回复：“略做修改，可以发表。”此文便发表在《杭州大学学报》1985年第3期。之后还在《浙江学刊》《江西社会科学》等刊物上发表10余篇哲学论文。

1980年杭州大学正式创建哲学系，1993年更名为哲学社会学系。因为建立哲学社会学系需要，我于1986年由哲学转入社会学，1988年10月担任社会学教研室主任，晋升副教授，社会学硕士生导师，为3名社会学硕士生讲授角色理论。我先后在《社会学研究》《杭州大学学报》《文汇报》《社会工作研究》等刊物发表10多篇社会学论文。同时，与沈赓方主编《社会学原理》(浙江大学出版社1988年版)、《社会调查理论与方法》(浙江大学出版社1990年版)。我给学生讲授社会学原理和社会调查时，按照教学计划，带领学生深入杭州市几个社区、萧山市航民村、绍兴县残联进行社会调查。例如，1995 年 6 月下旬，在绍兴县残联大力支持下，我带领首届社会工作与管理专业 20 名大学生调查总结 10 多位残疾人先进事迹，修改汇编成册。现收录在《人道主义与中国残疾人事业》中的附录“自强之歌”(浙江大学出版社 2018 年版)，并请全国著名学者、浙江大学公共管理学院郁建兴院长为本论文集拨冗作序。他指出该书有三个显著的特点：一是敏锐的学术责任意识；二是自觉的人道主义情怀；三是科学的调查研究方法。

1996 年 7 月退休(因教学工作需要，杭大返聘我一年)。同年 6 月上旬的一天，杭州大学党委书记郑造桓找我谈话，说学校已经决定派我到杭州大学义乌分校担任校长，聘为教授。我表示服从组织分配。6 月中旬，郑小明校长和校办主任楼含松驱车送我到义乌市委见魏市长，做了交接工作。接着，我与戚谢美副校长做了交接工作。整个暑假就在义乌分校度过，主要向教职工做些调研，听取他们建设性的意见，并起草新学期杭州大学义乌分校教学工作的报告。

在义乌市委、市政府的领导下，在杭州大学党委和校行政的领导下，在全校各系领导和教师以及校总务处的支持下，分校越办越兴旺。2017 年 11 月 31 日《杭州大学报》第 7 版，刊发由彭凤仪策划，琼丰执笔的《义乌精神赞——访前进中杭大义乌分校》长篇通讯。我深深地被这份长篇通讯感动，决不辜负义乌市委、市政府和学校党政领导、全体师生的期待。

当时，我总是想着，义乌分校一定要有一个优美的自然环境，需要解决鸡鸣山“腊利头”的问题。

我正在发愁时，一个星期日上午，浙江省金华市委常委、永康市委书记李强来分校视察，我连忙到校门口迎接他。他问我：“你在这里生活习惯吧？碰到的问题还不少吧？”我说：“问题确实不少，眼下有两个亟待解决的问题：一个是有 170 多米长的围墙直到现在还没有解决，不仅关系到教学大楼财物安全，而且关系到全体师生安全问题。”他又问：“为什么这个围墙问题解决不了呢？”我说：“主要是高堂村干部要学校让出两米红线，便于他们在鸡鸣山开采石头，两部拖拉机能够对开，为村里群众增加收益。”他又问：“还有一个是什么问题？”我指着校园内的鸡鸣山说：“真像‘腊利头’，与校园现代化教学楼极不相称。”

李强朝着鸡鸣山望去，沉思了一下说：“你多跑基层，多想发展。”他提出的这个理念还真是管用,我三天两头,一有空就跑村大队长家,跑村支书家,与他们交流思想,解决问题。该村干部提出基根路要学校让出一米宽,170多米长、1.75米高的围墙工程由他们来做。我说:"学校研究后,给你们一个答复!"经过张处祯副校长努力做工作,义乌市规划局终于答应了村里干部的要求,很快把这道围墙筑起来了,使全校师生获得了安全感。

一天,我问张副校长,怎么在鸡鸣山上种上树?他说,有一个办法,就是放一个炮,种一棵树,再挑土填土。我说:"这真是一个好办法,成人教育亦发展起来了,这笔经费应够用了。"说干就干,满山放炮,满山种树。后来,新浙大组成的四校主要领导都来分校考察,听完我的汇报,特别是义乌市委书记、市长提出继续办好浙大分校的强烈愿望,张俊生书记、潘云鹤校长兴致勃勃地挥笔题词;而后,大家合影留念,并一起走上鸡鸣山头,观看分校全景,种下的树全部成活,呈现出一片绿色、一片生机。随着时间的推移和树木的成长,一幅美丽的画卷就逐步展现在全体师生的面前。

一天,义乌市教委王萃忠主任陪着我和李孝华副校长到一个偏僻的小山村——分水塘参观陈望道故居。王主任做了介绍,特别说了陈望道先生在柴屋中首译《共产党宣言》中译本的感人故事。我深感义乌历史文化积淀深厚,陈望道先生这种热爱革命理论、热爱国家、热爱教育的精神和品格深深地感染了我,暗暗地想在校内树立陈望道先生塑像,作为进行马克思主义教育和爱国主义教育的基地。回校后,我同几位校领导商量,一拍即合,结果两年后办成了这件事。我们的动机就是想把陈望道先生的精神和品格发扬光大。1998年8月四校合并后,杭州大学义乌分校改为浙江大学义乌分校。之后,浙大主要领导决定停办浙大义乌分校,而在宁波市举办浙江大学宁波理工学院。现在,义乌市已发展成为东亚"一带一路"新起点。值得庆幸的是,义乌工商职业技术学院蓬勃发展。2018年11月10日,义乌工商职业技术学院建校25周年暨创业学院成立10周年,邀请我参加回校团聚庆祝活动,我感受颇多,即兴发言。

我在义乌分校工作期间,边工作,边调查,边研究。先后在《浙江大学学报(人文社会科学版)》1999年第3期等期刊上与毛园芳合作发表《社会代价:一个社会学范畴》、《义乌日报》1997年11月21日第3版发表《论义乌精神》等3篇学术论文。之后,我把重视辩证思维、加强调查研究的优良作风,一直延伸到“温州模式”和温州学研究的全过程。

二、研究“温州模式”和温州学,必须阐释好中国特色

邓小平同志一生从未到过温州,也从未就温州发展做过指示,但是温州人民对邓小平这位伟大的改革开放和现代化建设的总设计师、建设中国特色社会主义理论的缔造者有着一种特别深厚的政治情怀。这是因为,邓小平的南方谈话打破了“温州模式”是资本主义复辟的模式的不实之词,温州人民在市委、市政府的领导下,甩开膀子,迈开步子,发扬“敢为人先”的改革精神,大力发展民营经济,坚定地走中国特色的道路。

党的十一届三中全会以后,以邓小平同志为核心的党的第二代中央领导集体,以巨大的政治勇气和理论勇气推动改革开放。邓小平发出响亮号召:“把马克思主义的普遍真理同我国的具体实际结合起来,走自己的道路,建设有中国特色的社会主义,这就是我们总结长期历史经验得出的基本结论。”①他又指出:“中国搞社会主义,强调要有中国的特色。”②而且他特别强调:“没有中国共产党,就没有社会主义的新中国。”“离开了中国共产党的领导,谁来组织社会主义的经济、政治、军事和文化?谁来组织中国的四个现代化?在今天的中国,决不应该离开党的领导……”③邓小平以最鲜明的政治观点阐述中国特色的最本质的属性。

浙江是中国革命红船的起航地,是改革开放的先行地,是习近平新时代中国特色社会主义思想的萌发地。习近平总书记在浙江工作期间对温州发展高度重视,先后20多次到温州考察指导工作。他指出:“温州的实践是浙江改革开放的一个缩影,充分证明了邓小平理论和‘三个代表’重要思想的伟大正确,充分证明了中国特色社会主义道路的伟大正确。”他又指出:“我对温州有一个很大的希望,就是希望温州把这部创新史继续写下去,探索新

---

① 《邓小平文选》第三卷,北京:人民出版社,1993年,第213页。

② 《邓小平文选》第三卷,北京:人民出版社,1993年,第213页。

③ 《邓小平文选(1975—1982)》,北京:人民出版社,1983年,第156页。

的规律，创造新的业绩，写出新的经验，为全省带好头，也为全国作示范。""你们提出要研究'温州学'，我十分赞成。"①习近平关于温州的创新史和研究温州学的重要指示，既是对温州改革实践及其价值取向的充分肯定，又是寄予研究温州学的深切厚望，必将为我们探究"温州模式""温州学"强大的生命力及其融合发展增添了无穷的理论勇气和力量。

2014 年 8 月 20 日，习近平在纪念邓小平同志诞生 110 周年座谈会上的讲话中指出：邓小平同志紧紧抓住"什么是社会主义、怎样建设社会主义"这个基本问题，响亮提出"走自己的道路，建设有中国特色的社会主义"的伟大号召，领导我们党在新中国成立以来革命和建设实践的基础上，成功走出了一条中国特色社会主义新道路。

习近平同志多次强调，要加强国际传播能力建设，精心构建对外话语体系，增强对外话语的创造力、感召力、公信力，讲好中国故事，传播好中国声音，阐释好中国特色。②

2016 年 5 月 17 日，习近平主持召开哲学社会科学工作座谈会，提出要着力构建中国特色哲学社会科学，在指导思想、学科体系、学术体系、话语体系等方面充分体现中国特色、中国风格、中国气派。

习近平在党的十九大报告中指出："中国特色社会主义最本质的特征是中国共产党的领导，中国特色社会主义制度的最大优势是中国共产党领导，党是最高政治领导力量。"③

笔者认为，不论是邓小平创造性地提出"中国特色"概念，还是习近平创造性地运用与阐释"中国特色"概念，都是基于两种需要：一是根据中国国情的需要，坚持马克思列宁主义的基本原理，走中国人民自愿选择的适合中国国情的道路。二、是根据中国政治体制的需要，坚持中国共产党的领导，实行中国特色社会主义制度，走中国特色社会主义政治发展道路。这正是中

---

① 习近平：《干在实处　走在前列——推进浙江新发展的思考与实践》，北京：中共中央党校出版社，2006 年，第 488、489 页。

② 文建：《把握国际话语权　有效传播中国声音——习近平外宣工作思路理念探析》，新华网，2016 年 4 月 2 日。

③ 习近平：《决胜全面建成小康社会，夺取新时代中国特色社会主义伟大胜利——在中国共产党第十九次全国代表大会上的报告》，新华网，2017 年 10 月 18 日。

国特色的最本质的内涵。[①] 因此，“中国特色”是马克思主义中国化一个最新的理论成果，是马克思主义政治学中一个科学的政治概念，是一个具有强大内生动力的价值体系。

何毅亭教授说：“中国共产党是最高政治领导力量，是习近平总书记提出反复强调的一个重大政治论断，也是习近平新时代中国特色社会主义思想的一个重要理论观点。这一重大论断和重要观点，科学概括了中国共产党在整个国家的根本地位和无可替代的领导作用，充分表达了只有中国共产党才能肩负起带领中国人民实现中华民族伟大复兴的历史使命。”[②]

20 世纪 20 年代初中国共产党成立前后，中国政党林立，有的论者认为，多则先后有过二三百个政党；也有的论者认为，少则有过一百多个政党，其中有多个政党和政治力量在中国政治舞台轮番角逐。为何成立于 1921 年的中国共产党能够脱颖而出最终成为最高政治领导力量呢？何毅亭教授说得好，这是由中国共产党的先进性决定的，是由中国共产党的历史作用赢得的。由此，他进一步阐释了中国共产党是中国政治方向的掌舵者，是国家政治体系的统领者，是社会治理的主导者，是重大决策的决断者，并且日益显现出其强大的内生动力。他的这些科学阐述，有助于我们加深对邓小平、习近平提出的“中国特色”最本质特点的准确理解与应用，有助于我们加深对习近平提出的“中国共产党是最高政治领导力量”最根本观点的准确理解与应用，也有助于我们加深《中华人民共和国宪法》规定的“中国共产党领导的多党合作和政治协商制度将长期存在和发展”的准确理解与应用。

（一）“中国特色”概念具有多个一级维度[③]

“中国特色”概念具有多个一级维度，即中国特色社会主义道路、中国特色社会主义理论体系、中国特色社会主义制度和中国特色社会主义文化。这条道路、这个理论体系、这个制度、这个文化都写入《中国共产党章程》：

---

① 参见奚从清、林清和主编：《残疾人社会工作概论》，杭州：浙江大学出版社，2019 年，第 5 页。

② 何毅亭：《中国共产党是最高政治领导力量》，《学习时报》2019 年 5 月 17 日，第 1 版。

③ 参见奚从清、林清和主编：《残疾人社会工作概论》，杭州：浙江大学出版社，2019 年，第 4、5 页。

“改革开放以来我们取得一切成绩和进步的根本原因，归结起来就是：开辟了中国特色社会主义道路，形成了中国特色社会主义理论体系，确立了中国特色社会主义制度，发展了中国特色社会主义文化。”习近平指出：“中国特色社会主义政治发展道路，是近代以来中国人民长期奋斗历史逻辑、理论逻辑、实践逻辑的必然结果，是坚持党的本质属性、践行党的根本宗旨的必然要求。”①对此，我们必须倍加珍惜、始终坚持，不断发展，充分发挥我国社会主义政治制度优越性，积极借鉴人类政治文明的有益成果，不能生搬硬套外国政治制度模式。

（二）“中国特色”概念具有多个二级维度

举例来说，中国特色社会主义残疾人事业就是一个明显的证据。这个事业联系的客观性、普遍性和多样性，使“中国特色”呈现出多个二级维度。2008年3月28日，《中共中央　国务院关于促进残疾人事业发展的意见》指出：“关心残疾人，是社会文明进步的重要标志。残疾人事业是中国特色社会主义事业的重要组成部分。”张海迪说：“中国的残疾人事业是中华民族有史以来一项前无古人的伟大事业，想一想在中国的历史上，有谁提出过要建立一个残疾人的组织、让残疾人平等参与和共享社会发展的成果呢？只有在中国共产党的领导下，在改革开放的历史条件下，才有了中国残疾人事业的发展。”②

同属于“中国特色”多个二级维度的还有中国特色妇女儿童事业研究、中国特色社会主义外交理论研究、中国特色社会主义法治体系研究、中国特色国防和军队现代化建设事业研究、中国特色的政党制度研究等，都必须坚持中国共产党的领导。

说起中国特色，不得不提中国特色的“温州模式”。改革开放40年来，中国发生了翻天覆地的变化，社会生产力得到极大解放和发展。改革开放前，温州是一个人均耕地少、国家投入少、可用资源少，交通条件又很差的地

---

① 习近平：《决胜全面建成小康社会，夺取新时代中国特色社会主义伟大胜利——在中国共产党第十九次全国代表大会上的报告》，新华网，2017年10月18日。

② 张海迪：《努力建设残疾人事业的好队伍》，《残疾人研究》2013第3期，第5页。

方。从新中国成立初到1981年，国家对温州的投资只有6.55亿元，700万人人均只有0.4亩耕地。改革开放后，成千上万的温州农民经商办企业。温州市委、市政府从温州劳动力富余的实际出发，重视发展民营经济，从而形成正如时任温州市委书记陈一新所概括的："以民本经济为本质、以市场经济为精髓、以实体经济为基石、以有限有为有效为政府治理内核的区域经济发展模式。"2019年，据温州市统计局发布数据，全年全市实现生产总值6606.1亿元，按可比价计算，同比增长8.2%，增速分别高于全国和全省2.1和1.4个百分点，居全省第三位。

纵观以上分析，"中国特色"具有一个共同本质，那就是中国共产党是最高政治领导力量。这就是说，必须坚持党对一切工作的领导。

三、"温州模式"与温州学是建设中国特色社会主义理论在温州生动实践的必然产物

（一）重视辩证思维和社会调查研究

我在2000年8月28日至2008年8月26日的8年时间里，先后被温州大学管理学院、城市学院返聘为教授（2003年9月被温州师范学院聘为兼职教授），这是我退休生活中最值得回忆的一段时光。在这期间，主要工作是担任学院的教学督导工作，同时，兼上本科生和专科生的"社会学""社会调查""企业文化"，以及研究生的"社会学专题"等课程，相继合作出版了5本教材和专著，主持或参与了省（部）、市、校级课题10多项，并发表了40余篇学术论文。对于这段人生中的特殊岁月，我在2003年5月初接受《温州日报》记者潘虹的采访时，已经感悟颇多："在温州，我总是忘记自己是个退休人员。""我觉得，我们温大和温州一样，都处在一个大发展、大飞跃、大变革时期，在这中间能给温州做点事，留下一点足迹，我觉得生活非常充实、非常有意义。"

当好先生，首先要当好学生，这是至理名言。要真正做好人、做好学问，就学着孔夫子的"每事问"。基于这种理念，我抱着小学生的态度，每当遇到

不清楚的问题时，就虚心向温州人和新温州人请教。2006年5月，我在瓯海经济开发区会议室召开农民工座谈会，一位新温州人说："老板把我当人看，我把自己当牛马；老板把我当牛马，我把自己当人看。"这种朴实的语言真是令我们每个人起敬和深思，而且折射出当时280万新温州人对"尊重文化"的渴望和向往，对劳资双赢、互利和谐的利益共同体、事业共同体和命运共同体的渴望和向往。在这种渴望和向往的推动下，我设计了"新温州人"现状调查问卷，亲自带领7名学生深入温州信泰光学有限公司等单位进行问卷调查，或者一早起床，赶到瓯海区农民公寓，在他们上班吃早餐时，请他们填写调查问卷，每填写好一份问卷，就赠送一支黑人牙膏。我请专业老师赵丽央上机统计，总共发放问卷360份，收回360份，其中有效问卷355份，有效回收率98.6%。

最后，明确提出努力做好以下几个方面工作：第一，农民工应当享受公平公正的市民待遇；第二，构建多方互动的维权机制；第三，健全农民工基本合理的社会保障制度；第四，加大灵活高效的就业制度建设；第五，满足全市广大农民工的精神文化需求。

带领学生调研

值得一提的是，当时瓯海区委高度重视农民工问题，在瓯海区农民公寓一个场地搭建一个讲台，上面悬挂着一条横幅“新温州人大讲堂开学典礼大会”。数百农民工提着塑料凳子，排着整齐队伍，按照规定区位入座。我有幸做了题为“我是怎样认识新温州人的?”讲座。

当时，我遵循温州市委书记王建满曾多次在不同场合要求各级党员干部和企业领导要牢固树立“无论是本地人还是外来人，都是有为之人；无论是第一故乡还是第二故乡，都是创业之乡”的精神，阐述了我对新温州人群体的几点认识。我的发言一个多小时，不时引起热烈掌声。会后，我趁热打铁，撰写一篇学术论文《新温州人群体：内涵、特征、作用》，任柏强副校长修改，共同发表，刊登在《西北人口》2006 年第 5 期。

我牢记毛泽东关于“没有调查，没有发言权”“人的正确思想，只能从社会实践中来”的教导，从 2003 年 12 月、2004 年 6 月、2004 年 12 月，在讲授社会学原理、社会调查理论与方法、社区社会工作的基础上，组织学生到温州市鹿城区、欧海区、龙湾区一些工厂、街道社区进行调查研究，时间为一周。3 次调查，共收集汇编 149 篇调查报告和调查体会文章，约 40 万字。每次社会调查结束后，组织学生交流调查内容及其心得体会，气氛十分热烈，感觉收获较大，并且鼓励学生对调查点及其组织安排提出改进意见。然后，带队老师进行总结，充分肯定同学调查的主要收获，还讲述以后组织调查应当改进的方面。

事实表明，只有在调查研究的基础上狠下功夫，才能深入了解温州的现状及其发展趋势，才能为研究“温州模式”和温州学打下坚实的实践基础。

2001 年 9 月至 2003 年 9 月，经过两年的调查和努力，由谢健、方立明与我等著的《城市社区建设研究——温州模式的一个新视角》，分为第一篇城市社区建设总论、第二篇城市社区建设内容、第三篇城市社区建设关系(其中第十五章、第十六章着重论述了温州城市社区建设与温州模式、温州人精神之间的关系)、第四篇城市社区建设实务，着重介绍了温州市水心街道桂柑社会等 12 个创建工作纪实。请中国人民大学原副校长、中国社会学会会长、著名社会学家郑杭生作序，由浙江大学出版社于 2004 年 4 月出版，在学界产生一定的影响。

尤其是通过温州市鹿城区双屿镇调查，我们更加深刻地认识到，作为温州的城郊接合部——双屿镇,常住户籍人口只有1.8万,而"新温州人"有29万,这个比例使双屿镇的经济与社会呈现许多新的特点。有人说,"这是一个典型的移民社会"。另外,温州人有170多万走南闯北跑全国,有50多万漂洋过海闯全球,温州人成为一个逐市场而居的"新游牧民族"。据当时温州市公安局统计,全市外来人口从1987年的82378人发展到2007年底的333.3万人,温州这种大出大进的移民现象是全国少有的。对此,我们概括为温州移民社会研究的三种方式:"由外向内"移民、"由内向外"移民、"由内向内"移民,是推动温州经济腾飞、社会进步的重要原因之一。因此,温州移民现象是一个很值得研究的重大课题。

李培林现任中国社会科学院党组成员、副院长、学部委员,在2008年5月,为任柏强、方立明与我等著的《移民与区域发展——温州移民社会研究》作序。他说:"这本专门研究温州移民社会的著作,很有新意,很有现实针对性,也很有特色。尤其第一个特色是它的地域性和类型学意义。作者运用社区研究方法,从实际调查中获取大量的第一手资料,从社会学与经济学相结合的角度出发,对温州移民社会这一典型个案进行综合研究,但作者并不满足于对一般经验材料的描述性分析,而是努力进行一些类型学上的提炼。例如,作者概括了三种移民类型:一是'由外向内移民'类型,这是由300多万'新温州人群体'组成的一个过渡性的社会阶层,他们大多是外省来温州的农民工,既可能转化为市民(目前还占少数),又可能回归农民(目前尚占多数);二是'由内向外移民'类型,即220多万在世界各地和全国各地的温州人,他们多是在外从事个体工商业经营的人员,也有一些是一定规模企业的老板,很多到海外闯世界的温州人都是从艰苦打工开始,几年以后就成了小老板;三是'由内向内移民'类型,这主要是指温州的100多万城镇化移民、水库移民、扶贫下山移民和生态移民等。这三种类型虽然从职业流动上看总趋势都是从农业向工商业的流动,但在流动范围确有国际的、区域间的和区域内的区别,而正是这个流动范围的区别,带来了三个移民群体所面临问题的巨大差异。这些差异表现在生活方式、就业取向、劳动和人际关系、文化适应、社会保障待遇、子女教育等各个方面。"这就给温州学增加了新的内容。在此基础上,徐华炳与我在2015年第5期《江海学刊》发表了《理论构建与移民服务并进:中国移民研究30年述评》一文。

随着时间的推移、课题的增多、调查的频繁和学术的交流，我对温州发展的历史与现实有了一定程度的了解，更为温州完成“生存命题”向“发展命题”跨越以及由此而产生的温州人“敢为天下先，特别能创业”的精神所感动。在那段日子里，我的脑子里几乎每天想着一个又一个选题，经过筛选，通过“每事问”，与合作者交谈，最终使不少问题转化为理论探索的研究成果。

值得一提的是，温州大学领导为发挥外聘高校老师的积极性，创设了最佳环境。例如，温州大学自2004年12月开始征集校训，多次邀请我们参加研讨会、座谈会。2007年3月2日上午，时任温州大学党委宣传部部长陈安金同志给我打电话，说著名作家王蒙题词的温州大学校训为“求学问是，敢为人先”，要求我对校训内涵给以释义，越快越好。我反复琢磨修改，当天晚上11点钟完稿，3月3日上午就交给了他。

“求学问是”：

1.“求学”意为勤奋好学，严谨治学，唤起温大学人以探究学问为毕生事业，以培育人才为无上职责，养成良好的学风、教风和校风。

2.“问是”意为把握规律，追求真理，探求学问的目的，在于“博学之，审问之，慎思之，明辨之，笃行之”，按照事物的规律办事。

3.“求学”是“问是”的手段，“问是”是“求学”的目的，求学问是体现了手段与目的统一。只有如此，才能不断造就出厚德博学的创造型人才。

“敢为人先”：

1.意为与时俱进，不甘落后，唤起温大学人敢想敢闯，树立现代教育先进理念，冲破教育的旧框架，闯出办学的新路子。

2.意为自立自强，锐意创新，唤起温大学人和谐共生，发扬敢为人先的精神，把学校建设成为在全国具有显著影响力的地方特色的综合性大学。

2008年8月26日，在我结束返聘前，温州大学任柏强副校长赠送由著名书法家马亦钊先生书写的“学高品正德厚”一块匾。我回杭后把它挂在书房内，以此作为追求的价值目标，继续在学术上发挥正能量。

我于2010年4月8—9日参加在温州大学召开的第一届世界温州人研究国际学术研讨会，提交《温州人的价值观：含义、作用及其提升》一文，在大会上做了主题发言，并根据与会者提出的一些问题做出了解答。此文收集

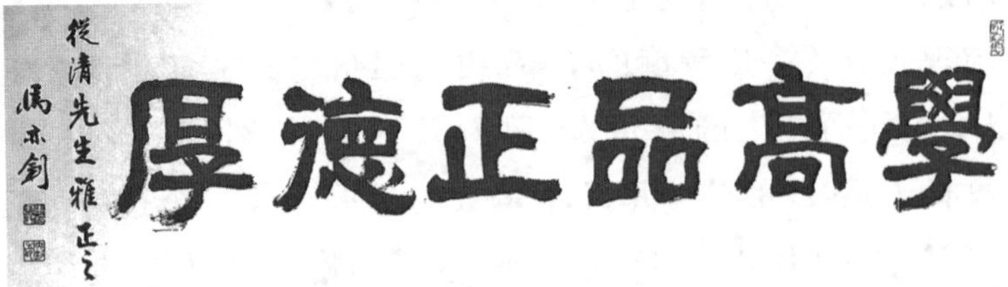

"学高品正德厚"匾

在温州市世界温州人研究中心编印的论文集和《温州的发展与发展的发展——我在温州八年的见证和探索》(浙江大学出版社 2013 年版)中。

第一届世界温州人研究国际学术研讨会

(二)关注"温州模式"研究

恩格斯说:"历史从哪里开始,思想进程也应当从哪里开始,而思想进程的进一步发展不过是历史过程在抽象的、理论上前后一贯的形式上的反映;这种反映是经过修正的,然而是按照现实的历史过程本身的规律修正的,这时,每一个要素可以在它完全成熟而具有典型性的发展点上加以考察。"①"逻辑的发展完全不必限于纯抽象的领域。相反,它需要历史的例证,需要不断接触现实。"②我应用马克思主义提出的逻辑与历史相统一及历史的例证的方法,来进一步阐述"温州模式"具有强大的生命力与价值力的观点。

习近平说:"对温州过去的这一段历史,我想说三句话:第一句,温州的实践是浙江改革开放的一个缩影,充分证明了邓小平理论和'三个代表'重要思想的伟大正确,充分证明了中国特色社会主义道路的伟大正确。第二句,温州的发展路子也就是浙江的发展路子,温州创造的经验不仅为浙江的发展做出了重大贡献,也为全国的发展做出事积极贡献。第三句,温州人敢为人先、特别能创业的精神是浙江的一笔宝贵财富。'浙江精神,就包含着温州人的精神,我们一定要与时俱进,进一步发扬光大这种精神。"③

方立明与我所著《温州模式:内涵、特征与价值》[《浙江大学学报(人文社会科学版》2005 年第 3 期]、《互动管理与区域发展:"温州模式"研究的几个问题》(三联书店 2008 年版),我独撰《略论"温州模式"生命力的内在根据》(《温州学刊》2014 年第 2 期)等论文和著作相继发表和出版。

改革开放 40 年来的实践证明,温州创新史是一部尊重民意、集中民智、依靠民力、创造民富的奋斗史;"温州模式"又是一部活生生的价值论。

(三)关注《温州学研究》

2002 年上半年,我国出现了藏学、敦煌学和徽州学、潮州学等地方学研究热潮。时任温州市委书记李强在深入调查中倾听并集中群众的意见,于 2002 年 7 月在温州市委八届十一次全会(扩大)会议上正式提出"抓紧建立温州学""深入开展温州学研究"的要求。

当时,我已经受聘于温州大学管理学院两年,既担任教学督导工作,又兼任社会学、社会调查、社会工作研究生专题讲座等教学任务。当我从《温州日报》上看到这个信息,立刻激起我对温州学的关注和激情。2002 年暑

---

① 《马克思恩格斯选集》第 2 卷,北京:人民出版社,1995 年,第 43、45 页。

② 《马克思恩格斯选集》第 2 卷,北京:人民出版社,1995 年,第 43、45 页。

③ 习近平:《干在实处 走在前列——推进浙江新发展的思考与实践》,北京:中共中央党校出版社,2006 年,第 448 页。

假期间，我就计划做好两件事：一是给李强书记写封信，提出建立温州学，首先必须解决温州学的研究对象问题。二是酝酿撰写一篇试论温州学的若干问题的文章。暑假结束，我返回温州大学，从信箱里取出一份 2002 年 8 月 14 日的《温州日报》，在《创立温州学》专栏中，看到醒目的大标题——创立温州学　研究温州学。我一看，这正是我给李强书记写信的内容，万万没想到得到他的首肯。

2002 年 12 月 17—18 日，由光明日报社、中共温州市委、温州市人民政府联合主办，举办了首届“温州学”学术研讨会，来自全国各地和温州地区与会学者 100 余人，充分肯定了温州学这门地方学科存在的必要性、合理性和价值性。当时，我在会上发言的题目是《试论温州学的若干问题》。(见《温州的发展与发展的温州——我在温州八年的见证和探索》，浙江大学出版社 2013 年版)。温州发展的实践证明，温州学的诞生已经成为研究温州文化、经济、社会等方面的一个重要的历史性标志。不仅如此，温州学还将成为具有“中国特色”的一门地方学科。

1.温州学诞生的主要标志之一：2002 年 12 月 23 日，习近平在温州市考察调研时的讲话中明确表示：“你们提出要研究‘温州学’，我十分赞成。全国唯一的金融改革综合试验区也在温州市。希望你们始终不渝地坚持党的思想路线，解放思想、实事求是、与时俱进，以‘三个代表’重要思想来对照检查各项工作，进一步调动广大群众的首创精神，运用理论创新的最新成果，不断推进制度创新、科技创新、文化创新以及其他各方面的创新，不断丰富温州经验，不断发展温州模式，不断推进温州发展，真正做到发展有新思路，改革有新突破，开放有新局面，各项工作有新举措。”①习近平这段言简意赅的话语不仅表达了他对温州经验、“温州模式”、温州发展的高度重视，而且为温州学研究提出了明确的方向和要求。

2018 年 10 月 20 日，习近平给“万企帮万村”行动中受表彰的民营企业家回信时对民营企业踊跃投身脱贫攻坚予以肯定，勉励广大民营企业家坚定发展信心，踏踏实实办好企业。习近平表示，看到有越来越多的民营企业

---

① 习近平：《干在实处　走在前列——推进浙江新发展的思考与实践》，北京：中共中央党校出版社，2006 年，第 448 页。

积极承担社会责任,踊跃投身脱贫攻坚,帮助众多贫困群众过上了好日子,他非常欣慰。习近平指出,改革开放40年来,民营企业蓬勃发展,民营经济从小到大、由弱变强,在稳定增长、促进创新、增加就业、改善民生等方面发挥了重要作用,成为推动经济社会发展的重要力量。民营经济的历史贡献不可磨灭,民营经济的地位作用不容置疑,任何否定、弱化民营经济的言论和做法都是错误的。习近平强调,支持民营企业发展是党中央的一贯方针,这一点丝毫不会动摇。希望广大民营企业家把握时代大势,坚定发展信心,心无旁骛创新创造,踏踏实实办好企业,合力开创民营经济更加美好的明天,为实现中华民族伟大复兴的中国梦做出新的更大贡献。

2.温州学诞生的主要标志之二:时任温州市委书记李强于2002年11月1日在《光明日报》上发表《关于创立温州学的思考》一文,首次给温州学的研究对象给了界说。温州学应该是一门主要研究温州文化,研究温州人和温州人精神,研究温州文化与经济互动发展,揭示温州经济和社会发展内在规律的综合性地方学科,而且赢得了社会上的广泛赞誉。

为了切实加强温州学的研究,温州市委、市政府十分重视此项理论研究工作,温州市社会科学界联合会成立了温州学研究中心,创办了《温州学刊》,而且每年召开一次温州学研讨会。

2008年8月26日,我从温州大学返回杭州,经过一番整理与编排,整理出《温州的发展与发展的温州》论文集,分为7篇,2013年5月由浙江大学出版社出版,请时任浙江省李强省长作序。我在自序中写道:"我怀着难掩的欣喜之情,深深感谢李强省长拨冗作序,给予热情鼓励。"时隔两个月,2013年7月5日,《浙江大学报》第4版刊登了李强省长作的序,并加了一段热情洋溢的编者按语。

(四)关注"温州模式"与温州学的融合发展

现在,越来越多的论者在一些领域中广泛使用融合发展概念,诸如产业融合发展、军民融合发展、传统媒体和新兴媒体融合发展等。但是,迄今为止,还没有见到学术界给它一个明确的定义。融合发展是指在一个共生系统中基于社会互动关系的若干人群或事物,通过文化整合、协调和合作方式,使彼此朝着既定目标,发挥更大价值,从而产生一个新的体系的过程。①

20世纪80年代以来,温州党政领导非常重视全国各地一些著名专家和学者从各自相关学科的理论对"温州模式"发展所发表的一系列观点和建议。社会学的先驱者费孝通先生在《温州行》一文说:"无论是苏南模式,还是温州模式或群众创造的其他模式,评价它们的唯一标准应当是视其是否促进了社会生产力的发展,是否提高了人民大众的生活水平。这些模式在中国历史上乃至人类发展史上都是古来所无的;唯其如此,方显出中国社会现代化的特色;唯其如此,才需要我们对伴随这些新事物一同出现的新问题进行科学的认识。"②

温州人民在创造"温州模式"较长一段时间之后,又提出创立温州学,怎么正确地认识和评价它呢?还是要用费老对待"温州模式"的态度对待温州学:"认识的立场应当是尊重群众的创造,认识的根本途径应当是实事求是地做分析。""中国社会主义建设的特色没有现成的概念,前所未有的新事物、新问题不可能在原有的本本上找到现成的答案。"③费孝通先生为我们研究现实问题指明了方向。

我认为,2002年11月1日,李强书记提出关于温州学研究对象的界定,就能够为"温州模式"与温州学找到最佳的结合点。一方面,就温州市场经济发展的历史而言,20世纪80年代以来,就受到费孝通先生的充分肯定,还受到海内外各界人士的高度关注。事实表明,"温州模式"不仅具有重大的经济意义,而且具有重大的文化意义,因为它渗透了温州人的精神、理念和价值观。它的形成和发展,为温州学的建立和研究,提供了许多有价值的研究资料和学术成果。另一方面,温州学的兴起、建立和研究又必将为"温州模式"的发展和研究提供理论依据,并给以理论基点的说明。这就是说,我们依据温州学固有的研究对象,从温州文化起始,深入研究温州人和温州人精神的特质,深入研究温州文化与经济的互动发展,从而给温州模式发展提供独特的理论说明。

---

① 奚从清:《人道主义与中国残疾人事业》,杭州:浙江大学出版社,2018年,第3页。

② 费孝通:《温州行》,《瞭望》1986年第20~22期。

③ 费孝通:《温州行》,《瞭望》1986年第20~22期。

在温州市委、市政府的领导下，经过40年改革开放的伟大实践，敢为人先、敢于担当的温州广大干部、人民和学者越加自觉坚持和运用习近平新时代中国特色社会主义理论的基本观点，密切联系温州实际，给“温州模式”和温州学以理论的说明和支撑。这个基本点或侧重点应该放在习近平提出的“不断丰富温州经验，不断发展温州模式，不断推进温州发展”上。因为这种基本点或侧重点既能够为“温州模式”与温州学找到最佳的结合点，也是检验“温州模式”与温州学融合程度的试金石。

由上观之，“温州模式”与温州学既相互区别，又相互联系。二者相比较而存在，相融合而发展，必将形成一种良性互动、协调发展的生动局面。从一定意义上说，“温州模式”与温州学又是一个相互依存、相互融合、目标一致、互促共荣的具有强大生命力和价值力的共同体。

《中共温州市委关于全面提升中心城区首位度　加快建设区域中心城市的决定》(下称《决定》)日前发布。《决定》提到，到2025年，温州要成为长三角一体化发展重要“南大门”和对接闽台的“桥头堡”，全市地区生产总值突破1万亿元，常住人口达到1000万，人均生产总值达到10万元/人，真正发挥全省经济增长第三极的重要作用，中心城区经济占全市经济总量比重45%以上。

我坚信，这个《决定》一定会变成活生生的现实，具有中国特色的“温州模式”与温州学在发展中越加显示其强大的生命力和价值力，温州人民将越来越有获得感、幸福感、安全感。

2019年11月25日

瓯居海中，宛在水中央

——有感于温州学研究丛书之《瓯水寻梦》

翁锦武*

翁锦武

* 翁锦武，温州市人，先后任区、市正副职，总计17年。2005—2009年，致力于《浙江省温州市生态园保护管理条例》《浙江省温瑞塘河保护管理条例》的出台，这两部地方性法规为促进温州生态文明建设奠定了法律基础地位，继而促进了塘河瓯江流域生态环境保护。2010年退休后，创建温瑞塘河环境与文化促进会，组织社会各界参加"五水共治""治水剿劣"公益事业；引荐"TIF"国际领先技术团队，科学治理温州河道近100条。编著《塘河文化丛书》《塘河水》《塘河风》等10多部著作。

前11世纪，瓯海南白象、瑞安瑞河之间是一条海峡；前2世纪初的西汉初期，演变为瓯江河口南支入海水道；4世纪东晋初期，演变为一条水面宽阔的河流；唐宋以来历经不断整治和疏浚。何谓“塘河”？《温州市志》和《瑞安市志》都说是人工挖掘开凿的河流。谬矣！塘堤也。分布在温州东部平原地区，一侧两侧有堤岸的河流称塘河。这种堤岸或是平原流自然发育形成的天色堤，或是唐宋以来整治和疏浚时堆土形成的人工堤。

温州东部平原的塘河主要有温瑞塘河、永强塘河、中塘河、瑞平塘河、平鳌塘河、江南塘河、乐琯塘河和乐虹塘河等，其中以温瑞塘河最为著称。

温瑞塘河北从鹿城区小南门桥开始，向西经温州大厦南面，再转向南，经得胜桥以后再折向东，经吴桥、三板桥到南塘。在南塘，温瑞塘河接纳南塘河和吕浦河，然后一起向东南偏南方向笔直而去，先后经丽田、梧田、老殿后、南湖、霞坊，到南白象后转向西南，经鹅湖、帆游桥，从下川开始河道重新恢复向东南偏南方向流去，经社帆、河口塘、穗丰后，进入瑞安境内。经瑞安塘下继续往东南偏南方向流去，经塘口、陈宅，到丁田镇折向西南偏南方向，在莘塍镇的南镇转向西流，直到瑞安安阳镇东门白岩桥码头。干流全长33.85公里。

温瑞塘河地处温州平原，四通八达，是连接南北客货运输的交通要道，是人们生活直接关联的“母亲河”。温瑞塘河的主河道古称南塘河，明清称七铺塘河(十里为一“铺”)。温瑞塘河没有上游和下游之分。其河水流向，以帆游为界，帆游以北河水北流注入瓯江，帆游以南流注入飞云江。1984年11月瓯江翻水站建成以后，提取瓯江水进入温瑞塘河，河水均南流瑞安。温瑞塘河的水源来自平原本身的径流和两侧的支流汇水，其中最大的水量供应地是瓯海三溪河。三溪河名义是郭溪、瞿溪、雄溪三条河流，其实是瓯海上河乡平原的总称。因此，广义的温瑞塘河还包括郭溪、雄溪、潘桥河、娄桥河、仙门河、新桥河、西山河和会昌湖等。

一条塘河，犹如东瓯文化的缩影。一支不朽的歌谣，从远古唱到昔今。瓯人因水而来，因水而华。4000多年前，他们用着外人听不懂的瓯语，生生不息于这片到处都是水的土地上。

一、瓯水寻梦

温州简称瓯，也称东瓯，浙江省三大中心城市之一。温州是国家级历史文化名城，拥有5000多年文明史、2200多年行政建制史，城市建设历经1700年，是一座温润、温暖的山水宜居城市。

温州历史上先后建过东瓯王都城、永宁县城、永嘉郡城。自东晋建成永嘉郡城以来，城址和布局历1700年未变。山水成就了温州。郭璞建城，以九山布列为空间支点，形成山水斗城“倚江、负山、通水”“通五行之水”“连五斗之山”“城在山中，山在城中”“城依水边，水穿城过”的空间格局。可以想象，东晋的西郭山上，最先映入郭璞眼帘的应当是那无所不在的水。灵动的水流九曲回肠，盘绕于九山之间，澄水如鉴，闪烁白银一样的光泽，白鹿衔着带露的杏花穿梭于丛林之间，飞禽走兽、林泉丘壑，赋予它天人合一的启示。极目远眺，一条粗具雏形不知名的河川，从瓯江边向南逶迤，并向着更远天际延伸开去，仿佛预示着未来的走向。

塘河水就在郭璞与九山的山脚之间汩汩流淌。如果翻开历史地理的书卷，早在郭璞之前，塘河的水已在东瓯这块土地上自由地奔腾着。它成为今天我们看到的整齐划一的河道，是在离我们并不遥远的年代。

塘河不是一日建成，但塘河的水却是从远古一直流向今日。唐代，当刺史韦庸将会昌湖修浚，纳入郭溪、雄溪、瞿溪三水之后，温州城与塘河开始显得更为密切了。城市的巷道与河道交相辉映，于是这斗城，有山有水，山至刚，水至柔，阴阳和合，天人合一。有了水，这个城就活了。水为城埋下伏笔，它的文气绚丽多姿，贯通在不同的时代，高潮迭起。

塘河天然而成，经历朝历代疏整，便利防洪排涝、供水灌溉，毕达舟楫、生息万物，两岸民众举其为母亲河。忆往昔，塘河甚美。水碧见鱼，岸绿听蛙；或小桥流水，或烟波浩渺；绿岸多榕，无水不荷花。每至端午，龙舟竞渡，爆竹绝响，万民瞻望，一派太平盛世。若登高远望，塘河似练卧野，湖光山色。时间一点一滴过去，河变大变长，向更远的地方延伸开去。

王羲之、谢灵运泛舟河上，人走了，传说与诗就留下来。宋以来，塘河沿岸更是成为文人士大夫们栖居创作的绝好精神家园，陈傅良、叶适、卢祖皋、“永嘉四灵”等都曾留下绝美的诗章。明清以来，塘河良辰美景、隽秀河山，在诗人的眼里塘河无处不诗，无景不诗，塘河成为名副其实的“诗之河”。

仿佛每一个朝代的人都要在上面书写题跋——青瓷、造纸、造船、丝绸、绣品、漆器……江山留胜迹，我辈复登临。永嘉学派集大成者叶适，南戏之祖高则诚，明朝开国功臣、杰出的政治家、军事家和文学家刘基，经学大师孙诒让，词学宗师夏承焘，一代棋王谢侠逊，著名数学家苏步青，新中国考古学奠基人之一夏鼐，著名科学家谷超豪……一代又一代的俊杰英豪带着塘河的灵性与情愫，走向外面的世界。

这是一条不知疲倦、生生不息的生命之河。宁静的水面河岸，生长着传奇和故事，像一垄垄抽芽的谷穗，历久而常新。……时光的流逝，也洗去了塘河的风色。但塘河是不老的，其间跳动着先人的脉象。它应该像一棵常青树一样活着，在不同的季节奉献葱郁饱满的表情，不管它已经流了多少年，但它依然没有疲惫，依然有雄迈船歌、千年古榕；有祥和村落、寂寥埠头；有人迹板桥、扁舟渔翁；还有塘铺风月、庙堂戏班，延续着映日荷花、一川鸥鹭，永远的风景。

试想，温州还有什么能像塘河水这样，托起这座历史文化名城之辉煌呢？正是凭借着这种没有凌厉却富有平静的自然之水的深深滋养，这方水乡泽国、东方水城的物产才能如此富饶，生活如此安逸，连人性也是这般温柔。正是凭借着这种源源不断饱经沧桑的历史之水浸润，洋洋洒洒了1700年的古城、水乡古镇（街）才能充满诗情画意，令人如痴如醉……正是凭借着这种博大精深、充满底蕴文化之水的润滋，瓯越文化才能在当今令人折服、惊叹不已。

曾几何时，塘河的水开始不那么清澈了。在都市鳞次栉比高楼的陪衬下，曾经熟稔于心的那山、那水、那桥、那树、那村落变得落寞，水乡美景只现梦境而不可即。我们与塘河每天擦肩而过，却形同陌路，近在咫尺，却如同天涯。塘河病了：水体污染、河床淤积，填占河道，破坏景观，古迹受损。

温州是滨海山水城市，有山则名，有水则灵。塘河作为温州城市的血脉，如果血脉不畅，城市就不可能富有生机和活力，就不可能为企业发展提供环境支撑，更不能满足富裕起来的老百姓对环境这个最大公共品的消费需求。回眸历史,我们清楚地看到,一条河的命运折射的是时代的动态。唐以前,筑起塘堤,那是与海潮抗争的防御线;两宋以降,演变为经济生活的输送线;明清时期,是水利航运的干线和文明的风景线。为官一任,塘河治理成为衡量业绩的圭臬。政府已立塘河整治标本兼治之策。于21世纪初,率民众疏河清淤,截污纳管,清除垃圾,搬迁畜舍,以治河水之污染;植滨水草木,设绿地公园,以便百姓之休闲;辅之河面、生态调水及民众教育,经历艰辛10余年,塘河之美,始露端倪。

给人印象最美、感动最深的东西,人们往往称其为"梦",而寻一段如烟的旧事,找几缕往昔的温馨,人们又习惯于"寻梦"。寻梦,是对美好的重温;寻梦,是对昨天的检索。纵目塘河水,放眼碧水蓝天,我们看到,是水把世间的万物连作一个整体,是水把大地的生灵结成了一个家族。就养育生命而言,水是我们大家共同的摇篮。现代文明的发展给人类自身带来了前所未有的福利,但是也同时带来了人所共知的忧患。因为,有的水再没有那种澄澈的亮;因为,有的水再不见那一片抒情的蓝。塘河水对于人是有恩的,一千年、一万年,那是滴滴点点;塘河水对于人是有情的,通过鱼、通过米,那是餐餐饭饭。水乡的梦,远远近近;水乡的梦,深深浅浅。在这个时候作《瓯水寻梦》,或许可以重新发现这一片软水温山;在这个时候作《瓯水寻梦》,或许可以再次认识几垄汗水秧田……清清塘河水啊,何其真,何其善,何其美!它昭示人类:生活本质的追求就是诗意的栖息。今天我们所做的,就是为真正塘河的早日归回。让我们为构建"三生整合,幸福温州"走到一起来吧!

二、伴海而生

水是生命的源泉,是人类文明的原点。一座城市的诞生,总是伴随着水的成长。作为古老的城市,温州的文明历程正是征服水、顺乎水、敬畏水,智慧地创造了人文精神的辉煌!

温州曾是华夏大地东南的一片浅海。有一天,一股神奇的力量,将平静的海床突然托举起来,海水哗啦啦地向四周退隐而去,单一的浅海变成了另外一张生动的面孔,有了平地、岛岬、海湾、浅滩、丘陵、山地。五线谱一样的海岸线切割出大小不一的空间。远近的海面上,珍珠一样散落着形状奇特的小岛,它们隔着一湾浅浅的海水,云蒸雾绕,若隐若现。而其中几座特别醒目的山峰,互成犄角,成为这片浅海地标性的孤屿,后来给它们取的名字分别叫:翠微山、黄龙山、杨府山、大罗山。直到渔猎时代的后期,浅海和潟湖水域才在地球上呈现出来,各种生物才得以从水域转移到陆地上。

从地球演变的历史来看,地球的内部也发生过几次巨变。在集聚了几百万年的上冲力的作用下,地壳突然隆起、火山爆发,从而导致陆地及山脉轮廓发生了翻天覆地的变化,山被抬高,海洋加深,气候变化得更加剧烈。接着,地球又进入漫长的稳定时期,在这漫长的平静岁月中,山峰因遭到雨水的冲刷和风霜的侵蚀,逐渐变得低平了,并且生成了大量的泥土。泥土被雨水、河流带入海洋,使得海底被抬高,海水变浅,海平面不断扩张,许多近海陆地逐渐被海水淹没,慢慢变成浅海。这便是人们所说的"高而深"时代和"低而平"时代。大约到了前 2 世纪的西汉初期,翠微山、黄龙山、杨府山之间的浅海,由于泥沙堆积,出现了一片浅滩,它有一个很好听的名字:心滩。瓯江作为一条古老的河流,千回百转,日夜奔流,归入东海。此时,因为浅海的成陆,河流的入海出现了南北两支,北支为原来的河道,南支经黄龙山与君子山之间南下,流经方向大致为今天的下河乡平原、帆游、塘下。两水道之间的蒲州、状元还没有成陆。南支的流向河道,即为两晋以来温瑞塘河的雏形。

河流,是地球生态系统的重要组成部分,是人类生存和发展的基础,也是人类文明的源泉。在悠久的历史进程中,人类社会的发展与河流紧密相连,相互依存。塘河因海而生,因水而华。按地理分野,温瑞塘河介于瓯江以南与飞云江以北之间的温瑞平原,有大罗山、集云山、吹台山山脉水系,瞿溪、雄溪、郭溪三溪水系,包括温州市区(鹿城、瓯海、龙湾)到瑞安市区之间。它的雏形虽是瓯江的南支改道入海而成,但相比以后的塘河规模,此时的河道更像是自然大手在陆地划出一个淡淡水流的印痕,仿佛是上天为后人预备的一个华美宏大蓝图,在以后的漫长岁月里,一代又一代的东瓯先民用双手筑起的不再仅仅是抵御海潮的海塘,而是因地制宜、化害为利、防潮蓄淡的人工运河。

按照一般的观点,两晋时期,温瑞平原已基本成陆,塘(堤)河粗具形状。

随着西晋以来温州迎来北方人口的第一次南迁，沿海的农业生产规模扩大，拦海围垦成为获得土地的一种重要手段。温州沿海是强潮区域，修塘堤是为了拦阻海潮，因此从一开始塘堤与塘河就成为两个密不可分的有机组成部分：东侧是拦潮的海堤（塘），堤内侧为南北向延伸的塘河，它与东西向奔流的自然河流垂直相交，因此就兼有拦海、蓄淡、灌溉直至航运的多重功能。如果放开想象，眼前会出现这样一个景象：面积狭小的温瑞沿海平原，横亘着一条由北向南逶迤曲折的水道，（河道）内侧接纳着来自西部山区的丰富水系汇聚而成的淡水，出于灌溉的目的，将自然河流的水引入塘堤的内侧，海堤正好也起了拦河的作用。塘河因塘堤的保护，涌动着清流，更远的地方是一望无际的田野，零星的村落点缀在金黄色的平原式的风俗画卷。当然，塘堤的外（东）侧则又是另一番景象，潮涨潮落的海水像一匹不被驯服的烈马，向塘堤奔驰而来，掀起翻天的浊浪，拍打着粗糙的石砌堤壁，发出阵阵雷鸣般的响声，此刻固若金汤的堤壁像一位不知疲倦的守护神，日日夜夜捍卫着堤内的塘河以及成陆后的温瑞平原上的芸芸众生。

抚古思今，塘河的成长历史仿佛是一部厚重有趣好读的书卷。从两晋以来，因北方战乱，大量人口南迁，带来了先进的生产工具和技术，特别是永嘉建郡后，人口剧增，而地少人多的东南沿海一带，三大水系及海潮带来的大量泥沙沉积扩大沿海平原。同时，拦阻海潮，保护成陆的平原。从南朝谢灵运任永嘉太守所写的《白石岩下径行田》诗可窥一斑：“千顷带远堤，万里泻长汀。川流涓浍合，连统塍埒并。”诗中所指的“远堤”即可理解为塘堤。从温州位于强潮海岸的这一地缘来看，沿海修建海堤拦阻海潮的活动应当是频繁的。但宋以前的海堤，有的没有形成大的规模，或者在淤积成陆过程中，海退人进，塘堤的功能也时常变化，故常不被重视。按目前推算，从西汉初年至今，温瑞塘河以东的海积平原面积一直在逐年增加。从 11 世纪中叶到 20 世纪中叶的近 900 年时间内，温瑞塘河干流以东从北到南（瓯江河口南岸到飞云江河口北岸）淤积新的陆地向东延伸 30 多公里。随着海积平原的扩大，与之同步的拦阻海潮的塘堤也要随之延伸。每到一定时期，先民们就在新形成的海岸线边筑造海堤，并在内侧挖河取泥加固，加高塘堤，等在新海塘（堤）建成时，老的海塘（堤）便会被作为南北通行的民间大路，塘内侧的河道便成为畅通舟楫、灌溉农田的内河。千百年来，一道道海堤像是岁月的年轮，烙印着古往今来的记忆。

今天的温瑞塘河，在宋时称南塘。它从温州的会昌湖出发，一路向南，在瑞安入海。它既是温瑞平原上第一道古海塘，也是温瑞塘河东侧大堤，两晋以来它就存在，到了北宋，大海又在其东侧的塘堤向外淤造大片新陆。因此，宋时如果站在温瑞塘河的河堤上，或许就已看不到海岸线了。宽阔的塘岸旋即演变成南北往来客旅们的通衢，堤上走人，堤内行船，熙熙攘攘，热闹非凡。到了明清时，又成为每隔十里就设铺舍的官驿大道。塘河河堤无意间成为温州交通大动脉。第二条海塘为“熙宁塘”，因它始建于北宋熙宁元年(1068)故名。在熙宁年间，塘河以东已形成陆地约5公里，于是一条北起石岗，南至东山，约长13.5公里的新堤出现。熙宁后，向北延展至场桥、梅头，并在塘内侧挖河取土加固，成为与温瑞塘河走向大致平行的第二条塘河。等到了这个海塘东面再增添了海塘后，两条塘河之间亦夯实成陆地，于是就有了新居民与村落和迁居。失去拦海功能的老海塘又成为民间道路，到明清时使被民间俗称为“下塘路”，保留至今。今天塘下镇大部分辖区均分布在第一条古海塘与第二条古海塘之间，即在今塘河之东。所以“塘下”即塘河之“下”(即东面)的意思，至今还与“塘西”(上)村隔塘河相望。至清代乾隆年间，熙宁塘外又增添新海涂5公里，于是又筑新横塘，北起梅头，南到东山，长约22公里。此外，一些小规模堤塘，如永强平原上的郑岙砾石堤、寺前街沙堤、宁村沙堤、五溪沙堤、沙城塘、长安塘、北山塘等也陆续诞生。

三、瓯居海中

塘河不仅是农耕与生活的自然水源，也是一道亮丽的人文风景线。塘河沿岸原野成片，榕树点景，石桥倒影，民居画境，沿途可见宗祠、寺庙、戏台等建筑。四季田野，庄稼稻菽，变幻色彩，映照着农家屋舍，展示在人们眼前的是一幅幅天然平静的乡村水彩画卷。

“瓯居海中”就是伴海而居。从大量的考古发现来看，温瑞塘河一带是早期瓯人活动的主要区域。虽然，温瑞塘河平原的形成，是从东晋以来渐进的过程，但有一点不可忽视，那便是散布于浅海之间的岛屿，以及沿海没有成陆前靠近海岸沿线的丘陵、向阳山岙坡地。《山海经·海内南经》记载“瓯居海中”，恰恰是对当时的瓯人所处的地貌做一个形象的描绘。郭璞注释：“今临海永宁县，即东瓯，在岐海中也。”目前认为《山海经》成书的年代大约在战国时期。温州市区在5000年前冲积成陆，大罗山和吹台山之间，夏代已相连成片，现在梧埏以东，大罗山以西，白象以北，黄屿以南，俗称“西洋底”，就是这个海迹湖的残迹。但温州广大沿海没有成陆前的现状，依然是浅海滩涂与大大小小的岛屿呈犬牙交错状，故有“居海中”的感觉。

历史的真相往往比人们想象的更为复杂，更为精彩。为了解开“瓯居海中”这个谜团，我们需要对温州古老的地理面貌进行整体扫描，对温州的历史信息进行仔细探测，要用现代的科学眼光重新审视古老瓯人的生存环境。

中国的几条大江大河如长江、黄河、珠江、黑龙江，包括钱塘江都有连接上万平方公里的流域面积。在这些内陆区域里，古人的交往是比较方便的。而温州地处东南一隅，群山环绕，交通十分闭塞。瓯江发源于浙江南山区的密林中，独自延绵在浙南的群山之中，然后向东直接注入大海。这条东瓯的母亲河明显区别于中国其他大干流。从这个流域的地理条件来看，三面环山一面临海，千万年来大山阻隔和大海封锁，先民生存的自然环境比较封闭。历史上根本没有今天这样方便快捷的陆上交通，中原内地从陆路进入温州的交通相当困难，几乎到了无路可寻的地步。长期以来，瓯地因为交往不便而与中原内地处于一种相对阻隔的状态。

《论语·公冶长》说：“道不行，乘桴浮于海。”一般情况下人们只能通过水路走出大山，然后从海路进出东瓯。这样一片交通闭塞的土地就是远古瓯人生活的摇篮，也是东瓯发祥之地。早期瓯人有很长时期是过着原始渔猎生活的。一些文献里，称瓯人衣鱼食鸥、断发文身、错臂左衽，罽衣贯头，吃蛇、鱼、蛤类，说明早期瓯人长期没有融入中原主流文化，没有认同感。他们以被海水剥蚀的山丘海岛为依托，通过海水的涨落与外界沟通。瓯江、飞云江沿岸发现了一些新石器中晚期至战国时的遗址。遗址中采集的实物标本，包括泥质陶、三孔石刀、打制石器。这些山海拔一般都在50米以上，在距今3000多年的商周时期，它们耸立于温州浅海海面上，随着浅海缓慢成陆连接成片。这些遗址基本上都处于临水背山丘陵的向阳坡地上，平时河流则为人类提供生活水源、交通、渔猎便利，水涨则居民逃往高处。

经过历史的扩容修整，塘河之上覆盖的河网盘根错节，遍及瓯江及飞云江流域各处，沿河村镇，无所不达，古埠、古桥、古井、陡门等比比皆是。荷花、白鹭、榕树，无处不有。英国人苏路熙（Lucy Soothill）在其回忆录《走向中国》中提到温州，冠之“东方威尼斯”。温州现代山水城市格局初露端倪。

温州具有典型的山水城市特征。古城外有护城河，城内一街一渠，水道交错；居民房屋临水而筑，前街、后河、街巷、河渠、桥梁，互相连接，形成水陆交通网络。无论以自然山水环境，还是具有悠久历史和深厚底蕴的山水文化来讲，温州既是山水环境中的城市，又有城市中的山水自然环境。城外山水环绕，城间山水相连，城内显山露水。由塘河水而组成的温州风景，共有三个层次：一是古城（又称水城），二是古镇（街），三是田园。温州区域，水网相连，八大塘河水系，城乡之间，必有中介，而一些水乡的古镇（街）便担当了这一重要的角色。就历史地位而言，这些古镇自然比不了通都大邑，但它在温州区域商品经济的长期发展中，却起到过难以替代的作用。尤其值得一提的是，由于它们介于城市与乡村之间，便不仅容纳了优美的自然风光，还具有城市的人文景物，这真是既将田园都市化，又将都市田园化，且保存相对完好。在以怀古寻幽为时尚的今天，温州古镇的灵魂仍然是水，是塘河水。长期以来，是水的作用使这里交通便利，商贸发达，而塘河水所孕育的温州人的生活富裕安然，又使古镇形成了耕桑勤俭、诗礼谦和，特别能经商的民风。所以，在许多人眼里，水乡古镇乃是温州文明的缩影。

浙南沿海数千年前的石棚墓文化，凸显出这种明显的海洋文明特征，也给温州远古历史带来更为神秘莫测的一面。它至少向我们揭示，温州应该是中国最早与海外发生关系的区域之一，东瓯大地的远古时期是处在一个面向海洋的文化圈。早期的温州人比今天的我们更具有海洋属性，他们生命中鲜明的海洋色彩为温州的海洋文化提供了基础。海洋的特色就是没有疆界，海洋文化崇尚自由的天性和创新的品格。其竞争意识和开创意识，使其比中国正统的内陆文化更富有开放性、外向性、兼容性、冒险性和进取精神。相对于民风较为保守的北方和内地，正统内陆文化注重的是安土重迁，尊崇“父母在，不远游”的观念。为什么这些观念对于温州人来说几乎没什么影响？为什么历史上温州民间社会一直少有根深蒂固的乡土观念，反而有着四海为家的勇气和魄力？元代著名学者袁桷在《清容居士集》中评价温州人说："乐生重迁，卒无所思其故土"。这种在文化上一直有别于内陆黄土文明的特质，正是温州民间传承下来的海洋文化特色。

简而言之，"瓯居海中"就是伴海而居。大海"激起了勇气，要去超越那有限的一切。大海邀请人类从事征服，从事海盗式掠夺，但也同时鼓励人类从事商业和正当的利润"(黑格尔《历史哲学》)。丰富的海洋资源以及灵敏变化的潮汛、海流和季风，自古以来一直激荡着温州人在漂泊中追求财富的冲动。在海洋文化潜移默化的影响下，这里的人们传承着一种独特的不依不赖、富于竞争、追求功利、敢于冒险、敢为天下先的精神，以及更具开放性和向外开拓的意识。温州商人是这个世界上最具传奇性与人性色彩的商帮，它过去的成就，或者说今天的形象，与其历史的渊源和文化传承因素有着很大的关联。温州人闯荡全球的历史充分显现出温州这种典型的文化生态，海洋文化作为一种文化的根脉和精神的资源支持着一代又一代温州人去追求、去开拓。

可以说《山海经》"瓯居海中"的记载，不仅只是"瓯"的地理方位，更重要的是瓯人的生存方式。新石器晚期，居住在沿海地区的族群不少，当时在中国的东南一带被称为"百越"，但为什么"瓯"能获得"居海中"这样一种名望？这不能不说到"瓯"就是中华文明源头中海洋文明的代表之一。这是温州人海洋情结最古老的证据，通过它显示出中华民族海洋文化的曙光。

四、巍巍长堤

雄伟壮观的东海大堤，用大理石垒成：顶宽 6 米，底脚宽 46 米，高达 9 米，像一条巍然横卧的巨龙，捍卫着温州东海岸线十镇百村数十万民众的吉祥安宁。望着这人间的杰作，感奋之情油然而生。每当在长堤漫步时，眼前不禁会浮现出 20 年前的一幅幅惊心动魄的画面。

1994 年 8 月 21 日，漆黑的夜里，百年未遇的 17 号超强台风正面袭击温州海域(永强沿海海岸线)。顷刻间，惊飙勃发，狂风呼啸，掀起了几十米高的巨浪，暴风骤雨犹如山洪暴发，天河倒倾。不到 2 小时淹没了 170 个村庄,夺走了175条生命,损坏了16881间房屋,浸没了14万亩良田,冲坏了全线25公里的泥筑堤塘……极短时间内,庐舍为墟,水电中断,企业停产,人们陷入一片汪洋大海之中,老者仰头长啸,幼者嗷嗷待哺,人们束手无策,如此众多生命悄然而逝,17亿元经济损失,令人扼腕恸哭,柔肠寸断。

早在南宋乾道二年(1166)8月17日,曾有过类似的巨灾大难。在永昌镇双岙的一个山坡上,至今还刻有一艘帆船,旁刻有"乾道二年,水满到此"8个大字。800年过去了,人们还是用泥筑的堤塘去抵御凶暴的洪潮。面对着满目疮痍的残垣断壁,是唉声叹气,消极颓废,还是奋起搏击,创举辉煌?

一个改变生存格局的大构思在焦急中酝酿,在痛定思痛中逐渐诞生。中共瓯海区委、区人民政府的决策者们思索着如何顺应利用自然规律,下定决心出大力,筑高堤,抗风灾,永治久安。台风刚刚平息,瓯海人民就以行动来表示钢铁决心,背水一战,在短短的11个月里,投入土石300多万立方米,技工、民工60多万人次,耗资近2亿元(含二期工程,至2000年竣工),将20多公里海岸线高起点规划设计,垒筑一条集堤、河、路、林、景于一体的"海上长城",能抗御强烈风暴的高标准大堤,终于屹立在东海之滨。

难忘的这一切啊!乡亲父老们,埋葬亲人,擦干泪水,默默无语地重建家园。干部带头,百姓紧跟,男女老少一齐上阵,瓯海中、西部的人民,也纷纷献爱心。一个个沉甸甸的捐资袋,接连不断地从祖国的四面八方飞来。难忘的这一切啊!高瞻远瞩的决策者,为了科学地筑造大堤,四处奔波,反复论证,日夜监工。不论夏热冬寒都有数千人披星戴月,长堤在痛苦中启动,在磨难中诞生。

今天,这一条雄伟的永强海堤屹立在东海之滨,续写塘堤生生不息的伟力。它是当代温州一道亮丽的"风景线""生命线""致富线"。温瑞平原的塘河(堤),如同一株有着顽强生命力的常春藤,一直与大海保持着平行的姿态,不知疲倦地向远方延展,默默呵护一方苍生。塘河依水而生,因水而发达。塘河不是孤立的物质现象,而是温州精魂所凝。

五、守望家园

东起东海之滨的永中镇，西至瓯江之畔的临江镇，一条通衢大道从东、南、西三向环抱温州市区，几乎把瓯海区的所有重镇串联起来。这将是大温州外环线上的重要交通骨架，这将是瓯海工业经济的一条"黄金走廊"，这将是瓯海贫困山区人民的一条致富之路。坚持以品质美、时尚美、生活美、自然美、人文美"五美"为目标，对照国际国内优秀城市精心雕琢传世之作，以瓯江两岸融合凸显都市魅力，以塘河水岸同建展现水乡风采，以历史文化街区留住乡愁记忆，以三垟湿地公园涵养城市绿肺，以城市中央轴串起美丽画卷，让"大美温州"呈现宜居宜业宜游"三宜一体"、生产生活生态"三生融合"的独特韵味。

1997 年 9 月，这条被称为"市门第一路"的瓯海大道一期工程——梧田至瞿溪建成通车。从梧田镇出发，汽车疾驰在六车道平坦宽阔的水泥路上，绿化带送来满目苍翠，原来至少需 1 个小时的车程，如今 15 分钟就到了，快捷又舒适。这条长 17.5 公里、总投资 1.4 亿元的大道，是在国家没有投入一分钱，沿线没有土地开发的情况下，靠瓯海自己的力量建成的。20 年前，也因为瓯海决策者超前的眼光规划了现代都市"后花园"发展战略，在温州市区地图上，可以清晰地看到，瓯海区正处在市区的外围，像城市的一座后花园。

建造瓯海大道最初的想法，只是为被金温铁路线截断了通往市区道路的三溪片寻一条出路，当时叫瞿梧公路——一条乡间公路，规划宽仅 18 米。但瓯海的建设者们没有把眼光局限在瓯海区域范围内，区委、区政府不仅仅就瓯海区域制订规划，而且与大温州建设接轨，跳出县乡公路的框架，以城市主干道的标准来建设，提高瓯海交通档次，改变瓯海新城区面貌，为大温州外环交通线搭好框架，奠定基础。这一思路使瓯海的道路建设摆脱了小家子气，也跳出了以往道路阻塞后改造、改造后又阻塞，不够了再加宽、加宽了又不够的恶性循环圈。不仅要有路，而且能使车走得快、走得好，不只是从当前需要出发，而是适应今后 10 年的发展。冲破常规的超前建设思路，高标准的规划使瓯海的决策者们有这样的气魄和信心："保证瓯海大道 10

年内不会出现塞车现象。”

瓯海大道全线水泥路面，一气呵成。路面宽度30～50米，桥梁和路面全部配套，一并拓宽。中间设3米宽的绿化带，管线预埋，路旁100米以内不准乱建乱开发……瓯海大道一期工程按城市道路设计，双向六车道，机动车与非机动车分流，投资要上亿元，这笔巨资从哪儿来呢？建还是不建，是马上建，还是等有钱了再考虑？瓯海的建设者们没有犹豫，路要尽快上马，钱可以多方筹集，只要充分发挥瓯海人的积极性，方法得当，就一定能办成事。

为此，专门成立三套领导班子层层抓落实：由区里组成领导协调小组，负责道路规划、设计、资金调度、筹集和协调；由熟悉工程、参与过西山路改建的人员组建指挥部，负责具体施工、资金运用和质量把关；乡镇也由书记、镇长挂帅负责政策处理、资金筹措和配合工作，制定路段责任制。“政府拿一点，政策给一点，群众挤一点”，多方出力，多出力多受益，造路资金也迅速落实到位。半年建路基，3个月铺路面，总共只奋战了300天，如此速度，不仅沿线群众惊叹，连身经百战的施工队员们也感叹不已。速度要快，质量更要保证。指挥部对施工单位要求近乎苛刻，时间短、质量高、奖罚严。对于参与招标的施工单位，他们还到现场对具体班组人员一一查看了解。指挥部尽量把每一分钱都用在刀口上，这条由设计院概算需要8000万元的水泥路面建设，最后只投资4900多万元就建成了。

但该花的钱，又一分也不吝啬。出资45万元聘请了中国勘测设计院10多位技术人员在工地上日夜监理，对施工单位的水泥厚度、配比、操作规范进行监督。沿线干部群众的热情配合和顾全大局，使瓯海大道遇山过山，遇房过房，再不用弯弯曲曲左右让步，而按最佳线路行进。土地征用费用每亩低于市场价，而村民们没有丝毫怨言，被画在红线内，就自觉拆迁。娄桥镇一户人家，四兄弟五间三层楼房，第一次，房子的1/3被画在线内，他们二话没说，拆了。因为道路拓宽，第二次要求全部拆除，镇里干部都觉得这下工作难做了，况且时值过年，但四兄弟又按时搬迁了。

瓯海速度、瓯海精神，在大道建设中充分体现出来，同时又被进一步深化，赋予了瓯海大道更深的内涵。大道朝天，不仅树立了瓯海形象，改善了交通面貌，而且为经济发展注入了一支强心剂。现已建成通车的瓯海大道，西起瞿溪，向东途经郭溪镇、潘桥镇、娄桥镇、新桥镇、瓯海省级经济开发区和梧田镇，穿南塘大道与市疏港公路相连接，正处在规划中的瓯海工业经济“黄金走廊”上。以瓯海大道—机场大道为轴线，以省级经济开发区为中心，依托沿线的工业强镇，发展具有较高科技含量的工业经济，并将建设现代化农业园区。新的产业布局，不仅给沿线各镇带来新的发展机遇，而且为在温州作为较大城市的外环线上形成新的产业群奠定了基础。瓯海大道的建成改变了瓯海的布局，形成新的格局。为城市转型、经济转型、社会转型奠定基础。原来各镇间的联系比较薄弱，缺乏内部协作，现在三溪片、梧田片和开发区都连成一个整体，加强经济合作优势互补，能形成集聚效应，像把一颗颗零散的珍珠串了起来。曾为金温铁路机务段设在娄桥镇，截断娄桥与市区通道而一筹莫展的娄桥人，如今又笑逐颜开了。瓯海大道娄桥段全长4.7公里，是沿线最长、任务最多同时受益最大的一个镇。瓯海大道贯穿娄桥8个村最繁华的地带，曾经因娄桥无出路而搬出去的企业又纷纷回来了。瓯宝五金有限公司于1992年搬到景山工业区，1995年又重回娄桥，目前已有20个企业有意向来娄桥投资。郭溪镇如今靠山边的3个村也有了出路，原来“死”的也都变“活”了。这里有全省最早进行农业承包的曹埭村，家庭副业也很早就开始了，曾红火了一阵，然而占了先机却仍没法大发展，因为曹埭村汽车无法驶入，那条窄窄的乡间小路仅能容一辆三轮车通过。吃够交通落后苦头的曹埭人，如今一条坦途进村来，那种高兴劲儿就甭提了。瞿溪镇原本只有沿线583米的建设任务，而且造路资金由镇里全额负担，区里一分补贴也不给。然而瞿溪镇借此东风，自加压力，再造2公里，穿镇而过，使温瞿公路与瓯海大道相通。投入1600万元，拆迁8000多平方米，通信、邮电、排污等管道一应俱全，不仅使瞿溪得以通四方，而且镇容大为改观，人们的生活环境质量随之提高。瓯海大道的二期工程将通向西部山区，为藤桥、泽雅等地开出一条致富路来。瓯海大道的建设正发挥出联动效应。曾任中央浙江省委常委、温州市委书记的张友余对瓯海大道的建设赞不绝口，他说，这是瓯海人民对温州“二次创业”和现代都市“后花园”建设的一大贡献。前市长钱兴中曾评价说这是瓯海人民的又一创举。路是人走出来的，瓯海人正大步迈向城市化。

2019年2月

人生步履与学术研究

章志诚[*]

章志诚

* 章志诚，男，1928年10月生，浙江省苍南县人，1956年7月毕业于浙江师范学院（杭州大学前身）历史科。离校后，曾在温州市教育局历史教研室、市教师进修学校（温州教师进修学院前身）、温州一中（今温州中学）从事教研、教学、行政等工作五年半。1962年1月奉调温州市委机关工作。中共十一届三中全会后，利用业余时间，致力于辛亥革命史、温州华侨史、温州地方志史等方面的研究，发表学术论文及华侨人物传略等文章近100篇。此外，参与《华侨华人百科全书·侨乡卷》有关温州市重点侨乡侨情的编写工作，并任该卷编辑委员；参与《浙江省人物志》有关温州古代、近现代人物的组编和审校工作，并任该志编委。曾任第三届温州市历史学会会长、省历史学会理事会理事、省地方志学会常务理事等。

一、苦难童年

1928年农历十月十九日(阳历11月30日),我诞生于浙江省平阳县江南区白沙乡二河村(今属苍南县龙港镇)。祖籍白沙乡章良村,该村均为章姓。20世纪20年代初由章良村迁居二河村。章良村与二河村之间仅隔一条小河(称第三河),相距甚近。二河村,以陈姓居多,叶姓、李姓、章姓、黄姓等次之。

祖父高增公,生于清同治庚午年(1870),两兄弟,高增公为老大,弱冠之年,习木匠,技艺高超,常为村民造屋、制木床;高发公居二,无子,一生务农。父亲道准,两兄弟,父为老大,道芝为老二,为高发公嗣子。祖父辈历代以木工、务农、晒盐为业,过着清苦的生活。

白沙乡二河村、缪家桥村是革命老区。早在第一次国内革命战争时期,就有张培农、叶廷鹏、吴信直等人在白沙乡缪家桥、二河、章良等村领导农民、盐民运动,组织白沙乡农盐民协会,我父亲及其胞弟也在二河村成立农盐民协会,分别被选为协会会长、副会长,积极参加张培农、叶廷鹏、吴信直等领导的一切革命活动。

1927年4月12日,蒋介石在上海发动"四一二"反革命政变,7月15日,汪精卫在武汉发动"七一五"反革命政变。至此,第一次国共合作全面破裂,平阳县江南区白沙乡的农盐民运动遭到严重曲折。

1930年7月8日,中共平阳县委书记吴信直在永嘉县梧埏乡慈湖村被叛徒出卖,遭敌人逮捕,先被关押在温州监狱,后转解到杭州监狱。1931年1月,我父亲参加中国共产党。1931年10月,吴信直在狱中被折磨而死。他死后,牵连白沙乡一批农盐民骨干分子,我父亲就是其中之一。1931年12月的一天,国民党警察12人到我家中捉拿我父亲,声称他是"共党分子",参加"反革命"活动,幸而我父亲早已逃之夭夭。警察抓捕扑空后,赖着不走,扬言要抓其家属子女,吓得我母亲浑身发抖。邻居见此情况,为我家代借12枚银圆,发给每个警察一枚做所谓"草鞋钱",他们才离去。

为避免敌人再来抓捕,我父亲丢掉二河村老家,租来河泥船,星夜将全家老少秘密搬至鳌江下游南岸黄家蓬上涂厂一座茅舍暂时住下。住在我老屋后东边轩间的二叔，怕自己被牵连以防意外，也租来河泥船举家搬至鳌江下游南岸新美洲搭建茅舍暂住。难兄难弟搬迁涂厂、新美洲，相邻相伴，互相沟通。

时年仅 4 岁的我，随父母亲来到这个凄凉的地方，过着贫苦的幼年生活。回忆童年，记忆犹新的是，我成长的年代，正是日本帝国主义疯狂侵略中国的年代。1931 年“九一八”和 1932 年“一·二八”事变相继发生后，东北、华北相继沦陷，江南政治危机深重。1937 年七七事变发生后，中华民族危机空前严重。地处鳌江下游鳌江口的新美洲、涂厂的百姓，人心惶惶，担心鳌江口被日本侵略者封锁，物资运不出，渔民捕不到鱼虾，生活受到严重影响。

人烟稀少、凄凉的涂厂，在七七事变发生后，内地余家墓一位余先生和他的儿子前来涂厂，在一座佛殿东侧长廊开辟一间简陋的教室，举办一所短期学校。全班不到 50 人，学生年龄参差不齐，年龄最大的是 16 岁，最小的是 8 岁。我们选举年龄最大的陈正达同学当班长，他家住新美洲陡门头，从他家到涂厂短期学校读书班，需步行半个多小时。我在这所短期学校接受启蒙教育，迄今难忘的是，当时没有算术课本，老师把算术题写在黑板上，叫每个同学在自带来的小粉牌上用毛笔计算；算毕，把自己的小粉牌送到老师的讲台桌上，由老师当场改、当场记分、当场发还小粉牌。国语课本，老师读一句，学生跟读一句。音乐课，老师讲唱抗日难民歌。这所短期学校办了一年就停办了。

涂厂短期小学停办后，获悉新美洲陡门头一所基督教堂开设小学二、三年级课程，我即刻转到教堂小学就读二年级。我家到陡门头需步行半个小时，下雨天，穿钉鞋或赤脚到学校。我在这所教堂小学读了两年半，就辍学了。

二、辍学谋生

1940 年冬，因家中吃口多，靠着种瓜、晒盐、滩涂张小网捕鱼虾，经济收入少，生活困难，父亲决定要我辍学谋生，去本邑江南区舥艚镇炉头村一家南货店当学徒。是年冬的一天上午，我大哥去鳌江镇买来两刀肉、三斤索面，领着我去该店拜师学艺。

这家南货店名叫陈源发，坐南朝北，店面阔 10 多米，长 30 多米，分店面、糕饼、镬灶、豆腐、猪栏等 5 间，后门直至大河畔。我入店当学徒，寄人篱下，经常挨骂，暗中落泪，为了混饭吃，只得忍气吞声，坚持下去。入店第一年，觉得自己什么都不懂，文化低劣，只能为店里做些辅助工，如扫地、烧饭、端面盂汤、养猪等。晚上睡店内地板上，挂着活动蚊帐。夜间，老鼠常从我耳边爬过，这我倒不害怕，所害怕的是，抗战时期，霍乱病流行，常有人吐泻脱水而死。他们死后，死者家属做纸船，夜间敲锣、击鼓，将"纸船"送到海边烧毁，以保平安。每当我听到这些送"瘟神"的锣鼓声时，毛发悚然，用双手瞒着两耳。入店第二年，我稍大，与店中老板、老师交往增多，对有些不懂的问题，敢于向他们请教，如当时秤东西用十六两秤，而不是现在使用的十两秤，需要学会斤求两、两求斤的计算方法，而且算盘要运用自如，这是其一。其二，还要牢记 24 个气节，学会天干、地支等基本常识。当时柜台老板之一刘化和先生，这方面知识很丰富，他教我对天干、地支组合排列方法和"六十甲子"的计算等常识。其三，开始充当糕饼老师、豆腐老师的助手，如农历七月十五糕饼老师做麻巧、八月十五中秋节做月饼等，都叫我做助手，操作炭火的烤盘，把麻巧、月饼烤出来。又如做豆腐，一旦豆腐老师患病请假，我往往独自操作，把豆腐做出两三板，供应市民早餐购买。这些简单的手艺我一一学会，迄今牢记难忘。入店第三年，我独自站柜台出售南北货，运用算盘算账；煮饭、烹饪，样样都会。

通过上述三年学徒生涯，受益匪浅。我主要收获有四点：一是懂得待人接客要有礼貌；二是与人家交往要讲信用；三是要尊敬老师、长辈；四是不要贪小便宜。但在这三年学徒生涯中，我也深刻认识到资本家唯利是图的本质。别的不说，我在这家店辛辛苦苦干了三年多时间，老板没有给我一分报酬，使我衣衫褴褛，犹如乞丐，忆当年的学徒生涯，是何等悲痛啊！

三、复学圆梦

1944年春，三年学徒期满，我离开陈源发南货店。当时抗日战争尚未结束，中华大地常遭日本飞机轰炸。虽然，日寇的铁蹄未及江南区全部乡村、山区，但百姓已饱尝霍乱、贫困之苦。不说别的，就说我的舅母（居芦浦儒桥头村）、姨母（居鉴后垟村）都死在霍乱病中。在这乱世之时，寻找谋生之路，谈何容易？最后，我反复考虑，毅然决定复学读书，决心把自己在做学徒荒废掉的三年多宝贵时间挽回过来，迎头赶上，实现自己的复学梦想。

（一）高小一年

1944年春，我开始复习高小五年级的算术、语文，通过3个多月的复习，于是年7月中旬赴白沙乡刘店刘尚民为校长的南监场盐工子弟学校参加插班六上年级的考试，幸而被录取，真是喜从天降。

1945年2月，原在南监场盐工子弟学校任教的一批名师被本邑江南区中心小学聘请去任教，我们闻悉，也转学随名师到宜山镇江南区中心小学就读六下年级，但我家离宜山镇5公里左右，必须住校就读，需付一点住宿费。多一分付出，多得一分收获。1945年7月，我拿到了平阳县江南区中心小学毕业文凭。

我高小毕业之时，正是中国人民抗日战争即将取得全面胜利之日。我和同村同班同学陈肇孙于1945年7月赴鳌江乘航船沿江而上至北港水头镇平阳县南雁初级中学（今平阳二中前身）投考，途中历时7个小时。考后半个月，我俩收到录取通知书，无比快乐，但能否成行，喜中有忧。

（二）初中三年

平阳县南雁初级中学是一所私立学校，学费比公立中学高，家庭经济能否负担得起？正当我愁眉不展之时，父母亲和兄弟一致表示：支持我去读初中。我非常感谢父母和兄弟对我的支持，我向他们表态：一定认真读书，决不辜负他们对我的期望。

平阳南雁初级中学地处北港山区，比较安全，因此在一些大学或中学执教的教授、著名教师回乡留在这所中学任教。不过，我来这所中学读书时，是日本帝国主义无条件投降（1945 年 8 月 15 日）后半个多月，不少原在该校执教的外地名师尚未离去，可以说，抗日战争胜利后，这所初级中学的师资队伍仍是首屈一指的。我有幸进这所中学读书，听从老师的教导，团结同学，实现自己复学的梦想。

我家去北港水头镇，需要从江南方岩渡江至鳌江镇船埠头候潮涨乘航船顺流而上；或者步行至湖前直鉴河船埠头候潮涨乘航船顺流而上，抵达水头镇一般都要六七个小时。那时交通十分不便，但我去求学也不觉得麻烦与劳累。

抗日战争时或抗日战争胜利后到南雁初级中学任教的老师，教学非常认真，爱生如子；而同学们尊敬老师，勤奋学习。我读初一年级时，任教我班的语文老师是林次瞻；读初二年级时，语文老师是钱衍；读初三年级时，语文老师是赵文祥。这三位语文老师每教一节古文，要求学生能背得来。我遵照老师的要求，把许多古文都背来，久而久之，古文中的许多美丽句子深深地刻印在我的脑海里，做作文时用它几句，可以增添文采。

任教我班的英语老师和语文老师一样，每教一节英语，不仅要求同学们记住生字，而且要把原文背下来。我遵照英语老师的教导和要求，每天早晨，拿着英语课本到学校后门外的溪边背诵。英语背熟了，考试成绩即可获优。迄今我还记得，在我读初二时，全校举行两次英语朗诵比赛，全班同学推选我报名参加，第一次朗诵比赛获三等奖，第二次获二等奖。这表明，我朗诵英语有进步，但还不是最佳，必须继续努力读好英语课。

除认真学好语文、英语、历史、地理、公民、美术、音乐、体育等课外，还要认真学好数学、物理、化学及动植物等课。这是考高中的基础课。回顾自己从 1945 年 9 月进校到 1948 年初中毕业，各门课的成绩均在 8 分以上。

（三）普师三年

1948 年 7 月，我赴浙江平阳县万全区郑楼乡报考省立温州师范学校普师部。当时，普师部招收 3 个班：两个普师班，各招 50 名；一个劳美班 50 名。1948 年 9 月开学后，普师部两个班，分为甲、乙两班。甲班是男女混合编,50名;乙班都是男同学,50名。我被编入乙班就读。当时,简师部尚有未毕业学生,但简师早几年就停招了。

郑楼,地处平阳万全区水网地带,河流交错,船只往来如梭,交通便利,向北直通瑞安县南码道,向西南直通平阳县城北门;向南5里是林垟镇,温师附小设在这个镇,除该镇设附小外,还在郑楼学校所在地与离郑楼2里的张家阁各设一所附小,作为普师生见习或实习的基地。普师或简师毕业的学生,通过见习或实习,才能成为合格的高小和初小年级教师。

1948年9月,我进入省立温州师范学校普师部就读开始,至1949年1月,校长是伍敏行,教务主任是王崇玉,训育主任是王开文,事务主任是张壬,语文老师唐云垂兼我们乙班班主任,算术老师项启中,军训老师杨中柱,心理学老师张慈恩。1949年2—7月,校长董服群,教务主任项景育,兼教我们乙班数学;训育主任王鸿亨,兼教我们乙班生物学;语文老帅王竑光,兼我们乙班班主任。这一年,国内政治形势发生重大变化,辽沈、淮海、平津三大战役胜利结束,而浙南革命形势也发生巨大变化。为适应革命形势发展需要,一些进步学生参加地下党组织;《浙南周报》《新民主主义论》《论联合政府》等蜡版刻的油印本已秘密传到同学手中,许多进步同学已知道国民党反动统治即将彻底崩溃,全国革命胜利在望。因此,在1949年4月20日,中国人民解放军横渡长江前后,许多同学不告而别,奔赴浙南游击革命根据地,参加革命斗争。

1949年5月7日温州和平解放;5月10日瑞安县城和平解放;5月12日凌晨3时许,我和本班六七个同学带着“迎接工农子弟兵进城”等标语,赴平阳县城迎接解放。上午9时许,集中在县昆阳小学操场听安邦同志讲话,温师普师部项显启同学代表温师地下党组织讲话。项显启讲话后,我问他:“我是否随浙南游击纵队去工作?”他说:“你必须留校抓学运、农运工作。这是党组织决定的!”中午我们集中在平阳县立中学吃中餐,吃罢中餐,听温师普师部杨崇湖同学教唱《跟共产党走》《解放区的天》两只革命歌曲,下午3时30分返校。

平阳县城解放后,郑楼乡村百姓欢欣鼓舞,学校师生思想动荡,不知今后何去何从。老师上课心神不定,学生听课思想分散,有人快乐,有人担忧,大家都在思考着自己的前途与命运。鉴于此种情况,学校便提前放暑假。

我回家后，待了近一个月，获悉平阳县江南区委在宜山镇举办青年训练班（简称“青训班”），我便与同村陈肇孙同学和邻村下东庄村陈万吼三人去江南区委“青训班”报到，被江南区委编入魏王玑班学习。学习期间，听取区委副书记、区长林克己，蔡鸣珊、方志远等同志的政治形势报告和中国工农红军长征的历史故事，学习途中想起温师地下党项显启同志叫我留校做好学运、农运工作决定，便向江南区委申请返校工作的要求，区委林克己同志批准我的要求，我于7月上旬返郑楼温师做学运、农运工作。8月间，温州市军事管制委员会派李元勋同志接管温师，成立校务委员会，我为校务委员。温师提前开学后，全校举行选举温州师范学校学生自治会主席，马锡鉴老师主持大会选举，学生代表上讲台演讲，我说：“选举必须公平、公正，不要有同乡观念、班级观念，当选者必须全心全意为同学们服务！”大家热烈鼓掌。最后举手表决，大会一致通过，我被选为学生自治会主席。

1949年8月，校长李元勋，教导主任张慈恩，语文老师马锡鉴兼我班班主任文。马老师平易近人，爱惜学生，教学认真，批改作文，字迹端正，学生向他请教问题，他非常耐心，不厌其烦。同学们称他是好老师。

1949年10月1日，中华人民共和国成立后，全国西南地区和福建沿海地区尚未解放，阶级斗争仍然尖锐、复杂。学校领导通知我赴平阳县城听取平阳团工委王毅同志传达中华人民共和国成立的重大新闻。毛泽东主席在天安门城楼上庄严宣告：“中华人民共和国中央人民政府今天成立了！”他挥动电钮，升起第一面鲜艳的五星红旗。接着，举行阅兵仪式，朱德总司令检阅人民解放军陆海空三军的受阅部队。全国已经解放的各大城市举行热烈庆祝活动。

1949年11月25日，第五专区首届青年团代表、学生代表会议（简称团代会、学代会）在温州市城区（今鹿城区）召开。温州地区各中等学校成立学生代表团。我为浙江省立温州师范学校代表分团团长，率领温师学生代表赴温州市城区参加团代、学代会议。中共平阳县委宣传部部长黄嘉斌同志为全县总团长，由他率全县各代表分团出席这次大会。

第五专区首届团代、学代会议在温州市五马街大众剧院举行，会议听取李培南、龙跃、王林芳等同志的报告。会议期间，黄嘉斌同志动员学生代表加入新民主主义青年团，我带头申请并动员学生代表加入。我的入团介绍人，是温州师范普师部杨崇湖和平阳县团委陈奕铨同志。因为我是温州师范学校学生自治会主席，故入团后即被批准为正式团员。11月30日下午，与会的全体新民主主义青年团团员在温州市中山公园举行入团宣誓大会，并摄影留念。

第五专区团代、学代会议胜利闭幕后，我率代表团返校。返校第二天，向全校同学传达团代、学代会议精神，并向当时代表温州市军事管制委员会接管温师的小组长（校长）李元勋汇报和建立温师新民主主义青年团支部的建议。李元勋校长表示同意。当时，温师普师部已有两名平阳解放前入党的中共党员：一名是本班同学颜贻酬，一名是比我低一年的女同学周松菊。我与他俩商议后，于当年12月成立新民主主义温师团支部，推选周松菊为团支部书记，颜贻酬为团支部组织委员，我为团支部宣传委员。

1950年2月放寒假期间，平阳县团工委举办新民主主义青年团培训班，温师领导通知我前往参加。除参加青年团培训外，温师所在地——郑楼乡农村开展治虫宣传活动，学校也通知我前往参加，使我成为同学中的一位大忙人。

1950年上半年，学校课程增加，如数学、物理、化学、地理、历史等，若没有听课，数、理、化的题目就难以解答。因此，必须抓紧学习，牺牲休息时间，完成老师布置的各项作业。

1950年下半年，徐步奎（徐朔方）老师兼我班班主任，执教我班语文课。他是学校的名师之一，每天早晨起来除打太极拳锻炼身体外，还朗读俄语，课余时间研究元曲。步奎先生和夫人杨笑梅注释的汤显祖著作《牡丹亭》，被列为中国古典文学读本丛书之一。

1950年10月，温师领导动员普师三年级同学参加郑楼乡土地改革工作。我班陈继星、赵钦岩、徐忠忠和我报名参加。当时平阳县委任命周希贺同志为郑楼乡土改工作队队长，任命温师政治老师王从廉、物理老师叶仲荣为副队长，我和陈继星为郑楼乡河交大村土改工作组正、副组长。土改工作队进村前，集中万全区临区乡三大寮区公所机关培训三个多星期，主要是学习《中华人民共和国土地改革法》，研究土改方针、政策、方法、步骤、土改路线、依靠对象。培训结束后，我们土改小组于1950年11月进驻郑楼乡河交大村，住在祠堂里，晚上睡在地板上，每天煮饭、烧菜自己动手。

土地改革是一场激烈的阶级斗争。在工作方法上,必须要有领导、有计划、有秩序地进行,必须贯彻党的群众路线,依靠贫、雇农,团结中农,把广大农民充分发动起来,使他们在打倒地主阶级斗争实践中提高觉悟程度和组织程度,真正相信自己的力量,实现当家作主。

在河交大村进行的土地改革,历时4个月,1951年3月下旬我返校读书。为了把4个月荒废了的读书时间补上去,我们以土改的工作精神,夜以继日地到教室复习功课,遇到难题,请教同学和老师。与此同时,每天认真听课,迎接普师毕业考试。经过3个月的积极努力,参加学校毕业考试,各门功课成绩优良。1951年7月,我领到了浙江省立温州师范学校普师毕业文凭。这张毕业文凭迄今尚保存完好,永做纪念。

四、参加工作

长风破浪正当时。我于1951年7月毕业时,温州专员公署文教科向温州师范学校要几名普师部优秀的毕业生,我幸运被学校推荐去了。是年8月8日立秋,天气炎热,我从白沙乡二河村(今苍南县龙港镇)乘船到温州报到,途中历时近两天。

当时温州专员公署文教科科长是汤少林,副科长是张扩夫,文教科干事有丁炜(中共温州地委书记李铁锋夫人)、李文治、宋静文、张利民等十多人。我报到后,文教科布置我和一个从永嘉县调来的高中毕业生陈琴鹤到永嘉县梧埏乡(今属瓯海区)农村调查农民中的文盲、半文盲等状况,旨在为文教科举办冬师培训班、开展扫盲运动提供材料依据。

国庆节前,我和陈琴鹤从永嘉梧埏乡返回文教科,即刻写调查报告,并向文教科分管的领导汇报。国庆节后,陈琴鹤同志回永嘉县工作,我被调地委干校文教班学习。地委干校设在信河街应道观巷。参加文教班学习的学员50多人,班主任廖仲可,河南省人。我在文教班学习一个多月后,又被文教科调到冬师培训班工作。冬师培训班设在温州城区原温州艺文中学,校址在海坛山西麓。冬师培训班班主任是应之春同志(中共温州地委宣传部宣传科科长),副主任许明发,平阳县调来;组织干事罗紫东,总务汤湘国,司务章志诚。教师由各县教育局推荐。冬师参加培训后，其主要任务就是对本乡农民进行文化知识教育，帮助农民摘掉文盲帽子，做新中国有文化知识的农民。

冬师培训班培训结束后，应之春和罗紫东分别返回温州地委宣传部与地委组织部；我和许明发、汤相国三人到温州地委干校参加整风学习。整风学习结束后，正逢全国开展"三反""五反"运动。因工作需要，我又被调到地委干校第四班班部工作。该班班主任是张瑜同志（地委干校校部主任董锐同志夫人），副班主任是黄广同志（文成县人），班部干事有陈麟振、叶乃桐、方建甫、傅维雄、章志诚等人。

参加这次"三反""五反"运动的主要对象，是温州地市、党政机关干部和私营工商业部门干部。这场斗争，采取群众运动的方式，大张旗鼓，雷厉风行，以形成有力的社会舆论和群众威力。斗争中抓住典型重大案件，加以处理，以引起全党的警惕和全社会的重视。我们四班有个学员，新中国成立前在某某银行工作，有贪污嫌疑，运动开展后，他思想顾虑重重。针对他的思想顾虑，"打虎队"队员向他政策开导，阐明"坦白从宽，抗拒从严"政策；同时，在每天吃早餐前，集中唱《反贪污》歌曲："贪污分子，你睁开眼，两条道路由你挑：一条光明，一条黑暗……"大造舆论声势。最后，这个学员交代了在解放温州前夕私贪黄金 14 两，后将黄金 14 两送交地委干校校部。大家看到打"老虎"的成果后，更加坚定"三反""五反"的信心和决心。

第二天上午，校部在大礼堂召开批斗"老虎"大会，进一步动员"坦白从宽，抗拒从严"政策。根据第四班学员主动坦白、交出贪污黄金的表现，校部意见：免予刑事处理。这个学员感动得流泪，感谢党和政府对他的宽大处理，表示痛改前非，保证今后不再重犯，一定廉洁奉公，认真做好本职工作。

这次"三反""五反"运动，虽然出现了一些过左现象，但从总体看，这次运动教育了干部的大多数，挽救了犯错误的同志，清除了党的队伍和国家干部队伍中的腐化分子，抵制了旧社会恶习和资产阶级的腐蚀，对形成健康的社会风气有很大的作用。

"三反""五反"运动结束后，我被调到地委干部三部工作。三部机关设在信河街丁字桥巷，与应道观巷干校总部相距不到 100 米。三部主任周申生；三部教育干事陈麟振、章志诚；生活干事陈锡光。我们的职责是，在培训对象确定后，草拟教育计划、目的要求、方法步骤和活动时间安排表等，提供部主任研究参考。

1952年暑假，地委干校培训温州地区县、镇中心小学校长，时间40余天。学习结束前，对每个学员进行鉴定。培训班结束后，校部又集中校部干部进行学习，交流思想，总结经验，为下一步培训教师奠定思想基础。

1952年冬，地委干校校部决定，举办小学教师培训班，班部主任系温州地委宣传部周某，我又被抽调到小学教师培训班工作，并宣布我为行政股股长，负责培训班后勤工作。当时，培训班班部设在温州四中前面九山河畔八角楼楼上，学员住在温州四中学生宿舍。学习对象都是乐清来的小学教师，有的女教师已经怀孕七八个月了也前来参加学习。在这期教师培训中，我印象最深刻的有两件事：第一件事，煮饭借用部队的行军锅，用木柴烧，有一天早晨，柴火过猛，炊事员把粥烧焦了，学员提意见。班主任周某把我叫去狠狠地批了一顿，说我没有把伙食管好。第二件事，一个女学员怀孕九个月了，夜间叫肚痛，急需把她送到医院妇产科去分娩。

1953年初，地委干校完成干部、教师培训任务后，我被调回专员公署文教科。当时，人才匮乏，文化程度较高的人较少。我奉调永嘉县头陀寺温州农业中等技术学校(后改为永嘉农业中等技术学校)任政治辅导员，分管人事，担任一个班语文课，兼班主任。当时农校校长是王儒霖，党支部书记是姚淑嬉(女)，教导主任是林心清，教师有游仁逵、叶正棪、王宏法、陈圣范、林行芝，总务主任是潘大平等。1953年7月，温州农业中等技术学校首届毕业生50余人，由我整理档案，经学校领导审定后，由我把档案送杭州省农林厅分配。

1953年9月，因温州工农干部文化补习学校急需数学、语文教师，专员公署文教科把我和时任农校总务主任潘大平二人，从永嘉农业中等技术学校调去。我执教数学，兼一个班班主任；潘大平执教一个班语文，也兼一个班班主任。我在此执教一年，后该校人事科通知我报考浙江师范学院，上高校深造。

1954年7月下旬，我赴杭州六和塔原之江大学参加考试。考试科目分语文、历史、地理三门，当时我报考历史专业。8月中旬，我接到浙江师范学院录取通知书。

五、步入高校

浙江师范学院创办于1952年，由浙江大学文理学院与之江大学文理学院等合并而成，重建历史系。校址设在杭州体育场路。浙江师范学院从创办开始，向华东地区招收学生，历史系和历史科各招50名。系与科所不同的是：历史系纯招应届高中毕业生（含中等师范学校普师毕业生），而历史科以招调干生为主、包括小部分应届高中毕业生和中等师范学校普师毕业生。1954年9月，我进校就读历史科时，浙师院已招三届历史系、三届历史科，而历史科两年制，已毕业一届；历史系首届学生尚未毕业。当时，历史系内名师荟萃，如沈炼之、段铮、毛昭晰、胡玉堂、沈镜如、黎之耀、徐规、倪士毅、张慕骞等，我们历史科学14门课，其中有8门主课，即马列主义基础、中国古代中世纪史、中国近代史、中国现代革命史、世界近代现代史、心理学、教育学、绘图学（不考试计分）、汉语基础知识（不考试计分）等，都是系与科合并上课，只有中国古代史、世界古代史、世界中世纪史等单独上课。每周上30节，而历史系每周上14节或15节。此外，还设教育实习基地，定点杭州一中（今杭州中学），实习4个星期。当时我被分配实习高三中国近代史，向学生讲授“义和团运动与八国联军侵略中国”。

教育实习结束后，返校参加毕业考试。当时，考试采用优、良、中、及格和不及格记分法，我除了世界古代史考及格（当时我患阑尾炎，在浙江医院做切除手术出问题，而住院20天没有听课）外，其他各门功课口试或笔试的成绩都是优良。因此，我被浙江省文教厅分配为高中教师。

回顾自己在浙师院学习历史专业和教育实习中，有哪些方面得到提高呢？主要有：首先，学到了古今中外全面、系统的历史知识，这是我入高校前所没有的；其次，学习中国历史要籍及其基本内容，这也是我入高校前所欠缺的；最后，学习了中国古代、近代历史地图和世界古代、近代历史地图知识及其绘图的几种方法，这也是我入高校前所不足的。总之，入高校深造后，不仅史学知识充实了，也为我今后研究历史和哲学思想奠定了良好基础。

六、教书育人

1956 年 7 月，我到温州后，持省文教厅介绍信到温州市教育局人事科报到。人事科科长林文珍同志叫我过两天再来找她。遵嘱两天后去找林科长时，她对我说："把你分配至市教育局教研室工作，兼教市教师进修学校（温州教师进修学院前身）一个班中国古代史课。"我在市教育局教研室工作半年后，即于 1957 年 1 月，奉调温州一中（今温州中学）工作。该校教导主任朱鹏先生分配我执教中国现代史兼高三（4）班班主任，教高三 6 个班，每周上 18 节课。和我同教材的另一位教师毛锦生兼高三一个班班主任，教高三 6 个班，每周也上 18 节课。

1957 年 7 月高三段学生毕业后，学校教导处分配我兼高三（5）班班主任，兼教高三 6 个班的中国近代史、中国现代史课，每周仍是 18 节课。和我同教材的毛锦生先生兼高三（4）班班主任，也兼教高三 6 个班课。我与毛先生经常相互听课，取长补短，力求提高教学质量，同时对报考大学文科的同学加强指导。

1958 年 7 月高三段学生毕业后，学校教导处又分配我兼高三（3）班班主任，因史、地课取消，叫我改教政治课（今称思政课），除教高三（3）班一个班政治课外，兼教五年一贯制重点班 4 个班的政治课。

1958 年 9 月，我接任高三（3）班班主任时，正逢全国掀起全民大炼钢铁的群众运动，各级党委第一书记挂帅，动员几千万人上山砍树挖煤，炼钢炼铁，并提出"以钢为纲，全面跃进"的口号。我教了近 4 个月的高三（3）班和五年一贯制 4 个班的政治课后，全校高三段 10 个班的学生都停课，先后赴永嘉县楠溪砍树烧炭。全市烧炭队伍由市教育局正副局长率领，于 12 月 30 日晚从温州朔门码头乘小火轮出发至永嘉县沙头镇上岸，从沙头镇步行至永嘉县岩头镇中学宿夜，第二天再步行到永嘉县与仙居县交界处黄坑底驻扎。我班男女学生 50 人，分组随烧炭师傅上山砍树烧炭：一种叫松炭，俗称"焖乌"；一种叫硬炭，俗称"白龙"。烧炭长达一个月，再沿着老路返回沙头镇，乘小火轮返回温州复课。值得一提的是，同学们在永嘉县山区一个月的砍树烧炭生活中，写下了100余首的诗篇，由我保存整整半个世纪。2009年庆祝同学毕业50周年之时，我交给温州一中原高三(3)班陈寿增同学修订成《前哨诗刊》，印发给每个与会同学一本，留作永久纪念。

1959年5月，我参加中国共产党，同年7月，高三(3)班学生毕业后，我调本校高一段(设在原温州六中)担任分部负责人，兼高一段重点班班主任，执教高一4个班的政治课，每周12节。次年9月，调任温州一中初中部部主任，兼教4个班政治课，每周12节，直至1961年12月止，离开教坛，结束教书育人之职责。

在教育战线上从事初高中教学五年半，在我人生道路上虽然较短，但确实收获不小。就个人收获而言：其一，把自己过去在大学所学的古今中外历史，通过教学形式，进一步得到巩固，并扩大了视野。其二，我担任三届高三年级班主任，兼教中国近代史、中国现代史、政治课所培养的大批学生考上各类重点大学和普通大专学校，他们毕业后成材、为国家建设事业所做的重要贡献，令我感到自豪与欣慰。其三，在教书育人过程中，也有值得总结和汲取的教训，主要是：有些成绩优异的男女学生因社会关系复杂或出身成分不好未被高校录取，造成人才浪费，深感遗憾。其四，在教学实践中，我发现研究辛亥革命的专家学者还不多，于是我在1957年时就确定研究辛亥革命。当时我花18元购买中国近代史资料丛刊《辛亥革命》(1—8册)之后，不断积累这方面的资料，形成辛亥革命资料库，为研究辛亥革命奠定了基础。

七、从政生涯

1962年1月，我从温州一中奉调中共温州市委宣传部工作。当时，市委机关设在温州市鹿城区墨池坊1号大院内，市委组织部、市委宣传部、市委工交部、市委财贸部等单位均驻在这里。而市委宣传部设组织科、理论科、宣传科、文教卫体科4个科室。其中宣传科工作干部最多：正副科长2人，宣传干事8人，分两套班子：一套抓城市宣传；一套抓农村宣传。市委宣传部组织科，分管市区文教卫体各局(委)人事任免工作。市委宣传部正副部长3位:正部长刘展如,副部长潘耀庭、朱仁禺。正副部长的分工是:刘展如部长抓全面工作;潘耀庭副部长抓农村宣传工作,朱仁禺副部长抓城市文教卫体宣传工作。他们明确分工,定期汇报、交流,研究部署下一步工作与任务,围绕党的中心任务而开展宣传工作。

我到市委宣传部工作的年代,正是台湾国民党妄图反攻大陆的年代。温州地处浙江东南部,是海防前哨,盘踞在台湾的国民党时常派遣股匪偷渡潜入大陆深山老林。阶级斗争十分尖锐、复杂。为使广大工人群众不吃二遍苦,中共温州市委宣传部根据市委的部署,抽调宣传科科长和干事下工厂企业,对工人群众进行忆苦思甜教育。我随科长王忠万到国营温州针织厂、温州皮鞋厂等单位进行调查研究,协助厂党委、工会,向工人群众讲述阶级斗争形势,开展忆苦思甜活动。当时,市委书记崔振华也深入生产第一线,抓阶级教育。

面临台湾国民党叫嚣反攻大陆的形势,我党高度警惕,做好各方防御准备。1962年10月,中国人民解放军二十七军开到温州地区,军部机关驻在墨池坊中共温州市委机关所在地。市机关干部坚守机关待命,配合市委应急需要。后来,敌人不敢轻举妄动,中国人民解放军二十七军才撤离温州。

(一)下厂"三同"

1963年初夏,我随市委派遣的工作组到西山温州瓷器厂和工人同吃、同住、同劳动。当时交通不便,我从家中步行至西山瓷器厂,需要一个小时左右,那时我年轻力壮,路远也不害怕。

温州瓷器厂创办于1939年,创办人是温州民族资本家吴百亨先生。开办时,雇用5个日本工程师,工厂规模从小到大。1963年初夏,我进厂时,全厂干部、职工700余人。温州陶瓷研究所设立在厂内。我在该厂"三同"一年期间,和厂部秘书林承兴等人为温州瓷器厂编写了厂史,撰写了工人回忆对比文章,发表在《浙南人众报》《浙江日报》《解放日报》上,受到市委领导、工厂干部职工的好评。

(二)杭州"四清"

1964年11月,中共温州市委抽调全市500名干部,组成省委社教工作团温州分团，由中共温州市委书记崔振华率团赴杭州市江干区搞社教运动。我又被组织抽调参加这次社教运动。开始我被分配在省委社教工作团巡视组工作，组长伏庆祥同志，后调至团部搞社教通讯报道工作。在团部机关工作期间，接触省委副书记吴宪秘书苏中模、尹明道，杭州市委书记周锋秘书傅森林，杭州市委宣传部干部杨雄健（原在《杭州日报》当过编辑）等，从中获益不少。

1965年1月14日，中共中央下达了《农村社会主义教育运动中目前提出的一些问题》（简称《二十三条》）。为贯彻中央《二十三条》，1965年春节前，省委工作团领导在杭州市政府招待所召开江干区社教工作团秘书班子会议，我参加这次会议。会议内容主要是学习中央《二十三条》，总结前阶段江干区社教运动的经验与问题。通过学习，明确了这次运动的性质、重点、工作方法和搞好这次运动的标准，并明确了城市和农村的社会主义教育运动的提法，一律称"四清"（清政治、清经济、清组织、清思想）运动。会议结束，我随温州社教分团工作队队员回温过春节。

春节后，我随温州社教分团全体工作队队员返杭州江干区社教工作团团部，仍然参加社教通讯报道工作。1965年7月中旬，江干区"四清"运动宣告胜利结束。7月19日，我随温州社教分团工作队返回温州。

（三）温州"四清"

1965年8月，省委城市社教工作团温州分团成立，中共宁波市委书记葛仲倡同志为分团团长，省轻工业厅厅长翟翕武、省邮电局局长韩国立等为副团长，王忠眉同志任省委社教工作团温州分团办公室主任。社教分团团部设在温州市蛟翔巷市委党校（即今温州市老年干部活动中心）。当时，我又被分配到温州社教分团办公室工作。

温州"四清"工作队进驻有关单位后，社教分团副团长翟翕武同志下基层调查研究，需要一位同志跟他带路，当时团部办公室派我随翟翕武同志到工厂企业调查研究。1966年春节前，翟翕武同志回杭州过年，因他胃做过手术，身体虚弱，春节后就留在杭州疗养了。

随着"四清"运动的深入开展，温州社会存在的矛盾和问题就暴露出来了，群众纷纷来工作团反映问题。为此，温州社教分团成立信访组，由我和裘梦麟、范国源三人组成,我为信访组组长。当时群众来信来访所反映的突出问题是两个:一是反映1958—1962年职工被精简后生活困难,要求复工;二是反映支青中一些青年要求回城就业。我们将这些来信来访的情况向温州城市社教分团团长葛仲倡汇报后,葛仲倡同志对群众反映的问题十分重视,认为温州精简职工问题突出,必须尽快予以解决,这是关系到职工的生活问题。于是,葛仲倡同志即刻请温州市委副书记英宜之、市二轻局局长及有关部门的负责同志来社教分团研究,抓紧落实被精简老职工的政策,安排他们回集体所有制工厂工作。根据团部领导的研究决定,分团办公室起草文件,很快安排了一批被精简职工的就业问题。落实被精简职工的政策,不仅解决了被精简职工的生活困难,也缓和了职工群众与政府之间的矛盾。至于支青要求回城就业的问题,如何解决,温州社教分团团长葛仲倡正在考虑之中。

(四)十年动乱

然而,正当温州"四清"运动步步深入之时,中共中央于1966年5月16日发布了《五一六通知》,强调:"要高举无产阶级文化革命的大旗,彻底揭露那些反党反社会主义的所谓'学术权威'的资产阶级反动立场。彻底批判学术界、教育界、新闻界、文艺界、出版界的资产阶级反动思想,夺取他们在这些文化领域中的领导权","同时也要揭露混进党里、政府里、军队里和各种文化界的资产阶级代表人物,是一批反革命的修正主义分子。一旦时机成熟,他们就会要夺取政权,由无产阶级专政变为资产阶级专政"。

《五一六通知》下达后的当天下午3时,北京大学哲学系聂元梓等7名同学即抛出第一张大字报,责问北大党委宋硕、彭珮云等负责同志:"在'文化大革命'中究竟干些什么……"17日,《人民日报》发表《横扫一切牛鬼蛇神》的社论;同时又以《人民日报》评论员的名义发表《热烈欢呼北大第一张马列主义大字报》的文章。8月5日,毛泽东同志又撰写了《炮打司令部——我的一张大字报》。这张大字报公开向全国发表后,神州大地,大字报即铺天盖地而来,纷纷揭批本单位所谓"走资本主义道路当权派",军队多兵种也同样贴出大字报,学校停课闹革命,中学生以上学生到社会串连,特别是大学生到全国各省、市、地机关煽风点火。9月5日,北京造反队5名温籍学生到温州地委门口张贴白对联："高高在上，当官做老爷，有朝一日，定被群众所厌弃；不当学生，只想当先生，不触灵魂，岂非咄咄怪事也。"横批是"何去何从"。9 月 7 日，温州市区开始大鸣、大放、大字报、大辩论（简称"四大"），引起社会秩序混乱。

社会上开展"四大"后，温州"四清"运动受到严重影响。在未接到上级通知前，我们仍坚守岗位，把信访资料整理好、保管好。1966 年 10 月中旬，我们奉命离开温州社教分团返回原单位——市委宣传部参加揭批查运动。

1968 年 12 月，市机关干部进市"五七"干校参加斗、批、改。当时"五七"干校设在市区窦妇桥温州师范学校，离我家较近。1971 年 5 月，我被下放到市近郊藤桥区区委任办事组组长；1971 年林彪外逃叛国后，我第二次进市"五七"干校参加"批林整风"运动。当时，市"五七"干校设在景山莲花心。

1973 年 5 月，温州市委组织部将我上调到温州市委党校工作；同年 10 月调回市委宣传部宣传办公室。1976 年 10 月下旬，"四人帮"粉碎后，我奉调市工交办公室（市工业经济委员会前身）工作。1977 年，我被市委任命为市工交办公室秘书科副科长；1982 年 2 月，任命为温州市经济委员会宣教科科长；1983 年 12 月，任命为温州市职工教育管理委员会副主任（专职）兼办公室主任；1984 年 4 月，任命为温州市职工教育管理委员会副主任兼办公室主任；1985 年 11 月，任命为温州市第六届人民代表大会常务委员会办公室副主任；1988 年 4 月，市人大换届，我被选任市人大常委会办公室副主任；1990 年 2 月，我被市委、市政府任命为温州市地方志编纂委员会副主任兼《温州市志》主编。

八、学术研究

"文革"十年动乱期间，我利用晚间、星期天，自学《形式逻辑》《辩证逻辑》等著作，但没有专心致志地从事学术研究，直至 1978 年 12 月，中共十一届三中全会召开后，在党和国家的改革开放政策指引下，才步入辛亥革命研究领域。

1979 年 12 月，我试写《美洲洪门与辛亥革命》一文，投寄《浙江学刊》编辑部，该刊编辑部回信，说拙稿有一定的分量，拟采用。为纪念辛亥革命 70 周年，决定将拙稿放在 1981 年《浙江学刊》第 1 期刊布，发表后，1981 年 2 月 22 日《光明日报》对拙文的内容做了简介，引起了史学界的关注。

随着研究辛亥革命领域的不断深入，发现有的学者发表的文章有疏漏，或者与辛亥革命史实不符等问题，我便写了《关于孙中山与美洲洪门的几个问题》一文，刊载在《杭州师范学院学报》(试刊)1982 年第 2 期上。

正当我兴致勃勃研究辛亥革命之时，接到浙江省归国华侨联合会(简称省侨联)的通知。省侨联主席侯玉贞叫我承担研究温州华侨史，她说：“温州是浙江著名侨乡，也是全国著名侨乡之一。在新中国成立前的漫长历史中没有专人研究温州华侨历史；新中国成立后至今仍没有专人研究这个问题。而你住在温州，有条件研究这个问题。”省社会科学院历史研究所所长陈学文先生，是我的老朋友、好朋友，也叫我研究温州华侨史，以填补温州历史上一项空白。我觉得他们说的话极是，于是，从 1982 年以后，我把研究重心逐渐转移到研究温州华侨史方面来。

那么，研究温州华侨史应从哪些方面入手？第一，学习华侨历史论著和侨务政策，弄清什么是华侨、华人、华裔，进而学习中西交通史料，了解中国古近代华侨出国的历史；第二，深入温州各县(市、区)重点侨乡调查研究，了解侨乡的形成、发展、华侨分布及其特点；第三，采访老华侨、老归侨，了解他们在国外谋生、经商、创业的历史以及遇到的困难和问题；第四，在调查重点侨乡和采访老华侨、老归侨的基础上，撰写重点侨乡调查报告和华侨华人人物传略。

1986 年 7 月 1—3 日，中国华侨历史学会在北京举行第二次会员代表大会暨第三次会员代表大会。我应邀出席大会，并向大会提交《浙江省文成县华侨简史》一文，刊载在《华侨历史》(试刊)1986 年第 4 期上。

1989 年 4 月 25—28 日，中国华侨历史学会、福建华侨历史学会、厦门大学南洋研究所(南洋研究院前身)、新加坡南洋学会联合举办的“战后海外华人变化国际学术研讨会”在厦门市鼓浪屿观海园旅行村举行。应邀与会的国内外专家学者 140 余人。我也应邀参加这次研讨会，并向大会呈交《战后欧洲华侨华人经济变化初探》一文，分别刊载在《战后海外华人变化国际学术研讨会论文集》、福建省华侨历史学会梁康生等主编的《华侨历史论丛》第5册与《浙江学刊》1989年第5期上。该论文荣获1989—1990年度温州市社会科学界联合会社会科学优秀成果一等奖。

1993年11月27日至12月2日，中国华侨历史学会、中国华侨华人研究所和汕头大学东南亚研究中心联合在汕头大学举行"世界华侨华人经济国际学术研讨会"。参加这次研讨会的有国内外代表158名，分别来自世界五大洲19个国家和地区。我应邀参加这次研讨会，并呈交《战后欧洲华侨华人经济变化》一文。刊载于萧效钦、李定国主编的《世界华侨华人经济研究：世界华侨华人经济国际学术研讨会论文集》，汕头大学出版社1996年1月出版。

1998年8—9月，我和老伴赴法国、卢森堡、比利时、荷兰、西班牙等五国调查考察了温州籍华侨及转国籍华人在欧洲谋生、创业历史，历时一个月，获得了许多第一手资料。同年10月28—31日，由福建省侨办、晋江市政府、厦门大学南洋研究院共同组织"中国侨乡研究国际学术会议"，有15个国家和地区的学者应邀参加此次学术盛会。我也应邀参加，并向大会提交《试论温州海外华侨华人与温州经济发展的关系》一文。会后，拙稿刊载于庄国土主编的《中国侨乡研究国际讨论会论文集》，厦门大学出版社2000年5月出版。

2000年6月24日至10月17日，应西班牙华侨华人协会的邀请，我和上海社会科学院欧亚所(今改为上海社会科学院国际关系研究所)研究员沈立新，先后调查考察了西班牙、意大利、奥地利、德国、荷兰、比利时、法国、葡萄牙等八国的大中小城市45座，采访了华侨、华人、暂无居留证者共240余人。在这次调查考察欧华社区期间，我俩应邀于2000年8月23—24日在奥地利维也纳参加了第八届欧洲华侨华人社团联合会；8月25—27日，又应邀赴德国柏林参加"全球华侨华人推进和平统一大会"。参加这两次大会，广泛接触了欧洲各国侨团领导人以及与会的一些国内外专家、学者和社会活动家，并与他们交流了中外文化思想，增进了友谊；同时也了解到欧洲华侨华人在国际社会中的地位与作用。

2001年8月中旬，在上海华东师大召开"国际人口流动研讨会"，应邀参会的国内外专家学者10多人。我应日本淑德大学社会学教授田岛淳子邀请参加这次研讨会,并提交《关于欧洲新移民问题的探讨》一文,拙文刊载在《八桂侨刊》2002 年第 1 期。

2001 年,上海侨网为适应新时代与形势发展需要,出资筹办"上海龙脉华侨华人研究所",邀请全国侨史专家学者周南京、丘立本、庄国土、赵和曼,全国侨联干部赵红英等莅会指导。我也应邀参加这次成立大会。这次大会,不是以文会友,而是旧友重逢,大家格外亲切。

2004 年 11 月 7—10 日,浙江省社科院、绍兴市社科院、绍兴市政协文史委联合举办纪念光复会成立 100 周年学术讨论会。出席这次研讨会的有来自全国各地的老、中、青专家学者 50 余人,还有蔡元培、徐锡麟、秋瑾、陶成章等光复会领袖后裔。我和温师院副教授张洁应邀参加这次会议,并向大会提交《试析陶成章与孙中山的矛盾原因及其影响》一文,刊载在《光复会与民族觉醒——纪念光复会成立一百周年学术讨论会文集》,云南人民出版社 2005 年 7 月出版。

2015 年 9 月,是日本关东大地震 92 周年,也是温州、处州(今丽水)两地旅日华工在关东大地震期间惨遭杀害 92 周年。为纪念他们先辈在日本的亡灵,温州瓯海区五凤垟乡旅日遇难者遗属组织代表团一行 8 人赴日本进行悼念活动。我应中国旅日华侨、中日交流促进会秘书长林伯耀先生的邀请参加。9 月 5—7 日,参观 1923 年温、处两地旅日华工及吉林留日学生领袖、"共济会"委员长王希天惨遭杀害的地址及"共济会"遗址。9 月 6 日下午,我在悼念遇难中国、朝鲜华工纪念厅做专题演讲,并向大会提交 2.5 万字的论文,2015 年 9 月 6 日晚,"918 爱国网"将我的演讲稿全文传播。

九、学术专著

(一)《章志诚集》

1978 年 12 月中共十一届三中全会召开后,在党和国家的改革开放政策指引下,我利用业余时间,联系以往积累的有关辛亥革命资料,做了一些研究,发表了有关辛亥革命的几篇论文。进而我对温州青田重点侨乡进行调查，并与上海社科院沈立新研究员应西班牙华侨华人协会的邀请，对西、意、奥、德、荷、比、法、葡等8国的欧华社会进行历时4个月的调查考察，撰写了许多学术论文和调查研究报告，发表在各类报刊上，受到海内外侨界的好评。但我认为，这些学术论文和温州、青田重点侨乡侨情调查研究成果，在某些方面还不够理想，而温州市社会科学界联合会领导却对我这些学术成果十分重视，集结成《章志诚集》，列入"温州学人文选"资助出版，令我万分感动，终生难忘。

该文集辑录了我近30年来在各类侨刊上发表的温州、青田侨乡侨情调查研究的文章，计40多篇。这些文章，就其内容分类，大体可分为"华侨与革命""华侨与经济""华侨与文化""侨史与侨情""侨难与交涉""探索与述评"等6个部分，合计55万字，黄山书社2011年5月出版。

（二）《温州商会与海内外温商》

这部著作由我与温州城市大学副教授曹一宁合著。2009年，曹一宁向温州大学世界温州人研究中心和温州大学经济研究中心（以下简称研究中心）申报课题，于2010年1月被批准立项，但没有课题经费。当时，我向研究中心申报《新编温州华侨史》，于2010年1月被研究中心批准立项，给我1万元启动经费。由于我和曹一宁申报的课题有着内在联系，故我和她合议，将两人申报的课题合并为一，定名为"温州商会与海内外温商研究"。我认为合作课题，既有利于课题研究内容的扩大与深入，又符合当前国内外的形势与温州市委、市人民政府提出温州经济"赶超发展、再创辉煌"的要求。

《温州商会海内外温商》一书以辩证唯物主义和历史唯物主义观点，全面、系统地阐述温州商会产生的历史背景，突出反映近现代温州商会在招资引商、组织海内外温商回归创业中的积极作用；论述范围涉及古代温州商业产生、发展历史和温州商会与海内外温州商会的情况。全书共38.8万字，中华书局2016年4月出版。

（三）编志史集

从1989年12月至2018年12月。我奉命主编《温州市志》《温州市人民代表大会志》和受聘主编《温州华侨史》《林环岛文集》等，历时29年，兹将各志、史、集(文集)编撰过程及内容简述如下。

1.《温州市志》

1986年6月,温州市修志机构建立后,组建修志班子,开展修志工作,到1989年12月,全市各承编单位完成的市志分志稿寥寥无几,修志工作仍处于起步阶段。鉴于此种情况,温州市委、市人民政府于1990年2月调整了市地方志编纂委员会和修志班子。我被任命为市地方志编纂委员会副主任,兼《温州市志》主编。为加快修志步伐,1991年4月,我建议市政府聘请了几位市志副主编。随着修志工作的开展和工作需要,我建议市政府再增聘两位副主编和编辑人员,形成了一支强有力的修志队伍。与此同时,市志办为全市130多个承编单位的修志人员举办一次为期3天的培训班,向他们讲授修志的基本知识,修订市志编目;建立与健全地方志文献资料室;印发《方志编纂手册》;创办《温州市志通讯》,并对市志副主编和编辑人员进行明确分工,任务包干,各司其责,逐个发动,限期完成各卷编写任务。通过以上各项工作,修志工作取得了突破性的进展。到1994年10月中旬止,完成《温州市志》稿,计98卷,500余万字。同年12月20—22日,在市政府小礼堂举行《温州市志》稿评审会。应邀参加这次评审会的有省志办领导、市志顾问、方志专家学者、温州市志正副主编和各县(市)志主编、温州市社会各界人士,共60多人。

《温州市志》稿自评审会后,集中市志副主编和编辑人员,经过一年六个月的全面总纂,调整篇目结构,处理市稿中的矛盾、交叉、重复等问题,进一步修正谬误,润色文字,于1996年10月完成了市志送审稿;11月16日由市地方志编纂委员会将送审稿上报省方志办审批;11月29日,省方志办以浙地办〔1996〕23号文件批准《温州市志》出版;12月29日,送中华书局审查。1997年初开始发排,1998年2月出版。全志共分16个门类、94卷;分上、中、下三册,合计443.4万字。

《温州市志》突出反映温州地方特色和时代特点。如市志中册,设"区域特色经济门"卷26《温州模式》,受到著名方志学家、浙江大学历史系教授仓修良的很高评价。他评述《温州市志》"温州模式"一文分别刊载在《中国地方志》2001年第1期、2002年第2期上。2004年3月,《温州市志》被浙江省人民政府评为三等奖,奖励人民币4000元。

2.《温州市人民代表大会志》

2000 年 12 月，市人大常委会副主任张林同志叫我主编《温州市人民代表大会志》(以下简称《市人大志》)，我情意难却。只得把我和沈立新研究员应西班牙华侨华人协会邀请于 2000 年 6—10 月赴欧洲 8 国调查考察欧华社会的资料暂不整理而搁在一边，先承担编修《市人大志》的任务。有了编修《温州市志》的经验，我很快就勾勒出《市人大志》的篇目。

编纂《市人大志》和新修《温州市志》一样，编志队伍非常重要，它关系到修志的质量问题。当时，市人大志编纂委员会决定我为主编外，再聘任 4 位副主编、3 位编辑，并聘任市人大常委会原副主任兼秘书长胡显钦、市人大常委会办公室原主任李振宇为编审。这支队伍建立后首先制定《市人大志》篇目构架，共分 7 篇。市人大志编纂委员会讨论认可这个篇目构架后，召开编写市人大志正副主编、编辑人员会议，明确分工，各司其职。首先，收集资料。一是组织发动市人大常委会各委、办、处提供有关资料；二是查阅档案，编辑部派吴岐同志到市档案馆查阅档案 300 多卷，复印文件资料 2030 余万字；并收集市六届至九届人大文件汇编 24 本，市人大常委会会刊 143 期，合计 1068 万余字。

在收集大量资料的基础上，我们从 2001 年 5 月开始，按照凡例要求，先编写《市人大志》资料长编 150 余万字；与此同时，发动各县(市、区)人大各自编写本县(市、区)的"人民代表大会"一章。为使各县(市、区)人大编写少走弯路，特发给各县(市、区)人民代表大会一个《编写提要》，并附某个县编写的范本供参考。继而，我们对资料长编进行浓缩，去粗取精，加工提炼，形成《市人大志》初稿 102 万字。为确保志书质量，市人大志编纂委员会先后举行 3 次评审会：2002 年 12 月 20—22 日举行第一次评审会；2003 年 8 月 8—10 日举行第二次评审会；2003 年 10 月 30 日举行终审会。通过上述 3 次评审，并根据与会的编委、顾问、编审提出的宝贵意见与建议，我们进行反复修改，核实资料，征集照片，力求志稿更加完善，切实做到图文并茂，符合志书质量要求。

在市人大常委会党组的直接领导下，在各县(市、区)人大的大力支持和密切配合下，经过编纂委员会成员和编辑人员的共同努力，历时三年整，五易其稿，最后形成终审稿，由市人大常委会党组签字送交中华书局审查出版。2004年3月,《市人大志》付梓问世,全志1056万字。

3.《温州华侨史》

1994年10月1日,温州市华侨华人研究所成立,聘任我为《温州华侨史》编纂委员会副主任、《温州华侨史》主编。当时,我还在主编《温州市志》,任务相当繁重,无暇兼顾《温州华侨史》编写工作。但我在编纂《温州市志》前已对温州几个重点侨乡做了调查研究,积累了许多第一手资料;在编纂《温州市志》期间,为编写《温州市志》华侨卷,又到各县(市、区)重点侨乡做了调查研究,积累了一批资料,为编写《温州华侨史》奠定了基础。

《温州华侨史》编写提纲,共设11章、39节,呈交温州市华侨华人研究所领导、编委成员讨论。在讨论中,大家一致赞同我设置的编写提纲,但他们提出必须补充一章"侨务机构和侨联组织",该章下设"侨务办公室""温州市归国华侨联合会""侨务工作"3节。最后,《温州华侨史》确定为12章、42节。

根据《温州华侨史》编写提纲和要求,组织写作班子,明确分工,各司其职,经过三年多的艰苦努力,于1998年6月中旬形成初稿。同年8月初,我赴欧洲,到法国、卢森堡、比利时、荷兰、西班牙等国采访温州籍华侨华人经营的中餐馆、皮鞋工场、服装批发商店、摆卖摊位等经营状况;同时,携带《温州华侨史》初稿征求上述国家部分侨领的意见。

1988年9月7日回国返温,次日即向温州市华侨华人研究所有关领导汇报,并提出修改《温州华侨史》的意见。经与会领导的反复讨论,统一认识,要求在1998年12月底前修改成定稿本。经过3个多月夜以继日地反复修改,补充资料,润色文字,数易其稿,终于按时完成了《温州华侨史》的编写任务。1999年5月送交今日中国出版社出版。

《温州华侨史》出版发行后,受到侨界、学术界的好评。2001年7月出版的《华侨华人百科全书·著作学术卷》,对《温州华侨史》内容做了全面简介;2004年6月荣获中共温州市委宣传部、温州市社会科学界联合会温州学研究优秀成果(著作类)提名奖。《华侨华人百科全书》编委、上海社科院国际关系研究所(原称欧亚所)沈立新研究员为《温州华侨史》写了简评,其标题是《一部颇具特色的侨史专著——简评〈温州华侨史〉》。简评指出该书具有以下几个特色:第一,全书主线分明,脉络清晰;第二,内容丰富,资料翔实可靠；第三，反映重点侨乡变化突出；第四，专立华侨华人人物一章，以充分反映当今海外温州人政治经济地位和文化结构所发生的变化；第五，以相当篇幅，展示了以血缘宗亲、地缘同乡、业缘同行为纽带的华侨华人社团状况。

总之，《温州华侨史》的问世，填补了温州历史上无侨史的空白，为后人继续研究温州华侨史提供了参考。

4.《林环岛文集》

林环岛（1904—1940），幼名乐乐，谱名孝乐，学名栋，化名或笔名众多。清光绪二十九年十一月十八日（1904 年 1 月 5 日），林环岛生于温州府玉环厅第二十都当辅基北岙顶寮村（今温州市洞头县北岙镇状元巷 10 号）。其先祖文苑公于清乾隆四年（1739）从福建同安窑山新厝顶寮迁至浙江北岙顶寮，开山辟地，建立家业，发展生产，人丁两旺。至清末林环岛出世时，已历五世。因此，林氏家族与福建同安有着世缘的关系。

林环岛在青少年时期就追求革命真理。在浙江省第十师范学校读书时，受到五四新文化运动的影响，接受马克思主义。1926 年春，他在上海暨南大学读书时加入中国共产党。在早年的革命生涯中结识了周恩来、邓颖超、廖承志、连贯等我党革命先驱。1926 年冬，他南下闽垣，投入北伐战争。1927 年 1 月，为中共泉州特别支部成员。1928 年春，在上海龙华创办泉漳中学，利用学校讲坛，宣传革命。1929 年 3 月，受党组织派遣到缅甸仰光担任中共侨党地委书记，在华侨中从事革命宣传工作。1931 年 2 月回国后，在上海、厦门、汕头等地担任报刊编辑、总编，积极从事新闻宣传工作。抗日战争期间，他虽然几度回国，但大部分时间在缅甸、柬埔寨、越南等国从事抗日救亡宣传活动，直至 1940 年 12 月 26 日病逝于越南西贡福善医院，年仅 36 岁。

林环岛是温州地区早期参加中国共产党的革命知识分子之一，是为党的革命事业做出重大贡献的优秀党员，是近现代杰出的新闻宣传家，是兴办学校培养人才的教育家，是抗日救亡、挽救中华民族严重危机的爱国者，是缅越华侨的卓越领导人之一。

林环岛在短暂的一生中，撰写了数百篇富有针对性、时代性的各类文章，这些文章散见在国内外的报纸、杂志上，长期尘封，鲜为人知。幸而林环岛的遗孀陈淑静保存了他生前寄给家中的许多国内外报刊、日记和书信；林环岛的女儿林黎明奉母之命，并得到中共洞头县委、县人民政府的大力支持，不惜代价，不辞辛劳，奔赴全国各地，寻访先父当年的朋友、同事、战友，各方征集，历时近半个世纪，将他发表或未发表的文章、文稿、书信、诗、词及联语等基本收齐。中共温州市委党史研究室和中共洞头县委党史办公室聘请我担任《林环岛文集》主编。我根据林黎明提供的资料，经过筛选，去粗存精，按其文体大致分类，并加诠释，历时一年半多，编成《林环岛文集》。这本文集共分 5 卷：卷一"政论"，计 99 篇；卷二"杂文"，计 131 篇；卷三"诗词戏剧"，共 76 首(个)；卷四"日记"，计 19 篇；卷五"书信"，计 11 件。以上 5 卷，共计 48 万字，中共党史出版社 2009 年 6 月出版。中共中央纪律检查委员会副书记刘锡荣为《林环岛文集》作序。

2019 年 7 月 13 日

温州对外开放的伟大实践是取之不尽的学术研究宝库

鲁丹萍*

1984年，中国大陆首批沿海开放城市诞生：大连、秦皇岛、天津、烟台、青岛、连云港、南通、上海、宁波、温州、福州、广州、湛江、北海，被国务院批准为全国第一批对外开放城市。此后，长江三角洲、珠江三角洲和闽南厦漳泉三角地区以及辽东半岛、胶东半岛又被开辟为沿海经济开放区。这些沿海城市占据有利的先天条件，与沿海经济开发区、经济特区、上海浦东新区构成我国自南到北的对外开放前沿地带，带动我国经济发展。温州作为第一批对外开放的14个沿海港口城市之一，在沿海城市中具有代表性。

因为温州外贸人才奇缺，1993年我从老家黄岩进出口公司调到温州商校（4所学校合并后更名为温州职业技术学院）从事国际商务的教学和研究工作，见证和亲历了温州的对外开放和发展过程。温州的改革开放给我个人的发展也带来了机遇，我在教学开始时碰到贸易壁垒理论问题，正好温州的开放也遇到了发展瓶颈，一批温州企业的产品遭到欧美国家的抵制，于是我向温州科技局申请了温州企业应对技术贸易壁垒的途径和方法研究课题，并通过深入调研行业协会和温州企业，在人民出版社和中国商务出版社出版了系列国际贸易问题研究书籍。随着我国贸易方式转变和经济转型发

* 鲁丹萍，女，1968年出生于浙江黄岩。现任温州职业技术学院国际商务研究院院长、教授，温州市人文社科重点研究基地温州区域经济与文化融合发展研究中心首席专家。浙江省“151人才工程”和温州市“551人才工程”人才，中共温州市委组织部高层次人才联谊会会员。曾获得“先进教师”“优秀政协委员”“温州市优秀民建会员”“高校优秀访问学者”“温州市委百名党外人士建功工程示范典型”“清华大学出版社优秀作者”等荣誉称号。

展,我又开始研究温州政府的应对策略,提交决策咨询报告给省、市各级咨询机构。由此,我从一名普通教师成长为省级专业带头人和决策咨询专家,连续担任第九、第十和第十一届温州市政协委员、中共温州决策咨询委员会研究员和中共温州市委统战部智库成员。14 年来,我向政协提交了不下 30 份提案和大会发言,多次参与政协主席协商会并做口头发言。

一、见证了温州企业面临入世的恐慌

前几天整理书架时,看着书架上整齐地摆放着一溜我主编的国际贸易和电子商务专业的书和发表的论文。一本发黄的小册子映入眼帘,封面"中国入世 ABC"几个大字将我的思绪带回到了 20 年前。当时,我从外经贸部门调入温州职业技术学院不久,主管教学的俞吉兴副院长说温州的老板们对中国入世有一种恐惧心理,让我给他们讲讲新的国际贸易游戏规则。于是,我为温州鞋革协会的鞋样设计师培训班举办了一场讲座,原来老板们普遍认为加入世贸组织会引狼入室,造成企业倒闭、工人失业,怕得很。我为他们分析了入世的利与弊,打消了他们的疑虑。之后,又为全校师生举办了两次"入世"的讲座,经过多次备课,我手上也积累了很多素材,于是编写了一本不到 150 页的小册子,当时任经贸学区主任的吴金法老师帮我做了精心修改。2001 年,我在俞吉兴副校长和吴金法主任的鼓励下编写了《中国入世 ABC》知识读本,这是我编写的没有公开出版的第一本知识读物,看它们变成了铅字,我很兴奋,也很激动。这本小书给温州的鞋老板们普及了世贸游戏规则,告诉他们如何利用世贸组织的规则拓展业务。

二、见证了温州企业遭遇的贸易壁垒

2001 年 11 月,中国入世仅 2 天,温州眼镜企业就遭遇了土耳其眼镜保障措施案。2002 年,温州打火机企业连续经历欧盟 CR 标准案和欧盟打火机反倾销案,行业损失惨重。不得已,温州日丰打火机有限公司董事长黄发静参与了中国打火机行业应诉欧盟反倾销调查，随同外经贸部官员一起周游欧盟六国展开游说交涉，创下了新中国成立以来，民营企业家为抵制不公平的国际贸易技术壁垒而走出国门斗争的先例。2004 年 9 月 16 日，西班牙埃尔切那把焚烧温州鞋的大火，至今仍是温州人心头的痛。随着外向型经济的兴旺发达，温州与欧美国家的贸易来往更加频繁，贸易摩擦越来越多，贸易壁垒成为温州外贸发展的绊脚石。2004 年，温州市新增贸易壁垒案 8 起，涉案金额高达 1168 万美元。

这一年，我被学校选派到浙江省人事厅参加反倾销诉讼高级研修班，在培训班上认识了来自美国的培训师林晓云律师，他给了我很多中国在美国遭遇的反倾销案例，回国后又陆续给我寄了不少《美国法通讯》。培训回来后，我又到当时的温州外经贸局公平贸易处周小平处长那里收集了很多案例，2005 年人民出版社出版了我的专著《公平贸易战略与案例研究》。此书一经发行，受到业内人士的重视，作为温州本土培养的外经贸研究人员的研究成果，也受到政府和企业的好评，被当作温州国际商会召开成立大会的纪念品分发给温州的老板们，帮助温州外贸企业更好地了解如何应对反倾销。不到一个月，浙江省商务厅在温州举办反倾销培训班，我的书又分发给了培训班的学员。后来上海和杭州等地一些高校也把它作为研究生的教材使用。

三、见证了温州产业升级过程中遇到的外部压力

接着我到上海对外经贸大学进修，系统地学习和研究公平贸易理论。当时，该校的科研处温耀庆处长送了我一些国内外反倾销、反补贴、保障措施的案例集。2005 年 7 月 7 日，欧盟对输欧华鞋进行反倾销调查，并于 2006 年 10 月 5 日裁决，除一家中国企业获得市场经济待遇，被“从轻处罚”裁以 9.7％的反倾销税外，其他所有企业都被裁征收 16.5％的反倾销税，期限 2 年，引起 1200 余家中国鞋企的强烈不满。温州鞋企受到重创，我走访了奥康、东艺等企业，获得了第一手资料。

2006 年 7 月，欧盟实施 RoHS 指令，该指令进一步降低了电子电气产

品中某些有毒有害物质的标准。RoHS 指令对温州出口机电产品影响巨大，据估计，可达温州出口欧洲总值的 60%以上，涉及跟 RoHS 指令有关的温州出口产品有灯具类、家电类、高低压电气、电子类产品等，而这些产业大都是我们温州出口的优势产业。我走访了正泰、德力西和天正集团，跟温州出入境检验检疫局一起探讨下一步温州企业如何应对技术贸易壁垒。

面对温州企业在发达国家遭遇的种种进口限制，我开始思考和研究如何应对新的贸易壁垒问题。对于发达国家正在推行的"社会壁垒"和"绿色壁垒"，我们不能一概否定，而是积极为我所用，把压力化成动力，把被动应对变为主动调整。分析欧美频发反补贴调查的原因，提醒企业注意应诉过程中常见的问题，以及政府、企业应对策略等。2006 年 9 月，人民出版社出版了我的专著《国际贸易壁垒战略研究》。2007 年我主持的"温州企业破解技术贸易壁垒的途径和方法研究"获得温州市人民政府科技进步奖。2008年《国际贸易壁垒战略研究》获得温州市人民政府社科成果奖。

因为在贸易壁垒和国际贸易方面的研究成就，2006 年我受聘为商务部 WTO 研究院特约研究员。同年底，我被民建市委会推荐为界别组政协委员，2007 年 3 月，我平生第一次出席两会，向大会提交了温州应对技术贸易壁垒的对策建议的提案。此后一发不可收，陆续向大会提交了 30 多份提案，多次参与政协主席协商会并做口头发言。

依托温州这块对外开放的沃土，我通过田野调查收获了许多。2007 年我主持的"国际贸易理论与实务"获得教育部国家精品课程称号；2008 年我获得浙江省首批专业带头人称号，同年我带领的团队获浙江省首批优秀教学团队称号，我主持的国际贸易人才培养模式项目获得浙江省人民政府教学成果奖励；2009 年我负责的国际商务专业被评为浙江省首批特色专业，我受聘担任教育部国家精品课程评审专家。在《国际贸易问题》《国际商务研究》等专业杂志上发表学术论文 30 多篇。主编国际商务和电子商务专业相关书籍 50 多本，其中在高教出版社和在清华大学出版社主编出版教育部"十一五"规划教材《国际贸易实务》。

四、见证了温州经济结构向国际服务业转型的探索

2011 年，我被温州市政府派往美国加州州立大学学习，师从美国外包协会创始人之一、南加州外包主席格利哥(J.Creco)先生。其间，我深入研究了美国服务业尤其是外包产业的发展，和他合著了《国际服务外包理论与实务》(*Theory and Practice of International Outsourcing*)，在清华大学出版社出版，并在《国际贸易问题》和《国际商务研究》等杂志上发表系列论文。回国后，在一次会议上，与我市社科联主席洪振宁同志聊起了国际服务外包，洪主席认为服务外包对温州经济转型作用很大，我受此鼓舞，结合自己对美国服务外包的研究，认为我市外包还处在起步阶段。在温州政协徐育斐副主席的帮助下，我和民建界别组的政协委员们一起走访调研了温州 20 多家外包企业，向两会提交了温州发展服务外包的对策建议，并在政情民意中间作为嘉宾，谈了一份提案的产生。

鲁丹萍担任《政情民意中间站》嘉宾分享提案工作经验

2012年8月，受温州文化工程研究资助，在中国商务出版社公开出版了《温州服务外包发展比较研究》，此书得到了省商务厅领导的重视，我因此受聘为浙江省商务厅服务外包专家组成员，多次受邀为浙江省商务厅现代服务业高级研修班授课。2013年6月，浙江省商务厅发公函给学院党委，邀请我担任由浙江省商务厅、人力资源和社会保障厅组织的赴美"服务外包高级专业人才培养项目"团组翻译兼顾问。学成回国后，我执笔完成了研修报告并编写了访美成果汇编，提出了发展浙江省服务外包的见解，为浙江省政府下一步国际服务外包提出了具有可操作性的对策和建议。2012—2014年间，多次承担浙江省商务厅、人力资源和社会保障厅的高级服务贸易业人才班的培训任务，为全省各地市的商务局局长和国际服务外包龙头企业的负责人授课。2013年，我主持的"国际贸易理论与实务"获评国家资源共享课精品课程，并开发了新型的一体化教材，后入选爱课程和智慧职教国家级双平台。2014年，在高等教育出版社主编出版了教育部"十二五"规划教材《国际贸易实务》。

五、见证了"互联网+背景"下温州对外贸易模式的转变

跨境电子商务作为重要的新型国际贸易方式，对整个经济形态产生巨大影响。温州市政府高度重视跨境电商发展，为支持跨境电子商务零售出口健康快速发展，准备出台一系列的政策和意见。2015年在政协余梅生主席的部署下，我随同政协原副主席徐育斐赴杭州、宁波、嘉兴等地调研互联网企业。2016年两会开幕式上做题为《整合温商网络和跨境电商平台　拓展海外市场》的口头发言。

记得当时民建沙龙为温州市两会前热身，邀请了市政协委员及民建有关企业家代表、民建会员60余人齐聚广电中心，针对"互联网+智造"——聚温商合力拓全球市场的主题进行交流和探讨，我作为嘉宾代表做了主题发言，并现场接受电视台主持人的采访。

接着出版了《跨境电子商务》一书，这是我国首部系统阐述跨境电商理论与实务的著作，获得浙江省"十二五"优秀规划教材称号；后在北京碰

鲁丹萍做大会发言

鲁丹萍作为《政情民意中间站》嘉宾发言并现场和与会代表互动

到商务部研究院电子商务所的张莉所长，她竖起大拇指，夸奖我说："丹萍，我真佩服你的勇气，第一个吃螃蟹！在你出版《跨境电子商务》之前，我国跨境电子商务理论体系都还没有建立呢。"她还邀请我参与商务部研究院的《跨境电商国别报告》的撰写，后来我们又一起合作出版了《中国企业跨境电商出口指南》。2018 年，我应中国服务贸易协会仲泽宇常务副会长的邀请，参与联合国贸发组织、中服协合作的“一带一路”数字贸易(跨境电商)人才培训项目，旨在通过培训政府官员、相关从业人员，提高跨境电商操作能力，从而促进当地国家贸易与产业发展以及跨境电商人才的培训、就业与创业。

六、见证了各级领导对温州国际化热点问题的关怀和期待

温州作为改革开放的先驱，一直得到上级领导的重视，民建中央领导多次来温州视察，了解温州涉外企业的发展情况，我有幸参加了跟民建中央陈昌智主席的座谈。

鲁丹萍跟时任民建中央主席陈昌智先生合影

担任温州市政协委员以来，我多次参加特色小镇、科创平台建设、民生、大都市建设等各项政协委员工作视察活动。印象最深的一次是 2017 年 8 月陪同温州市委(府)四套领导班子出席县、市区、功能区“比学赶超”现场会活动，政协原主席余梅生等领导带领“两代表一委员”一天内奔赴洞头、永

嘉、平阳和苍南四县，炎炎夏日里在太阳下看展板、看现场，在奔往各县的车上也没闲着，各县的书记也一路在汇报本县重点工程的进展情况，在现场会的间隙我还接受了温州电视台和温州日报社等多家媒体关于洞头民宿和永嘉科创小镇建设的采访。

我多次跟随温州市政协原副主席、民建温州市主委徐育斐调研了青岛、广州、杭州、宁波等地综合保税区和自贸区的发展；执笔的贸易便利化调研课题2016年被评为浙江省政协重点提案，得到了梁黎明副省长的重视。2018年提交给民建中央的《关于跨境电商进口发展存在的四个问题》被采纳。

2015年我提交的《温州建设进口基地研究》和《温州发展跨境电子商务发展对策》得到时任温州市市长陈金彪的重要批示。2016年执笔报告《关于破解温州保税物流中心（B型）建设验收困局的思路和建议》和《温州扩大与新加坡经贸合作的工作建议》两度得到时任温州市委书记徐立毅亲笔批示。2018年执笔报告《温州创建跨境电商综合试验区的建议》获得周江勇书记和姚高员市长的肯定批示；在政协原副主席谢树华的直接领导下，多次参与温州政协牵头组织的优化温州营商环境课题讨论和撰写，后获得周江勇书记和姚高员代市长的批示。2018年在省级内参《预测与分析》上发表《广东加强基层治理顶层设计的做法及启示》《跨境电商4.8新政对我省的影响》。

我将这些调研成果做了整理、分类和政策汇编，2018年出版了《温州国际化热点问题研究》，带领的开放型经济研究创新团队获得温州市优秀创新团队称号，在外经贸政策研究方面拥有了一定的知名度。

七、见证参与了学术和人文交流

温州作为第一批沿海开放城市，海外温商资源丰富，产业基础好，技术水平和管理水平比较高，科研文教事业比较发达，既有开展对外贸易的经验，又有境外合作园区的建设经验，在全世界具有完善的营销网络，是中国民营经济比较发达的地区。过去35年温州经济发展是在开放条件下取得的，未来温州经济要实现高质量发展也必须在更加开放的条件下进行，温州应该搭建更高水平的开放平台。温州在新一轮的发展中要把握好这一重要的历史发展机遇。2019 年 7 月 8 日我在《温州日报》上发表《推动温州实现更高水平的开放》的署名文章。

一个城市的持续发展，基础设施是它的基础和动脉，而人文精神和文化品质，是它的根基和灵魂。温州职业技术学院积极响应国家“一带一路”倡议和促进中国优质高职资源“走出去”，以“中国制造 2025”为指引，充分发挥中国—东盟职教合作联盟的作用。学院积极与境外高校进行交流合作，稳步推进国际合作办学项目；开展海外职业技能培训，培养国际化人才，以服务区域经济社会发展；先后与意大利、奥地利、南非、柬埔寨等国建立了合作关系，成为全国第一所与企业合作在柬埔寨建立海外丝路学院的高职院校、全国第一批为南非政府提供教师培训的高职院校、浙江省第一批与南非政府建立留学生合作培养的高职院校等，逐步形成了职教海外办学的新思路、新局面、新形势。2017 年，我和同事赴新加坡国立大学进行推进温州与新加坡的经贸合作交流，和温州市社科联合作举办“一带一路”与温商国际价值链新布局学术沙龙，邀请到海外的侨领和温州本土专家共同探讨温州的产业转型发展。2018 年 8 月，出席全国第 11 届互联网营销大会并担任演讲嘉宾；11 月，团队负责人出席跨境电商大会，与国内外的与会商务参赞、行业企业和高校教师代表交流。2019 年 6 月，举办涉外人才高质量培养研讨会，邀请到台湾师范大学、台湾慈济大学、香港城市大学师生来校学术交流。

回顾我的职业生涯，就是一个不断学习的过程，从杭州电子工业科技大学工业外贸专业本科毕业以后，在职在厦门大学获得管理学硕士学位。为了搞好专业建设，先后在上海对外经贸大学、中国人民大学和美国加州州立大学访问学习。我的工作路径就是从理论到实践再从理论到实践的螺旋式上升的过程，沿着国际贸易、电子商务到国际服务外包再到跨境电子商务的教学研究主线，跟踪学术和学科发展前沿，利用互联网信息技术探索课程建设改革和专业群建设，围绕各级党委关心的热点问题，开展思考和调研。我觉得，是改革开放，让我梦想成真。作为一名教育科研工作者，我将继续把个人的发展和学校、城市、社会和国家的命运紧紧联系在一起，努力工作，为

鲁丹萍陪同台湾老师参观温州职业技术学院产教融合项目

实现伟大的中国梦而努力奋斗！

2020 年 8 月 28 日

砥砺奋进七十年　平生夙愿成正果

——我的大半生回顾

谢公望*

谢公望

1943年1月21日傍晚，我出生在瑞安荆谷山沙垟。我母亲姓朱，儿名就一直称呼朱姆。我属谢氏第89世，排行公字辈，谱名公望。生逢乱生，幼年失怙，学中辍业，充当童工，筚路蓝缕，砥砺自修，造化弄人，以工代干，进

* 谢公望，1943年1月出生，1968年在莘塍镇以工代干，1972年调入瑞安县手工业局（二轻局前身），1998年主编完成《二轻工业志》后提前退休。1999—2016年先后在礼品行业协会、箱包行业协会、针纺行业协会担任秘书长。2013年应聘温州市商务局主编《温州市对外经济贸易志》（2017年版），2016年应聘瑞安市地方志办公室，协助编写二轮《瑞安市志》，2019年开始担任副主编。2018年主编完成《瑞安历史年表》。

入机关，竟成瑞安工业界笔杆子，笔耕终生。自修志始，爱上地方文史，不料夙愿成真，有幸进入温州市社科联“我与温州学研究”的殿堂。为此，对我的大半生做个回顾，向推荐我、选拔我的同好和专家做个交代。

一、幼年失怙，命途多舛

我的父亲是一个理发师，理发手艺在荆谷山方圆几十里之内首屈一指。在我降生不久便去宁波谋生了，我2岁时，父亲因与宁波同行发生矛盾，被人谋害，客死他乡。当时家中除了母亲、哥哥和我，还有一个没有成家立业的舅父。我哥哥长我6岁，尚未成年，全家仅靠舅父为打铁店打零工赚到些许工资，艰难地维持生活。我4岁的时候，母亲将我以4块银圆的身价卖予瑞安东小街一个萧姓警察。这个萧姓警察是一个鳏夫，还侍奉着一个婶婶胡氏。于是我便成了萧姓的养子，胡氏的养孙。最令我难以忘怀的是，当我母亲第一次来到萧家看望我的那一刻，当我扑向母亲怀抱喊“妈妈”时，被养祖母哄着改口喊“阿姨”。

1955年三四月间，我正值小学快要毕业的时候，萧姓养父在民国时期担任警察期间，曾从事反革命活动，被人民政府逮捕法办，判处有期徒刑，被押送劳动改造。于是，我便离开了萧家，回到荆谷山沙垟家中。

二、筚路蓝缕，半途辍学

1955年，我回到沙垟自己家中，已经虚岁13岁了。舅父年老体衰，参加生产队劳动一天只能挣5个工分。哥哥拜师学艺已经出师，自立门户，开店理发，成了一家主要的经济来源，并且也结了婚。嫂嫂长我哥哥1岁，是一个没有上过学的农家女。当年上半年，每逢农忙季节，我便跟随舅父参加生产队农业劳动，包括插秧、耘田等，每天也能挣得5个工分。那一年我还参加过荆谷环乡河开挖凿河的劳动。那几天，我所干的是“泥头工”，即第一个将泥土被刿切开的土块抱起来传递给传送队伍的人，是挖土传运队伍中最累的一个人,要弯下腰抱起泥块,然后抬身将泥块传给站成排的人。即使壮年人也觉得累,不愿干这项工作,但我干一天,照样只得到5个工分。为此,我哥哥还与生产队记工分的人吵了一场。除了农忙季节参加农业劳动,我还曾跟嫂嫂渡过飞云江到江溪大坑山刈柴。刈柴也有技术,我嫂嫂刈柴时手中镰刀犹如刈草机,得心应手,运用自如,而我手中的镰刀却不听使唤,刈了半天还不到嫂嫂一半的分量。

1956年下半年,母亲让我到荆谷山头上大殿(苏三王庙)改建的荆谷乡小学报到,插班6年级完成小学学业。在这所小学最为难忘的是,一位刚从平阳师范学校毕业,来教体育和音乐的一位女老师,是她教我们唱会《让我们荡起双桨》,至今凡听到这首歌,就会勾起我在荆谷小学学唱这首歌的回忆。1957年,我考上了马屿中学,当年小升初录取比例是4.5∶1。作文试题是《你最羡慕的人》,我所写最羡慕的人是"毛泽东",结果我被录取了。当年,马屿中学是一所建设在马屿镇西南一座小山丘上校舍全新的中学,我们属第二届,第一届2个班级是借用在马屿小学的。第一个学期,我每月助学金只有3元,每月伙食费6元,哥哥再给我3元,解决了伙食问题。因缴纳住宿费有困难,我就搭铺一个叫林希芃的同学,就这样度过了第一个学期。第二个学期,我哥哥每月给我3元钱有困难了。当年在沙垟每剃1个头只得到5分,每天赚不到5角。加上两个侄女的降生,家中吃口增加,哥哥每月不可能给我3元余钱。于是我从寄宿生改为走读生,每天从沙垟来回到马屿上学。第三个学期,读了一个星期,我母亲突然告诉我,她从瑞安建筑公司在湖岭潮基粮库工地争取到一个做小工的名额,要我辍学到建筑工地当小工。于是,虚岁16岁的我离开了马屿中学,来到潮基粮库工地当了一名小工,每天能挣到5角钱。潮基粮库竣工后,又转到沙垟百好厂的厂房基建工地。半年后,我积蓄了10多元。我母亲又觉得我应该好好读书才有前途,于是1959年春节过后,安排我到马屿中学报到,当时班主任林鸿池老师见到我很高兴,我说要插老班级上学,他一口就答应让我插老班,助学金及其他待遇照样一视同仁。这一复学终于坚持到1960年初中毕业,并考上了瑞安中学。在瑞安中学,第一节上语文课的老师叫马龄,学习的是毛主席的词作《菩萨蛮·黄鹤楼》。下课前马老师要我们都能背诵这阕词,并提醒明天上课时要点名背诵。第二天语文课,竟点名我背诵这阕词。那时的我年轻，记忆力好，并且对文科就有兴趣，一口气背了下来。马老师听后说："很好，打5分吧。"（当时学习成绩套用苏联模式实行5分制）。未等我坐下来，却又改口问我自己应该打几分，这是我与马老师的一个小插曲。2016年，我写了一篇《相处一学期，怀念大半生——与马龄老师接触的三段小插曲》的文章，发表在《上海瑞安校友通讯》2016年第1期。

1961年春节过后，当大部分同学返校报到走进课堂的时候，我却为生计所迫，在母亲的安排下来到莘塍建筑社当了一名学徒工。从此，再也没有走进校园学习的课堂。

三、造化弄人，参与"文革"

1961年春节过后，我成了一名建筑业的石匠学徒工。建筑业主要分石工、泥水工和木工三大工种。木工基本上都在室内作业，泥水工差不多少半时间在室内作业，只有石工全年都是露天作业。作为一名露天作业的石工，春天、秋天和冬天三季艰苦点还可忍受，到了夏天，骄阳似火，当头照射，晒得全身犹如针刺，真的难以坚持。每每看到坐办公室的同龄人，往往就会怨天尤人，恨老天无情，对我不公。

1965年，我在瑞中读高一时的同班同学徐中钱（后改名徐然），原来也同我一样中途辍学，后经自修考上金华的浙江师范学院。受他的启发，1965年下半年开始，砥砺自修，欲步徐中钱后尘报考工农兵大学。我想，数理化没有办法，只能交白卷，语文可以通过自修争取考个好成绩。那段时间，每天晚上坚持学习到11点钟才入睡，早晨6点钟起床背唐诗宋词一个小时。记得《中国文学史》（人民文学出版社1963年版）通读了三遍。不仅《唐诗三百首》每首都能背，就连宋代王安石、苏轼、李清照、辛弃疾、柳永的大多数词作及元曲中的代表作，如马致远的小令《天净沙・秋思》都能背诵。凑巧的是，莘塍建筑社当时的会计叫孙慕轼，是玉海楼孙氏后人（他当时对此讳莫如深），正好成为我读古文的老师，每每碰到书中没有注解的句子，便向他请教。虽然后来没有如愿报考大学，但这段时间的刻苦学习为日后的写作打下了坚实的基础。例如1968年我起草《告全国无产阶级同胞书》，其中"试看今日之瑞安，竟是谁家之天下”就是套用了骆宾王《为徐敬业讨武曌檄》中的“试看今日之域中，竟是谁家之天下”。

大约在1966年5月，向瑞安文教局报名，要求参加高考，并通过了政审，通知我等待参加统一体检。就在原定体检日期的前三天去文教局咨询时，那位经办人员说体检取消了，今年可能不会举行高考了，运动就要来了。不久，《五一六通知》下来了，接着毛泽东的《炮打司令部——我的一张大字报》发表了。紧接着暴风骤雨般的“文化大革命”如火如荼地在全国各地开展起来了，我的大学梦破灭了。到了1967年，群众组织形成造反派和保皇派两大派。那时节我是一个没有政治头脑、思想单纯的小青年，对这场声势浩大的政治运动，真犹如雾里看花，摸不着头脑，只是感觉瑞安联总造反派有些行为不对劲，并且对造反派中有些人员的身份不认可。当时社会上对造反派的人员结构编了首童谣进行讽刺：“小偷做马快，头毛当太太，地主坐上横，干部肚气派（破）。”因此，我站队便站到了所谓保皇派的瑞安联站这一派。

料想不到的是两派群众组织之间的冲突，从“文斗扁担刀”，发展到“武斗机关枪”。1967年7月5日，联站、联总两派群众组织在瑞安东门发生武斗，联站一方的女民兵打响第一枪后，武斗便升级到了动用真枪实弹了，并开始联站派群众组织对联总派的“百日围城”。直到10月，支左部队支持联总造反派，瑞安城才解围。接着，联总造反派在支左部队的支持下，对联站派群众组织进行反攻。我当时在联站文艺宣传队任编辑，跟随宣传队四处活动。随着联站武斗的败退，跟着从莘塍退到陶山，后又退到湖岭。大约是1967年12月上旬，联总派武装在支左部队的支持下，先后攻打联站武装在瑞安焦石黄岩炮和仙降交杯山的两个阵地，致联站武装多名人员死伤。考虑到事态的严重性，联站政治部召开会议，决定成立写作小组，起草《告全国无产阶级同胞书》，揭露瑞安联总造反派及支左部队残杀革命群众的违法行径。我被调到写作小组，根据会议精神和提出的框架，由我打草稿，县委办公室原副主任周仕味帮助修改定稿。就是这一次起草《告全国无产阶级同胞书》，为我今后改变命运埋下了伏笔。先是在联站派群众组织中的大多数老干部知道是我起草了《告全国无产阶级同胞书》，同时我也成为联总造反派追查的对象。总之，我在两派群众组织中都开始小有名气了。

四、遭际变幻，以工代干

1968年春，全国各地的两派群众组织开始大联合，努力实现全国山河一片红。瑞安两派群众组织，在支左部队的协调下，经过几番谈判，都收缴了武器。联站派群众组织在支左部队的安排下，开始回城。5月，我回到了本单位不久，莘塍区的两派群众也开始实行联合，并选举产生了莘塍区革命委员会，接着就要召开莘塍区实现一片红大会。然而，祝贺实现一片红的贺词还没有写好，原来是交代莘塍中学两位老师起草的，到了5月中旬仍然没有脱稿。不知怎的，驻莘塍区支左部队的首长派人将我叫去，下达死命令要我完成这篇贺词的写作任务，半开玩笑半认真地对我说："一个星期必须完成，否则杀你的头！"听起来这位首长很蛮横，其实他很随和很惜才。后来当他看到我所写的贺词时，高兴得跳了起来，接着连同这篇贺词的印刷及后续有关文字工作都交代我来完成。此后，莘塍坊间便有人称我为"莘塍才子"。

1968年，莘塍建筑创业汽车配件生产，单位名称也改为瑞安汽车配件三厂，我也开始成为一名机械工人，不再是露天作业的石匠了。当时我们企业的主管单位是双重领导的，既受莘塍镇政府领导，又受手工业局莘塍办事处领导。那时节，莘塍镇政府是没有秘书的，总共只有书记、副书记、镇长、副镇长、人武部长、妇女主任及机要人员，6名干部1名兵。因此莘塍镇政府凡是开展政治学习、工作检查，都要请我参加，县里召开四级干部也要我参加，开展运动更是要我参加。就连镇长到有关部门联系工作，也要我随行。后来我便成了以工代干的身份，长期在莘塍镇政府工作。在莘塍镇政府工作期间，最令我难忘的是1970年夏，有人向有关部门举报莘塍镇政府擅自招工42名。在当时劳动就业非常困难的情况下，手工业集体企业招工必须向工业手工业局申请，批准后就业人员凭工业手工业局就业介绍信才能上班，擅自招工是违法违纪的。结果，中共瑞安县委发通报，并派中共瑞安县委常委张英斋到莘塍镇政府宣布处理决定。记得那一天我们接到通知，下午召开重要会议，大约3时许，镇政府全部人员加上我以及手工业莘塍办事处的2人共10人，全部集中在镇政府二楼会议室。只见张英斋神情严肃地带着人武部一名姓陈的干事走了进来。甫坐定,镇委书记刘震东便宣布会议开始,请张部长(张当时兼任县人武部部长)讲话。张铁青着脸,首先宣布县委通报,县委的处理决定是:中共莘塍镇委、镇委书记、镇政府做书面检讨,镇长停职检查。镇委书记和镇长的个人检讨,两人各自写自己的检讨,镇委和镇政府的检讨就由我来完成,结果写了一次又一次,不是写得不透彻,就是还未触及灵魂深处,最后也还是不了了之。

也就是1970年下半年,当时瑞安工业手工业局也缺秘书,决定调我去担任这一职务。副局长黄桂楷把我叫去,告诉我这个决定,并指定坐哪张办公桌。不料另一位副局长黄松鹤到莘塍镇政府提出要调我到工业手工业局工作时,被镇委书记刘震东一口拒绝了。直到1972年4月,手工业局与工业局分开单独设置,手工业局一名副局长李学宪,"文革"前是瑞安农林水利局局长,而莘塍镇委书记换成了地区革宣队留下来的崔尤福,崔"文革"前是温州市地区农林水利局局长。李学宪跑到莘塍向崔尤福书记一提出来,崔就满口答应下来。从此,我堂堂正正地坐进了政府职能部门办公室,过上啃笔杆、爬格子的岁月。

五、命薄相穷,数奇不偶

1972年6月调入瑞安县手工业局后,我在手工业局(二轻局)整整工作了26年。其间于1984年被任命为办公室副主任,1991年转任生产计划科科长。于1994年主编《瑞安市二轻工业志》,至1996年志书出版后,退居二线。1998年,响应机构改革、人事精简的动员,于是年2月提前退休。

1972年我刚到手工业局时,手工业局与工业局刚刚分开单独设置不久,局机关原来的办公楼还被6515支左部队驻扎着,我们只是暂时占用船坦巷供销经理部的二楼。当时全局包括我在内也只有15人,科室也还没有完全建立,可谓五脏不全。直到当年10月,支左部队离开,我们才迁到城关镇申明亭巷与范大桥街中间的胡宅大院。此后,在"文革"中因手工业局与工业局合并,被调离手工业局的干部陆续调回的调回,归队的归队,全局人员恢复到20多人。

从20世纪70年代到90年代的20多年间，瑞安手工业经历了从手工业创业转制到二轻工业、开展工业学大庆、企业整顿、推行经营承包责任制、试行股份制改革、“小穷亏”企业治理、产权制度改革等一系列改革过程，每个过程都少不了我的参与。20世纪70年代，手工业生产社是贯彻执行“鼓足干劲，力争上游，多快好省地建设社会主义”的总路线以及“三就四为”方针，即就地取材、就地加工、就地销售，为农业服务、为大工业服务、为人民生活服务、为出口创汇服务。当时，农业生产所需的农具，包括锄头、犁头犁壁、打稻机、肥桶、肥勺、稻桶、水车、竹箩、畚箕、畚斗、簟等都是由手工业生产社生产的。因此，支农是手工业战线摆在第一位的。每逢夏收夏种，手工业局干部都要把完成支农产品作为头等大事来抓，几乎每天都要到基层生产厂督促检查农具生产计划的进度。那时节，我每星期都要一周一小结编写一个星期以来支农产品计划完成情况，包括经验总结、困难和问题的提出。最紧张的时候，两天一报告，甚至日日报，每天要向温州地区二轻局和省二轻厅汇报一次。1980年以前，我们单位还没有打字机，我都是再写草稿，再用复印纸誊写。季度、半年度小结及年终总结，都是自己打草稿，再刻蜡版印刷。大约1980年前后，我们单位才通过省二轻厅购到一台打字机，从此我不再既写稿件又刻蜡纸了。在二轻局的20多年里，除了撰写工作报告、总结一类的公文，及为领导临时讲话提供讲话稿，还编写简报。简报出刊最多的一年，出了24期《瑞安二轻》，稿件都是我个人所写。20世纪七八十年代，瑞安二轻工业正处于鼎盛时期，企业技术改造、技术革新、新产品开发接二连三，产品质量获奖、开展工业学大庆、企业整顿先进经验层出不穷，这些都是我编写简报的内容，也是我用来向报刊、电台报道的题材。因此，一有线索，立即到工厂采访，连夜写稿。那时候，瑞安广播站一篇报道的稿酬是5角，浙南大众一篇报道好像是一二元。通常每个月稿费都有10多元，多的时候也有20多元的。我是1981年戒的烟，1981年以前，稿费收入基本能保证烟费所需。那几年，县委报道组的郑小康，年年带着我以及商业局、供销社、民政局、交通局的几个通讯员，到温州日报社领奖。

我在二轻局20多年里，工作总结年年写，大的工作报告也写过不少。例如1986年召开的二轻工业联社第三届职工代表大会的工作报告《坚持改革，搞活企业，为加快发展二轻集体而努力》，全文共26页，18000多字。会议上局长读了两个多小时。又如 2005 年，我已退休多年，瑞安市轻工业联合会召开成立大会，仍旧请我写大会的工作报告。我为其写了题为《平等互利，携手创新，努力开创瑞安轻工业发展新局面》的工作报告，全文计 12000 多字。但是我很少写论文，只是在 1986 年写过一篇《试谈税收政策与集体工业发展的关系》，于当年 12 月被刊于省二轻厅主办的《工作研究》，并于第二年获得温州市工业经济信息优秀论文二等奖。

常言道：“近朱者赤，近墨者黑。”在二轻局 20 多年里，老局长苏尚楷对我影响很大，我后来所养成的习惯与他的潜移默化分不开，使我终身受益，他的形象烙在了我记忆的深处。苏尚楷长我 12 岁，中等身材，长方脸，体型适中，眉清目秀，作风严谨，不苟言笑，为人正派，原则性强。据说是菜农出身，没有正式读过书，但处理事务条理清晰，恰如其分，讲话逻辑性强，正合分寸。我初到手工业局时，如何写作官样文章一时摸不着头脑，开头几次所写的工作小结也好，向温州或省二轻汇报的资料，都是他亲自与我坐在一起确定资料的提纲及内容，使我与他之间形成亦师亦友的关系。因此，后来我写报告或总结总是先立提纲，征求他的意见，提纲认可后，写出来的稿子他几乎都没有修改过。

苏尚楷身上的故事很多。2014 年，应瑞安文史委编写瑞安文史资料第 37 辑稿约，我提交了一篇题为《20 世纪 70 年代的瑞安手工业局》，其中有一节就写了回忆老局长二三事的文章。一是送鸡蛋。1972 年八九月间的一个傍晚，我在经理部刚吃完晚饭，有人告诉我苏局长叫我去一下，老局长的厨房与经理部仅隔着一幢民房，不一刻我便到了他的厨房。老局长说：“莘塍某企业的书记，给我送来一手巾包鸡蛋，不三不四，扔下就走了，你赶快送还给他。”凑巧的是，我爱人尚在莘塍南垟小学教书，当时轮船也已经停开了，但是到莘塍那个书记家里步行也只需一个小时，于是我匆匆上路，来到这位书记家里。这位书记一见到我到来，便心中有数（他知道老局长的秉性），满脸笑容相迎，却被我臭骂了一通。这位老兄忙说：“对不起，下次不敢了！”二是罢宴。大约是 1975 年，邓小平恢复出来工作的那一年，干部下乡接待工作提倡“四菜一汤”。一次，我跟老局长下乡到塘下，走访了通用机械、纤维纺织等几个厂后，已经是 11 点钟多了，塘下手工业办事处主任李演清领我们用午餐，老局长交代不要到酒店里去。李将我们领到纤维纺织厂书记戴进巧家的大厅，一看也是一桌好酒好菜，老局长马上回头对我说："我们去吃点心！"李演清立马又拉又解释："四菜一汤，四菜一汤！"哪里还拉得住老局长，三脚两步我们已经走到戴进巧家的厨房间，李演清他们几个只得妥协，好酒好菜送还酒店，临时煮了两碗面给我们。

1985年，我曾经有两次升迁的机会，然而命薄相穷，摆脱不了以工代干紧箍咒的缠身，以致有机而不遇。1985年秋天的一个傍晚，县委办公室的朱惠柱（瑞安日报社朱友好的父亲）同志来到我的家。几句寒暄后，他问我："公望，你的身份是工人吗？"我说："是的。"他说："可惜呀！我们县委办公室考察你半年了，决定抽调你到县委办公室，结果发现你是工人身份而搁置。"这件事因朱惠柱同志告诉我了，我当年就知道有此事。还有一件事是两年后我才知道的。因为我既不会钻营，也自知即使钻营也不会有结果，所以对仕途从来没有奢望。据说，也是在1985年，组织部将我作为二轻局的局长人选进行考察，中途发现我是工人身份而转为考察另一位同志。对此，我很坦然，以"塞翁失马，焉知非福"安慰自己。数奇不偶，这是命运的安排，一直淡然处之，没有耿耿于怀。

六、修志开始，爱上文史

1994年和1995年，我在主编《瑞安市二轻工业志》时，因编写大事记和传统名牌产品中涉及的历史人物，开始接触民国《瑞安县志稿》。通过阅读县志，深感瑞安钟灵毓秀，不仅历史悠久，并且地灵人杰，文化底蕴深厚。肇始于考证陆游是否在瑞安担任过主簿，渐渐爱上地方文史，并热衷于挖掘历史上模棱两可、似有似无的传说和旧闻。20多年来，先后撰写了《朱熹与温州的渊源》（刊于《籀园》2003年第2期）、《许逊与圣井山》（2007年2月8日《瑞安日报》）、《"山鬼"非鬼，似为"山越"》（先后刊于《玉海文化研究》和绍兴文理学院《越文化研究》）、《杭州和平光复，陈黻宸功不可没》（刊于2011年9月10日《联谊报》）、《为〈王十朋全集〉补遗》（刊于《籀园》2011年第4期）、《罗隐与温州之谜》（刊于《籀园》2015年第3期）等几十篇瑞安及温州地区文史有关的文章。

我在撰写文史类文章的过程中，秉承历史可以隐瞒，但不能说谎的宗旨，坚持以挖掘、拓新为原则，广采博引，钩隐抉微，以史实说话；坚持独辟蹊径，不拾人牙慧，不炒冷饭，重在开拓新境，因此多篇文章被同侪引为范文。

(一)对陆游是否担任过瑞安主簿的考证

因名人效应的关系，20 多年前我被民国《瑞安县志稿》中诸如卷二十七《文献编·古迹门》记载的放翁亭、放翁池、放翁桥、放翁井及名宦祠里的陆游等所迷惑，怀着陆游真的担任过瑞安主簿的美好愿望，曾一度多方寻求能佐证陆游主簿瑞安的史料。结果越寻求，越探索，越是产生怀疑，并走到了初衷的对立面，大量史实证明陆游并没有担任过瑞安主簿。我先后撰写了《陆游官瑞安主簿尚不能成定论》《陆游的〈送曾学士赴行在〉等诗书并非在瑞所作》《陆游诗〈小舟游近村舍舟步归〉考的读后感》《陆游〈平阳驿舍梅〉等三首诗排序应颠倒过来》等文章。其中《就陆游“初仕瑞安”与邹志方先生商榷》刊于《绍兴文理学院学报》2013 年第 2 期。

邹志方先生是绍兴文理学院人文学院教授，在他的影响和支持下，瑞安有好几位热衷于树立瑞安历史人文形象的文史爱好者，不断鼓吹陆游曾任瑞安主簿。他所著《陆游研究》一书，其中就有陆游“初任瑞安”一节。文章从“生平考察”“作品考察”“相关材料考察”3 个方面进行论述，多处以推理、猜想的方式草率地下结论。在难以自圆其说的地方则以“应该承认是史实”“应作于”“肯定会”“似乎不大可能”来搪塞。例如“曾几的口许要两年半才实现，似乎不大可能”，“二十六年冬出仕即官瑞安主簿的可能性相对大一些”等。为此，我按照邹志方先生所谓的 3 个方面的“考察”，相对应地以“关于陆游的生平”“关于陆游的作品”“关于相关材料”3 个方面撰写《就陆游“初仕瑞安”与邹志方先生商榷》这篇文章(约 5400 字)，摘要如下。

1.关于陆游生平

首先指出记载陆游生平的史料非常丰富。《宋史》有陆游传，清代钱竹汀(大昕)著有《陆放翁先生年谱》，赵瓯北(翼)著有《陆放翁年谱》，近代则有于北山先后的《陆游年谱》和邱鸣皋先生的《陆游评传》，还有陆游的著作《剑南诗稿》《老学庵笔记》以及陆氏宗谱等，对陆游的初仕早有定论。

其次是引《山阴陆氏族谱》。陆游力学不仕，尝至临安，有诗云：“世味年来薄似纱，谁令骑马客京华。小楼一夜听春雨，明朝深巷卖杏花，矮纸斜阳闲作草，晴窗细乳戏分茶，素衣莫起风尘叹，犹及清明可到家。”“都人传入禁中，高宗称赏不止，由是名振京师。高宗虽慕公才，为桧所阻，不能用。及桧死，始除敕令所删定官，出赴福州宁德主簿……”

最后引证于北山先生的《陆游年谱》：“绍兴二十八年(1158)七月，曾几为礼部侍郎，有贺启。八月，王师心来为绍兴守，对务观颇加礼遇，陈棠由山阴应召赴临安，赋诗送之……冬季，始出仕，为福州宁德县主簿。”

从以上三点阐明陆游初仕的年份并不是绍兴二十六年(1156)，而是二十八年冬，初仕并非在瑞安，而是主簿福州宁德。

2.关于陆游的作品

一是举例《剑南诗稿》卷六十二《诗题》：“予初仕为宁德县主簿。而朱孝闻景参作尉，情好甚笃。后十余年景参下世，今又四十年，忽梦见之若平生。觉而感叹不已。”其诗曰：“白鹤峰前试吏时，尉曹诗酒乐新知。伤心忽入西窗梦，同在峬村折荔枝。”同书卷六十四《诗题》：“绍兴中，予初仕为宁德主簿，与同官饮酒食蛎房甚乐，后五十年有饷此味者感叹有赋酒海者，大劝容一升，为时所尚也。”其诗为：“昔仕闽江日，民淳簿领闲。同寮飞酒海，小吏擘蠔山。梦境悠然逝，羸躯独尔顽。所嗟晨镜里，非复旧朱颜。”

二是以《老学庵笔记》举证。卷九中一段记事称：“本朝天圣中，初置贤良方正等六科，许少卿监以上奏举，自应者亦听，俄又置高蹈丘园科，亦许自于所在投状求试，时以为笑。予少时为福州宁德主簿，提刑樊茂实以职状举予曰：‘有声于时，不求闻达。’后数月，再见之，忽问曰：‘何不来取奏状？’予笑答之曰：‘恐不称举词，故不敢。’”

三是曾几于绍兴二十七年(1157)二月，自台州内召，四月还任，陆游有诗送行，曾几有次韵《还守台州次陆务观赠行韵》，尾句为：“新诗中律吕，虽美无人听。鸣声勿浪出，坐待轩皇伶。”大意是陆游的送行诗中流露出急于出仕的欲望，劝慰他不要轻易发牢骚，耐心等待朝廷任命。(邱鸣皋先生在《陆游评传》中分析“坐待轩皇伶”称：曾几有可能向朝廷推荐过陆游，并已经获得朝廷将起用陆游的信息，因而予以透露。)

以上所举证，均说明陆游初仕为宁德主簿。绍兴二十七年(1157)之前，尚“坐待轩皇伶”，并非邹志方先生所说的绍兴二十六年(1156)陆游初仕瑞安主簿。

3.关于相关材料

一是《老学庵笔记》卷四：予为福州宁德主簿，入郡，过罗源县走马岭，见荆棘中有崖石，刻“树石”二大字，奇古可爱。即令从者薙除观之，乃“才翁所赏树石”六字，盖苏舜元书也。因以告县令项膺服善，作栏楯护之云。

二是《宋史》陆游传：陆游，字务观，越州山阴人。年十二能诗文，荫补登仕郎。锁厅荐送第一，秦桧孙埙适居其次，桧怒，至罪主司。明年，试礼部，主司复置游前列，桧显黜之，由是为所嫉。桧死，始赴福州宁德簿，以荐者除敕令所删定官。

三是民国《瑞安县志稿》卷二十七《古迹·放翁亭》：按，陆游并未为瑞安主簿，集中有渡瑞安江一绝，盖为福建宁德主簿路经云江而作也，后人遂附会以主簿此邦。于主簿署建亭祠祀之。民国二十一年(1932)邑人将主簿署社改为公园，重修此亭。瑞安江五绝中字名桥曰仰青，池曰明镜，山曰蓬莱，厅曰一帆等。

《老学庵笔记》是陆游的原话，《宋史》是官修史册，民国《瑞安县志稿》做出的评语，是瑞安文史界最具权威性的结论，陆游绝对没有担任过瑞安主簿。

(二)考证陶弘景游历瑞安的年份及目的

瑞安文史界人士都知道，陶山之所以叫陶山，是与陶弘景曾经栖身陶山有关。但是陶弘景什么时候来瑞安，为什么到瑞安，都是众说纷纭，莫衷一是。20世纪80年代，潘善庚先生主编的《历史人物与温州》一书中有一篇《六朝霸业成逝水，千古名山犹姓陶——山中宰相陶弘景与温州》的署名文章，也没有交代陶弘景是什么年份来瑞安，为什么来瑞安。为了解开这个千古之谜，我从20世纪80年代开始便留心有关陶弘景资料的收集。2008年购得《陶弘景评传》(钟国发著)后，结合手头收集的本地相关史料，于2009年着手撰写《木溜仙踪迹犹在，名山姓陶千五年》这篇文章，于2010年刊于《玉海文化研究》第2期，将陶弘景来瑞安的年份和目的大白于世人。全文约3500字，摘要如下。

1.陶弘景来瑞安的年份和目的

根据《陶弘景评传》叙述，陶弘景是在南齐永明十年(492)挂冠神武门，隐居茅山的。但在梁武帝践祚初期，除了修道为主外，凡朝廷有重大机宜，还是通过书信往来为梁武帝出谋划策的，并且为梁武帝萧衍实现白日飞升、肉身成仙而想方设法炼丹。但是炼了两炉都没有成功，因此，他对在茅山炼丹失去信心，打算离开茅山，到偏远的福建霍山另立炼丹场所。《华阳陶隐居内传》："尝闻《五岳图》云：霍山是司命府，必神仙所都，乃自海道往焉。……复自海道还永嘉，至太溜……"于是南下，辗转会稽、东阳、永康，后来发现楠溪章山有炼丹条件很好的场所，便决定住下。想不到连年灾荒，炼丹所需的稻草远远不够，只好按原计划南下福建寻找霍山。到了霍山后，发现峰岩险峻，连续六七百里，果然是一处旷绝声迹的所在，但人烟稀少，缺少用来炼丹的稻糠。又只得从海路回永嘉，离永嘉海岸不远，船过木溜屿，发现这个海岛有不少废弃的农田，却没人居住，便上岸建造房屋，做长期经营的打算。不料刚住了两个月，萧衍的特使司徒惠明就找到岛上来了。这是梁天监十一年(512)十月的事，无奈，陶弘景只得随司徒惠明回京师。这是明确陶弘景来陶山年份和目的的记载。

这一考证结果得到瑞安文史界的认可。此后十年来，侪辈凡撰写陶弘景来瑞的年份都以此为准。

2.关于木溜屿

宋代著名学者，祖籍瑞安芳山乡的周行己，曾经写过一篇《陶隐居丹室记》，记的是北宋崇宁三年(1104)，扬州吴少逸任瑞安知县，公余之暇游览陶山，"得陶隐居先生丹室于陶山佛寺"，并指出："先生(陶弘景)本史故不载尝至此方，贾嵩采《登真隐诀》作《别传》云：'梁天监中自海道至永嘉，得木溜屿居之，以作丹室。'永嘉境中无所谓木溜屿者，而室之下，有仙坛、丹井，虽岁久相传，不可验考，然陶山只为陶山，旧矣，岂山以人著，今名遂传，昔名遂泯乎。"前人大多以为木溜屿为玉环山，而忽略了周行己的这篇《陶隐居丹室记》。周行己的这篇记正是对"木溜屿"与"陶山"两者之间最精辟的推断。陶弘景"得木溜屿居之"的"木溜屿"就是现在所称的"陶山"，并非是玉环县的木榴山。依据有三：一是方位，陶弘景从福建宁德霍山返回，是"离永嘉海岸不远，船过木榴屿，发现这个海岛"。玉环县的木榴山在永嘉的东北，要过了永嘉才能到，而陶山正好是“离永嘉不远”的方位。二是体量和环境。《读史方舆纪要》卷九十四：“陶山在县西三十里，陶弘景尝居此，因名。山周仅二里，前江后湖，道书以为第七福地。”这一记载完全与陶山对号入座，而玉环木榴山据《太平环宇记·瑞安县》记载：“玉环山一名木陋屿，又名地肺山，在海中，周回五百余里，去郡二百里。”这显然与“山周仅二里，前江后湖”相去甚远。三是有关史料记载，《读史方舆纪要》记载了“陶弘景尚居此，固名”，而没有提及陶弘景在玉环山活动的只言片语。只有《太平寰宇记》记载比陶弘景还早100年的郗司空(即临海太守郗愔)在玉环岛置田庄、建别墅的事。

综上所述，我断言，陶山这个俗名叫作屿山或木鱼山的山，1500多年前就叫“木溜屿”，因陶弘景尚居此，被人改称为陶山，正如周行己所说的“今名遂传，昔名遂泯”。

(三)考证陈陶与瑞安的关系

大约在2006年，我与同邑文史界前辈陈正焕、何克识等，踏青山皇寨古城，意外发现一座陈府庙。据庙碑所志，庙神乃晚唐诗人陈陶。碑志内容非常简单，仅称奉祀的神祇是陈陶而已，并没有交代奉祀的来龙去脉。我在青年时读了“可怜无定河边骨，犹是春闺梦里人”陈陶这首反战诗之后，对陈陶的印象非常深刻。在好奇心的驱使下，十多年间一直不忘揭开这个谜底的念头。为此，我先后购买了《全唐诗》《增订注释全唐诗》《唐诗纪事》《北梦琐言》《唐才子传》《唐才子传校注》等图书，最后在网上购得《中华文史论丛》1986年第1册，其中湘潭师范学院中文系讲师陶敏有一篇《陈陶考》的文章，终于揭开了瑞安陈府爷(陈陶)的面纱，我撰写了陈陶与瑞安的考证文章，先后在《温州日报》和《瑞安日报》发表。

据民国《瑞安县志稿》记载，瑞安奉祀陈陶的陈府庙有30多所。在瑞安城南高坦头陈府庙有庙碑称：“陈府圣王姓陈名陶，江西洪州人，生于唐昭宗天佑年间……公自少聪明颖悟，勤学苦读。文章过目成诵，且能深义旨，融会贯通。……公十八岁通经史，谙音律，知天文，熟地理，祈祷雨，辄后得中科举，官授福建漳州太守。为人正直，光明磊落，廉政爱民，威望极高。晚年公见后唐纷乱，便于明宗年间弃官归隐，结茅于洪州西山大同修炼，习长生久而之术。人们常见他在深山悬崖峡谷，深潭之傍，采药炼丹，并长于医术，为民治病解忧，乡人称之陈圣人……宋追封保国太师、陈府圣王。”

我经考证指出，高坦头陈府庙碑记纯属以讹传讹。晚唐陈陶有两位，“陈府爷”是隐士陈陶，并非诗人陈陶，诗人陈陶与隐士陈陶是截然不同的两个人。一个生长在晚唐宪宗至僖宗年间（808—880），一个生长在南唐（938—975）；一个举进士不第，足迹遍及两广、江西、福建、浙江，一个并未应举，“自负台铉之器，不肯妄干托”；一个擅长诗歌，著《文录》十卷，后人为其辑成《陈嵩伯诗集》一卷，一个擅长天文历象，能察运祚衰替。而阴差阳错、鬼使神差的是，诗人陈陶曾经路过瑞安，写下与温州有关的诗三首，即《旅次铜山途中先寄温州韩使君》《赠温州韩使君》《永嘉赠别》，而没有到过瑞安的隐士陈陶，诚如清郭钟岳《瓯江小记》所说的，“温人好巫信鬼”，正如高坦头陈府爷庙碑所镌刻：“公仙逝后，常现于民间，济世救民，布施恩泽，功绩显著。”因此隐士陈陶能在瑞安落地生根，香火不绝。

七、续修志书，谋篇党史

部分著作书影

（一）主编《温州市对外经济贸易志（1992—2012）》

编修《温州市对外经济贸易志（1992—2012）》（以下简称《外经贸志》），

是在浙江全省范围内进行第二轮地方志续修而展开的，是根据温州市委办、市政办《关于开展温州市志续修工作的通知》精神，并借助承编《温州市志》第十九篇"对外贸易和对外经济技术合作"而着手续修的。2013年3月15日，温州市商务局成立了《外经贸志》编纂委员会，并确定编辑班子成员，我为主编。其实编辑部包括我共4人，其余3位均是协助采集资料，撰写是我一个人的事。编修工作从2013年6月正式启动，经半年多的资料采集，于2014年初，正当我们一时摸不准头绪的时候，《温州市志》主编张声和等3位专家前来商务局督导编修进度，提示我们："要对准1992年以来，温州外经贸工作有哪些亮点，要突出亮点，在亮点上下功夫。"醍醐灌顶，茅塞顿开。为此，我们确立了着笔方向，对照温州市外经贸工作从1992年至2012年的20年间，在千方百计扩大对外贸易的同时，坚持"以民引外，民外合璧"开展招商引资，遭受国际贸易壁垒首当其冲，却处变不惊，沉着应对，接连打赢多场"洋官司"，为中国企业树立了应对国际贸易纠纷的标杆。纵观这些辉煌的业绩，我就此将招商引资和公平贸易作为全志的重头戏，分别设第三章"进出口公平贸易"、第四章"招商引资"、第五章"外资管理"、第六章"对外经济技术合作"和第七章"境外投资"。

纂修《外经贸志》历时3年，数易其稿，终于在2016年底付梓出版。《外经贸志》总体上延续前志"横排竖写，以类系事"的原则，突出了时代特点和地方特色，力求做到观点正确、资料翔实、特点鲜明、体例得当、文风端正等要求的同时，对志书的框架和章节做了相应调整。依据志书"存史、资治、教化"三大功用要求，删除了前志中的"包装储运""商品检验""海关"3个章节，"职工队伍""党团和工会组织"不独立设章，作为子目列在"机构与管理"章下为节，增设了"进出口公平贸易""招商引资""境外投资""各县(市、区)商务局经济商务和信息化局(外经贸局)"等4章。全志除序言、凡例、概述及大事记、附录外，共设9章36节，30余万字。《外经贸志》出版后，受到《温州市志》专家及温州外经贸系统较好的评价。

(二)协助编写二轮《瑞安市志》

2016年8月，我从瑞安市针纺行业协会秘书长卸任后不久，接到瑞安市志办副主任张伟敏的通知，邀请我协助编写二轮《瑞安市志》，我一口答应了下来。纂修二轮市志，这与我纂修《外经贸志》同样，是2013年开始在全省范围内同时开展的，但是我刚到瑞安市志办的第一感觉是：《瑞安市志》编修进度显然滞后了。我一个人编写《外经贸志》，从2013年开始采集资料，到2016年已经完成《外经贸志》的编写，并已经付梓。而我到瑞安市志办查看修志的凡例，竟说凡例也还没有。志书的体例则是条目体的。我当时曾经问过几位同事，回答是"前志是条目体的，承前志体例"。我也就不敢声张了（2017年初试审稿出来时，被《温州市志》专家否定，结果推倒重来，按章节体重新调整，统统补写编章下的无题小叙）。

2016年我到瑞安市志办后，先后接收原本由两位副主编分纂的"工业""商业""外经贸"3编。两位副主编交来的稿件，工业志稿除机构章节尚可采用，其余均空洞无物。商业和外经贸，除供销社资料较齐全，盐业、烟草可修改利用外，其余都没有参考价值。在征得主编宋维远先生的同意后，我对接手过来的几编篇章重新进行设置。经过4个多月的编写，于2016年底完成了此3编的编写和"大事记"的分纂。值得一提的是"工业"编，共设"机构""工业沿革""工业门类""工业产品""工业企业管理""打造工业国字号金名片"6章47节，计10多万字。特别是"工业企业管理"这一章，设"计划管理""劳动用工管理""计量和标准化管理""质量管理""财务管理""成本管理""设备管理""安全生产""企业文化"9节。节目之齐全，内容之丰富，为温州地区同类方志中所少见，受到温州市志办专家较高的评价。

2017年，《瑞安市志》初稿出来时，三大本，约400万字，但是缺概述。2018年第二稿出来时，宋维远先生所写的概述补上去了，温州市志办专家审阅后，否定了这个概述，要求重写。时任市志办主任的陈丰，听了温州专家的意见，心情非常沉重，按原来的计划，2018年要完成《瑞安市志》的终审，滞后的话会影响市政府工作业绩的。最后他怀着试试看的心理，请我写概述。结果，《温州市志》主编张声和审阅我所写的概述后，连连叫好，只不过对开头一段提出要修改，中间漏项要补充。

（三）代写党史专题

2017年12月29日，中共温州市委办公室以"内部明电"形式批转温委办〔2017〕93号通知，即《中共温州市委办公室关于组织开展温州市改革开放新时期党史专题编写工作的通知》称：为全面系统征集、整理改革开放新时期的温州党史专题资料，总结这一时期市委、市政府领导全市人民进行改革开放和现代化建设事业的成绩与经验，推进我市改革发展事业，坚定扛起温州作为新时代中国特色社会主义"探路者"的使命担当，经市委领导同意，决定组织开展温州市改革开放新时期党史专题编写工作。按编写计划，温州市商务局分配到"温州商贸流通业的改革与发展"和"1992年以来温州外向型经济的发展"两篇专题的编写任务。温州市商务局领导考虑到，我为其主编的《外经贸志》的内容，时限正与专题篇要求相吻合，决定请我代写这两篇专题。商务局纪检书记卢俊毅来电告诉我时，正好手头的《瑞安市志》的几编稿件刚修改完成，时间上有个空档，我便欣然接受下来。2018年4月，我先将两篇专题的提纲设立好后，交市商务局审阅，征求他们的意见，得到认可后便开始撰写。耗时3个月，写成两篇专题初稿，交商务局审阅，"1992年以来温州外向型经济的发展"略做修补后，即告通过。按编写要求，篇幅一般不少于1万字，我所写两篇专题约有4万字。

根据中共中央、浙江省委及温州市委关于编写出版党史三卷正本的要求，经市委领导同意，决定启动《中国共产党瑞安历史(第三卷)》编写工作。2018年9月14日，中共瑞安市委办公室为此印发瑞安党史三卷编写工作的通知，与温州市改革开放新时期党史专题的编写一样，承编单位全市所有行政事业单位全覆盖。其中，市经信局计划编写5篇，市二轻联社计划1篇。2019年3月，我接到市经信局陈显国科长的电话，邀请我代为撰写市经信局的5篇计划的任务。

我答应下来后，来到市委党史研究室，经与黄作省先生协商后，将原计划5篇改为4篇，专题名称亦相应做了调整，分别修改为"工业经济发展历程""从推行厂长负责制，承包经营责任制，到国有集体企业改革——瑞安工业企业改革历程""筚路蓝缕，乡镇企业顽强崛起""工业园区建设"。同样，我将4篇专题的编写提纲拟好后，发给市经信局领导审阅，确认后，便开始搜集资料，经3个月笔耕，于6月底准时向市委党史研究室交卷，稿件质量得到党史研究室黄作省先生较高的评价。我本人比较自诩的是，在"筚路蓝缕，乡镇企业顽强崛起"中，写了"塘下织带儿"的往事。塘下织带是20世纪七八十年代家庭副业最负盛名的，但历史上却没有文字记载的资料，这一次我直接找到操作塘下织带副业的当事人之一周学昌，根据他的口述、整编，将塘下织带副业写进了党史。

2019年6月，就在快要完成经信局4篇专题写作任务的时候，接二轻联社副主任薛劲松的电话，他邀请我承担一篇党史专题的写作任务。说实话，这一篇专题是无法推托的，是义不容辞的。于是在8月完成《瑞安市志》第十三编"水利"和第三十八编"民政"两编修改任务，于9月着手撰写"二轻工业发展与沿革"这一党史专题。撰写这篇专题，对我来说真的是轻车熟路，得心应手，也是唯一立提纲没有征求承编单位意见的一篇文章。这篇专题共设"从手工业到二轻工业大变脸""自强不息的"四千精神"""开展企业整顿""二轻工业企业改革""二轻工业对瑞安国民经济发展做出的贡献"等5节，约1.4万字。其中"四千精神"最值得一提，这往往被人们遗忘，但对我来说，却是亲眼所见，亲耳所闻，并且撰写期间邀请了两名亲历者进行采访。"千山万水，千言万语，千方百计，千辛万苦"，不仅是二轻企业在艰苦创业期间的艰难历程，也是全市绝大多数民营企业创业阶段曾经有过的历程。将"四千精神"写进党史，瑞安人这种吃苦耐劳、奋发图强、自强不息、砥砺奋进的优良传统将会在新生代民营工业企业中一代又一代传承下去，不断发扬光大，为瑞安工业取得更大发展继续做出贡献。

2019年10月7日

我的美学之路

滕万林*

人一出生，为何就要呱呱啼哭？莫非是担心自己不会行走找路子？成年后，为了找到一条适意的路子，又不知要花多少心血！

天地广袤无边，人的一生，往往都是在为选择一条适意的路子而奔波。我始而学农，继而弃农习文，其间又贯穿着美学之路，初想有点不可思议，其实也是一种顺理成章的自然巧合。

美学的主要研究对象是文艺作品，我写的大多是文艺理论方面的文章。文艺理论和美学是一家子的事。只是美学谈的抽象一点，偏重于哲学的思考，而文艺理论谈的较于具体一些，但也不离哲学思考。因而为了命题从略的需要，我把这篇治学总结的题目写作《我的美学之路》，谈谈我的美学之缘和美学之梦。

---

* 滕万林，乐清人，1931年9月生。1960年毕业于华东师大语文系，中学高级教师。中国书法家协会会员、中国楹联学会书法艺术委员会委员、中国徐霞客研究会会员、温州市书法家协会文史与学术委员会委员和乐清市书法协会顾问等。有著作12本，其中《温故知新——我的语文教学文存》《雁荡山揽胜》《雁荡漫步集》《书学漫步集》4本书，从语文教学、雁荡山的人文写作和书法研究3个方面，组成了作者的美学思想。书法作品为雁荡山风景区、王十朋纪念馆、王瓒书院和周昌谷艺术馆等处所镌刻或收藏。还有书法作品选《清风集》和温州书法百家百集系列丛书《滕万林作品集》等书出版。事迹入编《浙江古今人物大辞典》《中国楹联家大辞典》《世界华人书画篆刻家大辞典》等辞书。

一、我怎样喜爱上美学?

我最早接触的美学图书是王朝闻的《新艺术创作论》,是1950年11月从温州新华书店买来的。内容新颖,读起来有些吃力,但我喜欢读。1952年下半年,我在台州农校读书。一个星期天下午,和同学们出去逛街,在一家旧书摊里看到朱光潜先生的《谈美》和《给青年的十二封信》,翻看序目,就被吸引住了,当下买了回来。课余翻阅,兴味盎然,爱不释手,接连读了两遍。1953年8月黄岩农校毕业,因是学生会干部,表现不错,被分配在安吉劳改农场当农技员。1954年下半年,去杭州出差,在古旧书店里购得朱先生的《文艺心理学》。这虽是一部美学理论书,由于行文简洁流畅,条理分明清晰,读来清新愉悦有味,我似懂非懂地读了多遍。1955年,忽然想到弃农从文,业余主要精力花在高考复习上。好在那时,政策鼓励年轻干部升学深造,我于1956年下半年考入华东师大语言文学系,享受调干生待遇,衣食无忧,一心埋头学习,对徐中玉老师上的"文学概论",最感兴趣。

我自学朱先生的美学著作时,总觉得新鲜有味,而对其中的是非是模糊的。我进入师大不久,在系阅览室里偶然看到朱先生不久前发在《文艺报》(1956年6月号)上的那篇题为《我的文艺思想的反动性》的文章,心中为之一惊。有这么严重吗?我当即仔细阅读了这篇文章,不能不为朱先生的虔诚的自我批判精神所感动。当时,即便朱先生对自己过去的美学思想做了这么虔诚的批判,但学术上的是非并未解决。《文艺报》《人民日报》《哲学研究》等报刊连续不断发表了贺麟、李泽厚、曹景元等人批判朱先生美学思想的学术论文。批判的中心是朱先生的唯心主义美学思想。

1956年12月1日《人民日报》发表了蔡仪的《论"食利者的美学"》,指出黄药眠批判朱先生的文章的立足点还是站在唯心主义立场上的。蔡的美学基本观点是:美是不依赖鉴赏的人而存在的。接着,朱先生在12月25日的《人民日报》上发表了《美学怎样才能既是唯物的又是辩证的》一文,对蔡的观点进行了反批判,提出了他自己的新看法:美是主客观的统一。1957年1月9日《人民日报》上发表了李泽厚的《美的客观性和社会性》一文,批评朱、蔡两人忽略或否认了美的依赖于人类生活的社会性质和不依赖人的意识的客观性质，提出了美的客观性和社会性相统一的基本观点。于是，朱、蔡、李三人的三篇文章成了三派论点。接着，洪毅然、宗白华、周谷城、肖平、蒋孔阳等人在《新建设》《学术月刊》等报刊上发表了许多美学争鸣的文章。这场美学问题的讨论开展得如火如荼，大有“百家争鸣”之势。

1957年8月，朱先生在《哲学研究》上发表了他的《论美的客观与主观的统一》一文，可谓是他在这次美学问题争鸣中形成的有别于昔日旧著中的唯心主义观点的一篇代表作，但美学界对此还是不予认同。有人认为朱先生的这个美是主客观统一论，只是他的旧唯心主义观点的翻版而已。这次争鸣，促进了人们对美的认识，收获是有的，但对美学的核心问题的真正结论，对美在何处这个问题，并未解决。

我觉得朱先生的看法是有道理的，另外两派的看法也不是毫无道理。因而，我在课余除了仍继续阅读美学争论方面的文章，还做了一些摘记。另外，又买了柏拉图的《文艺对话集》、亚里士多德的《诗学》等论著自学，并做了一些阅读笔记，积累了一些资料。

1957年春，开始全国整风运动，要求党外人士帮助整风。整风运动开展得轰轰烈烈，大有“山雨欲来风满楼”之势。到6月间，《人民日报》发表了《这是为什么》的社论，提出要用阶级斗争的眼光对鸣放现象进行分析，发出了反右斗争的信号。8月，师大钱谷融老师的《论“文学是人学”》(1957年5月号《文艺月刊》)受到了吴调公、罗竹风等人的批判。10月，师大中文系的许杰、徐中玉和施蛰存等老师和全校几百名教师学生被划为“右派”分子，接着是师生到农村支援“三秋”。

1958年4月新学期，开始搞“半工半读”，除“四害”运动。5月里，掀起了“大跃进”和农村人民公社运动。11月，学校为响应上级提出放“科研卫星”的号召，中文系三年级抽了十来个同学合编了一本函授教材《毛泽东文艺思想讲义》(由学校出版社出版)。中三(1)班抽了陆行良、朱经成和我参加编撰。讲义一出版，就受到罗竹风等先生的批评。12月，中文系同学合办了一份《文学战斗》半月刊。文章的矛头主要是对准钱谷融和复旦大学的蒋孔阳等老师的文艺思想。现在回想起来，勇气可嘉，胡批一通罢了。惭愧惭愧！

1959年4月间，我和金家骅同学合写的《对艺术生产与物质生产发展不平衡规律的理解》一文，参加了中文系举办的学术研讨会。因我在系里放“科学卫星”和批判资产阶级文艺思想方面表现不错，被选为科研委员。这更激发了我专研文艺思想的兴趣。7月6日，我的论文《大师所见略同》，是谈语言在文学创作中的重要作用的，为《文汇报》“笔会”所刊登。下半学期，中文系开设“文艺理论专题”课，由钱谷融老师主讲《艺术与社会生活》的“艺术起源”部分。钱老师讲课写板书，很随意，见缝插针，而讲述内容深入浅出，条分缕析，语言生动，很受学生的欢迎。记得6月初，系里布置撰写毕业论文。我依据自己偏爱文艺理论学习的具体情况，选了《谈美与美感》一题。提纲拟好了，主要是批判朱光潜先生的美学观点的，后来被系里评为满分。

二、我怎样向朱光潜先生请教美学？

为了写好《谈美与美感》一文，我想，业师衣钵相传，已经受教了，如再向校外老师讨教一些问题，可能对写作论文是有好处的。于是，我就想到请教北大的朱光潜先生和上海画院的丰子恺先生。1946年秋，我曾在淮南中学校长仇约三先生为纪念抗日战争胜利一周年举办的展览会上，看到过丰先生的一幅立意新颖、构图别致的《炮弹作花瓶，世界永和平》的漫画，记忆犹新。在20世纪50年代初，我曾购得丰先生的《绘画与文学》和《艺术趣味》二书，读了印象犹存，加之我很喜欢他的漫画作品，他又近在市内，于是我在2月下旬，就有关美感等问题，先给朱先生写了一封讨教信，接着又给丰先生写了一封讨教信。丰老在7月5日给我回了一封信，说他自己“正在学习中，未能作结论也”，“再者，我事繁，对此问题少有研究，朱光潜先生也许比我多知道。你不妨和他通信。通信地址北京大学即可”。因我未告知已和朱先生通信，故丰老特地介绍我向朱先生请教。丰老对年轻学子的热情关怀，真的令人感动！

我从1960年2月下旬写信向朱光潜先生请教美学问题，至1961年8月，前后通过6封信。其中两封回信的内容比较重要，在《朱光潜全集》编委会发出征集朱先生遗作时，我提供了原信复印件，后来收在《朱光潜全集》

(第十卷)。下面我简要介绍一下这两封回信的内容。

1960年3月28日,朱先生的第一封回信,主要谈了四个方面的内容:

1.谈他对于自己过去论著的态度。回信的开头便说,他过去写的一些美学论著的"出发点是唯心主义的","对于这问题,毛主席的批判地接受的指示是正确的,首要问题在知道批判,而批判必须真正掌握马列主义,这对于我还是一种很难的事。我现在做的工作是朝这个方向努力"。

2.介绍自己在新中国成立后撰写的论著。其中特别提到的有1959年冬天出版的《柏拉图文艺对话集》,说:"这是一部富于启发作用的好书,值得一读。""近来写了两篇论文,其中一篇研究亚里士多德的诗学,为古代美学史中的一章;另一篇是对马克思和恩格斯文艺观点的学习所做的一个小结,叫作《劳动生产与人对世界的艺术掌握——马克思主义美学的实践观点》,不久或在《新建设》发表,希望你仔细看一看,提些意见。"

3.关于"中间性作品"问题。那时,文艺界正在狠批"中间作品",但他在信中引用了周扬同志在最近一次报告中传达毛泽东的话:从政治标准看,文艺作品可分"有益""无害""有害"三类,其中要不得的是"有害"一类,而"无害"一类,有时还有些益处,并不在排斥之列,要批判地接受。他接着又解释说:"中间作品"是属于"无害"的。看来,他是不赞成对"中间作品"采取批判态度的。

4.关于"普遍人性"问题。这是当时批判修正主义中的主要对象之一。他在信中写道:"对于我来说,这个问题是复杂的、困难的。"但他还是说出了他心里的话:"修正主义者的错误不在承认有'人性',而在借此否定阶级社会中文艺的阶级性。"

综观朱先生在这封回信中的看法,他对自己的唯心主义观点是认错的,但对于自己认为是正确的还是不动摇。这在当时处于大批判的"四面楚歌"声中的他来说,是难能可贵的,显示了他是一位有胆识和有底线的大学者。

朱先生回复我的第三封信(1961年1月23日),是对我寄去的《谈美与美感》一文的意见。《谈美与美感》主要是批判朱先生的旧美学观点的。可朱先生看过后,却毫不介意,反而恳切地对此文提了四点指导性的意见:

1.你的逻辑思考力和对美的感性认识都很好,在这个基础上进行美学研究是会有成就的。

2.你的批判对象还停留在美学讨论开始阶段，美学讨论已前进了一步。

3.美学问题最后必归结对马克思主义基本原则的认识，在这方面我们都还不够，你也不例外。

4.许多美学问题都有长久的历史背景，了解这些背景，对问题的解决有些帮助。

同时，他还寄给我一本去年在高级党校的讲稿《黑格尔美学的基本原理》。信末还写了这样几句："可选择关于某一个别问题的意见，直接投《新建设》或《光明日报》，文不宜长。"

1961 年 8 月 7 日，到北大燕东园拜访朱先生不遇，朱先生爱女世乐在书房接待我。她说她父亲去青岛避暑了，真不凑巧。我临别时，请她告诉她父亲，我想借阅他的《谈文学》一书。不久朱先生给我寄来了仅存的一本《谈文学》和一本新版本《柏拉图文艺对话集》，还说"这书是值得仔细读的"。

重温朱先生的这封信，再联系他的赠书，深感他的豁达大度、关怀备至和谆谆教诲，真是终生难忘！

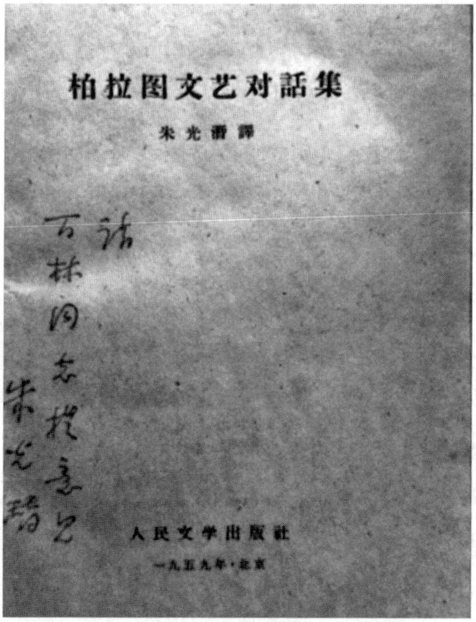

朱光潜先生所赠《柏拉图文艺对话集》

三、我怎样圆美学之梦？

1960年9月，我被分配到山西大同晋北师专当文艺理论教师，负责两个班级六节功课。因无教材，只得自编。好在干的对口，全力以赴，虽然身体状况不佳，也坚持在一年之内自编了一本《文艺理论讲稿》。

只因不适朔北水土，冬天一出门就要感冒发烧，经常处在病中，无法适应工作。1962年1月，经组织出面和温州教育局联系，调我回温州；温州分配我到乐清，乐清分配我到大荆中学任教，好像落叶归根，不由分说。从此我中断了和朱光潜先生的通信。

从1951年春到温岭泽国读台州农校，至1962年1月回老家中学任教，来回一趟，恰好是十个年头。因是在病中返乡，保住了一条命，已是大幸，故落在乡村中学任教，心中也是坦然，抱着随遇而安的态度，安心工作。

1963年3月，乐清中学领导林康西老师到大荆中学听我的语文课，接着我应调去乐清中学任教。开始时相安无事，语文组老师看到我寝室内的书架上有本讲审美文化哲学的《文心雕龙》，还要我为他们讲过《文心雕龙》。后因我在组内与部分当权派对语文的“文道统一”问题的认识上发生分歧，个别校领导不加调查研究、不分是非地说我的认识是错的，我一时火气当面顶撞了他。他一气，不到半年就把我赶出乐中。

1965年下半年，我被调到只有两个班级的乐清农校任教。半年后“文化大革命”开始，斗、批、改运动接连不断，批当权派、批教师，学校乱得一团糟。但学生对我很好，算是过了四五年的安稳日子，也读了不少美学方面和古典文学方面的书籍，真可谓因祸得福。

1971年，乐清兴起回乡任教，我终于又回到了故乡的大荆中学。由于中学教学性质的缘故，备课、上课、改作业和课外活动的繁忙，要像在师专那样单纯地进行文艺理论的教学和研究已经不可能。我只好在课余、星期日和节假日继续进修美学问题，同时注意语文课本中涉及美学问题的篇章，进行思考和探讨。

由于钟情美学的初心仍未泯灭，我除了一方面在课余把主要精力放在语文教学文章的撰写上之外，也零零落落地写了一些有关美学方面的文章，如《读〈与元九书〉的两点感想》(1979年第3期《雁峰》)、《润色不妨真面目》(1981年第2期《旅游天地》)、《随意挥洒，皆成佳物》(1986年第7期《乐清文物》)、《梅随客至香初透，柳待春回绿未生》(1986年第4期《乐清文物》)、《语文课美育三题议》(1989年第3期《温州师范学院学报》)等。

其间，友人袁泽仁和许令誉老师曾多次介绍我去温州师院工作，终因各种原因作罢。于是，我就在大荆中学一待待了20个年头。去年夏天，我出了一本《温故知新——我的语文教学文存》，是我的教学生涯的一点遗存。由于缺乏公开讨论问题的习惯，故只得留下一些有争论的语文教学问题以供商讨。

1991年，我已届60岁，学校领导多次好意留用，我想这又何必。人生难得一自由，故毅然退休，想干一点自己喜欢干而未干的事情。退休后，虽然也被人拉去上了几个月的高复班的语文课，接着就不想再干了。我把晚年的兴趣定准在书法和雁荡山两个方面题材的创作和研究上。毕竟是老天不负有心人，让我自由自在地干了20多年自己喜欢干的事情，获得了一定的收获。

1991年，我发表了几篇有点分量的文艺论文，如《艺术瑰宝，名山生色》(1991年2月《温州方志通讯》)、《康有为雁荡留题》(1991年5月《雁荡山人文风采》)。

1993年春，我有幸受雁荡山旅游学校陈纪美、李远盛校长的邀请，编写学校的乡土教材——《雁荡山揽胜》。经过一年的努力，于1994年7月写出了一本12万字的课本。同年，还发表了两篇有关美学方面的文章，即《"移步换形"话雁荡》(1994年第2期《风景名胜》)、《柳待春回绿未生》(1994年第2期《温州方志通讯》)。

1994年7月，《雁荡山揽胜》出了内部印刷版，广泛征求意见。同年8月，做了适当修改，供学校使用。该书曾获浙江省旅游专业校本教材评比二等奖。1996年1月，校方同意我个人公开出版，由广西民族出版社出版，至2002年1月，连续出版了6次，共计6万册，颇受读者欢迎，成了一本畅销书，曾引起全国10多家新闻媒体的报道。浙江省电视台还来雁荡山为我拍摄了专题片——《雁荡山的知音》。

这本《雁荡山揽胜》的第二部分是介绍雁荡山八大景区的。每一个景区内容包括三个方面：第一，叙述景区概貌；第二，介绍景区内重要和较重要的景点；第三，讲述风景欣赏知识，即每一章安排一篇和景点风景相协调的题目，讲述风景欣赏（审美）的知识，共有八篇。为便于读者接受，我努力学习朱光潜先生的文风，把文章写得简洁易懂一些，这是我展示美学修养的一次难得机会。

第一篇《灵峰夜景借"移情"》，是讲风景审美的移情作用，通过移情作用才产生一种美，说明一片风景就是一种心情的这个道理。第二篇《风景区建设的美学》，说明风景区内的建设要遵循前人指出的"润色不妨真面目，增华只袭旧胚胎"的原则。第三篇《"天开图画"，美不胜收》，放在被誉为"雁荡明庭"的灵岩景区，是专谈雁荡山风景美的形象特征的。第四篇在大龙湫景区，题为《从"移步换形"说起》，是谈风景欣赏的主要审美特征之一的"移步换形"是怎样促进风景呈现多姿多彩面貌的情景。第五篇是雁湖景区的《风景命名溯源》，采用景物与有关事物的内容和形式两方面的联系的角度，把景物的命名方式分为十种。第六篇是显胜门景区的《要有一双审美的"眼睛"》，这一双审美的"眼睛"实则就是在审美的实践过程中逐渐形成的审美观。第七篇是仙桥景区的《不教双足苦，难到万峰巅》，是谈旅游赏景不让双足吃点苦头是不行的道理。第八篇是羊角洞景区的《雁荡山是一部美妙大书》，"天下奇秀"的雁荡山是一部大自然的奇妙杰作，正像好书不厌百回读一样，游的次数越多，就愈会感到它的美妙。

在旅游读物的写作中，讲风景审美方面的内容，往往是缺位的。可以说，谈山水美或风景审美的文章至今还是个新课题。据联合国教科文组织的解释，世界地质公园是指具有特殊地质科学意义，并具有极高美学价值的自然区域。作为世界地质公园的雁荡山，它的特殊的科学意义是明确的——一座全球最典型的白垩纪复活型破火山。至于它的美学价值何在，除了沈括提出的"奇秀"二字为大家所共识外，再说下去就各色各样了。我在这里所谈的雁荡山风景审美的八篇文章，是其中的一个样子。文章从审美的移情作用谈起，直到审美的间歇性和重复性等美学问题，是我的一次大胆尝试，也是雁荡山有史以来的第一次。纵观全国十大名山的风景介绍中，也还不曾有过。当然，这不是说我的这八篇小东西是全国第一的。我的水平有限，我之所以能写出这八篇东西，只是由于我是一个雁荡山的“土著”。我生在雁荡，长在雁荡，熟悉雁荡，所以也喜欢写雁荡，如此而已，岂有它哉？

1996 年 5 月 18 日，中国徐霞客研究会在雁荡山举办“1996 年浙江温州徐霞客旅游文化活动暨学术交流会”。我的论文《徐霞客三游雁荡山》入选学术交流会，并指定在会上发言。会后不久，我加入中国徐霞客研究会。

接着，再谈一下我的另一本谈美学的书——《书学漫步集》。这本书收录了 1985—2019 年间我谈论书法问题的文章。在成书以前，大多文章都在《书法报》《书法导报》《书法》《书法研究》《美术观察》等报纸杂志上发表过。此书共收录了 62 篇文章，有正儿八经的论文，有开诚布公的评论，有随笔式的散论，也有随意所适的漫谈。依内容所需，适可而成文，谓之“文艺散论”，可以；谓之“书法美学”，也可以。

《书学漫步集》书影

浙江省书协原副主席俞建华先生曾为《书学漫步集》作序，用了“漫步中的思想灵光”这么动人的字眼为题，肯定了这本书的意义和价值。这里不加复述。

这本《书学漫步集》出版不久，温州市书协副主席陈出新先生在《温州日报》上发文说，这是温州历史上第一本书论集子。2016 年 7 月，在“随意所适——滕万林书法展”的学术座谈会上，温州书法界的朋友们也肯定了这一点。出书后十多年，还时有热爱书法的同人向我索要这本书。

2019 年 9 月，我对《书学漫步集》做了修订增补，得文 62 篇，出版了一本修订版《书学漫步集》。华东师大副教授张索先生在百忙中为此书作序，高度评价了此书的开创性的学术意义。

著名书法评论家、《书法导报》副总编辑孟会祥先生，在接到我赠送的初版《书法漫步集》时，在回信中这样写道：“书法乃文人余事。古来论书，皆不以高头讲章为能事。此漫步之文，反最见学养之素耳。”

书中好多文章都具有学术价值和社会效应。比如《康有为雁荡留题》一文，它的注释独到性和收集的全面性，至今还是不曾有过的。关于康有为的诗作遗稿，据资料介绍，从 1911 年开始，梁启超就编过一本 13 卷的诗集；1935 年，康有为之女康同璧曾为其父编过一本增补本诗集，都漏收康有为在雁荡所写的诗作。而 1987 年 3 月，上海市文物保管委员会文献研究所编的《万木草堂诗集——康有为遗稿》中，也不见 1924 年康有为写雁荡的遗稿。

再如据《怀素雁荡留墨宝》一文，2016 年，由雁荡山风景旅游委员会力荐中央电视台科教频道，拍摄了上下两集的《怀素与雁荡山》大型人文纪录片。2018 年 5 月 29 日播出后，反响很好，荣获 2018 年亚洲旅游影视赛优秀纪录片类银奖。

我写雁荡山的书，已有 5 本，其中编著的有 4 本，自著的有 1 本，就是《漫话雁荡》。编著有编著的意义，自著有自著的意义。相比较而言，自著比编著要更动脑筋一些，也更有创新一些，更有意义一些。如我的《雁荡山楹联赏析》，是雁荡山有史以来的第一本，反应也不错，但因是编著，所以我更喜欢我的自著《漫话雁荡》。

《漫话雁荡》出版已经 11 个年头，2019 年 9 月做了一次改版发行，题为《雁荡漫步集》得文 66 篇，内容比原著增加了 1/3。全书包括 6 个部分：(1)命名；(2)人文摭谈；(3)人物略谈；(4)探讨品评；(5)游记特写；(6)山水美学。尤其是谈山水美学这个部分，是新课题，这对提高山水风景欣赏能力有帮助，值得一读。

总之，《温故知新——我的语文教学文存》《雁荡山揽胜》《雁荡漫步集》《书学漫步集》四本书，从语文教学、雁荡山的人文写作和书法的研究三个方面圆了我的美学之梦，其中后面三本都是退休后完成的。

美学大师朱光潜先生曾提倡治学“三此主义”，即“此身、此时、此地”。我拿来和自己一生的治学道路相对照，颇感这“三此主义”四字说得实在太好了。我作为山村中学的一名语文教师的素养，确定研究美学应该是可行的。我写作美学的心得体会，是从20世纪80年代开始的，而那时正是国家开始改革开放，百业待新，一名语文教师在业余从事美学研究，是合乎时代潮流的。至于那个“此地”，显然就是指的这个生我养我的“天下奇秀”的雁荡山。我写雁荡山的文史和风物，乃是得地之利。我正是遵循了这个“三此主义”，才走到美学研究这条道路上的啊！

2019年10月26日

政研人　党校人　社科人

——与温州模式相伴而行

潘忠强*

潘忠强

1979年秋，出生农家的我考入了杭州大学政治系，踏上了求学路。1980年初春，杭州大学政治系一分为三，分为经济系、哲学系和法律系，由于科学社会主义专业被撤销，20位科社班同学需要重新选择专业，我选择

* 潘忠强，现任温州市社会科学界联合会主席、党组书记，温州市决策咨询委员会委员。

了经济系政治经济学专业。1983 年夏，大学毕业，面临远方和家乡的选择。我相信远方有诗，更相信家乡有自己的梦想，于是，我回到了家乡温州，成为温州师范学院的一名经济学教师。

20 世纪 80 年代，家庭工业、专业市场、供销员队伍、小城镇建设，成为温州特有的区域经济现象。1985 年 5 月 12 日，《解放日报》头版头条刊发题为《温州三十三万人从事家庭工业》的长篇报道，并配发评论员文章《温州的启示》，首次提出了“温州模式”这一概念，温州开始成为中国的一方改革热土。感受温州市场化民营化改革魅力，领略温州人创业创新动人诗篇，我撰写了一篇题为《〈孙膑兵法〉与市场竞争策略》的论文，发表于《温州师范学院学报(哲学社会科学版)》1991 年第 1 期。该文运用《孙膑兵法》最富特色的“以道制胜”军事哲学思想，以及阵、势、变、权四原则，对企业的市场竞争策略做了一番思考。

1995 年初夏，当了十二年大学教师的我，一时心血来潮，想体验一下政府机关的工作和生活。适逢温州改革风云人物王运正官场复出，担任市委政策研究室主任兼市委副秘书长，正在物色能写一手好文章的人才，在好友潘凡平的举荐下，我初见王主任，相谈甚欢。由此，我踏上了从政研人到党校人再到社科人的人生之路和学术之路。

一位政研人的情怀

1996 年元月，已逾而立之年的我，从温州师范学院调入中共温州市委政策研究室工作(1995 年 11 月 1 日起，在温州市委政研室上班见习)，开始了一干就是十六年半的政研生涯。先是在社会处工作了近两年；1997 年 10 月至 2001 年 3 月，担任经济处副处长，并一直主持经济处工作；2001 年 3 月至 2008 年 12 月，任经济发展处处长；2004 年 3 月至 2005 年 5 月，下派鹿城区南门街道丰收村，担任农村工作指导员，指导农村集体资产改制工作；2003 年 12 月至 2007 年 12 月，兼任温州市海洋经济工作领导小组办公室副主任；2009 年 1 月至 2012 年 7 月，担任温州市委政策研究室副主任。

在市委政研室工作的十六年半时间里，随着职位的升迁，我既有得到组织和领导重用的喜悦，但更多的是工作责任和自我加压，即使当了市委政研室领导，我还是坚持自己是一名研究者的定位，这也是我在政研工作中坚持不懈的动力。十六年半中，我完成了百余项研究课题，主持和参与完成了40余项规范性文件的起草任务。2006—2010年，还负责对县(市、区)工作目标责任制考核工作。

在国内，我是最早研究企业虚拟经营的研究者之一，多年跟踪研究，取得了系列成果。1999年4月，完成了第一篇虚拟经营研究报告，题目是《虚拟经营与美特斯·邦威公司的发展》。研究课题的缘起是，1999年4月，时任浙江省委书记张德江在温州考察调研时，在座谈会上听了美特斯·邦威公司董事长兼总经理周成建5分钟的汇报，对该公司的经营方式很关注，要求温州市委对其进行研究分析，时任温州市委书记蒋巨峰通过温州市委常委、秘书长黄德康，直接将调研任务布置给我。接到任务后，我与南开大学双学士毕业不久的王慧杰一道，对美特斯·邦威公司做了一周的调研分析，发现该公司正是将企业核心功能与一般功能分离，采用"借鸡生蛋"的虚拟生产策略和"借网捕鱼"的虚拟销售策略，整合运用外部资源，实现了企业快速发展，这很符合虚拟经营模式的特征。经与美特斯·邦威公司高层研讨沟通，达成虚拟经营企业较之实体经营企业更具核心竞争力的共识。由我执笔完成的《虚拟经营与美特斯·邦威公司的发展》研究报告，直接送黄德康秘书长审阅，市委要求以美特斯·邦威公司的名义将研究报告报送张德江书记参阅。5月8日，张德江书记做出批示："温州美特斯·邦威公司的生产经营方式值得研究。我认为这是适应现代化生产和流通的一种新型生产经营形式，具有广阔的发展前景。对此，我们许多同志还没有认识，因此，我们也缺乏研究。建议省体改委对邦威公司及类似企业进行研究，提出扶持发展的对策。将此件转叶荣宝、省计经委、省委政研室、新华社浙江分社、经济日报驻浙江记者站参阅。"随后，新华社内参刊发该研究报告，《浙江通讯》1999年第6期也予以发表。我陪同周成建董事长到浙江省体改委做了专题汇报。省体改委课题组在调查研究基础上完成了《加快发展我省新型生产经营方式的对策研究——关于美特斯·邦威公司及类似企业的调研报告》，对美特斯·邦威公司及类似企业生产经营方式的现状做法、特征和存在的问题进行分析，提出了加快发展这类新型生产经营方式的对策建议。

1999 年 9 月，在对民营企业调查研究基础上，我执笔完成了《温州企业虚拟经营的调查与思考》，研究报告发表于《决策科学》1999 年第 3 期，刊载于浙江省委政策研究室《决策参考》，并获得 2000 年度浙江省优秀调研成果奖。

2006 年 11 月，我完成了《关于温州企业虚拟经营若干问题的思考和建议》，刊发于温州市委政策研究室《决策参考》，时任温州市市长邵占维做了重要批示，《政策瞭望》2007 年第 6 期以《温州企业虚拟经营问题调查》为题发表。2006 年 12 月，根据邵占维市长批示要求，我完成了《温州企业虚拟经营问题的再思考》，就推进温州企业虚拟经营提出若干政策建议。为此，邵占维市长于 12 月 28 日召开了政府有关部门、行业商会负责人、重点企业代表和专家学者参加的"温州企业虚拟经营"专题座谈会，交流虚拟经营经验，分析虚拟经营发展态势，探讨虚拟经营的发展环境和条件，研究促进虚拟经营发展的产业政策。随后不久，市政府出台了推进虚拟经营的政策措施。

2007 年，临近中国改革开放 30 周年。作为中国民营经济发祥地之一，温州民营企业如果从 1978 年开始，也已经有了 30 年的发展历史，不少规模企业大体上经历了企业生命周期的完整演绎，这时研究温州民营企业生命周期的条件已经成熟。这一年初秋，温州市工商局局长曾云传派办公室主任黄晓忠登门拜访，邀请我担任"温州民营企业生命周期研究"课题组副组长，负责课题设计和研究指导，我欣然接受，马上进入工作状态。

"温州民营企业生命周期研究"课题，从立项到定稿，前后花了一年多时间，经历了课题组成员选定、调查大纲拟定、资料准备、问卷调查、企业访谈、研究分析，以及研究报告起草、修改、定稿等一系列过程。其间，曾云传局长和黄晓忠主任在课题组织协调和资料准备等方面做了大量工作；温州大学肖文旺教授负责撰写第一部分"导论"和第二部分"温州民营企业生命周期基本特征"；温州大学杨龙志讲师负责撰写第三部分"民营企业健康发展影响因素"；温州大学徐徐讲师负责民营企业生命周期演绎数学模型；我负责撰写第四部分"提升温州民营企业生命周期对策研究"，承担课题修改统稿工作和"总报告"撰写工作。这是一项团队合作研究课题，经过课题组成员的共同努力，2008 年 9 月，课题成果定稿，篇幅 10 余万字。研究报告一个重要结论是:通过数学模型计算,温州民营企业的平均寿命为10.99年。作为一项创新性研究成果,研究报告总报告由浙江省委政研室《决策参考》刊载,并获得2009年度浙江省发展研究成果一等奖。

十六年半,百余项课题,其中有不少精品力作。如:《温州产品市场情况调查》(1996,刊载于省委政研室《决策参考》)、《增强温州中小企业竞争力的对策研究》(1997,获1997年度浙江省优秀调研成果奖)、《温州柳市镇崛起的启示》[1998,发表于中国社科院《中国私营企业发展报告(1978—1998)》]、《浙南沿海港湾资源开发对策研究》(1999,浙江省科委软科学研究项目,研究报告经省科委组织专家组论证,认为在国内同类研究中处于先进水平)、《温州中小企业发展面临的主要问题和对策建议》(2000,报送国务院发展研究中心)、《温州区域块状经济发展的调查和思考》(2001,刊载于省委政策研究室《决策参考》,《浙江经济》删节发表《盘点温州制造业》一文)、《温州农村剩余劳动力转移和城市化道路》(2002,专报市委领导参阅)、《建设国际性轻工城,提升制造业整体水平——关于温州建设先进制造业基地的调查》(2003,温州市政协重点课题)、《现代市场文化与温州区域型态的演进》(2004,发表于《温州论坛》2004年第5期)、《关于拓展民营经济发展空间若干问题的调查》(2005,温州市政协重点课题)等等。限于文章篇幅,只列举以上10项研究成果,这些成果是我在市委政研室工作前十年改革发展研究成果的一部分。政研工作的性质,决定了作为一个政研人不能只关注或局限于某一领域的研究,必须努力拓宽知识面,提高分析解决实际问题的能力,多出好成果,积极为决策服务。其实,从“十一五”期间开始,我在政研室工作后六年半,比较多关注和研究的是社会、文化、政治以及综合课题。如“温州市‘十二五’发展战略思路研究”(2010,为起草温州市委关于“十二五”规划建议的基础材料)、“温州民间信仰事务管理对策研究”(2011,与温州大学林亦修教授等人合作课题,我是课题牵头人,负责统稿修改和对策建议部分撰写;时任市委书记陈德荣批示:本研究报告很及时、很全面;课题成为制订《温州市民间信仰事务管理实施意见》的基础材料,获温州市决咨委2011年度十大优秀课题)等,这也算是我在市委政研室工作后六年半的转型吧!

2002年,党的十六大召开,“姓公姓私”问题的争论告一段落,“温州模式”得到充分肯定。这一年,也是我在市委政研室工作期间成果最多的一年,完成了 14 项课题,其中 6 项成果提供给中央有关部门和领导参阅。

2002 年 3 月,我完成了《温州农村改革和发展情况》研究报告。课题任务缘起是,2002 年初春,中央政策研究室调研组由原副主任肖万钧带队来温州调研,调研目的是研究总结温州农村改革发展实践经验,为我国中西部改革发展提供借鉴。我一路陪同调研,调研组回京时,肖主任给我布置了撰写《温州农村改革和发展情况》的任务。他要求报告内容包括:改革开放以来温州取得了哪些成就?温州为什么能取得这些成就?温州改革发展能为中西部发展提供什么样的借鉴和启示?同时他要求报告要写得富有文学色彩。随后,2 月 28 日至 3 月 10 日,我闭门谢客,花了整整 10 天时间,完成了研究报告。同年 5 月,肖主任再次来温州调研,由于时任浙江省委常委、温州市委书记蒋巨峰不在温州,由市委副书记金邦清做了汇报。这份报告送到肖主任手里,经他整理加工,报送时任党中央总书记江泽民参阅。后来,我听说江泽民总书记有批示,转发中西部省委书记参阅。

2002 年 5 月,研究完成向党的十六大报告起草组汇报材料:《温州民营经济发展情况》。由于没有参加起草组的座谈会,我不知道起草组的专家领导对汇报材料是否满意,但我感觉应该不会是差评,因为在回京时,起草组领导向温州市领导提出了再提供一份研究报告的要求,内容要求是,以温州为典型个案,从全国的视角分析股份制和股份合作制经济发展趋势,提出对策建议。根据时任温州市副市长吴敏一的任务安排,我与市府办吴朝骞处长合作,我口述、他打字,再一起讨论修改,花了 3 天时间,形成了《关于股份制和股份合作制经济发展的趋势和建议》。在这篇研究报告中,我们对股份合作制做了这样的分析判断:股份合作制企业组织形式简单、股权过于平均,在由初级市场经济走向现代市场经济的过程中,它只能是一种过渡的企业组织形式,随着市场经济的发展和企业规模的扩张,这种组织形式已经容纳不了发展起来的生产力,必然会被股份制所取代。当然,股份合作制企业对于正在开发发展中的我国中西部地区,仍然具有较强的适应性,它有利于筹集资金,快速发展当地经济,不失为一种可供选择的企业组织形式。

另外三个研究报告是:向国务院秘书长王忠禹汇报材料《温州金融支持

民营经济发展的若干问题》,向中央政策研究室纪玉祥秘书长汇报材料《温州外贸和对俄贸易情况》,向中国人民银行行长戴相龙汇报材料《温州民营经济发展的若干问题》。其中,第三个汇报材料是由戴相龙行长出题的。2002年8月,戴相龙行长来温州调研,目的是准备选择温州作为金融综合改革试点城市。记得座谈会是在星期天召开,当座谈会将要结束的时候,戴行长提出了关于民营经济发展的10个问题,要求在央行调研组回京前将材料交给他,并指定由温州市委政研室承担撰写任务。我刚好参加了这次座谈会,撰写戴行长命题作文的任务自然而然地落在我的肩上。时间很紧,只有两天,我不眠不休,用了36个小时,形成了14000字的汇报稿初稿。我来不及仔细修改,市领导也来不及仔细审阅,就交到了戴行长手里。不久,央行决定在温州进行金融综合改革试点,由我执笔完成的这篇命题作文也就成为试点的基础材料。

其实,在政研室工作,不眠不休赶材料的事经常会遇到。向国务院秘书长王忠禹汇报材料《温州金融支持民营经济发展的若干问题》,就是中午接到任务,下午下班前交稿;向全国政协副主席黄孟复汇报材料《温州促进民间投资的政策措施》,则是子夜11点接到任务,第二天上午上班前就要交稿。虽然篇幅不长,两篇材料都是3500字左右,但如果没有前期研究积累,是难以完成的。

政研工作有苦也有乐,把它当作自己的事业,你就会快乐;把它当作谋生的职业,你就会痛苦。所谓政研人,就是视政研工作为自己事业的人,是一种有情怀的政研工作者,他们以服务科学决策、民主决策为己任,辛勤耕耘、默默付出,甘居幕后、当好参谋。正是基于这种情怀,我在认真做好课题研究、政策起草工作的同时,承担了《决策科学》主编工作,承担了《浙江年鉴》温州编辑室负责人工作,承担了大量外宣接待工作,承担了县(市、区)工作目标责任制考核工作。也正是有了这种情怀,我在起草重要规范性文件之前,都要进行比较系统地调查研究。如,起草市委、市政府《关于进一步支持引导股份合作经济发展的若干意见》之前,完成了"增强温州中小企业竞争力的对策研究"课题;起草《温州市国有、集体企业改革规划(1998—1999)》之前,完成了"温州市国有、集体企业改革问题的调查"和"温州市纺织行业国有集体企业改革与发展问题的调查"两项课题;起草温州市委关于

"十一五"规划建议和"十二五"规划建议之前，完成了《温州市"十一五"发展战略思路研究》和《温州市"十二五"发展战略思路研究》。可以说，做一个有情怀的政研人，我必须努力，我也努力了。

一位党校人的责任

2012年7月，步入知天命之年的我，开始担任中共温州市委党校副校长、温州市行政学院副院长，随后，又陆续担任了温州市社会主义学院副院长、温州公共管理学院副院长、温州市社会科学院副院长，同时兼任温州市社会科学界联合会副主席(2010年9月至2016年5月)。

到市委党校上任后，第一个工作任务是主持起草《温州市党校系统办学体制改革实施方案》。实施方案提出，撤销鹿城、龙湾、瓯海、洞头4个区(县)的党校建制，由温州市委党校承担"四区(县)"的干部教育培训职能，同时通过办学质量评估，逐步将乐清、瑞安、永嘉、文成、平阳、泰顺、苍南等7家县级党校设为温州市委党校分校；实施教学科研"五统筹"工作机制，即统筹班次学制、统筹教学计划、统筹师资资源、统筹基地建设、统筹科研协作等，实现市、县两级党校教学科研资源的规范管理与运用。

从2012年7月至2016年5月，我在温州市委党校工作了四个春秋，前两年半分管研究室(温州发展研究中心)、教务一处、教务二处、科研处(社科工作处)、党史党建教研部、经济学教研部、文化与社会学教研部、公共管理学教研部、政法与统战教研部等9个处室工作，后一年半分管除教务一处、教务二处(由新任教育长林冬晓分管)以外7个处室的工作。作为分管教学、科研、咨政的党校副校长，我牢记"责任"两字，坚持"质量立校、科研强校、开放办校、人才兴校、制度治校"五大办学理念，把心思放在党校的教学科研主业上，把精力用在党校转型发展上，把功夫下在抓工作落实上。功夫不误有心人，在大家的共同努力下，四年里，温州市委党校教学质量水平稳步提升，科研业绩在全省党校系统排名由第四位上升为第三位，党委政府重要智库的地位作用逐步凸显。

党校姓党，这是每一个党校人必须坚持的原则。党校干部培训，在课程体系设计方面必须突出党的理论教育和党性教育。四年里，在县处级领导干部进修班、公共管理进修班、中青年干部培训班、年轻干部培训班、乡科级干部任职培训班等主体班次的课程计划安排上，我都是亲自把关，重点突出党的理论教育和党性教育。同时在中青年干部培训班、年轻干部培训班、乡科级干部任职培训班等三个主体班次，安排岗位胜任力分析专题教学项目。这是我在市委党校努力推动的一个教学项目，并亲自参与项目研究设计，构建了岗位胜任力分析指标体系。

在党校四年里，我一直致力于推进教研咨一体化发展。首先是立足教学这一党校主业，围绕教学质量这一党校工作的生命线，着力抓好精品课程、专题教学项目、教研创新团队和特色学科建设。为保证教学质量的稳定提升，创新完善了教学管理办法，其中有一条规定：开设新的教学专题，必须向教务处提供12000字以上的讲稿、3000字左右的教学提纲和PPT，并通过教务处组织的试讲，才可以安排主体班次的课程。不管是校领导还是教授，均不得例外。作为分管教学的副校长，我在新开"调查研究方法与调研报告写作""中国农业发展大势与商业模式创新""温州发展战略的演进"等多个新专题时，以身作则，严格执行这一规定。

科研也是党校的主业，它是党校工作的重要基础。一方面，我很重视教师科研能力的提升，着力抓好科研管理和科研协作。在科研处王健处长和各处室负责人的密切配合下，通过创新完善科研工作机制，年初抓专职教师和兼职教师的研究课题选题，年中抓课题研究进展和省市理论研讨会论文组织，年终抓科研成果汇总及科研计分考评，充分调动了市委党校教师的科研积极性。尤其是通过抓市县工作联动，组织科研培训、科研协作、理论研讨、学术交流（学术沙龙）活动，形成了一条党校系统科研生产链，提升了市县两级党校教师的科研能力。经过两年的努力，温州市委党校获得2014—2015年度全省党校系统科研组织奖，科研业绩在全省11个城市党校排名第三（杭州市委党校和绍兴市委党校居第一、第二位）。另一方面，我很重视科研附加值的提升，着力抓好科研成果"向教学转化和向决策转化"两个转化。科研进步为温州市委党校的特色学科建设打下了良好基础。党史党建、经济学、公共管理学、文化学等四大学科，随着科研成果转化、教学专题增加，尤其是教研创新团队建设，初步形成了各自的教学科研特色。

“充分发挥科研咨政作用，努力把党校(行政学院)建设成为党委政府的重要智库，更好地服务党委政府科学决策。”这是我撰写的《努力把党校打造为党委政府的重要智库》(2013 年 1 月，全省党校系统经验交流论文)一文开头的一段话，也是我在党校一直身体力行的目标。

2013 年 7 月，完成《温州振兴实体经济的思考与建议》研究报告，报送时任温州市委书记陈一新，得到批示肯定，并应邀参加陈一新书记于 8 月召开的“振兴实体经济”专题座谈会。2013 年 11 月 26 日，在市决咨委举办的帕累托公共政策沙龙上，我做了题为《发展总部经济：温州经济转型的战略选择》的主旨演讲。内容分三个方面：发展总部经济的战略意义；发展总部经济的现实基础；发展总部经济的对策建议。同年 12 月，市决咨委倪考梦处长将我的演讲稿和参加沙龙活动的专家发言做了整理，以《温州发展总部经济的若干问题及建议》为题，报送时任温州市委书记陈一新，获得陈书记的批示肯定：这是一篇高质量、高水平、宽眼界、很务实的研究报告。

2014 年 6 月，研究完成《改善经济生态，振兴实体经济》研究报告(报送陈一新书记参阅)，提出了三方面的建议：化解担保链危机，改善经济金融生态；降低企业融资成本，改善企业发展生态；推进产业人文化，改善产业发展生态。

2015 年 1 月，我牵头把关修改、朱康对教授和任晓教授执笔完成的国家开发银行浙江分行委托课题“温州调研报告”结题，以浙江分行的名义报送国家开发行，获得了国家开发行行长、副行长的批示；同年 3—4 月，在中央党校“全国党校系统教研管理骨干进修班”学习期间，完成了《新常态下温州产业转型的基本思路和对策建议》研究报告(前期成果以《温州产业转型的思路与对策》为题，刊载于《温州政研》，专报陈一新书记参阅，发表于《温州论坛》2015 年第 1 期)。

应该说，作为党校副校长，课题研究只是兴趣爱好，管好科研才是职责所在。四年来，在党校智库建设方面，主要聚焦平台和队伍建设。2013 年温州市社会科学院归并到温州市委党校以后，就成为党校智库的主要研究平台。作为市委党校唯一的市社科院副院长，为了发挥好这个研究平台的作用，我推动市委党校(市社科院)在教研部增挂了经济研究所、文化与社会学研究所、党史党建研究所、公共管理研究所等四个研究所牌子，同时市委党校每年安排专项课题经费，立项一批市社科院重点课题。这些课题成果大部分转化为教学专题和咨政成果。

《决策参阅》和《温州论坛》是党校智库成果转化平台，许多教师和学员的研究成果通过这两个平台实现了转化。担任温州市委党校副校长第一年，我把关的12期《决策参阅》获省市领导批示14次。2015年编发27期《决策参阅》，比2014年的14期接近翻了一番，半数获得省市领导批示。同时，我担任《温州论坛》主编，发挥着政治上、学术规范上的把关作用，编辑和出版工作由副主编任晓教授和责任编辑易元芝副研究员两人承担。

《温州蓝皮书》是温州市委党校与中国社科院社会学所合作共建的智库成果展示平台，创建于2007年。2012年7月至2016年5月，我担任了2012年、2013年、2014年和2015年4本《温州蓝皮书》的主编工作（与中国社科院社会学所首席研究员王春光、温州市委党校原副校长金浩一起担任主编），王健处长、朱康对教授、任晓教授和陈中权副教授是副主编，王健处长实际上发挥了执行主编的作用。我认真履行主编职责，做好课题选题立项、集中审稿、总报告修改完善、分工报告审核校对等方面的工作。在蓝皮书研创团队的共同努力下，4本蓝皮书的研究质量水平稳中有升，在中国社科院组织的皮书评价活动中，2012年《温州蓝皮书》获得第四届“优秀皮书奖”三等奖，2013年度《温州蓝皮书》获得第五届“优秀皮书奖”一等奖，2015年《温州蓝皮书》获得第七届“优秀皮书奖”三等奖。在参评的300多种皮书中，《温州蓝皮书》能脱颖而出多次获奖，是很不容易的，这也体现了蓝皮书研创团队认真负责的工作作风。《温州蓝皮书》为温州区域发展的纵贯性研究提供了最权威最翔实的文献，成为市委、市政府决策的重要参考，成为外界了解温州、研究温州的重要参考，其品牌影响力在逐步扩大。

干一行、爱一行，钻一行、精一行，是我党校四年的工作写照，也是我作为党校人的深厚情怀。2016年5月中旬，组织要安排我担任更重要的职务，记得自己还跟市委组织部的领导提要求，让我继续留在市委党校当副校长。我懂得厚德载福的道理，在我心中，党校工作是一项功德事业，党校人要有工匠精神，精益求精，多炼好钢，厚积功德。领导回答很干脆：打包走人吧！当离开党校的时候，我是十分留恋的。四年后，几位党校中年教师还跟我说：潘校长，你在党校就好了！几位党校青年骨干教师也跟我说：潘校长，有你在党校多好啊！党校的同事们还称呼我潘校长，没称呼我潘主席或潘书记，我心中真是暖暖的！党校四年，聊可欣慰的是：重教学、强科研、育人才，壮大了教师队伍，提升了党校综合实力。离开温州市委党校的时候，我留下了发展蓝图——起草组同志们半年的心血结晶：《中共温州市委党校2016—2020年发展规划》。

一位社科人的努力

2016年5月27日，已经54岁的我，赴任温州市社会科学界联合会党组书记，一个月后，市社科联常务理事会召开，选举我为市社科联主席，市委提名主席由此转正。温州市社科联主席、党组书记这两个职务，在空缺了一年之后，我隔空接过了前任兼职主席、党组书记徐顺聪的担子，成为温州市社科联历史上的第一位专职主席、专职党组书记。

从2010年9月开始，我就担任了温州市社科联的兼职副主席，社科联的工作职能比较熟，因此很快进入了工作角色。

2016年7月5日，全省哲学社会科学工作会议在浙江省委党校召开（与全省党校工作会议一起召开）。7月9日，我起草了《关于全省哲学社会科学工作会议精神及我市贯彻意见的汇报》初稿，文本几易其稿，于8月11日，上温州市委常委会研究通过。关于我市贯彻意见，我的主要建议是：为贯彻落实好全省哲学社会科学工作会议精神，建议我市围绕建设“社科强市”目标，重点实施“社科六大工程”，即马克思主义理论大众化工程、新型智库建设工程、重点特色学科创新工程、社科普及拓展工程、社团管理规范提升工程和社科人才培养工程等六大工程。

2017年7月4日，在温州市社科联第六次代表大会上，我做了题为《凝心聚智，砥砺奋进，努力开创温州社科工作新局面》的工作报告，明确提出：为实现建设社科强市的总体目标，今后五年社科工作的重点任务是着力实施“社科六大工程”。大会选举我为温州市社科联第六届理事会主席，张京、卢达、洪文滨、伍挺、吕一军、薛伟、朱康对为副主席，祝万平为秘书长。

在职近四年，我围绕建设"社科强市"的总体目标和推进"社科六大工程"的重点任务，履行市社科联"第一责任人"职责，克服市社科联机关人员力量严重不足的困难，全面拓展社科工作职能，统筹推进社科工作创新发展，市社科联在社科研究、学术交流、社科普及、学会建设和智库建设等方面取得了显著成效。认真谋划社科规划课题、应用对策课题和重点社科研究基地课题"三大课题研究计划"，社科研究质量水平稳步提升；认真组织开展温州学研究，在经费短缺的情况下每年立项 20 项温州学研究专项课题，提出温州学研究规划思路，为编制《温州学研究规划（2021—2025）》打好基础；认真策划出版《温州学术文库（系列）》《温州文化丛书》《温州学研究（系列丛书）》；亲自组织并主持了"温州市首届哲学社会科学年会暨 2018 年温州学研究论坛"和"温州市第二届哲学社会科学年会暨 2019 年温州学研究论坛"；着力拓展社科普及工作，组织编写出版《温州历代名人故事（系列）》连环画，社科普及基地建设和社科普及工作创新全省领先；着力加强县（市、区）社科联和高校社科联建设，推进学会规范化建设；着力加强社联智库建设，按新型智库要求建立了 30 家市重点社科研究基地（中心），组织实施全市"百名社科青年骨干人才"培养计划（从 2017 年开始，已连续实施 3 年），组织开展第十六、第十七届温州市哲学社会科学优秀成果评选活动，组织引导社科专家通过多种渠道为市委、市政府提供决策服务；认真落实群团改革任务，创新完善社科工作体系和运行机制，打造"社科温馨之家"。有倾力付出必有丰厚收获，经同志们的共同努力，现在的温州市社科联，与四年前相比，精神面貌焕然一新，社会影响逐步扩大。

在职近四年，我最满意的工作是做了两件大事：一是完成"温州改革开放 40 年研究"课题；二是谋划温州学研究。

2017 年初春，我开始谋划"温州改革开放 40 年研究"重大课题。为保证课题研究任务顺利完成，市社科联立项了 50 项"改革开放 40 周年专项研究课题"。"温州改革开放 40 年研究"是浙江省社科联立项的浙江文化工程重点研究项目，从研究策划、课题立项，到形成书稿、修改定稿，前后花了近一年时间，40 余名社科专家参与了课题研究。作为课题组组长和统稿人，我于 2018 年 5 月 30 日初步完成统稿工作，形成书稿初稿，将书名定为《续写创新史——温州改革开放40年研究》(以下简称《续写创新史》),送省社科联组织专家评审。根据省社科联审稿会的修改意见,我邀请市委党校王健处长和朱康对教授一起,对书稿进行修改完善,同时邀请温州大学商学院陈宝胜副教授牵头,组织温州大学教师补充撰写"温州人经济发展及其贡献"一章。6月,在温州市委党校罗山学苑,我每天早晨6点起床、子夜1点睡觉,整整20天赶工修改,形成了第二稿。与初稿相比,第二稿调整较大,部分章节进行了合并重组,个别章节几乎推到重写,同时增加了若干典型案例。7月初,二稿送省市有关专家领导审阅,省咨询委委员蓝蔚青,温州市市长姚高员,温州市委常委、宣传部部长胡剑谨,省委宣传部常务副部长来颖杰等专家领导,先后提出了具体的书面修改意见,于是,有了第三稿和第四稿。8月15日,《续写创新史》一书终于定稿,送浙江人民出版社出版。12月26日,《续写创新史》一书,在温州市行政管理中心1号楼14楼会议室举行首发式。

《续写创新史》一书,是"浙江改革开放40周年研究系列"地方篇之一。这本书通过对温州改革开放40年历程的研究,进一步梳理发展思路、研究发展规律,总结成功经验与做法,为温州今后发展提供提示,为全省全国提供借鉴,也为习近平新时代中国特色社会主义思想在浙江的实践提供温州元素、温州样本,具有多重意义。

2002年7月,在温州市委八届十一次全体(扩大)会议上,时任温州市委书记李强提出"抓紧建立温州学""深入开展温州学研究"的要求。随后,筹建温州市社会科学院,建立文化工程专项经费,推进温州学研究。18年来,温州学研究取得了系列进展,温州研究方面的著作就出版了700余部。但是,由于没有学科体系建设的指引,碎片化研究突出,目前温州学的学界认同度并不高,就连温州市社科联原副主席洪振宁也底气不足地说,现在提温州学学科建设,条件还不成熟,还是提温州研究为好。

在温州市委党校2017年秋季班开学典礼上,时任浙江省副省长、温州市委书记周江勇提出,要"深化温州学研究"。2018年1月,在市委十二届三次全体(扩大)会议上,周江勇书记再次强调,要"深化温州学研究"。随后历次召开的市委全会,"深化温州学研究",都写入了市委书记的报告中。

深化温州学研究,其目标就是要构建温州学学科体系。2018年初,我牵头成立市社科联"温州学研究课题组",就温州学学科体系及工作机制问题开展研究,由我与洪振宁、方韶毅三人执笔完成的《温州学学科体系及工作机制》研究报告,5 月 7 日刊发于温州市社科联《智库报告》,专报周江勇书记参阅,5 月 9 日获得周书记批示:此项工作很有意义,社科联工作很主动,应予肯定。请剑谨同志牵头抓好落实。12 月 26 日,"温州市首届哲学社会科学年会暨 2018 温州学研究论坛"在温州大学举行,论坛主题是推进温州学研究。我做了"温州学学科体系建设"的主题演讲。

2019 年初,我牵头成立市社科联"深化温州学研究的规划思路"课题组。历经半年多的调查研究,由洪振宁执笔完成的《深化温州学研究的规划思路》于 2019 年 11 月定稿。12 月 5 日,我执笔完成的《温州学研究面临的突出问题与对策建议》、洪振宁执笔完成的《深化温州学研究的规划思路和建议》,同时刊发于市社科联《智库报告》,专报陈伟俊书记和姚高员市长,姚市长做出了"温州学研究要出精品"的批示要求。

在《温州学研究面临的突出问题与对策建议》研究报告中,我分析提出:作为一门地方学,温州学尚不具备"常规学科"的要件,学界认同度并不高,尤其是缺乏顶层设计、缺乏研究机构、缺乏整合机制、缺乏经费支持,已经成为制约温州学研究顺利开展的突出问题。为此,要提高政治站位,从事关能否迎来温州历史的第三次文化高峰来认识推进温州学研究的重要意义;制订研究规划,明确温州学的研究对象、主要目标和主要任务;创新工作机制,强化温州学研究支撑。

2019 年 12 月 19 日,"温州市第二届哲学社会科学年会暨 2019 温州学研究论坛"在温州市委党校举行,我主持会议并做总结讲话。我认为,温州学要成为"常规学科",必须聚焦五大要素:一是有明确的研究对象和科学的研究方法;二是有核心命题和逻辑主线;三是有学科理论体系;四是有学术话语体系;五是有学术共同体。具备以上五大要素,是温州学研究下一步的努力方向。

在社科联工作近四年,对于如何做好社科工作,我最深切的感悟是:咬定目标不放松,善于借力求发展,加倍努力见成效。前两年,为了高质量完成"温州改革开放 40 年研究"这一课题研究任务,我调动了温州市委党校、温州大学、温州医科大学、温州商学院,以及政府部门的 40 位专家学者参与课题研究，自己也在加倍努力学习提高，并取得明显成效。2篇个人完成、3篇合作完成的研究报告，入选温州市委、市政府与中国社科院科研局、学部工作局联合主办的“庆祝改革开放40周年‘勇当探路者，续写创新史’主题论坛”论文集，其中与温州大学商学院院长胡振华教授、瑞安市委党校何建瑞高级讲师合作完成的《构建“三位一体”合作体系助力乡村振兴的温州探索》研究报告，还入选浙江省委宣传部主办的“庆祝改革开放40周年理论研讨会”交流论文。

人生有许多选择，有些选择可以自主决策，但很多选择是无奈听命。从高考选择杭州大学、大学毕业选择温州师范学院，到温州市委政研室、温州市委党校、温州市社科联，在五次大选择中，不管是主动选择还是被动听命，我都深怀感恩之心。感谢杭州大学老师们辛勤传授知识和方法，为我打下了良好的理论功底；感谢温州师范学院领导们给我提供了政治经济学、经济学说史、西方经济学、经营管理学、市场营销学等多门课程的教学机会，提升了我分析解决实际问题的能力；感谢王运正主任的言传身教，他的忠诚干净担当，是我一直以来学习的榜样；感谢组织的栽培和所有单位同事们的支持、鼓励和帮助；即使曾经打压我、诬蔑我的人与事，我也应该感谢。尤其要感谢改革开放这个伟大时代，这个诞生“温州模式”的时代，令我在探索研究中前行。人生的经历是最珍贵的财富，正是这些经历，让我成长成才，让我的人生充满精彩！

2019年12月